L'art d'enseigner

Pour une intégration créative des concepts d'apprentissage

Barrie Bennett   Carol Rolheiser

Adaptation : **Martine Leclerc**

Traduction : **Yanick Beaudoin et Robert Gosselin**

Chenelière
Éducation

L'art d'enseigner
Pour une intégration créative des concepts d'apprentissage

Traduction de: *Beyond Monet – The Artful Science of Instructional Integration* de Barrie Bennett et Carol Rolheiser © 2001, Bookation Inc. (ISBN 0-9695388-3-9)

© 2006 Les Éditions de la Chenelière inc.

Édition: Lise Tremblay
Coordination: Monique Pratte et Nadine Fortier
Révision linguistique: Yvan Dupuis
Correction d'épreuves: Lucie Lefebvre
Conception graphique et infographie: Fenêtre sur cour
Conception de la couverture: Josée Bégin
Toile de la couverture: Raymonde Lamothe

**Catalogage avant publication
de Bibliothèque et Archives Canada**

Bennett, Barrie, 1948-

L'art d'enseigner: pour une intégration créative des concepts d'apprentissage

Traduction de: Beyond Monet.

Comprend des réf. bibliogr.

ISBN 2-7650-1002-1

1. Pédagogie. 2. Enseignement. 3. Apprentissage. I. Rolheiser, Carol, 1954-. II. Leclerc, Martine. III. Titre.

LB1025.3.B4514 2006   371.102   C2006-940259-0

**Chenelière
Éducation**

7001, boul. Saint-Laurent
Montréal (Québec)
Canada H2S 3E3
Téléphone: (514) 273-1066
Télécopieur: (514) 276-0324
info@cheneliere.ca

ISBN 2-7650-1002-1

Dépôt légal: 2e trimestre 2006
Bibliothèque et Archives nationales du Québec
Bibliothèque et Archives Canada

Imprimé au Canada

1 2 3 4 5 ITG 10 09 08 07 06

Nous reconnaissons l'aide financière du gouvernement du Canada par l'entremise du Programme d'aide au développement de l'industrie de l'édition (PADIÉ) pour nos activités d'édition.

L'adaptatrice
Martine Leclerc Ph.D.

Professeure au Département des sciences de l'éducation de l'Université du Québec en Outaouais, Martine Leclerc possède également une vaste expérience de l'enseignement, autant auprès des élèves en classe régulière qu'auprès des élèves ayant des besoins particuliers. Elle est titulaire d'un doctorat en éducation ainsi que de deux maîtrises, l'une en éducation et l'autre en administration publique. Elle a participé à la rédaction de plusieurs rapports d'experts, donné de nombreuses conférences et signé bon nombre d'articles tant à caractère scientifique que professionnel. Elle est l'auteure de deux livres publiés aux Éditions de la Chenelière et qui sont vendus dans toutes les provinces canadiennes, en France et en Belgique (*Au pays des gitans: Recueil d'outils pour intégrer l'élève en difficulté dans la classe régulière* et *Par quatre chemins: L'intégration des matières au cœur des apprentissages*).

Présentation de l'artiste et du tableau de la page couverture

Bachelière ès Arts de l'Université Laval, Raymonde Lamothe a aussi étudié un an à l'école des Beaux-Arts de Montréal et trois ans en design industriel à la faculté d'aménagement de l'Université de Montréal.

Toile: Image numérique nº 2 de la série «Paysages revisités».

Table des matières

Chapitre 1

La science et l'art d'enseigner

Chapitre 2

La complexité de l'enseignement : la création de modèles

Chapitre 3
Les concepts pédagogiques et les techniques d'enseignement

Chapitre 4
Les tactiques d'enseignement

Chapitre 5
Le design pédagogique

Chapitre 6
L'apprentissage coopératif

Chapitre 7
Vue d'ensemble du chapitre sur l'acquisition de concepts

Chapitre 8
La formation de concepts : une stratégie de pensée inductive

Chapitre 9

Les organisateurs complexes : réseaux notionnels et schémas conceptuels

Chapitre 10

La controverse créative et l'analyse en équipe

Chapitre 11
Quelques modèles théoriques

Chapitre 1
La science et l'art d'enseigner

Questions clés

1 Comment les enseignants font-ils pour reconnaître les modèles qui surgissent « dans le moment présent » ?

2 Comment les enseignants répondent-ils aux demandes spontanées faites en classe ?

3 Qu'est-ce qui caractérise le mot « enseignant » ? Autrement dit, pourquoi est-ce des enseignants qui enseignent plutôt que des personnes sans formation ?

Les enseignants exercent une des professions les plus complexes, exigeantes et importantes qui soient, une profession où les changements surviennent rapidement. Ce qui, entre autres, rend la profession complexe est le fait que les parents et les élèves attendent des enseignants, à bon droit d'ailleurs, qu'ils soient des experts.

Selon notre expérience, la plupart des enseignants veulent exceller dans la formation des élèves, mais souvent ils ont trop peu de temps et trop peu de soutien pour travailler convenablement. Ils sont constamment débordés : à peine sortent-ils de ce que Michael Fullan appelle « l'inévitable immersion de la mise en pratique » que surgissent de nouvelles façons de faire. Si les enseignants ne parviennent pas à intégrer progressivement ces notions, dans un milieu qui valorise la formation continue, la pression exercée sur eux pour les pousser à améliorer leur travail ou à apporter des innovations leur nuira plutôt qu'elle ne les aidera. Pour s'adapter aux exigences et à la complexité croissantes de leur travail, les enseignants doivent apprendre et pratiquer l'art d'enseigner, ce qui en soi est une entreprise pleine de défis.

Les cinq objectifs mutuellement dépendants présentés dans ce chapitre sont les suivants :

1. Expliquer le but du présent ouvrage ;

2. Montrer qu'il est important de bien connaître la nature de l'enseignement ;

3. Définir les notions de créativité et d'expertise en éducation ;

4. Amener le lecteur à voir que l'enseignement et le processus d'apprentissage relèvent à la fois de l'art et de la science ;

5. Étudier un exemple de leçon.

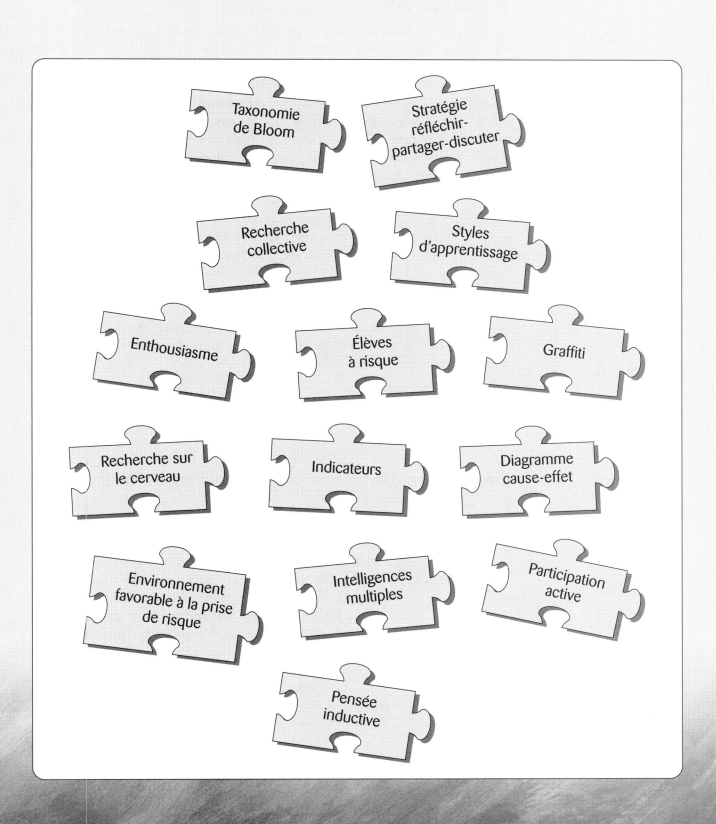

Le but du livre

Ce livre met l'accent sur l'importance de la connaissance des principes d'enseignement afin de créer un milieu signifiant pour les élèves et favorable à leurs apprentissages. Cela demande à l'enseignant de faire preuve de créativité et de s'appuyer sur une démarche réfléchie en cherchant constamment à développer ses connaissances. Surtout, **cela suppose une expertise collective où se reflète l'engagement actif de tous les enseignants et de tous les élèves dans des situations d'apprentissage stimulantes, bien choisies et intéressantes. Ces situations tiennent également compte des expériences passées des élèves pour les aider à construire de nouvelles connaissances.**

Ce livre représente une réflexion personnelle sur notre propre évolution et sur notre compréhension actuelle relativement à la création d'environnements signifiants. Nous avons tenté de concilier de façon respectueuse nos idées avec celles qui proviennent de la recherche concernant ce qui favorise l'apprentissage des élèves. Ce livre est le fruit de 25 années de réflexions, d'expériences et de recherches personnelles sur l'enseignement et le processus d'apprentissage. **Nous en sommes arrivés à penser qu'il existe de multiples façons d'être efficace ou inefficace en enseignement.** Certaines solutions peuvent convenir pour certains enseignants et leurs classes, et se révéler inapplicables avec d'autres.

Ainsi, de même qu'un violoniste doit éviter autant que possible les fausses notes, les enseignants doivent pouvoir déterminer les compétences qui leur sont nécessaires pour faire un bon usage de la plupart des innovations survenues en éducation.

L'importance d'avoir une connaissance approfondie de l'enseignement

Pour être capables de répondre aux divers besoins des apprenants, les enseignants doivent être familiers avec des éléments pédagogiques tels que les intelligences multiples, les styles d'apprentissage, l'ethnicité, les particularités des garçons et des filles, les élèves à risque, les difficultés d'apprentissage, la pensée critique et les recherches sur le cerveau. **L'application erronée ou superficielle d'une démarche pédagogique ne rend pas plus justice à cette dernière qu'elle ne permet de répondre aux besoins des apprenants.** De plus, la réflexion personnelle et l'action de l'enseignant demeurent vaines et stériles si elles ne sont pas fortement liées à la réflexion et aux actions des autres professionnels. L'action sans la réflexion ou la réflexion sans l'action sont inacceptables en éducation ; les élèves méritent qu'on prenne soin de joindre les deux.

Illustrons notre propos par un exemple. Beaucoup d'éducateurs pensent qu'ils mettent en œuvre une stratégie d'apprentissage coopératif simplement du fait qu'ils font travailler leurs élèves en groupe. Demander aux élèves de travailler en groupe sans d'abord s'enquérir de la façon de rendre efficace le travail de groupe, c'est croire qu'il suffit de toucher un instrument de musique pour qu'il se mette de lui-même à jouer une mélodie. Une mise en application sans une préparation préalable du travail de groupe est un des procédés pédagogiques les moins efficaces qui soient. D'un autre côté, les stratégies décrites dans la littérature sur l'apprentissage coopératif améliorent l'apprentissage, tout comme le confirment de nombreux enseignants, tant du primaire que du secondaire, qui l'utilisent. Toutefois, d'autres enseignants n'utilisent pas cette approche et sont tout aussi efficaces, car ils emploient d'autres moyens pédagogiques.

Le répertoire pédagogique : la créativité et l'expertise

Les modèles théoriques, les stratégies et les contenus disciplinaires pourraient se comparer à des couleurs, et la science de l'enseignement à la palette du peintre. Nous pourrions ainsi dire que le fait d'avoir une palette riche ne fait pas de nous des artistes. Le fait qu'**un enseignant a beaucoup de connaissances, utilise des moyens pédagogiques variés et se soucie de ses élèves ne garantit pas qu'il sera efficace.** Il est certain cependant qu'il a de bonnes chances de succès. Cela nous conduit à affirmer que la science et l'art ont un terrain commun ; le premier domaine informe l'autre. Selon nous, l'enseignement est un art dans lequel les connaissances proviennent à la fois de l'exploration de la science et des expériences personnelles.

Si nous voulons une démarche réfléchie quant à l'enseignement, il faut appliquer un raisonnement pratique, et cette démarche doit se faire de façon collective, c'est-à-dire avec les autres intervenants du milieu scolaire. Si nous considérons les efforts considérables auxquels il faut consentir pour maîtriser l'art d'enseigner, nous pourrions dire que l'enseignant qui travaille de façon isolée ne travaille pas intelligemment. Un art d'enseigner qui ne s'appuie pas sur la science de l'enseignement, et une évolution de la science de l'enseignement qui ne tient pas compte de l'aspect créatif et artistique de la pédagogie sont tous les deux inconcevables. **Nous ne présumons pas qu'il existe une seule façon d'enseigner ou de créer des environnements pédagogiques. Nous cherchons à aider les enseignants à répondre aux demandes sans cesse croissantes relatives à la création d'environnements pédagogiques efficaces.** Le choix des méthodes et la manière de les appliquer deviennent déterminants, principalement dans le contexte où les enseignants subissent une forte pression quant à l'obligation d'apprendre de nouveaux procédés et aussi devant les quantités phénoménales de connaissances à acquérir.

L'*enseignement efficace* est un acte créatif, de même que l'*apprentissage efficace*. Toutefois, on aura de la peine à voir en quoi un enseignant efficace est créatif uniquement en le regardant travailler.

L'enseignant peut sembler faire peu de choses à certains moments ; peut-être a-t-il l'air de regarder simplement les élèves accomplir une activité. **Mais si vous observez attentivement le travail des enseignants efficaces, vous vous** apercevrez qu'ils sont très créatifs, qu'ils appliquent une multitude de notions et de procédés servant à approfondir la compréhension de ce qui est enseigné. Si vous leur demandiez ce qui a occupé leur esprit durant la journée de travail qui vient de finir, vous seriez étonné de la fécondité de leur pensée. Enfin, si vous pouviez suivre les progrès des élèves tout au long de l'année scolaire, vous verriez combien les efforts des enseignants sont fructueux. Un enseignant orchestre et facilite l'apprentissage, encourage les élèves et propose de nouveaux buts à atteindre, pendant que les élèves sont engagés dans un processus d'apprentissage. Un œil exercé reconnaît facilement un enseignant efficace.

La fonction des enseignants se traduit par des actions en classe, et ces actions varient constamment selon les besoins des élèves. Par conséquent, **il leur faut avoir en tête les nombreux modes d'action à leur disposition.** Ces derniers servent à répondre rapidement et de façon efficace à des besoins variés, compte tenu des situations qui se présentent. Ils permettent aux enseignants de faire preuve de créativité dans la recherche de solutions aux problèmes qui surgissent constamment. Ces modes d'action peuvent se comparer aux plans de jeu que mémorise le joueur d'échecs (de grands maîtres en mémorisent jusqu'à 50 000). Toutefois, aux échecs, une seule personne joue à la fois et les pièces changent de case seulement quand les joueurs décident de les déplacer. Les enseignants n'ont pas cette chance : les pièces de leur jeu pensent et se déplacent toutes seules.

L'expertise et la tentation de la médiocrité

La maîtrise de l'enseignement demande une pratique et une réflexion continues. Des recherches ont conclu qu'il faut au moins 10 ans à une personne pour devenir experte dans un domaine (Perkins, 1995). D'autres recherches portant sur le cerveau humain indiquent que la pratique a une influence considérable sur les neurones en augmentant leur efficacité (Diamond, 1998). Perkins affirme que le cerveau est une usine servant à fabriquer des modèles. Le cerveau utilise trois éléments : 1) l'expérience ; 2) la pratique réflexive ; et 3) le développement des neurones. L'intégration de ces trois éléments est à la base du comportement intelligent. Il y a plus de 30 ans, Kounin (1970) a mis en évidence certains caractères du comportement intelligent de l'enseignant ; l'un de ces caractères est la faculté de faire plusieurs choses à la fois.

Quand les enseignants ne parviennent pas à appliquer des modèles existants ou à en créer de nouveaux, la démarche pédagogique et la démarche d'apprentissage deviennent bientôt stériles, ennuyeuses et insignifiantes. Les élèves ont alors le sentiment que pour apprendre, il leur faut « sauter à travers un cerceau ». **Ceux qui ne veulent pas ou ne peuvent pas faire le « saut » se replient dans la passivité, se conduisent mal ou font les deux.**

La complexité de l'enseignement et de la démarche d'apprentissage s'explique par leur nature spontanée. À notre avis, l'enseignement doit être créatif pour être efficace.

Un enseignement inefficace n'est pas créatif. Si on parcourt les écrits portant sur l'enseignement, **on s'aperçoit que les enseignants sont poussés à la médiocrité** (Blase, 1985). Une bonne part du problème vient du fait que les enseignants sont enfermés dans une impasse : ils travaillent dans un système qui étouffe leur créativité alors qu'ils ont besoin de celle-ci pour bien travailler.

Dans son ouvrage publié en 1997 qui donne les résultats de sa recherche sur les personnes très créatives, Csikszentmihalyi affirme que, pour acquérir et maintenir un comportement créatif, l'enseignant doit tenir compte de différents facteurs. Ces facteurs sont les connaissances sur un grand nombre de sujets, la possibilité d'expérimenter, l'accès à l'information ainsi que la possibilité de travailler dans un système qui favorise l'innovation et la créativité.

Malheureusement, **les organisations et les systèmes responsables de la formation initiale et continue des enseignants incitent ces derniers, souvent sans qu'ils en aient conscience, à travailler contre les intérêts des élèves, les leurs ainsi que ceux de la société en général.** Ce problème se traduit par un faible niveau de perfectionnement des enseignants qui résulte du fait que ceux-ci ont à faire face à un flot continuel d'innovations. Ajoutons à cela les responsabilités accrues attribuables à l'hétérogénéité des groupes d'élèves ainsi que la culture professionnelle dans laquelle les enseignants évoluent, qui décourage la pratique réflexive et favorise plutôt le travail isolé.

Ainsi, la plupart des enseignants se voient forcés de courir dans tous les sens au lieu d'accomplir des actions utiles. C'est ce qui a amené Sizer à écrire *Horace's Compromise,* un roman qui raconte l'histoire d'un enseignant qui, initialement animé de bonnes intentions, en vient à bâcler son travail parce qu'il a été incité à revoir ses valeurs et ses principes. De même, l'aberration que représente l'investissement pécuniaire actuel dans l'accroissement du pouvoir pédagogique des enseignants est évoqué dans *March of Folly* de Tuchman (1984), un roman dans lequel les enseignants travaillent contre leurs propres intérêts. Le livre de John Saul (1992), *Voltaire's Bastards: The Dictatorship of Reason in the West,* présente la même idée :

Ainsi, parmi les illusions présentes dans notre civilisation se trouve la croyance absolue que la solution à nos problèmes se cache dans l'application plus déterminée d'une expertise organisée rationnellement. En réalité, une bonne partie de nos problèmes proviennent d'une telle action. Nous avons l'illusion d'avoir créé la société la plus sophistiquée de l'histoire humaine. Toutefois, la réalité nous montre que notre division de la connaissance en fiefs féodaux d'expertise rend la compréhension générale et la coordination d'actions pratiquement impossibles. [Traduction libre]

Examinons la créativité sous un autre angle. Pourquoi un enseignement efficace demande-t-il une démarche créative? C'est qu'il n'y a pas d'autre choix. D'abord, prenez du recul pour réfléchir à la complexité de l'enseignement avec le nombre d'élèves qui viennent en classe quotidiennement. Puis pensez aux facteurs sur lesquels les enseignants n'ont aucune emprise (le sexe, la race, la culture, les divorces, les drogues, l'alcool, la pauvreté, les mauvais traitements, les intelligences multiples, les styles d'apprentissage, les troubles particuliers d'apprentissage, etc.). Considérez ensuite le programme d'études et l'échéancier, qui laissent peu de marge de manœuvre aux enseignants. Enfin, pensez aux modèles qui surgiront spontanément dans l'esprit de l'enseignant lorsqu'il aura à composer avec toutes ces variables. Pour venir à bout de cette tâche complexe, l'enseignant doit adopter une démarche créative.

Si vous êtes parent, pensez à la dernière fête d'enfants que vous avez organisée. Comment vous sentiez-vous une fois la fête terminée? Imaginez maintenant que vous avez à organiser 190 fêtes qui se suivent à la queue leu leu et que vous n'avez que vos fins de semaine et vos soirées pour les préparer.

Rappelez-vous que vous devez accueillir 30 enfants à la fête, qui commence à 8 h 30 et se termine à 15 h 30; certains ne parleront pas français; d'autres ne voudront pas prendre part à cette fête; d'autres encore auront des troubles du comportement. Certains parents vous diront ce qu'ils veulent que leur enfant mange; bien sûr, vous allez leur servir des mathématiques, de la lecture, du théâtre, de la musique, de l'art, de l'histoire, de l'anglais, etc. Oh! il ne faut pas oublier qu'un des enfants peut être sourd ou avoir un trouble moteur; certains enfants seront isolés et d'autres iront les taquiner. De plus, entre un et cinq de ces enfants sont maltraités, ont été témoins d'un acte violent ou sont pauvres, et leur famille vit de l'aide sociale dans un logement subventionné. Bien entendu, le «Grand système des fêtes» comparera vos convives avec d'autres convives du monde entier. Mais ne vous inquiétez pas, vous pouvez planifier chaque fête le soir après avoir passé du bon temps en famille. Une dernière chose: les statistiques indiquent qu'il ne vous restera qu'environ 18 mois à vivre après avoir pris votre retraite à 65 ans; la profession comporte une des espérances de vie les plus courtes qui soient.

Plus sérieusement, nous pourrions comparer l'enseignement à une salle d'opération où se trouvent deux chirurgiens, un anesthésiste et deux infirmières qui opèrent en équipe un patient sous anesthésie. La classe compte cinq enseignants pour un élève. Maintenant, songez aux facteurs mentionnés plus haut: les intelligences multiples, les styles d'apprentissage, les recherches sur le cerveau, les troubles particuliers d'apprentissage, le sexe, etc. Le chirurgien n'a pas à tenir compte de telles variables quand le patient est sous anesthésie.

Pensez maintenant à un plombier qui s'affaire à réparer le lavabo qui coule dans votre salle de bain. Puis pensez à votre coiffeur, qui vous coiffe pendant que vous buvez tous les deux du thé. Mettez-vous pour finir dans la peau d'un enseignant. Doutez-vous toujours qu'il exerce une des professions les plus complexes et les plus exigeantes qui soient?

Le rôle de l'art et de la science dans l'enseignement et le processus d'apprentissage

Est-il difficile de se mettre dans la peau d'Emily Carr ou de Claude Monet? Que leur fallait-il? Un bout de fromage, une bouteille de vin et être seuls dans un champ de fleurs ou une forêt silencieuse avec une toile qui ne bouge pas plus qu'elle ne peut rouspéter! Le travail des enseignants dépasse beaucoup en complexité celui de Monet ou d'Emily Carr. Les enseignants doivent intégrer de façon artistique la science dans l'enseignement. Il s'agit de s'améliorer, de devenir plus rusés et d'innover.

Dans le présent livre, nous traitons indirectement de l'importance de la **théorie de la complexité, suivant laquelle des modèles émergent de la réunion de certaines forces** – comme c'est le cas des flocons de neige. Il faut la bonne température, la bonne pression, le bon niveau d'humidité, et pouf! vous en obtenez des milliards – tous d'un modèle qu'on peut croire unique. Heureusement pour nous, les dessins des flocons de neige ne peuvent être ni bons ni mauvais; ils ne sont ni efficaces ni inefficaces: ce ne sont que des flocons de neige.

Malheureusement, la nature de l'enseignement et du processus d'apprentissage n'est pas aussi anodine que celle des flocons de neige. En classe, des modèles surgissent instantanément et de partout, et notre réaction avant, pendant et après leur apparition permet de déterminer s'ils fonctionneront ou non. La théorie de la complexité peut nous en apprendre beaucoup sur les enseignants, la démarche pédagogique et le processus d'apprentissage. **Les modèles surgissent soudainement et les enseignants doivent réagir sur-le-champ.** La reconnaissance des modèles et la possession d'un grand répertoire de réactions sont déterminantes pour le succès de l'enseignant.

Les réflexions de Northrop Frye sur l'art et la science...

Dans *The Educated Imagination*, Northrop Frye affirme que l'art et la science ont des points de départ différents, mais qu'ils se rejoignent vers le milieu d'un même continuum. L'art part du monde que l'on désire; la science part du monde tel qu'on le voit. La science nous en apprend progressivement davantage sur le monde: elle évolue et s'améliore. Un physicien actuel de compétence moyenne en sait plus sur la physique que Newton n'en savait. L'art, pour sa part, ne s'améliore pas graduellement; comme l'écrit Frye: «... on ne peut pas dire que Whitman est un meilleur poète que Dante: la littérature ne montre pas ce genre de progrès» (p. 7).

L'idée de répétition ou de récurrence est importante en art – dans les rythmes en musique ou les motifs dans la peinture, par exemple –, mais le principe de répétition ou de récurrence ne suppose pas qu'un rythme est plus efficace qu'un autre. Pourquoi? L'art sert à décrire le monde humain et le monde naturel ou les relations entre ces derniers. La science, quant à elle, sert à faire avancer les connaissances, sinon elle n'a aucune utilité.

Avant de considérer les termes « art » et « science », examinons encore celui de « créativité ». Notre définition de la créativité est liée à celle de l'intelligence, laquelle se définit comme la compétence à réagir avec succès à une situation ou à trouver une solution à un problème nouveau. Une réaction à un problème peut être considérée comme intelligente lorsqu'il y a une mobilisation des connaissances acquises dans un ou plusieurs domaines du savoir en vue de résoudre un problème particulier.

La créativité requiert un certain nombre de conditions : 1) avoir des connaissances approfondies dans un domaine ou plusieurs domaines (ici, de l'enseignement et du processus d'apprentissage) ; 2) avoir du temps à soi pour exploiter sa créativité ; 3) travailler dans un milieu qui valorise la créativité ; 4) pouvoir perfectionner ses connaissances dans un domaine ; 5) avoir la possibilité de communiquer avec des professionnels dans le domaine ; et 6) vouloir développer ses connaissances (Csikszentmihalyi, 1997). Quand ces conditions ne sont pas réunies, la créativité se manifeste difficilement. Nous pouvons déduire de la recherche de Csikszentmihalyi que les personnes créatives peuvent généralement être considérées comme des experts, mais que tous les experts ne sont pas créatifs.

Selon notre expérience, l'éducation est forcée d'évoluer constamment et de contribuer à décrire le monde humain et le monde naturel ainsi que les relations qui unissent ces derniers. Cela nous amène à poser deux questions : pourquoi me faire enseignant plutôt qu'infirmier, plombier ou avocat ? Que font ou savent les enseignants que, probablement, les personnes non formées pour enseigner ne font ou ne savent pas ?

Les enseignants réfléchissent sur leur profession

Nous avons demandé à des milliers d'enseignants et de directeurs d'établissements d'enseignement de partout dans le monde d'expliquer pourquoi ils ont choisi leur profession. Leurs réponses se ressemblent beaucoup. Ils disent : « J'enseigne parce que j'ai de l'enthousiasme, de l'humour, de l'empathie, un bon sens de l'organisation et une aptitude particulière pour la communication. » Entre 20 et 30 raisons sont présentes dans les réponses. À l'occasion d'une récente conférence internationale sur la notation et l'évaluation, nous avons demandé à 76 enseignants de partout dans le monde d'indiquer les caractéristiques qui les définissent comme enseignants en répondant à la question suivante : « Pourquoi avons-nous choisi d'enseigner la gestion plutôt que de travailler comme comptables, ou d'enseigner l'art plutôt que d'être artistes ? » Une fois qu'ils eurent écrit leurs réponses, nous leur avons demandé d'éliminer les traits qui s'appliquent aussi à des professions autres que celle d'enseignant (par exemple, si la réponse renferme l'énoncé suivant : « les avocats doivent avoir le sens de l'organisation », on biffera « avoir le sens de l'organisation »). Ainsi, seulement les caractéristiques qui distinguent les enseignants des non-enseignants devaient rester. Quelles sont-elles à votre avis ?

Dans la plupart des groupes, il ne restait plus aucune caractéristique. Les groupes interrogés n'ont, pour ainsi dire, pas mentionné la pédagogie. À la fin, il restait tout au plus une ou deux idées. Ces idées étaient généralement des concepts assez vagues tels que « comprendre le développement de l'enfant » ou « connaître la façon d'enseigner ». Quand nous leur avons demandé de préciser ce qu'ils entendaient par « comprendre » et « connaître », la conversation est devenue laborieuse. Ce qu'il y a lieu de retenir de cette enquête, c'est la différence entre ce qui est essentiel dans l'enseignement et ce qui nous définit comme enseignants. Les enseignants interrogés ont bien compris que tout ce qu'ils avaient supprimé (sens de l'humour, empathie, respect, etc.) était essentiel, que ces dernières caractéristiques étaient propres à créer un environnement pédagogique qui favorise l'apprentissage. Toutefois, ces caractéristiques ne suffisent pas pour distinguer ceux qui devraient enseigner d'avec ceux qui ne le devraient pas. Ma mère adore les enfants et a le sens de l'humour : ne ferait-elle pas une bonne enseignante ?

Ce qui définit les enseignants, c'est leur capacité de mettre à profit tous les traits qu'ils ont biffés ainsi qu'une connaissance approfondie de la façon d'apprendre des élèves et de l'établissement d'un répertoire pédagogique. Celui-ci leur permet de déterminer avec justesse le niveau de connaissances de l'élève, la matière à traiter ainsi que la manière de l'enseigner. Les enseignants efficaces ont ce répertoire et ces connaissances, mais ils oublient de les mentionner et de les associer aux caractéristiques qui les définissent comme enseignants. Ils sont très conscients également que les démarches pédagogiques auront peu d'effets si ce qui constitue l'âme même de l'enseignement (se soucier des autres, être bienveillant, organisé, etc.) fait défaut.

Si quelqu'un venait vous regarder travailler pendant les deux ou trois prochains mois, quelles démarches pédagogiques vous verrait-il utiliser ?

Le tableau 1, à la page suivante, montre une partie des résultats d'une recherche de Bennett, Anderson et Evans (1997) portant sur les répertoires pédagogiques d'enseignants efficaces du secondaire. Il donne les réponses de trois enseignants à la question énoncée plus haut. Le tableau 2, à la page 13, présente un exemple de répertoire pédagogique qui est le fruit de huit années d'efforts.

Les listes du tableau 1 présentent les réponses spontanées de trois enseignants du secondaire appartenant à un même district scolaire et considérés comme expérimentés et efficaces. Voici une des questions qui leur ont été posées : « Si on venait vous regarder travailler pendant les deux ou trois prochains mois, que vous verrait-on faire de particulier pour aider vos élèves à apprendre ? » Les listes sont une transcription de l'enregistrement sonore de leurs réponses. On leur a également demandé d'expliquer ces dernières. Ils ont pu les expliquer et donner aussi des exemples d'applications de chaque élément en classe. Il est à noter qu'ils ne connaissaient pas les questions avant l'enregistrement. Durant la période où leur travail en classe a été observé, les enseignants ont employé beaucoup plus d'éléments que ceux qui sont mentionnés dans leur liste. Les éléments mentionnés ici sont seulement ceux dont ils se souvenaient.

Tableau 1 Les répertoires pédagogiques de trois enseignants du secondaire

Enseignant nº 1	Enseignant nº 2	Enseignant nº 3
Discipline : sciences • mise en situation, responsabilisation, contenu significatif • modélisation, vérification de la compréhension, fixation d'objectifs communs • apprentissage coopératif, activités de groupe • structures de Kagan : réflexion, discussion et réflexion partagée • tournoi de jeux d'équipe, remue-méninges • autoévaluation, évaluation par les pairs, évaluation par l'enseignant • apprentissage coopératif : casse-tête, cinq éléments de Johnson, travail par projets • acquisition de concepts, formation de concepts • plan préliminaire : schéma conceptuel, cours magistral • sens : auditif, visuel, kinesthésique • recherche sur le cerveau (mémoire à court et à long terme) ; valeurs, buts et croyances des élèves	*Discipline : anglais* • motivation, contenu significatif et intéressant, besoin, amusement, pertinence • raisonnement d'ordre supérieur, participation à cent pour cent, contenu centré sur l'élève • enseignant-facilitateur, programme scolaire négocié • situation préliminaire, rétroaction, modélisation • supervision, vérification de la compréhension, réflexion • organisateur graphique, activités de groupe, carrousel de groupe • petits groupes, classe entière, centres d'apprentissage, jeux, analyse des tâches, portfolios • médias : informatique, production vidéo, rétroprojecteur • cassettes, matériel imprimé • contenu axé sur les projets, évaluation basée sur la performance, apprentissage coopératif : casse-tête • acquisition de concepts, formation de concepts, schéma conceptuel • conception de leçon, jeu de rôle/théâtre, stratégie de prélecture • intelligences multiples, élèves à risque • sens : visuel, écoute, écriture, parole, expériences pratiques	*Discipline : français* • mise en situation, objectifs, travail par projets, littératie à travers le programme d'études • modélisation, vérification de la compréhension, exercices pratiques • apprentissage coopératif : stratégie réfléchir-partager-discuter • graffiti, entrevue à trois, vérification à deux, tactique des quatre coins • organisateur graphique : diagramme de Venn, organigramme, réseaux de mots • ordre du jour au tableau, lecture à voix haute, négociation • apprentissage coopératif : casse-tête • controverse créative : conception de leçon, schématisation conceptuelle • styles d'apprentissage, intelligences multiples, activités de groupe • taxonomie de Bloom : connaissance, application, analyse • sens : auditif, visuel, tactile, kinesthésique

Voici les démarches pédagogiques qu'un enseignant de sciences au secondaire utilise pour faciliter l'apprentissage de ses élèves. À quoi les vôtres ressemblent-elles?

Tableau 2 Un exemple de répertoire pédagogique d'un enseignant

Modèle de plan de leçon	**Mise en situation**
	Cette étape sert à :
	• préparer la leçon ;
	• capter l'attention des élèves pour les amener tous à participer ;
	• établir des liens avec leurs expériences antérieures.
	But et résultats attendus
	• Choisir un type approprié de leçon (voir les exemples) qui comprend tous les éléments requis, des activités pratiques (laboratoires) ainsi qu'une évaluation appropriée.
	Vérification de la compréhension
	• Utiliser une variété de stratégies et de niveaux de questionnement pour amener tous les élèves à évaluer eux-mêmes leur apprentissage.
	• Fournir aux élèves une rétroaction immédiate.
	Pratique et application
	• Utiliser à la fois la pratique guidée (aide individuelle de l'enseignant ou enseignement mutuel) et la pratique autonome (travail individuel).
	Retour sur l'expérience
	• Résumer la leçon.
	• Faire des liens avec les buts et les résultats attendus.
	• Faire participer l'ensemble des élèves.
	Approfondissement
	• Approfondir les acquis ou faire des transferts dans de nouveaux contextes.
	• Poser des questions pour enrichir la leçon.
	• Appliquer les compétences dans des situations réelles.
Type de leçon	1. Coopération en groupe 6. Controverse créative
	2. Cours magistral/exercices 7. Jeu de rôle
	d'entraînement 8. Activités mnémoniques
	3. Acquisition de concepts 9. Travail de recherche
	4. Formation de concepts 10. Recherche collective
	5. Pédagogie de la maîtrise

(suite ►)

(suite)

Consignes de travail coopératif	**Cinq éléments :** • l'interdépendance positive ; • la responsabilisation individuelle ; • l'interaction directe ; • les compétences sociales ; • le traitement de l'information.
	La formation des groupes : • la taille et les types de groupes ; • la méthode de formation des groupes.
	Les compétences liées à la coopération : • attendre son tour ; • se concentrer sur le travail à faire ; • résoudre les conflits ; • fournir des réponses complètes ; • souligner les réussites ; • clarifier les idées ; • exprimer son désaccord de façon courtoise ; • bien suivre les consignes ; • demander des précisions ; • partager ; • féliciter les autres ; • négocier ; • donner des détails ; • aider les autres ; • récapituler ; • critiquer les idées et non les personnes ; • participer activement.
Les intelligences multiples	• verbale/linguistique ; • logico-mathématique ; • kinesthésique ; • intrapersonnelle ; • musicale ; • visuo-spatiale ; • interpersonnelle.
Utilisation de l'informatique	• traitement de textes ; • tableur électronique ; • cédérom ; • banque de données ; • diagrammes ; • logiciel.
Évaluation	• méthode anecdotique ; • feuille de pointage ; • évaluation par les pairs ; • autoévaluation ; • liste d'indicateurs ; • compte rendu de laboratoire ; • test écrit ; • portfolio ; • indicateurs ; • projet ; • présentation ; • spectacle.
Niveaux de questionnement	**Connaissance (description/rappel de l'information)** • qui, quoi, où, quand, comment
	Compréhension (organisation/sélection de faits ou d'idées) • Quelle est l'idée principale de… ? • Reformule dans tes propres mots…

(suite ►)

(suite)

Niveaux de questionnement *(suite)*	**Application (utilisation de faits, de règles et de principes)** • En quoi… est un exemple de… • En quoi… est lié à… • Pourquoi… est significatif ?
	Analyse (décomposition d'un tout en ses parties) • Classer… selon… • Faire un schéma/un diagramme/un réseau qui représente… • Comparer… et…
	Synthèse (réunion ou fusion d'idées en un tout) • Que peux-tu prédire/déduire à partir de… ? • Comment concevrais-tu un nouveau… ? • Comment résoudrais-tu… ?
	Évaluation (exposé des choix, des jugements, des décisions) • Que penses-tu de… ? • Place par ordre d'importance… selon… • Selon quels critères évaluerais-tu… ?
Actions liées aux habiletés de la pensée	• faire un remue-méninges ; • classer ; • comparer/opposer ; • évaluer ; • émettre des hypothèses ; • analyser ; • visualiser ; • disposer dans un certain ordre ; • associer des idées ; • placer par ordre d'importance.
Stratégies possibles	• schématisation conceptuelle en petits groupes et avec la classe entière ; • acquisition de concepts, diagrammes de Venn ; • travail en laboratoire, résolution de problèmes ; • tableau en T, diagrammes, affiches, schématisation conceptuelle ; • formation de concepts, utilisation d'une matrice ; • travail de recherche, controverse créative ; • travail de recherche, recherche collective, casse-tête, diagramme cause-effet ; • résolution à partir de problèmes ouverts ; • classement.

Est-il important d'être conscient de ses compétences ?

Prenant du recul pour examiner l'enseignement et le processus d'apprentissage, le public nous demande d'expliquer pourquoi nous avons choisi de devenir enseignants, directeurs d'école ou directeurs de l'éducation. Avec un peu de chance, il nous demandera bientôt aussi d'expliquer la raison pour laquelle certains d'entre nous enseignent à l'université – mis à part le fait d'avoir un doctorat (pour certains) et de faire de la recherche. Si vous êtes directeur d'école, comment faites-vous pour convaincre les gens que vous êtes un leader pédagogique ? Il est possible de répondre à cette question, mais parfois, même les administrateurs les plus efficaces ne sont pas conscients de leurs compétences. Autrement dit, ils sont des leaders pédagogiques, mais ils sont incapables de préciser pourquoi. Il en est de même avec les enseignants.

Prenons l'exemple d'une enseignante qui a demandé à ses élèves de construire une imitation de ferme. Une partie de l'exercice consistait à résoudre des problèmes de construction. Les élèves travaillaient en coopération, et tous participaient. L'enseignante a laissé une période d'attente pour favoriser les réponses des élèves, a fait des liens entre leurs commentaires et a demandé des précisions. Elle a posé diverses questions, à la fois convergentes et divergentes, se rapportant aux différents niveaux de la taxonomie de Bloom. Il convient de noter que cette enseignante ne sait pas quel est le sens de l'expression « période d'attente », pas plus qu'elle ne connaît ou ne comprend la taxonomie de Bloom, et qu'elle serait incapable de dire si une question est divergente ou convergente, et ainsi de suite. Vous pourriez alors poser la question suivante : « Doit-on être conscient de ses compétences ou non ? » Les deux sont importants. Le fait que nous ignorons quelles sont nos compétences nous permet d'agir plus instinctivement. Cela libère de l'espace mental pour nous permettre de penser et de réagir à des situations nouvelles ou imprévisibles. Par contre, si nous savons quelles sont nos compétences, il nous sera possible de réfléchir à leur propos.

Si une leçon ne fonctionne pas, comment la démonter pour trouver ce qui cloche ? Comment parler de façon efficace avec d'autres personnes de vos essais, de vos échecs ou de vos réussites ? Si vous avez un stagiaire, comment vous y prenez-vous pour analyser une situation d'enseignement de façon à pouvoir déceler les causes de votre succès ou de votre échec ? Trop souvent, les enseignants abandonnent une méthode innovatrice après l'avoir appliquée une ou deux fois. Ils affirment alors avec assurance que le problème est lié à quelque chose qui est tout à fait étranger à l'utilisation de la méthode. Ainsi, ils ne réalisent pas que de multiples variables peuvent concourir à produire un résultat.

Par exemple, si vous avez entrepris de construire un garage d'après un plan et si vous êtes incapable de calculer l'angle du toit, il ne vous viendra pas à l'idée de blâmer le plan. Vous n'avez pas les compétences nécessaires. Comparez ce dernier exemple avec une stratégie d'acquisition de concepts qui est mise en œuvre sans que l'on se soit assuré d'avoir les compétences requises pour formuler des questions appropriées et donner aux élèves le temps de

Voici une citation tirée de *Chesapeake* de James Michener :

« Il lui manquait l'outil essentiel sans lequel l'ouvrier ne peut atteindre la maîtrise parfaite : il ne connaissait le nom d'aucune des pièces qu'il fabriquait, et sans ces noms son art était incomplet. Ce n'est pas par accident que les docteurs, les avocats et les bouchers ont inventé des noms précis mais secrets pour désigner les choses qu'ils font : connaître ces noms, c'est connaître leur secret. Les bons noms nous font entrer dans un nouveau monde d'excellence, nous font devenir de véritables maîtres. » [Traduction libre]

répondre. La conception d'un environnement pédagogique est une tâche complexe et importante : il est essentiel que les enseignants comprennent ce qu'impliquent leurs décisions et leurs actions.

En somme...

C'est sans doute la multiplicité des connaissances que les enseignants sont forcés d'assimiler qui explique le fait qu'ils ne peuvent décrire tout ce qu'ils font en classe. **La spécialisation et la balkanisation ont produit des divisions qui nuisent à la clarté.** Si vous étudiez l'apprentissage coopératif avec David et Roger Johnson, il y a peu de chances que vous entendiez parler du travail de Spencer Kagan, de Robert Slavin, de Jeanne Gibbs et de Elizabeth Cohen, et vice versa. Si vous étudiez avec un constructiviste, il est probable que vous n'examinerez que brièvement la méthode béhavioriste. **Malgré nous, nous avons à choisir entre être béhavioriste et être constructiviste. Pourquoi ne pas être les deux ? L'idée d'intégrer les idées de ces deux courants nous plaît. Cela fait d'ailleurs partie de la ligne de conduite que nous avons décidé de suivre dans ce livre.**

Pendant 25 ans, nous avons observé des enseignants et travaillé avec des enseignants provenant de tous les coins du monde, et nous avons appris qu'**à peu près tout fonctionne bien quand les enseignants sont créatifs.** Les enseignants créatifs n'ont cependant pas de meilleures idées que les autres. Leur succès est dû à la façon dont ils intègrent celles-ci à d'autres idées. Un effet synergique se produit, un peu comme dans les observations de Howard Gardner concernant les intelligences multiples et leur façon d'interagir quand elles se combinent à l'intelligence interpersonnelle. Une des erreurs de la pensée critique est de nous forcer à choisir entre deux possibilités. Mais il y a pire : ignorer qu'il y a plusieurs choix possibles.

Quand on constate la variété de modèles contenus dans les nombreuses possibilités d'approches pédagogiques, on est amené à conclure que l'enseignement est un acte créatif qui s'insère dans un environnement complexe. Il importe de savoir que l'enseignement a été considéré au cours de l'histoire à la fois comme une science et un art (comme en font foi les écrits béhavioristes et constructivistes). Selon nous, les doctrines béhavioriste et constructiviste sont fonctionnellement inséparables quand il s'agit de concevoir des environnements pédagogiques. **De même, l'art et la science envisagent le monde selon deux perspectives différentes, bien qu'ils requièrent tous deux une démarche créative.**

Il importe peu qu'une pianiste joue de mémoire ou qu'elle invente la partition : on peut écrire les notes qui représenteront ce qu'elle a joué, soit une pièce de musique. La pianiste se compare à l'enseignante, et les notes à la leçon. L'avantage de la leçon est qu'une autre personne peut l'utiliser pour approfondir les réflexions qu'elle a suscitées ; d'autres personnes peuvent répéter, approfondir ou introduire des idées.

Nous présentons maintenant une leçon conçue par une stagiaire qui vient tout juste de se lancer dans l'aventure de l'enseignement. La leçon est suivie de réflexions sur l'enseignement. Nous vous invitons à reproduire, à approfondir et à intégrer cette leçon.

Leçon

Les changements dans le monde physique – Grand livre des sciences

Niveau	3e année
Nombre d'élèves	27
Matières	Interdisciplinaire – langue, arts et sciences
Durée	50 minutes

Enchaînement des leçons

La présente leçon est la première d'une série de leçons accompagnées de travaux coopératifs. La série se conclura par des présentations devant la classe faites par les différents groupes d'experts.

Description de la leçon

Cette leçon sera suivie d'un certain nombre de périodes de travail coopératif qui se termineront par des présentations orales et visuelles en groupe. Les élèves travailleront ensemble à la conception d'un grand livre dans le domaine des sciences. Ils devront observer leur environnement physique afin de pouvoir décrire toutes les transformations liées au sujet étudié (par exemple, les ordures et le recyclage). Ils enseigneront ensuite au reste de la classe ce qu'ils ont appris au cours d'une présentation où ils fourniront toutes les précisions nécessaires. Les notions seront présentées à l'aide d'un organisateur grahique. Enfin, les membres des différents groupes évalueront leur propre participation ainsi que celle de leurs coéquipiers. Ces évaluations compteront pour un certain pourcentage dans la note finale.

Objectifs

Pédagogiques

- Pour montrer leur compréhension des changements, les élèves trouveront et étudieront des exemples de changements qui surviennent dans le monde qui les entoure.

- Un des sujets suivants sera attribué au hasard à chacun des groupes :
  - La matière ;
  - La Terre et les volcans ;
  - Les ordures et le recyclage ;
  - La migration des animaux ;
  - Les moyens de défense des animaux ;
  - Les insectes, les abeilles et le miel ;
  - Les poules et les autres créatures qui pondent des œufs.

- Pour montrer leur compréhension des changements, les élèves expliqueront, dans leurs propres mots, les données recueillies et prépareront une présentation en groupe de quatre minutes (où ils seront les « experts en la matière » et enseigneront au reste de la classe).

- Pour la préparation de leur présentation, les élèves s'aideront d'un organisateur graphique.

- Pour approfondir leur compréhension des aptitudes sociales liées à la leçon, les élèves réfléchiront à leur participation personnelle et à leur travail d'équipe.

Sociaux

- La leçon sera précédée d'une courte présentation sur les aptitudes sociales qu'exige le travail en groupe. Cette présentation fournira des exemples et des contre-exemples de travail d'équipe efficace.

- Les élèves, répartis par groupes de quatre, travailleront à l'atteinte d'un but commun en partageant une seule ressource bibliographique.

- Les élèves vont définir et s'attribuer des rôles individuels en vue de la préparation et de la présentation de leur exposé.

- Les élèves se surveilleront eux-mêmes et s'encourageront mutuellement de manière que tous les membres du groupe aient le même niveau de participation.

- Les élèves atteindront l'objectif lié aux aptitudes sociales en participant à l'activité de manière équitable, en partageant le matériel et en paraphrasant correctement l'information fournie.

Mise en situation

(Les élèves sont rassemblés à l'avant de la classe.)

- Parlez brièvement de la notion de changement, par exemple des changements physiques.

- Amenez les élèves à réfléchir aux différents types de changements, et en particulier à ceux que l'on peut percevoir par les sens.

- Laissez un court temps de réflexion aux élèves pour qu'ils trouvent (en équipe de deux) deux changements physiques dans la nature, puis employez la stratégie réfléchir-partager-discuter.

- Demandez à des élèves de présenter la réponse de leur coéquipier (pour les responsabiliser et pour motiver les élèves qui ont de la difficulté à écouter).

- Notez les réponses dans un tableau.

- Donnez les consignes, puis formez les groupes.

Vocabulaire

« Dernièrement, nous avons lu une histoire à propos de Lily et de ses changements d'attitude envers son nouveau petit frère. Vous avez tous bien décrit l'évolution de ses sentiments et même les **raisons** qui, d'après vous, expliquent pourquoi elle éprouve ces sentiments. Mais tous ces changements se produisent **à l'intérieur** d'elle-même. Indiquez des changements qui pourraient se produire **autour** de Lily et autour de nous. Regardez à travers la fenêtre. Que voyez-vous qui pourrait changer ? »

Prenez des suggestions (deux ou trois)

« Maintenant, avec un autre élève, trouvez deux autres choses qui changent dans la nature. Vous avez 40 secondes pour les trouver. Ensuite, je vais demander à certains d'entre vous de présenter la réponse de leur camarade. Rappelez-vous qu'il faut écouter et attendre son tour pour parler. À vos marques ! Prêts ? Partez ! »

Attendez l'expiration du temps de réflexion, notez les réponses dans un tableau et acceptez toutes les réponses

« Maintenant, vous allez travailler en équipe et devenir des experts sur un élément de la nature qui change beaucoup. Chaque équipe va avoir un livre (leur montrer une encyclopédie des sciences). Vous allez préparer une présentation sur votre sujet de recherche. Rappelez-vous qu'il est important de bien lire parce que vous allez enseigner des choses aux autres élèves de la classe. Revoyons maintenant certaines choses importantes concernant le travail d'équipe. »

Recueillez les suggestions et acceptez toutes les réponses.

Suggestions

- Un exposé détaillé sur la façon de travailler en équipe (participation équitable, partage du livre, aide aux autres, etc.).

- Tirage au sort d'un sujet par un membre de chaque équipe.

- Distribution du plan de la présentation.

- Explication des règles à suivre, précisions concernant les éléments à chercher et suggestions pour la présentation.

Modélisation

Faites une présentation des changements saisonniers avec un autre stagiaire en enseignement. À tour de rôle, lisez à voix haute les renseignements et faites ressortir le début des phrases tirées de l'organisateur graphique.

Pratique et vérification de la compréhension

(faites simultanément)

- Demandez aux élèves d'exécuter leur travail en groupe. Ils commenceront par lire à tour de rôle leur livre à voix haute. Les meilleurs lecteurs aideront les autres.

- Supervisez le fonctionnement de l'équipe et le travail produit.

- Fournissez de l'aide et des conseils au besoin.

- Posez des questions stratégiques sur les processus que les élèves ont employés et sur leurs connaissances. Utilisez une liste d'indicateurs pour noter les observations (sur le travail produit et sur les aptitudes sociales que sollicite le travail en groupe).

N.B. : La compréhension est aussi vérifiée à l'étape de la production (présentation).

Conclusion

- Chaque équipe présente son sujet à titre d'« expert » dans un domaine précis (ici, vérifier aussi la compréhension).

- Les équipes réfléchissent avant de répondre aux questions de la classe ou de revenir sur les commentaires formulés.

- Tous les changements présentés sont notés par le reste de la classe (tous les élèves ont la responsabilité d'écouter attentivement ce qui est dit).

- Afficher en classe des tableaux ou des listes d'exemples de changements dans la nature qui ont été regroupés par catégories.

- Tous les membres des équipes réfléchissent à leur contribution personnelle au travail d'équipe.

Dans les pages suivantes, nous présentons les réflexions de l'enseignante sur l'enseignement.

Le changement? Qui a besoin de changement? Les choses vont déjà assez mal.

Lord Salisbury

Réflexion

Mon stage en troisième année fut à la fois une révélation et un défi. Je crois avoir trouvé ma « place » en enseignement : les classes du primaire sont parfaites pour moi ! J'ai trouvé ce stage stimulant pour plusieurs raisons. La classe elle-même n'était pas très facile : les compétences et les comportements des élèves étaient très divers. De plus, j'ai consacré une bonne partie de mon stage à un module interdisciplinaire sur les **changements,** qui avait pour but de préparer les élèves au *testing* de troisième année en mai. Le sujet de l'évaluation devait être le changement. Mon travail consistait à construire ce module, à toucher divers domaines du programme d'études et à familiariser les élèves avec tous les genres de changements. Au début, je me suis sentie un peu dépassée par l'ampleur de la tâche. J'ai donc décidé d'organiser mon travail et de faire porter chacune des leçons sur un thème déterminé, ce qui à la fois faciliterait l'enseignement et aiderait les élèves à suivre. En ce qui concernait les changements physiques, j'ai décidé de me concentrer sur les changements dans la nature et le monde qui nous entoure. J'ai cru qu'il serait opportun de faire un rapprochement avec les arts, d'intégrer une présentation orale et un travail d'équipe. Mon idée s'est révélée judicieuse, comme vous pourrez le constater à la lecture de mes réflexions sur le déroulement de l'activité.

Le plan de base de la leçon était simple. La classe était divisée en équipes. À chaque équipe était attribué, au hasard, un livre de sciences portant sur un sujet précis. Les élèves lisaient le livre et y repéraient des exemples de changements. Les équipes préparaient ensuite leur exposé en suivant un organisateur graphique que je leur avais remis. Tous les élèves devaient participer à la recherche et à la présentation. Je me suis vite aperçue que la leçon n'allait pas se dérouler aussi facilement que je l'avais prévu.

J'ai mis beaucoup de soin à former les équipes avant le début du cours. Après avoir consulté l'enseignant qui m'accueillait, j'avais une bonne idée des aptitudes de lecture et des niveaux de compréhension des élèves. J'ai utilisé les renseignements fournis pour former les équipes de façon à jumeler un élève qui excelle en lecture et en écriture avec un élève qui a de la difficulté, un élève au-dessus de la moyenne avec un autre dans la moyenne. Ce fut ardu, il m'a fallu recommencer souvent, mais le travail a été profitable. Cela a produit de bonnes dynamiques de groupe, à quelques exceptions près. Comme prévu, les élèves forts en lecture ont dirigé les groupes, aidé et motivé les élèves faibles. Les élèves ont ainsi pu se responsabiliser sans que j'aie à aller d'un groupe à l'autre pour rappeler aux élèves de participer.

Je dois préciser que ce projet s'étendait sur plusieurs périodes. Il fallait une semaine de cours avec des périodes de temps raisonnables allouées à la lecture, à la préparation du travail, à la répétition de la présentation et à la présentation elle-même. Cela était essentiel pour créer un environnement incitant les élèves à la prise de risque. Je ne leur ai pas trop donné de temps pour faire leur travail. J'ai veillé à ce que les périodes prévues pour telle ou telle activité soient respectées. J'étais limitée par les délais que je m'étais fixés si je voulais atteindre mes objectifs.

Ayant réfléchi depuis à la manière dont s'est déroulé le travail d'équipe des élèves, je changerais quelque peu ma leçon aujourd'hui. Je ne m'attendais pas à ce qu'il y ait un grand laps de temps entre le moment où la première équipe terminerait et celui où finirait le reste de la classe.

J'ai donc dû trouver rapidement de quoi occuper utilement les premiers élèves qui avaient terminé pendant que les autres continuaient à travailler. J'ai mis sur pied des activités (d'autoévaluation et d'évaluation par les pairs) qui n'ont malheureusement pas rempli tout le temps libre. Si c'était à refaire, je prévoirais d'autres activités sur les changements qui permettraient aux élèves qui finissent avant les autres de continuer leurs apprentissages.

Avant cette leçon-projet, j'avais donné une leçon sur les aptitudes sociales que réclame le travail d'équipe, et nous y avions discuté de ce qui rend le travail d'équipe efficace ou inefficace. M'appuyant sur la stratégie d'acquisition de concepts, j'ai présenté des exemples et des contre-exemples de travail d'équipe efficace. Ainsi, j'ai préparé les élèves à recevoir la leçon. Cela a eu pour effet de les responsabiliser puisqu'ils savaient qu'ils avaient des règles à suivre. Ils savaient aussi que leur comportement était observé. Ma mise en contexte a été utile, car non seulement les élèves ont travaillé avec ardeur, mais également ils ont rapidement répondu à mon invitation à parler des changements physiques dans la nature. Ils ont d'eux-mêmes formulé un nombre considérable d'idées, de sorte que je ne pouvais douter qu'ils étaient sur le bon chemin. Toutefois, je dois relever ici une des faiblesses de mon travail. J'étais si heureuse de les voir enthousiastes et créatifs que j'ai eu de la peine à respecter les limites que j'avais fixées. Au lieu des deux ou trois suggestions prévues, j'en ai retenu sept ou huit. Je n'ai pu m'empêcher de donner la parole aux élèves qui levaient la main. Je ne crois pas qu'il s'agit d'une bonne chose à faire parce que j'ai dérangé mon plan initial et que j'ai perdu du temps à noter des exemples par trop évidents. Si c'était à recommencer, j'essaierais donc de m'en tenir au plan établi au départ.

La leçon sur le travail d'équipe a été un succès parce que les élèves savaient exactement ce que j'attendais d'eux dans le travail en équipe. Je me félicite d'avoir révisé tout le contenu de la mise en contexte de la leçon. Ainsi, les élèves paraissaient être capables d'assumer leurs devoirs et leurs responsabilités quand ils sont retournés à leur espace de travail (bien qu'il y ait eu quelques protestations sur la composition des équipes).

Les espaces de travail n'étaient pas attribués au hasard, et les élèves ne pouvaient pas les choisir eux-mêmes. J'avais disposé stratégiquement les grandes feuilles de papier et les marqueurs à des endroits précis assez éloignés les uns des autres pour éviter les distractions, mais suffisamment proches aussi pour permettre les échanges face à face. Je crois que cela a contribué au succès de la leçon.

La modélisation a été un facteur important de la réussite de la leçon. Mon enseignant associé et moi avons suivi le même organisateur graphique que celui que j'avais remis aux élèves pour qu'ils aient un exemple de ce que je voulais qu'ils fassent dans leur présentation. Cela les a aussi rendus plus conscients de leurs responsabilités, car outre qu'ils avaient des consignes claires, ils disposaient d'un exemple qui leur montrait comment faire la présentation.

Si jamais je redonne cette leçon, j'ajouterai une courte activité en équipes où les élèves dressent des listes d'exemples et de contre-exemples de travail d'équipe efficace. Ils pourraient afficher ces listes près de leur espace de travail. Ces dernières auraient pu m'aider à gérer la classe lorsque des élèves escamotaient leurs tâches ou se disputaient avec d'autres (surtout les élèves qui n'écoutaient pas ou qui laissaient les autres faire tout le travail). Je crois que ces listes auraient été de bons aide-mémoire visuels et aussi un outil qui aurait pu m'aider à gérer la classe et à accroître le sens des responsabilités des élèves. Il est difficile d'enfreindre une règle dont l'énoncé se trouve juste devant vos yeux.

Je puis dire que je suis satisfaite de la leçon en général. Les présentations ont été excellentes de même que les réflexions personnelles et les évaluations d'équipe que les élèves ont fournies après le projet. Ils ont été honnêtes et justes. De plus, toutes les questions et les réponses se rapportaient directement à l'activité. Mes élèves ont véritablement évalué leur propre rôle dans leur équipe ainsi que leur travail d'équipe. Je suis certaine qu'ils en ont appris autant sur les changements dans la nature que sur le travail coopératif. J'ai inclus leur autoévaluation et leur évaluation d'équipe dans ma notation de leur présentation. Ainsi, je les récompense et je reconnais qu'ils assument leurs responsabilités, et je m'assure en outre d'avoir plusieurs exemples à ma disposition pour faire une évaluation juste.

Dernières réflexions

Quels rapports est-il possible d'établir entre le répertoire pédagogique d'un enseignant, sa créativité, son expertise et l'apprentissage des élèves? Quelle serait, selon vous, la principale cause de l'amélioration du rendement des élèves?

Des recherches montrent que les connaissances des enseignants en ce qui a trait à l'enseignement et au processus d'apprentissage (connaissance du contenu et du processus) sont le meilleur indicateur du succès des élèves (Marzano, 1998; Greenwald, Hedges et Laine, 1996). Ces mêmes recherches indiquent que l'attribution de fonds au perfectionnement des enseignants est ce qui sert le mieux l'apprentissage des élèves.

Darling-Hammond (1998), en conclusion à sa revue des recherches sur le sujet, met en évidence ce qui favorise l'apprentissage des élèves:

Nous savons également que les enseignants chevronnés vérifient les connaissances antérieures des élèves et font des liens entre les nouveaux concepts et ces connaissances antérieures. Ils cherchent différentes occasions susceptibles de favoriser l'apprentissage et de rendre la matière signifiante pour les élèves, qui ont chacun leur style d'apprentissage. Ils savent comment aider au développement des élèves et renforcer leur motivation à accomplir des choses. Ils savent aussi définir des étapes qui permettent aux élèves d'accéder graduellement à des idées plus complexes et d'accroître leur rendement. (P. 7)

Elle ajoute :

Ce que les enseignants savent et peuvent faire influe grandement sur l'apprentissage des élèves. De plus, la façon dont le système d'éducation organise leur travail a un effet considérable sur leur rendement. (P. 12)

Il ressort de ce que nous avons dit jusqu'à maintenant que, si nous voulons améliorer l'enseignement, il nous faut concentrer collectivement nos efforts, de façon intelligente et en faisant preuve de créativité. Si nous voulons exceller dans notre profession, nous devons comprendre les apprenants, la matière et la démarche pédagogique et aussi examiner collectivement quel est le but de l'enseignement. Nous devons également déterminer quelle est la manière la plus responsable d'évaluer et de noter les apprenants. L'enseignement est une entreprise complexe et créative.

Qu'avons-nous appris jusqu'à maintenant ?

- L'enseignement est complexe.

- L'enseignement est exigeant.

- L'enseignement est important.

- L'enseignement est un art qui s'appuie sur la science ainsi que sur nos expériences personnelles.

- Il faut des années de travail pour devenir expert (comme dans la plupart des autres domaines : gymnastique, musique, etc.).

- Les enseignants efficaces augmentent leur capacité de reconnaître des modèles et de les utiliser.

- Il existe plus d'une manière d'enseigner ; les enseignants peuvent avoir chacun leur manière d'enseigner, être aussi efficaces les uns que les autres… ou aussi inefficaces.

Chapitre 2

La complexité de l'enseignement : la création de modèles

Questions clés

1 En quoi les concepts pédagogiques suivants diffèrent-ils les uns des autres : intelligences multiples, schématisation conceptuelle, méthode « réfléchir-partager-discuter », temps d'attente et responsabilisation ?

2 Quels rapports établissez-vous entre ces différents concepts ? Expliquez en quoi ils sont liés les uns aux autres.

3 Étant donné la complexité de la classe, pourquoi est-il essentiel de comprendre les relations entre les différents choix péda-gogiques ? En quoi ces choix se complètent-ils les uns les autres ?

ans le premier chapitre, nous avons vu que l'enseignement est un processus à la fois complexe, exigeant et important. Pour être effi-caces, les enseignants doivent devenir des experts créatifs qui prennent collectivement des décisions concernant l'enseignement et le processus d'ap-prentissage. L'idée de « collectivité » est loin d'être étrangère au domaine des arts. Par exemple, nous voyons souvent deux, trois ou quatre artistes verriers qui partagent leurs connaissances sur les propriétés du verre pour créer des œuvres exceptionnelles. La complexité de la technique requiert une intelligence collective. La complexité de l'enseignement exige le même type d'intelligence.

Nous avons également décrit certains aspects de la recherche sur la pensée et l'action créatives. Les études consacrées au sujet nous apprennent que les experts ont une culture encyclopédique en constante évolution et ont déve-loppé des habiletés et adapté leurs stratégies en fonction de ces connaissances. Ils comprennent les modèles pédagogiques inhérents à un enseignement effi-cace. Le présent chapitre traite des modèles pédagogiques, lesquels constituent un des éléments moteurs de l'enseignement et de l'apprentissage.

Le présent chapitre comporte sept objectifs :

1. Présenter le sujet et préciser la raison d'être du chapitre.

2. Définir une variété de processus pédagogiques.

3. Illustrer une activité montrant l'importance des concepts pédagogiques.

4. Expliquer la théorie de Perkins relative à la structuration de la connais-sance à la base de la compréhension des concepts.

5. Appliquer la structuration des connaissances pour développer le répertoire pédagogique.

6. Porter un jugement sur cette ligne de pensée.

7. Mettre en application ce que vous avez appris au moyen d'un exemple de leçon.

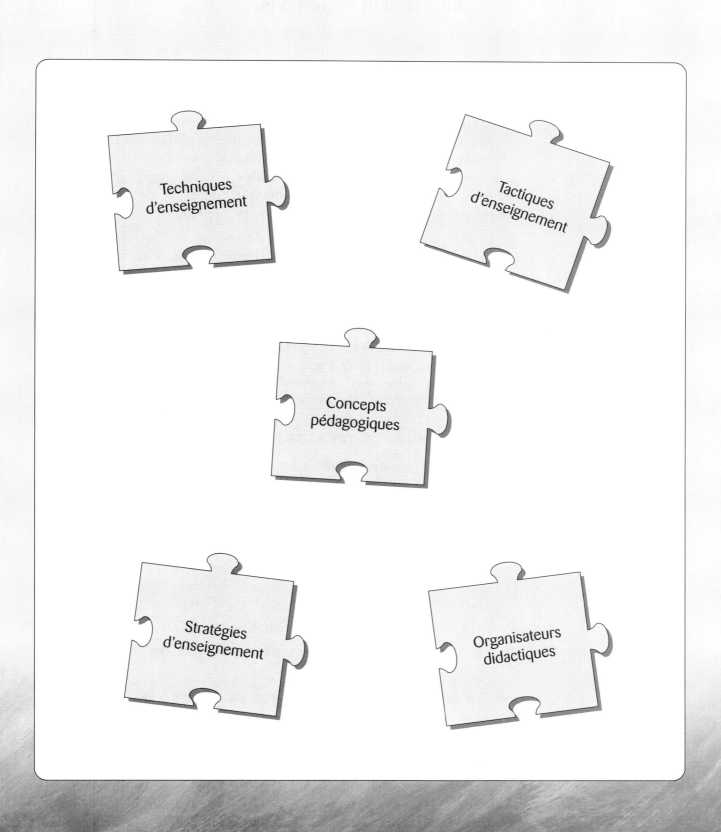

Introduction et raison d'être

Comment un éducateur peut-il intégrer et mettre en application les innombrables possibilités d'enseignement ? Un certain nombre de recherches ont fait état de leur infinie variété (Marzano, 1992). Cependant, nous voudrions aller ici au-delà de la simple description et considérer l'application et l'intégration de ces possibilités. Dans le présent chapitre, nous insistons sur une étape cruciale. Celle-ci permet de dégager et de définir des concepts pédagogiques, des procédés, des tactiques, des stratégies d'enseignement et des organisateurs didactiques qui correspondent à l'aspect scientifique de l'enseignement. Cette étape nous permettra de clarifier le langage propre à notre profession et nous fournira l'occasion d'expliquer ce que Perkins, dans *Outsmarting IQ,* entend par « intelligence symbolique ».

Le langage pédagogique nous apparaît comme un attribut déterminant ou nécessaire de l'enseignement, mais nous devons cependant reconnaître que le point de vue technique ou scientifique est en lui-même insuffisant. Si nous nous limitons à l'aspect technique et acquérons l'habitude d'appliquer ces possibilités de façon morcelée et machinale, comme s'il s'agissait d'une liste de vérification, nous fonctionnons alors avec une mentalité mécaniste qui étouffe la créativité. Il faut en arriver non pas à une conception réductrice de l'enseignement, mais plutôt à une conception plus élargie. Nous énumérons dans l'encadré ci-dessous certains éléments qui permettent de passer des aspects techniques de l'enseignement à l'art d'enseigner.

Quelques éléments qui aident les enseignants à définir une pratique plus ingénieuse

- l'idée d'intelligence (prendre des décisions judicieuses ou faire des combinaisons nouvelles d'idées qui s'appuient sur la connaissance des caractéristiques multiples de l'apprenant) implique celle de créativité ;

- sa propre personnalité et l'intelligence interpersonnelle ; selon Goleman (1998), la conscience de soi et la conscience des autres sont deux composantes essentielles de l'intelligence émotionnelle ;

- une compréhension sans cesse élargie de la matière ;

- du discernement dans l'appréciation et l'utilisation des données d'évaluation.

Une nouvelle étape

Nous venons de mentionner quatre composantes essentielles qui permettent de passer de la science de l'enseignement à l'art d'enseigner. Bien sûr, il existe d'autres éléments importants, comme la compréhension du processus de changement et du processus d'apprentissage, ainsi que la réalisation du travail dans un milieu qui favorise un enseignement intelligent et créatif.

Comme nous l'avons vu au début de cet ouvrage, l'enseignement efficace est une activité qui est hautement créative, qui stimule la curiosité, la réflexion et les relations interpersonnelles. William Hare (1995) traite de la composante interpersonnelle et de la curiosité dans *What Makes a Good Teacher*. Il énumère un certain nombre de qualités d'ordre affectif: l'humilité, le courage, l'impartialité, l'empathie, l'enthousiasme, le jugement et l'imagination. Ces qualités sont par ailleurs en relation avec le champ cognitif. Kieran Egan (1994) souligne l'importance de l'aspect pratique des outils et des techniques; ajoutons, pour notre part, que l'imagination joue aussi un rôle de premier plan dans l'enseignement et l'apprentissage.

Les outils dont il s'agit pourraient être des habiletés, comme l'utilisation judicieuse du temps d'attente, la formulation de questions ou de stratégies telles que le débat dirigé et la schématisation conceptuelle. L'enseignant efficace sait combiner de manière harmonieuse les dimensions affectives et techniques.

Il faut garder à l'esprit que la liste est presque infinie. Vous avez environ 35 ans pour acquérir et intégrer ces dimensions. Le cheminement ressemble en quelque sorte à celui de certaines personnes qui apprennent à jouer d'un instrument de musique, puis d'un autre. Un bon jour, elles peuvent jouer de façon mélodieuse, peu importe l'instrument. La maxime de Michael Fullan relative au changement, « Commencez modestement, mais pensez grand », prend ici toute sa signification.

Le présent chapitre a simplement pour but de clarifier la terminologie rattachée à l'enseignement ou l'emploi des termes. La plupart des termes que nous utilisons existent depuis longtemps et ont de nombreuses significations. Nous pensons qu'il est essentiel de savoir employer à bon escient les termes pour pouvoir ajuster les uns aux autres les multiples processus. Les quatre composantes suivantes constituent la raison d'être du chapitre.

Le changement

Le présent ouvrage porte surtout sur le changement et il ne fait qu'effleurer les écrits consacrés au changement en matière de pédagogie. Nous invitons le lecteur à lire *The New Meaning of Educational Change* de Fullan (2001).

La raison d'être de l'intégration et de la superposition des processus pédagogiques

1. **L'enseignement devient de plus en plus complexe et exigeant**, et rien n'indique que la tendance s'infléchira. S'ils veulent répondre aux exigences de la situation, les enseignants doivent enrichir leur répertoire pédagogique, et ce, pour deux raisons:

En premier lieu, la recherche sur les intelligences multiples, les styles d'apprentissage et le cerveau humain nous révèle ce que les enseignants efficaces savent depuis des années : les élèves n'apprennent pas tous de la même manière ou au même rythme.

En second lieu, Susan Rosenholtz (1989) a montré qu'entre 20 et 30 % des enseignants quittent la profession après la première année d'enseignement. Elle a également indiqué qu'un même pourcentage d'enseignants ne se rendent pas au bout de la cinquième année. Les raisons pour lesquelles ces enseignants abandonnent leurs fonctions sont liées au fait qu'ils n'ont pas le sentiment d'être efficaces dans leur enseignement, de bien gérer leurs classes (spécialement, d'assurer la discipline dans les groupes d'élèves) et d'être capables de faire face à l'isolement à l'intérieur même de l'école.

2. La nature de l'enseignement a changé. **Dans la vie réelle, les gens ne marchent pas en rang** et ne sont pas obligés de mémoriser des faits sans aucune raison, à moins de jouer à Quelques arpents de pièges ! Au contraire, ils doivent ensemble analyser des informations, résoudre des problèmes concrets, satisfaire aux exigences de leurs tâches, etc. Considérez le genre habituel de conversation que vous avez avec vos amis et déterminez la nature de vos propos. Constituent-t-ils une analyse, une évaluation, une divergence, une convergence, une résolution ou une création ? Vous limitez-vous à rappeler des faits ? Écoutez vos élèves. Leurs conversations ne sont pas différentes des vôtres.

   Bennett et Sampson (1995) ont étudié des élèves de la maternelle ayant un retard de langage. Durant une année scolaire, six groupes d'élèves ont été appelés à répondre à des questions comme celles-ci : « Pourquoi les gorilles n'ont-ils pas de queue ? » ; « Pourquoi les germes nous rendent-ils malades l'hiver ? » ; « Comment la glace se forme-t-elle ? » Même les enfants de cet âge ont eu des discussions qui allaient au-delà du simple rappel de faits.

3. Les stratégies d'enseignement poussent les élèves à se livrer activement et avec ardeur à des formes complexes de réflexion et de communication. Il en résulte une amélioration de l'apprentissage. **Les stratégies efficaces font en sorte que les apprenants se responsabilisent par rapport à leurs apprentissages.** Le processus devient aussi important que le résultat.

4. L'intégration permet l'union du cœur et de l'esprit. Étant donné le grand nombre d'élèves considérés comme étant à risque qui fréquentent nos écoles (un élève sur six au Canada), il semble que, si nous voulons créer un milieu d'apprentissage sain, nous devons fournir aux élèves un cadre sécuritaire et des contenus adaptés à leurs besoins.

Une activité pour mieux comprendre l'importance des concepts pédagogiques

Le but du présent chapitre est de montrer comment relier des « idées » pédagogiques comme celles présentées plus loin. Un moyen propre à faciliter la compréhension des idées pédagogiques consiste à les ranger dans diverses catégories d'après le rôle qu'elles jouent et de discuter ensuite des liens qui unissent ces catégories. On se trouve ainsi à appliquer la stratégie de réflexion inductive de Hilda Taba, décrite en détail au chapitre 8.

Comment classeriez-vous les termes pédagogiques figurant dans l'encadré ci-dessous? En quoi leur combinaison peut-elle contribuer à l'établissement d'un milieu d'apprentissage sain? Classez les idées pédagogiques suivantes selon le rôle qu'elles jouent dans la conception et la création de milieux d'apprentissage de qualité. Nous vous suggérons de faire ce travail soit individuellement, soit en petits groupes.

Note: Vous n'êtes pas obligés de mémoriser ou d'utiliser ces idées. Nous aurions pu donner une liste de termes tout à fait différente. Le but de l'activité est simplement de vous permettre de mesurer la complexité de l'enseignement. Vous pouvez, si vous le préférez, dresser votre propre liste des choses que vous utilisez pour faciliter la tâche de vos élèves et dégager ensuite par induction leurs relations réciproques.

1. Intelligences multiples	24. Motivation
2. Temps d'attente	25. Réussite
3. Cercles intérieur et extérieur	26. Premières étapes
4. Taxonomie de Bloom	27. Schématisation conceptuelle
5. Diversité	28. Diagramme de Venn
6. Enfants à risque	29. Casse-tête
7. Méthode réfléchir-partager-discuter	30. Responsabilisation
8. Origine ethnique	31. Analyse en équipe
9. Débat dirigé	32. Bienveillance
10. Démonstration	33. Styles d'apprentissage
11. Intervention précoce en lecture	34. Humour
12. Schémas conceptuels	35. Pensée inductive
13. Tableau à triple entrée	36. Difficultés d'apprentissage
14. Cours magistral	37. Tableau PMI (plus/moins intéressant)
15. Vérification de la compréhension	38. Pratique
16. Jeu de rôle	39. Enquête
17. Enthousiasme	40. Défi
18. Approche globale	41. Recherche sur le cerveau
19. Intérêts des garçons et des filles	42. Participation active
20. Recherche en groupe	43. Pensée critique
21. Apprentissage coopératif	44. Intelligence émotionnelle
22. Portfolios	45. Expériences
23. Acquisition de concepts	

Nous inspirant des thèses émises par David Perkins dans *Knowledge as Design* (1986), nous présentons ci-dessous l'idée de la structuration des connaissances à la base de la compréhension de concepts. Le présent ouvrage décrit un processus pratique qui vous permettra de vous assurer que vos élèves comprennent parfaitement les idées clés.

Nous utilisons le processus de Perkins pour mieux comprendre les idées pédagogiques énumérées plus haut.

La structuration des connaissances en tant que base à la compréhension des concepts

Dans *Knowledge as Design,* Perkins affirme que, trop souvent, nous sommes limités dans notre pensée et nos actions à cause de notre mauvaise compréhension des concepts. Cela l'amène à parler dans ce cas de «connaissance en tant qu'information» par opposition à la structuration des connaissances servant à la compréhension des concepts. La désignation qu'il emploie rend compte de la manière dont bon nombre d'enseignants comprennent les concepts pédagogiques.

Dans le présent chapitre, nous voudrions vous amener à réfléchir à l'idée de concept pédagogique. En outre, nous visons à préciser la façon dont les processus pédagogiques sont liés les uns aux autres. Les idées présentées ici constituent un prolongement des travaux et des recherches que nous avons réalisés au cours des 15 dernières années (Bennett, Anderson et Evans, 1997 ; Bennett, Rolheiser et Stevahn, 1991 ; Rolheiser-Bennett, 1986). Pour faciliter la compréhension de notre exposé, nous nous efforcerons d'expliciter le sens des termes employés en reprenant les questions de Perkins qui sont relatives à la structuration des connaissances pour la compréhension des concepts.

1. Quelle est la structure du concept ?
2. Quelle est l'utilité du concept ?
3. Quels sont les exemples illustrant le concept ?
4. Quels sont les arguments qui confirment le concept ou qui l'infirment ?

Si le terme à examiner était «tournevis», nous répondrions :

1. **Structure :** un manche, une tige et une pointe.
2. **Utilité :** tourner des vis.
3. **Exemple :** tournevis à pointe plate, à pointe carrée (Robertson) et à pointe cruciforme (Phillips).
4. **Argument :** facilite le travail.

Ces quatre questions nous aideront à clarifier les notions suivantes : **pédagogie, organisateurs didactiques, stratégies d'enseignement, tactiques d'enseignement, techniques d'enseignement, concepts pédagogiques, intégration des processus pédagogiques, impact pédagogique.** Bien entendu, Monet n'a pas peint avec une seule couleur, pas plus que les chefs cuisiniers ne se limitent à une seule salade. Les coiffeurs, les dentistes et les entrepreneurs de construction ont tous un répertoire de réponses pour faire face à différentes situations. Évidemment, vos élèves sont plus importants qu'un tableau, une laitue ou une coupe de cheveux. Quel est votre répertoire pédagogique et comment l'intégrez-vous ? Dans quelle mesure vous permet-il de pourvoir aux besoins variés des apprenants ?

Note : Il existe d'autres catégories, comme la prédisposition à enseigner (bienveillance, politesse, enthousiasme, humour), le matériel didactique (vidéos, marionnettes, livres, ordinateurs) et les philosophies pédagogiques (enseignement différencié, approche globale, constructivisme, enseignement direct). Comme elles dépassent les limites tracées au présent ouvrage, ces catégories ne seront pas étudiées ici.

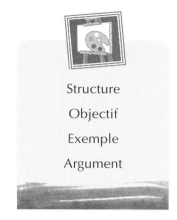

Structure

Objectif

Exemple

Argument

L'application de la « structuration des connaissances comme base à la compréhension des concepts » en vue d'enrichir le répertoire pédagogique

Le modèle de Perkins décrit plus haut est utilisé pour analyser et classer la documentation pédagogique. Il nous aide aussi à clarifier notre pensée concernant la manière d'intégrer les diverses possibilités pédagogiques, ce qui nous permettra de mieux définir les répertoires pédagogiques des enseignants.

Bennett, Anderson et Evans (1997) ont appliqué le modèle de Perkins pour analyser les répertoires pédagogiques d'enseignants reconnus comme expérimentés et efficaces. L'encadré ci-dessous énumère les différentes composantes qu'on y trouve. Chacune de ces composantes est décrite en détail à la fin de cette section.

La composition d'un répertoire pédagogique

- Concepts pédagogiques (variété, participation active).
- Techniques d'enseignement (modélisations, questions divergentes).
- Tactiques d'enseignement (diagramme de Venn, entrevue en trois étapes).
- Stratégies d'enseignement (acquisition de concepts, pensée inductive).
- Organisateurs didactiques (recherche sur le cerveau, taxonomie de Bloom).

Nous procéderons maintenant à une importante analyse de l'enseignement qui occupera tout le reste du chapitre. Perkins considère que, s'il a répondu aux quatre questions de la page 32 reproduites ci-dessous, l'apprenant augmente ses chances de s'approprier le concept, de pouvoir réfléchir ou résoudre un problème à l'aide de ce concept. Perkins oppose cette manière de procéder à celle qui se rattache à la « connaissance en tant qu'information », qui représente une connaissance passive qui ne permet pas de résoudre un problème ou de relier des idées.

1. Quelle est la **structure** (ou l'essence) du concept ?

2. Quelle est l'**utilité** du concept ?

3. Quels sont les **exemples** inhérents au concept ?

4. Quels sont les **arguments** qui militent pour le concept ?

Nous avons adapté les questions afin de déterminer dans quelle mesure l'enseignant maîtrise une méthode particulière faisant partie de sa pédagogie. Dans la section qui suit, nous avons appliqué les questions de Perkins aux notions suivantes : pédagogie, concepts pédagogiques, techniques d'enseignement, tactiques d'enseignement, stratégies d'enseignement et organisateurs didactiques.

Matière à réflexion

Combien d'objets inutiles avez-vous acquis dans votre vie ou, à l'inverse, combien d'objets utiles possédez-vous ? N'avez-vous pas plutôt l'impression que ce sont eux qui vous possèdent ? Un des auteurs de cet ouvrage sait pourquoi les boomerangs reviennent à leur point de départ. Cela lui permet de fabriquer des boomerangs à la fois pour les droitiers et les gauchers. Savoir ce qu'est un boomerang est bien autre chose que de pouvoir en concevoir un, le lancer et l'attraper.

Quelques questions

- Quelle est la différence entre un concept et un fait ? Le savez-vous vraiment ?

- Des lignes courbes peuvent-elles être parallèles ? Des lignes peuvent-elles être courbes ?

- Pourquoi $-2 \times -2 = 4$? Pourquoi le signe change-t-il ? Donnez un exemple concret.

- Accordez-vous un temps de réflexion aux élèves lorsque vous leur posez des questions ? Pourquoi ? Pourquoi pas ?

- Quelles sont les caractéristiques essentielles d'une saine gestion de classe ?

- Quelle est la différence entre les styles d'apprentissage et les intelligences multiples ?

- Vous enseignez à 30 cerveaux. Que savez-vous du cerveau humain et du mode d'acquisition du savoir ?

Évidemment, il est impossible de savoir le pourquoi et le comment de toutes les choses. Il y a des connaissances dont nous n'avons pas besoin. Du moins, c'est ce que nous pensons. Mais si nous avions ces connaissances, envisagerions-nous l'apprentissage sous un autre jour ?

Par exemple, appliquons les quatre questions servant de base à la compréhension d'un concept à la notion d'apprentissage coopératif, c'est-à-dire au travail de groupe efficace, par opposition au travail de groupe inefficace.

- Quelle est la structure d'un travail de groupe efficace?

- Quelle est son utilité?

- Quels sont les exemples d'un travail de groupe efficace?

- Quels sont les arguments qui militent pour son utilisation en éducation?

Si, comme enseignants, nous ne savons pas véritablement ce qu'est un travail de groupe efficace, nous risquons d'adopter un processus pédagogique très peu efficace. L'expérience nous a appris que l'application inefficace du travail de groupe contrarie autant les élèves que leurs parents. Cette application inefficace se révèle également coûteuse pour l'enseignant. Elle peut aussi contrarier ce dernier, lorsqu'il constate les mauvais résultats.

Un modèle théorique servant à décrire les répertoires pédagogiques

La première composante de notre modèle théorique aide à clarifier la nature du répertoire pédagogique de l'enseignant: son intelligence symbolique.

La seconde composante de notre modèle, comme nous l'avons déjà dit, s'inspire de *Knowledge as Design* de David Perkins.

Les questions de Perkins nous fournissent une méthode qui permet de déterminer dans quelle mesure les enseignants maîtrisent une approche particulière faisant partie de leur pédagogie. À la page 38, nous définissons les diverses composantes pédagogiques. Les questions de Perkins nous serviront à établir un ensemble de définitions qui nous aidera à décrire et à comparer les répertoires pédagogiques des enseignants. Ces composantes sont les suivantes:

- pédagogie

- concepts

- stratégies

- tactiques

- techniques

- organisateurs

- impact

- intégration pédagogique

Faisons une comparaison. Pourquoi rangeons-nous le poulet, le poisson, les raisins, les pommes, les carottes et le maïs dans des groupes d'aliments? Tous ces aliments font partie d'un régime alimentaire équilibré. Certains de ces aliments sont plus nutritifs que d'autres, mais, mis ensemble, ils agissent en synergie sur le plan de la nutrition. Le fait de comprendre le rôle que joue chaque aliment nous aide à prendre des décisions qui ont d'heureuses conséquences pour notre santé.

Il y a longtemps déjà, le sociologue Herbert Blumer déclarait que « la nature ambiguë des concepts est la principale faiblesse de la théorie sociale » (Blumer, 1954). Abandonnant l'intégrité théorique et empirique des définitions opérationnelles pour les concepts sociaux, Blumer a proposé une méthode de sciences sociales basée sur des « concepts sensibilisants ».

Blumer a justifié l'idée des concepts sensibilisants en disant que les objets communs de recherche dans la théorie sociale se manifestent toujours de manière distincte dans des contextes distincts. « Ce qui est commun (c'est-à-dire ce que le concept désigne) s'exprime de manière distincte dans chaque cas empirique et ne peut être dégagé que moyennant l'acceptation et l'utilisation de l'expression distincte. »

L'assertion qui précède s'accorde avec notre désir de déterminer comment ces concepts pédagogiques se relient aux idées et aux actions pédagogiques des enseignants. Pensons simplement à la complexité de l'apprentissage coopératif et aux différentes méthodes utilisées. Les définitions sont multiples, bien que non définitives. Ainsi, la façon dont les enseignants d'une école utilisent l'apprentissage coopératif peut être fort différente de celle des enseignants d'une autre école. Les contextes sont différents.

Un concept **définitif** exprime ce qui est commun à une classe d'objets (par exemple, des chaises par opposition à l'amour) à l'aide d'une définition claire des attributs et des qualités distinctives. Cette définition, ou cet ensemble de qualités distinctives, permet de rapporter clairement le cas individuel à une classe d'objets déterminée et de préciser ce qui est compris dans le concept. Le **concept sensibilisant** ne comporte pas de définition d'attributs et de qualités distinctives et, par conséquent, il ne permet pas d'avoir accès à un contenu précis.

Concept définitif	Concept sensibilisant
• Temps d'attente • Programme *Reading Recovery* • Schématisation conceptuelle • Diagramme de Venn	• Apprentissage coopératif • Changement • Littératie • Conflit
Les deux genres de concepts sont importants !	

La pierre angulaire de cet ouvrage

Nous ne visons pas une vision réductionniste de l'enseignement ni une parfaite compréhension de chacun des aspects de l'enseignement. De plus, nous rejetons l'idée que telle approche (comme l'apprentissage coopératif, le programme *Reading Recovery* et la pensée inductive) ou telle philosophie (comme le constructivisme ou le béhaviorisme) puisse constituer le seul chemin vers le domaine de l'enseignement et de l'apprentissage. Il n'y a pas une meilleure façon d'enseigner ou d'apprendre. Quand on croit détenir la vérité, on a tendance à devenir étroit d'esprit et à s'enfermer dans un mode de pensée sclérosé. Il importe surtout d'essayer de comprendre comment nous pouvons continuer d'être des enseignants efficaces, peut-être en enseignant à notre façon, mais de manière tout aussi efficace. La méthode que nous proposons a pour but d'amener les enseignants à voir comment les stratégies, les tactiques et les techniques d'enseignement, ainsi que les concepts pédagogiques et les organisateurs didactiques, peuvent être compris, intégrés dans leur démarche et mis en application. Tout cela repose aussi sur une connaissance étendue de ce que les élèves apprennent et de la manière dont ils apprennent.

Essentiellement, les concepts pédagogiques, les stratégies, les tactiques, les techniques d'enseignement et les organisateurs didactiques ne peuvent être envisagés que par rapport aux caractéristiques personnelles de l'enseignant et au contexte dans lequel il évolue. Blumer soutient que le caractère représentatif d'**un concept sensibilisant peut être testé empiriquement et que celui-ci peut être progressivement amélioré** (bien que non précisé de manière définitive) au moyen d'analyses et de descriptions minutieuses de l'objet de la recherche. On a dès lors plus de chances d'arriver à une compréhension globale du concept à partir de la production d'exemples frappants qu'à partir d'une désignation de plus en plus explicite des attributs essentiels. Nous sommes quelque peu en désaccord avec Blumer sur cet aspect du sujet.

Selon nous, les quatre questions relatives à la connaissance en tant que base à l'élaboration de concepts sont très utiles pour encadrer et présenter les concepts sensibilisants énumérés dans l'encadré de la page 33.

Le travail qui suit illustre la pensée de nombreux éducateurs et s'inspire de recherches, en particulier celles que Bennett et Rolheiser ont menées au cours des 20 dernières années et, plus récemment, de celles de Bennett, Anderson et Evans. Il résulte de notre volonté de mettre sur pied une théorie qui puisse faciliter un enseignement intégré et expliquer l'intelligence pédagogique. Cela signifie non pas que nous avons raison, mais tout simplement que nous cherchons à améliorer les choses.

La pédagogie

Pédagogie

1. **Structure :** Les concepts pédagogiques, les organisateurs didactiques, les stratégies, les tactiques et les techniques d'enseignement qu'un enseignant peut utiliser pour influencer l'apprentissage.

2. **Utilité :** Aider l'enseignant à répondre plus efficacement aux besoins de l'apprenant.

3. **Exemples :** Intérêt (concept) ; schématisation conceptuelle (stratégie).

4. **Argument :** Les idées et les pratiques pédagogiques comptent parmi les principaux outils de l'enseignant. Avec une base pédagogique solide, l'enseignant a plus de chances de créer un bon milieu d'apprentissage.

Modèles théoriques

1. **Structure :** Cadres qui aident les enseignants à ordonner des idées et des pratiques diverses dans un ensemble pédagogique ouvert.

2. **Utilité :** Clarifier ou améliorer la communication et la réflexion concernant l'enseignement.

3. **Exemples :** Intelligences multiples, styles d'apprentissage, taxonomie de Bloom.

4. **Argument :** Ces modèles théoriques aident l'enseignant à prendre des décisions qui améliorent l'enseignement et le processus d'apprentissage ou qui tiennent compte des besoins et des aptitudes des apprenants.

Concepts pédagogiques

1. **Structure :** Provenant des modèles théoriques, les concepts pédagogiques font référence à diverses techniques, tactiques et stratégies d'enseignement.

2. **Utilité :** Aider à déterminer comment, quand et où utiliser les éléments d'un répertoire pédagogique.

3. **Exemples :** Responsabilisation, pertinence, authenticité, nouveauté et signification.

4. **Argument :** L'enseignant qui introduit les concepts pédagogiques dans sa pratique discerne mieux les techniques, les tactiques et les stratégies d'enseignement qui favorisent l'apprentissage.

Stratégies d'enseignement

1. **Structure** : Pratiques pédagogiques qui comportent une série d'étapes ou un certain nombre de concepts liés entre eux. Elles s'appliquent dans plusieurs classes et plusieurs matières.

2. **Utilité** : Elles ont des effets précis, bien que variés, sur l'apprentissage des élèves. Elles peuvent influer sur la pensée logique, le développement social, etc.

3. **Exemples** : Apprentissage coopératif ; schématisation conceptuelle.

4. **Argument** : Ces stratégies s'appuient habituellement sur la recherche et la théorie. Elles favorisent l'engagement des élèves et permettent de répondre de façon diversifiée à leurs besoins.

Tactiques d'enseignement

1. **Structure** : Moyens habituellement mis au point par l'enseignant, moins complexes que ceux qui se rattachent aux stratégies d'enseignement. Les tactiques d'enseignement s'appliquent dans la plupart des matières et des niveaux scolaires. Elles peuvent être combinées à d'autres tactiques ou à des techniques pour élaborer une stratégie plus large.

2. **Utilité** : Faire participer les élèves à une activité ayant un but particulier.

3. **Exemples** : Examen des deux aspects d'un argument ; tableau PMI (plus/moins intéressant) ; méthode réfléchir-partager-discuter.

4. **Argument** : Les tactiques d'enseignement servent souvent à enrichir ou à renforcer les stratégies d'enseignement.

Impact pédagogique

1. **Structure** : Énoncé (habituellement un nombre) relatif à la valeur éducative de quelque chose.

2. **Utilité** : Informer sur les effets possibles d'une méthode d'apprentissage comparativement à d'autres approches.

3. **Exemples** : À quelle vitesse (temps) ; combien (fréquence ou pourcentage) ; ce qui est mémorisé (score) est habituellement associé à des statistiques. La grandeur de l'impact correspond au résultat moyen d'un groupe (groupe expérimental) par rapport à celui d'un autre groupe (groupe témoin).

4. **Argument** : L'impact aide à prendre des décisions sur ce qu'il convient d'utiliser en classe et sur ce qui devrait orienter notre développement professionnel.

Techniques d'enseignement

1. **Structure :** Actions pédagogiques déterminées, relativement simples, accomplies par des enseignants et ayant pour but de faciliter l'apprentissage.

2. **Utilité :** Augmenter les chances que des processus pédagogiques plus complexes (des tactiques et des stratégies d'enseignement) soient mis en place efficacement.

3. **Exemples :** Formuler des questions qui présentent différents niveaux de complexité ; accorder un temps de réflexion après avoir posé une question ; établir des liens avec les expériences passées des apprenants ; vérifier la compréhension des élèves ; fournir des modèles ou des aides visuelles.

4. **Argument :** Sans ces techniques, nous aurions de la difficulté à engager les élèves dans leurs apprentissages, et les tactiques et les stratégies d'enseignement perdraient beaucoup de leur efficaité.

Pédagogie intégrée

1. **Structure :** Emploi combiné de modèles théoriques, de concepts pédagogiques, de techniques, de tactiques et de stratégies d'enseignement.

2. **Utilité :** Engager les élèves dans leurs apprentissages en vue d'obtenir des effets multiples.

3. **Exemples :** Dans le cadre d'une stratégie d'acquisition de concepts, les élèves travaillent en dyades à comparer des objets et à les classifier. Par la suite, les élèves forment des groupes coopératifs de quatre et comparent leurs classifications, puis, individuellement, ils tracent un schéma conceptuel (stratégie) portant sur les figures de style.

4. **Argument :** La pédagogie intégrée renforce l'engagement des apprenants et tient compte de leurs besoins et de leur niveau de compétence.

*R*emarques additionnelles

Pédagogie, concepts, modèles, stratégies, tactiques, techniques, pédagogie intégrée et impact pédagogique

Le mot **pédagogie** désigne les concepts pédagogiques, les modèles, les techniques, les tactiques et les stratégies d'enseignement utilisés pour créer des milieux d'apprentissage favorables. Comme nous l'avons déjà mentionné, les écrits consacrés à la pédagogie fournissent une multitude d'approches et de processus pédagogiques. Dans le présent ouvrage, les termes « enseignement », « pratique pédagogique » et « pédagogie » sont interchangeables. Nous considérons que les connaissances pédagogiques et l'action figurent parmi les attributs essentiels des enseignants professionnels.

Les **concepts pédagogiques** réfèrent à ce que les enseignants disent de l'enseignement. Le terme nous sert à désigner des idées pédagogiques abstraites. Les concepts pédagogiques ont rapport à la description que les enseignants font d'eux-mêmes, des autres enseignants ou de ce qu'ils font en classe.

Parmi les concepts pédagogiques, mentionnons l'authenticité, la variété, la pertinence et la responsabilisation. Des concepts exprimant des qualités des enseignants seraient, par exemple, l'humour, l'enthousiasme, la bienveillance et le respect. Nous pourrions les appeler des « qualités pédagogiques de l'enseignant » (ce que Goleman associe à notre intelligence émotionnelle).

Les concepts pédagogiques guident les enseignants plutôt qu'ils ne leur servent à tracer des plans d'action. Les enseignants doivent exécuter une action (appliquer une technique, une tactique ou une stratégie, par exemple) lorsqu'ils se réfèrent à ces concepts. Ainsi, un enseignant doit agir dans tel ou tel sens pour favoriser la responsabilisation des élèves quand ils travaillent en groupe. Il pourrait recourir à la tactique appelée « méthode de numération des élèves », dans laquelle chaque membre d'un groupe se voit attribuer un numéro (1, 2, 3…) et où chaque groupe est désigné par une lettre de l'alphabet (A, B, C…). L'enseignant pourrait alors exploiter cette tactique à l'aide d'une technique d'enseignement telle que la formulation de questions. Cette technique favorise la responsabilisation chez la plupart des élèves et, par le fait même, leur participation. À quoi cela pourrait-il ressembler de manière concrète ?

« Tentez de découvrir en groupe la manière d'équilibrer cette équation. Dans deux minutes, je choisirai au hasard un membre dans chacun des trois groupes et lui demanderai d'énoncer la solution trouvée par son groupe. »

Les deux minutes écoulées, l'enseignant choisit au hasard un certain nombre de combinaisons d'une lettre et d'un chiffre correspondant chacune à un élève (par exemple, élève 2 du groupe B ou élève 3 du groupe A).

Une tactique de ce genre fait intervenir d'autres concepts pédagogiques qui doivent être envisagés concurremment : l'image de soi quand on est face à un groupe, un environnement encourageant la prise de risque, la complexité de la question, etc. À ces concepts pédagogiques se greffent des techniques d'enseignement : accorder un temps de réflexion suffisant et réagir à l'absence de réponse, à une réponse formulée au hasard, partiellement bonne, farfelue ou correcte. Ce qui paraît être une idée simple (faire appel à la responsabilisation de l'élève) se révèle être, dans les faits, un processus d'intégration à la fois complexe et exigeant.

Les **modèles théoriques** découlent des croyances ou des conceptions relatives à l'enseignement. Ils permettent aux enseignants de mieux comprendre l'enseignement et le processus d'apprentissage et leur servent de guide dans leur pratique. Non seulement ils orientent les décisions, mais aussi ils aident l'enseignant à déterminer pourquoi quelque chose fonctionne ou ne fonctionne pas.

Parmi certaines études servant de modèles théoriques, citons celles de Howard Gardner (1993, 1999) sur les intelligences multiples, celles de Rita Dunn (1990) et de Bernice McCarthy (1981, 1996) sur les styles d'apprentissage, ainsi que celles de Benjamin Bloom *et al.* (1956) sur la taxonomie cognitive. Ces modèles sont spécifiques et leurs composantes sont clairement définies. D'autres modèles sont moins spécifiques; c'est le cas de ceux qui portent sur les études qui ont trait à l'écart entre les filles et les garçons et celles qui se penchent sur la race, la culture, les enfants à risque, les difficultés d'apprentissage ou encore celles qui touchent la création de milieux propices à l'apprentissage.

Les **stratégies d'enseignement** sont des processus plus complexes qui s'appuient souvent sur une théorie et qui donnent, en principe, certains résultats. *Models of Teaching* de Joyce, Weil et Showers (1992) fournit une liste exhaustive des stratégies d'enseignement. Les auteurs ont répertorié 21 stratégies ou modèles d'enseignement qui influent sur les différents types de pensée (pensée inductive, déductive, sociale, créative, critique, etc.). *Strategies for Teachers* (1979) d'Eggen, Kauchak et Harder décrit quatre stratégies. D'autres livres et articles portent sur des stratégies particulières. Mentionnons les travaux de Buzan (1993), de Margulies (1991) et de Novak et Gowin (1984) sur la schématisation conceptuelle, ceux de Johnson (1992) sur la controverse créative et enfin ceux de Sharan (1992) sur la recherche en groupe.

D'autres stratégies concernent des matières ou des domaines d'apprentissage particuliers, tels que l'apprentissage stratégique (Brown et Palinscar, 1982) et le modèle CIRC (*cooperative integrated reading composition*) (Madden, Slavin et Steven, 1986). Bien qu'elle soit étendue, la liste des stratégies d'enseignement fondées sur la théorie l'est moins que celle des tactiques et des techniques d'enseignement. Les ouvrages et articles consacrés aux stratégies d'enseignement contiennent habituellement des listes de travaux précisant les effets des stratégies d'enseignement sur l'apprentissage des élèves (voir Johnson et Johnson, 1989; Rolheiser-Bennett, 1986; Sharan, 1990; Slavin, 1980; Pressley, Levin et Miller, 1981). Ces effets sont plus puissants que ceux des techniques d'enseignement; il existe peu de recherches sur les tactiques d'enseignement.

En règle générale, les **tactiques d'enseignement** sont moins complexes que les stratégies d'enseignement et peuvent ne pas être directement liées à une théorie d'apprentissage en particulier, quoiqu'elles améliorent ou enrichissent souvent une stratégie particulière. À l'instar des stratégies, les tactiques d'enseignement peuvent comprendre un certain nombre d'étapes. Il nous apparaît que les tactiques d'enseignement ne sont pas conçues pour influer sur l'apprentissage des élèves de manière significative et que leurs effets n'ont pas fait l'objet d'un grand nombre de recherches. Selon nous, ces tactiques sont plus puissantes que les techniques d'enseignement, mais moins que les stratégies d'enseignement.

Dans *Cooperative Learning,* Kagan (1994) présente diverses tactiques d'enseignement qu'il appelle des «structures coopératives», comme la méthode réfléchir-partager-discuter et la méthode des cercles intérieur et extérieur (une centaine de tactiques d'enseignement sont décrites dans ce livre). Dans *Tribes,* Jeanne Gibbs (1995) décrit 175 autres tactiques d'apprentissage coopératif. Concentrant son attention sur le processus de réflexion des apprenants, Edward de Bono (1987) présente 60 tactiques ayant rapport avec son programme CoRT (*cognitive research and trust*). Bellanca (1990,

1992) énumère 24 organisateurs graphiques dans *The Cooperative Think Tank* et *Cooperative Think Tank II*. Tous ces ouvrages réunis présentent plus de 350 tactiques d'enseignement.

Les **techniques d'enseignement** concernent les comportements de l'enseignant qui ne suivent pas un processus déterminé d'avance. En ce qui concerne l'apprentissage des élèves, les techniques d'enseignement jouent un rôle comparable à celui d'un papier sablé, alors que les stratégies d'enseignement pourraient être comparées à des bancs de scie. Si on veut agir de manière plus marquée sur l'apprentissage des élèves, il faut faire appel aux stratégies d'enseignement. Cependant, d'après notre expérience et celles des collègues consultés, quand elles ne sont pas accompagnées de techniques d'enseignement, les stratégies d'enseignement sont beaucoup moins efficaces.

Il existe plusieurs ouvrages traitant des techniques d'enseignement. *Enhancing Teaching* de Madeline Hunter (1994), *The Skillful Teacher* de Saphier et Gower (1987), *Looking in Classrooms* de Good et Brophy (1994) et *Classroom Teaching Skills* de Cooper (1986) sont les principaux ouvrages sur le sujet.

Waxman et Walberg (1991) résument la recherche actuelle portant sur certaines de ces techniques d'enseignement. (Note: Dans la plupart des cas, cette recherche évalue les effets des techniques; elle ne fournit pas de cadre conceptuel pour l'enseignement et l'apprentissage.) Un certain nombre d'ouvrages présentent diverses techniques d'enseignement ainsi que quelques stratégies d'enseignement; c'est le cas de *Learning to Teach* d'Arends (1998) et de *Strategies and Methods for Student-Centered Instruction* de Lang, McBeath et Hebert (1995). D'autres travaux décrivent des types particuliers de techniques d'enseignement, comme *Asking Better Questions* de Morgan et Saxton (1994). La liste que nous donnons ne rend pas compte de la multitude de techniques d'enseignement; elle se limite à quelques publications récentes consacrées à ces techniques.

L'**impact pédagogique** réfère à l'ampleur des effets qu'une pratique déterminée est susceptible d'avoir. Par exemple, l'ampleur de l'effet de l'apprentissage coopératif est de 1,25 déviation standard et comporte un niveau de réflexion plus élevé qu'une forme de pédagogie où l'enseignant se limite à exposer la matière (Rolheiser-Bennett, 1986). La première déviation représente environ 34 %, et la seconde, environ 12 %. Cela signifie que la moyenne du groupe soumis à l'exposé oral d'un enseignant se situe au 50e centile, alors que la moyenne du groupe soumis à un apprentissage coopératif se trouve au 87e centile (50 % + 34 % + 3 % = 87 %). Dès lors, nous pouvons affirmer qu'une approche (l'apprentissage coopératif dans cet exemple) est plus efficace que les autres. (Pour en connaître davantage sur la recherche relative à l'ampleur de l'effet dans l'apprentissage coopératif, le lecteur consultera Rolheiser-Bennett, 1986; Johnson et Johnson, 1989). Les techniques d'enseignement ont un effet moins puissant sur l'apprentissage des élèves que les stratégies d'enseignement, mais cependant elles sont essentielles dans la mise en œuvre de ces dernières. D'après notre expérience en classe et nos observations, les techniques d'enseignement renforcent les

L'ampleur de l'effet de l'apprentissage coopératif sur le niveau de réflexion

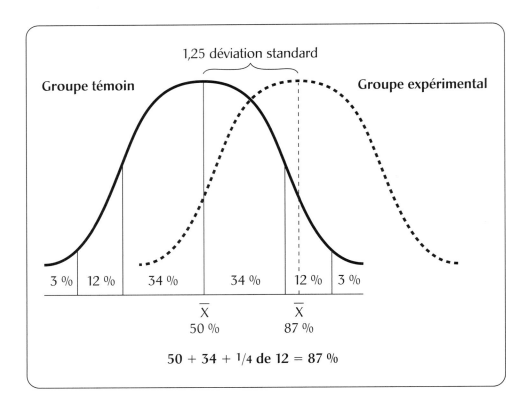

stratégies, bien que nous ne connaissions pas de recherches expliquant cette dépendance mutuelle entre les techniques et les stratégies d'enseignement.

Les techniques d'enseignement sont essentielles à une mise en œuvre efficace des stratégies d'enseignement. On peut se demander quels sont les effets de l'intégration des techniques, des tactiques et des stratégies d'apprentissage sur l'apprentissage des élèves.

Par exemple, il ne convient pas de laisser de côté la technique du temps d'attente (temps de réflexion accordé aux élèves pour répondre à des questions). Sur ce sujet, le lecteur aurait intérêt à consulter les analyses de Millar (1897), de Tobin (1980) en Australie et de Rowe (1974) aux États-Unis. Quand on laisse aux élèves le temps de réfléchir à la question avec des camarades de classe, la presque totalité des élèves des enseignants avec qui nous avons travaillé disent se sentir plus à l'aise de prendre des risques et perçoivent leur enseignant comme étant à l'écoute de leurs préoccupations. Quels sont les résultats de votre propre expérience ? Qu'est-ce que vos élèves préfèrent ?

Selon nous, le fait de ne pas utiliser le temps d'attente dans l'enseignement comme le fait de ne pas employer des tactiques et des stratégies d'enseignement qui font partie intégrante de l'apprentissage coopératif sont difficilement défendables.

La **pédagogie intégrée** fait référence à la manière dont l'enseignant combine les concepts pédagogiques, les modèles théoriques, les stratégies, les tactiques et les techniques d'enseignement dans sa planification pédagogique et son enseignement.

Nous basant sur nos travaux préliminaires dans ce domaine, nous proposons deux approches : la pédagogie **intégrée** et la **superposition** de la pédagogie.

Pour employer une image, intégrer la pédagogie c'est entrelacer des fils (des techniques, des tactiques et des stratégies d'enseignement) constitués en partie de concepts pédagogiques clés et de modèles théoriques. Il y a simultanéité dans l'application de ces derniers.

La superposition de la pédagogie est séquentielle. C'est comme si nous placions des livres les uns sur les autres pour former une structure. On applique successivement des idées en s'assurant qu'elles sont connexes entre elles et qu'il y a continuité de l'une à l'autre.

En résumé, l'intégration d'un répertoire pédagogique réfère à l'effet synergique obtenu quand on groupe divers processus pédagogiques (des techniques avec des tactiques, des techniques avec des tactiques et des stratégies, des stratégies avec des stratégies, etc.). L'intégration se définit comme l'utilisation conjointe de techniques, de tactiques et de stratégies d'enseignement. Quant à la superposition, elle consiste à ajouter un modèle d'enseignement à un premier modèle, puis un autre, et ainsi de suite. L'intégration se révèle souvent plus complexe que la superposition. C'est pourquoi les enseignants doivent comprendre parfaitement les processus qu'ils sont appelés à mettre en œuvre. On ne peut intégrer (en ayant un impact significatif) ce qu'on ne maîtrise pas bien.

La leçon résumée ci-dessous est un bon exemple d'intégration et de superposition de la pédagogie. Elle constitue la dernière leçon d'un module de science.

Leçon

Module sur les sols et l'environnement

Niveau	3e année
Conçue par	Sherry Jones et Helen Kapsalakis

Simplement pour le plaisir, étudiez comment les stratégies, les tactiques et les techniques d'enseignement s'influencent mutuellement…

C'est ce que les enseignants efficaces ont toujours fait !

Mise en situation

Stratégie d'acquisition de concepts – choses que vous pouvez composter

Exemples	Contre-exemples
• pelures de bananes	• clous
• cœurs de pommes	• plastique
• terre	• roches
• feuilles	• poulet
• gazon	• beurre d'arachide
• laitue	• lait

Demandez aux élèves d'échanger leurs exemples et leurs contre-exemples et de les évaluer. Demandez-leur d'utiliser la méthode réfléchir-partager-discuter pour vérifier leurs hypothèses et leurs réflexions.

Examinez avec vos élèves les raisons pour lesquelles certains restes alimentaires ne sont pas déposés dans des composteurs, en particulier dans les villes. Au besoin, ajoutez des exemples et demandez aux élèves d'en fournir d'autres. Établissez des liens avec la terre, dégagez les raisons qui poussent les gens à faire du compostage, etc.

Objectifs

Bien entendu, le contenu de l'objectif dépend du programme d'études établi par le ministère ou par votre organisation scolaire.

Aidez les élèves à comprendre les principales idées présentées dans le module sur l'environnement et la façon dont elles peuvent se combiner en leur demandant de tracer, dans de petits groupes coopératifs, un schéma conceptuel sur le sol et les termes connexes.

Renforcez chez les élèves l'habileté sociale qui consiste à encourager les autres. Dites-leur que vous observerez tous les groupes durant l'activité de recherche d'exemples et de contre-exemples.

Objectif que les élèves doivent atteindre : «Aujourd'hui, c'est le dernier jour de notre module sur le sol et l'environnement. Chaque groupe doit tracer un schéma conceptuel et le présenter au reste de la classe. Nous exercerons aussi l'habileté sociale qui consiste à encourager les autres dans le travail en groupe.»

Suggestions/modélisation

- Méthode réfléchir-partager-discuter : «Qu'est-ce que signifie donc "encourager les autres"?»

- Demandez aux élèves de dire à quoi cette habileté sociale ressemble. Encouragez-les à s'exprimer sur ce sujet. Spécifiez que pour encourager les autres à s'exprimer, il faut les écouter et leur dire des paroles qui les incitent à donner leur opinion.

- Revoyez avec les élèves ce à quoi ressemble un schéma conceptuel et les raisons pour lesquelles on l'utilise.

- Remettez aux élèves des carrés sur lesquels sont tracées les lettres A, B, C et D. Attribuez une lettre à chaque élève et décrivez les rôles. Inscrivez les rôles au tableau pour le cas où ils les oublieraient.

    A = responsable du matériel; B = rédacteur; C = concepteur; D = superviseur.

    Après que chaque idée a été écrite et illustrée, faites une rotation des lettres et des rôles attribués aux élèves.

- Invitez les élèves qui ont participé à la confection du schéma conceptuel à inscrire leur nom sur celui-ci. Dites-leur à l'avance que vous choisirez au hasard un membre dans chaque groupe qui viendra présenter le schéma conceptuel devant la classe (responsabilisation).

Vérification de la compréhension

- Assurez-vous que tous les élèves comprennent les directives.

- Assurez-vous que tous les élèves savent qui est A, B, C et D. (Si vous avez des groupes de trois élèves, utilisez seulement les lettres A, B et C.)

Pratique

- Accordez aux élèves un temps suffisant pour réfléchir et élaborer des schémas conceptuels.

- Fournissez-leur l'occasion de démontrer leur habileté sociale.

- À la fin de l'exercice, il serait bon de faire une plénière au cours de laquelle chaque élève pourrait expliquer les idées maîtresses du schéma conceptuel. Cette activité pourrait servir de révision avant l'exercice de fin de leçon.

Retour sur la leçon

- Complétez le schéma conceptuel en faisant une révision avec les élèves. Demandez à un élève de le présenter devant la classe. Demandez à un autre élève, par exemple à l'élève B, d'analyser le schéma durant une minute, pendant que les élèves des autres groupes l'écoutent. Demandez ensuite à un autre élève d'analyser à son tour le schéma devant la classe.

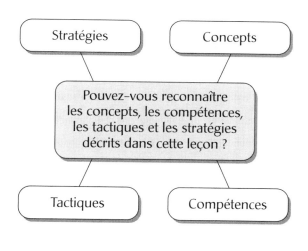

- Donnez aux élèves des exemples de comportements d'encouragement. Demandez-leur à quel groupe, selon eux, le commentaire se rapporte (utilisez seulement des exemples positifs). Au hasard, demandez à des groupes de donner au reste de la classe des exemples de la manière dont ils ont travaillé et de la façon dont ils s'y sont pris pour s'assurer que tous se sentent à l'aise de s'exprimer et encouragés à le faire.

Note : Cette leçon a été conçue, enseignée et rédigée pour les auteurs de ce livre par deux étudiants stagiaires de l'Institut d'études pédagogiques de l'Ontario, rattaché à la Faculté d'éducation de l'Université de Toronto.

Dernières réflexions

Le langage ou les symboles utilisés dans les processus d'enseignement et d'apprentissage sont étendus. « L'image désuète des classes où les enseignants parlent et où les élèves les écoutent, mémorisent, mettent en application et montrent des connaissances a commencé à s'estomper lorsque les éducateurs ont pris conscience que ce sont plus que des mots qu'il faut enseigner et apprendre » (Siegel, 1995, p. 455).

L'enseignement n'a rien à voir avec l'application unique et aveugle d'une approche donnée. L'enseignement concerne l'intégration ingénieuse et réfléchie de multiples approches, intégration axée sur les besoins et les capacités des apprenants. L'apprentissage est plus que le simple rappel de faits dans des examens sans utilité. Il implique l'idée d'une participation à des événements qui enrichissent notre compréhension du monde. L'apprentissage concerne l'authenticité, la participation active et une large diversité d'expériences (Wiggins, 2000).

Il y a lieu de mentionner qu'en 1945, Dale et Raths ont réalisé une étude qui révélait que le principal mode d'enseignement était à l'époque l'exposé magistral. L'étude publiée par Goodlad en 1986 indiquait que peu de choses avaient changé depuis 1945. Les recherches des auteurs nous montrent que les enseignants ont des répertoires pédagogiques étendus. Cependant, la plupart n'en sont pas conscients et ils méconnaissent la quantité incroyable de connaissances dont ils disposent et sous-estiment la sagesse qu'ils ont acquise au fil des ans.

Un des auteurs de cet ouvrage a passé 70 minutes dans la classe d'une enseignante de quatrième année et a observé 27 « comportements » qui relèvent de la pédagogie ou de la gestion de classe et que la recherche considère comme propres à améliorer l'apprentissage des élèves. Par exemple, l'enseignante en question a fait participer ses élèves à une activité de simulation coopérative visant à concevoir une ferme, leur a posé des questions qui touchent tous les niveaux de la taxonomie de Bloom pour les encourager à passer à des niveaux de réflexion plus complexes, leur a posé également des questions en leur accordant un temps d'attente de manière à favoriser la métacognition et à faire de la classe un milieu encourageant la prise de risque.

Soulignons que l'enseignante n'a pu reconnaître ses comportements « à haute teneur pédagogique ». Elle n'avait jamais entendu parler de la taxonomie de Bloom, du temps d'attente, etc. Malheureusement, lorsque les étudiants du niveau universitaire côtoient ce genre d'enseignante, ils éprouvent une frustration. Bien que douée, l'enseignante de cette classe de quatrième année n'a pas pu dire pourquoi elle était efficace. Indirectement, les étudiants du niveau universitaire prennent conscience de l'écart existant entre cette éducatrice et eux. Ils s'aperçoivent qu'il est impossible de combler l'écart pendant les courts moments où ils sont ensemble. Leurs conversations portent surtout sur les activités et les concepts très larges comme la motivation. Elles ne sont que rarement orientées vers les techniques, les tactiques et les stratégies d'enseignement fondées sur des recherches portant sur les intelligences multiples, le cerveau humain, les enfants à risque, l'écart entre les garçons et les filles ou l'influence de l'origine ethnique. Il ne suffit pas de dire aux étudiants : « Vous n'avez qu'à aimer les enfants » ou : « Faites simplement ce que je fais. » Nous pensons tous qu'aimer les enfants est un avantage et que l'observation est importante. Beaucoup de gens aiment la peinture, le basket-ball et les échecs ; ils ont admiré des toiles de Picasso, vu Michael Jordan et Kasparov à l'œuvre. L'amour et l'observation sont nécessaires, mais non suffisants. Des milliers d'heures de pratique, de réflexion et de discussion rendent une personne experte dans son domaine.

Nous sommes d'avis que, pour faciliter le dialogue et enrichir l'apprentissage, les enseignants doivent bien connaître le langage de leur profession (les concepts pédagogiques, les organisateurs didactiques, les techniques, les tactiques et les stratégies d'enseignement, etc.) afin d'être en mesure de réagir aux modes d'apprentissage de leurs élèves. Leurs décisions doivent être le fruit de leur réflexion et non pas dictées par les circonstances. Ils doivent alors s'appuyer sur leurs propres expériences et sur celle des autres. Nous favorisons l'émergence d'une intelligence pédagogique consciente et collective.

Qu'avons-nous appris jusqu'à maintenant ?

- Un certain nombre de variables influencent le milieu d'apprentissage.

- L'impact sur l'apprentissage ne résulte pas uniquement de la seule application d'innovations.

- Plusieurs processus pédagogiques se soutiennent les uns les autres ; certains sont moins complexes (comme les concepts pédagogiques et les techniques d'enseignement) et d'autres plus complexes (comme les tactiques et les stratégies d'enseignement).

- Plus nous comprenons l'apprenant (les modèles théoriques), plus nous pouvons choisir les techniques, les tactiques et les stratégies d'enseignement appropriées.

- Si les élèves sentent que l'enseignant n'est pas bienveillant ou aimable, il est peu probable que les idées contenues dans le présent chapitre aient des effets positifs.

Chapitre 3

Les concepts pédagogiques et les techniques d'enseignement

Questions clés

1 Qu'est-ce qu'un concept ? Qu'est-ce qu'un fait ? Quel lien est-il possible d'établir entre les deux ? Est-il important de comprendre en quoi consiste ce lien ?

2 Qu'est-ce qu'une technique d'enseignement ? En quoi se distingue-t-elle d'une tactique d'enseignement et d'une stratégie pédagogique ? (Consultez le chapitre 2 en cas de doute.)

3 Quels sont les concepts et les techniques que vous utilisez pour aider les élèves ? Est-il important de connaître les recherches portant sur l'utilisation des concepts et des techniques ?

Vous avez pu mesurer, en lisant les chapitres 1 et 2, toute la complexité de la pédagogie et entrevu aussi les possibilités qu'elle offre. Étant donné la multitude de concepts, de techniques, de tactiques et de stratégies, il est possible de les lier les uns aux autres de multiples façons pour répondre aux différents besoins des apprenants. Peut-être comprenez-vous mieux également pourquoi l'enseignement est une profession et pourquoi nous nous définissons comme des enseignants.

Dans le présent chapitre, nous portons spécialement notre attention sur deux composantes de la pédagogie : les concepts pédagogiques et les techniques d'enseignement. Il existe deux catégories de concepts pédagogiques : les concepts désignant des qualités humaines (tels que l'organisation, le sens de l'humour, l'enthousiasme et l'empathie) et les concepts liés à des obligations pédagogiques (tels que la participation active, la variété, le succès et la responsabilité). Il serait fastidieux et inutile de considérer à tour de rôle tous les concepts et techniques. Nous en avons isolé quelques-uns qui s'appliquent à tous les niveaux scolaires et à toutes les matières. Nous insisterons plus particulièrement sur les relations entre les concepts pédagogiques et les techniques d'enseignement, car une bonne compréhension de ces relations aide à l'application des tactiques d'enseignement et des stratégies pédagogiques complexes dont il sera question dans les prochains chapitres.

Le présent chapitre comprend huit sections :

1. Introduction et objectif du chapitre

2. Les relations possibles entre les concepts et les techniques dans les domaines de la musique, du bâtiment et des sports

3. Courte révision de ce que nous avons dit au sujet des concepts et des techniques

4. Le concept de la participation active et les techniques d'enseignement qui s'y rapportent

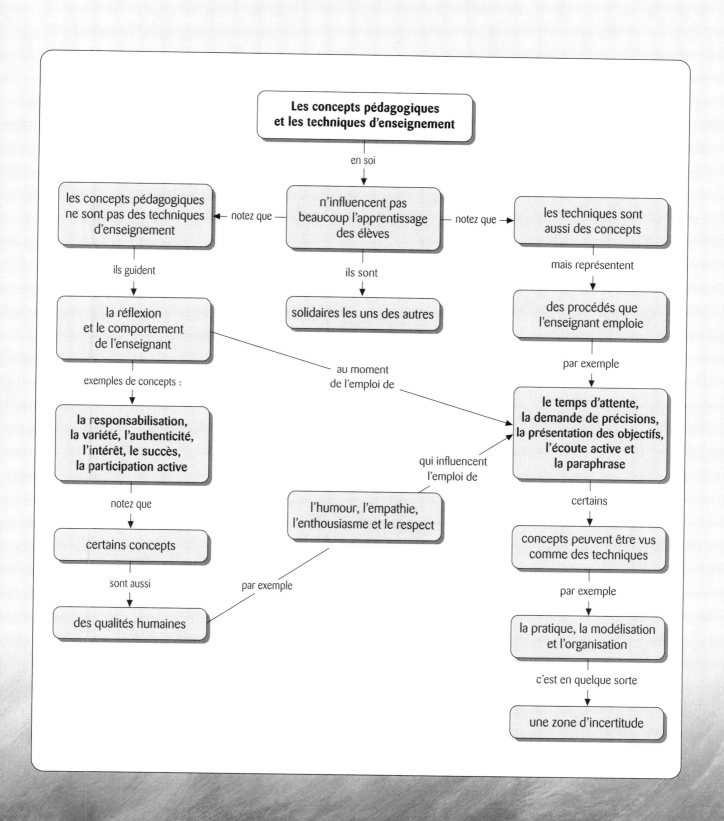

5. Le concept de niveau de pensée et les techniques d'enseignement qui s'y rapportent

6. Le concept de motivation et les techniques d'enseignement qui s'y rapportent

7. Résumé des recherches sur les concepts pédagogiques et les techniques d'enseignement

8. Qu'avons-nous appris jusqu'à maintenant? (résumé du chapitre)

Introduction et objectif du chapitre

Le chapitre introduit trois concepts pédagogiques complexes:

- la participation active;
- la motivation;
- les niveaux de pensée.

Il décrit aussi certaines techniques d'enseignement qui s'y rapportent:

- le temps d'attente;
- la formulation de la question;
- la réaction aux réponses des élèves.

Pour nous, ces concepts et ces techniques sont importants, mais peut-être le seront-ils moins pour vous. À notre avis, l'essentiel est de bien comprendre les relations entre les concepts et les techniques, peu importe ceux que vous employez pour créer un environnement pédagogique.

La force des concepts et des techniques réside dans le fait qu'ils peuvent être intégrés dans des stratégies pédagogiques et des tactiques d'enseignement plus puissantes (des exemples de ces tactiques et de ces stratégies, ainsi que la description de leur intégration, seront donnés dans des chapitres ultérieurs). Les stratégies qui ne se fondent pas sur des concepts ont moins de chances de fonctionner. Ainsi, les étudiants qui accordent peu d'attention aux concepts de sens, d'authenticité et de création d'un environnement favorable à la prise de risque ne pourront pas tirer tous les avantages des stratégies basées sur l'apprentissage coopératif de Johnson, le raisonnement inductif de Taba et la schématisation conceptuelle de Novak.

Les concepts pédagogiques et les techniques d'enseignement qui s'y rattachent aident à la mise en application de *toutes* les tactiques d'enseignement et les stratégies pédagogiques.

Les stratégies suivantes aident à expliquer les concepts et les techniques étudiés dans le présent chapitre:

- la préparation de leçons;
- le raisonnement inductif;
- l'acquisition de concepts;
- l'apprentissage coopératif;
- la schématisation conceptuelle.

Les relations possibles entre les concepts et les techniques dans les domaines de la musique, du bâtiment et des sports

Nous aurons recours ici à des comparaisons, plus ou moins parfaites il est vrai, pour montrer les relations existant entre les concepts et les techniques.

La musique : Pour jouer un morceau au violon, un musicien utilise beaucoup de techniques pour bien interpréter une pièce : lire les notes, interpréter les signes, rechercher la bonne vitesse d'exécution, faire preuve de dextérité, etc.

Le bâtiment : Pour construire une maison, un entrepreneur de construction consulte un plan (la stratégie). De plus, les travailleurs choisissent diverses techniques (clouer, scier, mesurer) et sont attentifs à des concepts tels que la qualité et le coût de l'exécution du plan. Le plan (soit la stratégie) sans la mise en œuvre des concepts, techniques et tactiques serait de peu d'utilité.

Les sports : Au basket-ball, les joueurs emploient des stratégies telles que l'offensive en 1-3-1. Mais celles-ci sont tout à fait inutiles si les joueurs ne sont pas en forme et ne maîtrisent pas les techniques du lancer et du dribble. L'état d'esprit caractérisé par le désir de collaborer (concept d'esprit d'équipe) influe aussi sur l'efficacité.

Les relations avec l'éducation

Notre expérience nous a montré que bon nombre de stratégies peuvent améliorer l'apprentissage des élèves. Nous décrirons certaines de ces stratégies : la préparation de leçons, le raisonnement inductif, l'acquisition de concepts, la controverse créative, l'analyse en équipe, la schématisation conceptuelle et l'acquisition de concepts. Les concepts pédagogiques et les techniques d'enseignement guident les enseignants ainsi que les élèves dans le choix, la mise en œuvre et l'intégration de ces stratégies.

Note

Le fait de bien comprendre le rôle de ces concepts et d'avoir un répertoire étendu de techniques permet d'appliquer plus intelligemment et plus efficacement les tactiques et les stratégies complexes.

Courte révision de ce que nous avons dit au sujet des concepts et des techniques

Pourriez-vous expliquer la différence entre un concept et une technique?

Et si on vous demandait de définir les relations entre les concepts pédagogiques, les techniques pédagogiques, les tactiques d'enseignement, les stratégies pédagogiques et les modèles théoriques? L'expérience nous a appris que l'enseignant qui est incapable de définir clairement les rôles de ces différents éléments a de la difficulté à les relier les uns aux autres de façon à pouvoir répondre aux besoins des élèves et aussi à établir les relations qui les unissent. Nous croyons donc qu'il est essentiel de savoir les distinguer.

Voici un moyen de se rappeler la différence aussi bien que le lien essentiel entre les concepts pédagogiques et les techniques d'enseignement: un enseignant peut utiliser des techniques (comme laisser le temps aux élèves de réfléchir ou demander des précisions pour les inciter à réfléchir), mais il ne peut pas avoir accès directement aux concepts construits mentalement par l'élève. Il ne peut, par exemple, que constater par le comportement de celui-ci ses niveaux de raisonnement, sa motivation ou sa participation active. Ces différents concepts doivent se traduire par des actions. Les concepts pédagogiques servent de guides à l'enseignant. Par exemple, sachant que la variété a pour effet de motiver les élèves, on a alors soin d'élargir son répertoire pédagogique de façon à inclure une multitude d'approches pédagogiques qui favorisent la motivation.

Trop souvent, notre réflexion sur l'enseignement et le dialogue qui lui fait suite sont vagues. Trop souvent aussi, nous nous contentons de discuter des concepts et nous négligeons de les mettre en relation avec les actions que nous accomplissons. Des enseignants expérimentés et efficaces ne saisissent pas toujours toute la complexité d'une chose aussi simple en apparence que le fait de poser une question pour faire participer tous les élèves, même s'ils posent celle-ci sans aucune difficulté.

Par exemple, nous avons noté que les enseignants qui guident nos étudiants stagiaires à l'université tentent, par la critique qu'ils font de leur travail, d'amener ces derniers à améliorer leur environnement pédagogique, à rendre leurs leçons plus attrayantes ou à faire participer davantage les élèves. Quand les stagiaires demandent aux enseignants comment il faut faire pour y arriver, ces derniers peinent parfois à sortir du vague. On répond: «Tu dois trouver toi-même, ça fait partie du métier!» ou: «Observe ma façon de procéder et imite-la.» Ces réponses sont assez limitées. Pour reprendre un exemple donné au chapitre précédent, pensez au nombre de personnes qui regardent Michael Jordan jouer. Pendant combien de temps faudrait-il le regarder pour arriver à jouer aussi bien que lui? Les professionnels qui veulent faire bénéficier les autres de leurs connaissances doivent être capables de communiquer efficacement quant à leur pratique.

Le concept de la participation active et les techniques d'enseignement qui s'y rapportent

La présente section traite de la **participation active**, un concept pédagogique essentiel. Il régit la technique de formulation de questions qui permet d'obtenir des types précis de réponses de la part des élèves. Signalons que la participation active est directement liée au concept de **responsabilisation de l'élève**, tel qu'il est défini dans les travaux de David et Roger Johnson sur l'apprentissage coopératif (il en sera question au chapitre 6).

Rappelez-vous également que les deux autres concepts pédagogiques présentés dans ce chapitre, à savoir la motivation et les niveaux de pensée, ont aussi des effets décisifs sur la volonté d'apprendre des élèves.

Connaissances à venir

Organisation de la section

Nous vous invitons d'abord à examiner le concept de participation active associé à la formulation de questions. Vous aurez ensuite à considérer une leçon qui met à profit l'acquisition de concepts de Bruner. Puis, il sera question du modèle de leçon de Hunter, qui montrera en quoi le concept de formulation de questions peut être utile pour faire participer les élèves activement. Vous aurez par la suite à vous exercer à la formulation de questions intégrant différents aspects de l'apprentissage coopératif.

Comment obtenir la participation active des élèves

Si l'on croit dans l'apprentissage actif, il faut considérer les différentes manières d'inciter les élèves à participer. Idéalement, les élèves qui arrivent en classe devraient être d'eux-mêmes motivés [ou, comme l'a écrit Millar (1897), «motivés naturellement plutôt que motivés artificiellement»]. Mais cela est plus facile à dire qu'à faire. Les enseignants ont peu de pouvoir sur les styles d'apprentissage, les forces ou les faiblesses intellectuelles, l'origine ethnique, le fait qu'un élève soit un garçon ou une fille, le climat familial et les difficultés d'apprentissage éventuelles de leurs élèves. De plus, ils doivent composer avec les exigences du programme d'études, les obligations liées à l'évaluation et les contraintes de temps. Nous voyons alors clairement les défis inhérents au métier d'enseignant.

Bien sûr, si tous les élèves demandaient dès leur entrée en classe plus de mathématiques, plus de musique, plus d'arts, plus de sciences et plus de français, les enseignants n'auraient pas à se soucier de la participation active. Malheureusement, ce n'est pas le cas. Mais les enseignants disposent de bon nombre de moyens pour améliorer la participation active de leurs élèves dans le processus d'apprentissage.

Quelques moyens propres à développer la participation active

1. Structurer la matière et les stratégies de manière à solliciter directement les élèves (mettre en œuvre, par exemple, des stratégies comme le jeu de rôle et l'apprentissage coopératif);

2. Donner des exercices présentant des niveaux appropriés de difficulté (de façon à rendre la réussite possible);

3. S'assurer que les activités possèdent des caractéristiques associées à la motivation tels que la nouveauté, l'intérêt, la signification, l'authenticité et la pertinence;

4. Assurer une présence bienveillante (pour montrer à l'élève que vous vous intéressez à ce qu'il fait);

5. Bien formuler les questions.

 Dans la prochaine section, nous verrons comment utiliser la technique de formulation de questions pour susciter la participation mentale active et un milieu favorable à la prise de risque, dans de petits et de grands groupes.

La participation active suscitée par la technique de formulation de questions

La présente activité utilise deux stratégies pédagogiques: 1) la conception de leçons, à titre de modèle théorique; 2) l'acquisition de concepts (A.C.) pour préciser ce qu'est la technique de formulation des questions. Cette activité peut être faite individuellement ou en petits groupes de deux à quatre éducateurs.

Mise en situation

Réfléchissez aux trois situations suivantes:

1. Certains élèves répondent à la question que vous avez posée.

2. Vous posez des questions et certains élèves ne répondent pas.

3. Un groupe doit débattre un sujet donné, mais un ou deux membres de ce groupe font tout le travail.

Décrivez votre réaction à chacune des situations.

A.C. Phase I – Examinez l'énoncé

À la page suivante, nous présentons un ensemble de questions ou d'énoncés susceptibles d'être formulés par un enseignant. Les exemples impairs appliquent la technique de la formulation de questions, mais non les exemples pairs. Il faut en conclure non pas que ces derniers ne devraient pas être employés en classe, mais seulement qu'ils ne présentent pas les caractéristiques que nous utilisons pour définir la technique de la «formulation de questions».

Comparez les exemples impairs et les exemples pairs. Trouvez ce qui est commun à tous les exemples pairs. Puis trouvez ce qui est commun à tous les exemples impairs. *(Note: L'activité requiert un niveau de pensée relevant de l'analyse selon la taxonomie de Bloom.)*

Après avoir étudié les 10 exemples et vous être fait une idée, trouvez un collègue de travail prêt à examiner avec vous ce qui est commun aux exemples pairs. Dégagez ensuite ce que vous entendez par «technique de la formulation de questions».

Exemples d'énoncés visant la participation des élèves

Comparez les exemples des numéros impairs et ceux des numéros pairs. Tâchez de déterminer l'effet qu'aurait chaque exemple sur la participation des élèves.

1. «Dites votre réponse à votre coéquipier. Que sont les endorphines? Quel rapport y a-t-il entre les endorphines et le rire?»

2. «Qui peut me dire lequel de l'arbre et du garçon est le meilleur ami et pourquoi?»

3. «Ne levez pas la main, je désignerai les élèves qui vont répondre. Donnez deux raisons pour lesquelles les boomerangs reviennent à leur point de départ.» Après 10 secondes, l'enseignant demande à Marcos de répondre.

4. «Qui dans ce groupe-ci peut expliquer comment décomposer une équation en facteurs?»

5. «Pointez les pouces vers le haut si vous êtes d'accord et pointez-les vers le bas si vous n'êtes pas d'accord. Vous devez justifier votre réponse. Le libre-échange sera bénéfique à long terme pour le Canada, les États-Unis et le Mexique.»

6. «Thierry, nous avons parlé hier du "temps d'attente" après les questions. Énumère à tes camarades les trois avantages de ce temps d'attente et dis si tu les considères vraiment comme des avantages.»

7. «Vous avez cinq secondes pour trouver en quoi une technique d'enseignement diffère d'une stratégie pédagogique. Soyez prêts à présenter votre réponse à votre groupe.»

8. «Qui pourrait me dire quelle sera l'évolution des gouvernements communistes en Europe de l'Est si on considère la lutte actuelle pour l'indépendance?»

9. « Réfléchissez chacun de votre côté, puis je vous demanderai de donner votre réponse. Énoncez la formule qui sert à calculer la vitesse d'un objet en chute libre. »

10. « D'après vous, qu'arriverait-il si on faisait voler un avion en papier dans la navette spatiale ? Rappelez-vous que l'air de la navette est pressurisé et qu'il n'y a pas de gravité. »

A.C. Phase II – Énoncez vos hypothèses et expliquez votre raisonnement

Une fois que vous vous êtes fait une idée, discutez avec votre coéquipier. Puis vérifiez votre compréhension à l'aide de l'exercice suivant.

Exercice : Vérification de la compréhension

A. « Imaginez que vous vous promenez dans la nature et que vous êtes surpris par une tempête de neige. Faites un remue-méninges dans votre groupe au sujet de vos réactions à la situation. »

B. « Qui peut me dire quelle est la différence structurelle entre un ligament et un tissu musculaire, et la différence de traitement que cela entraîne en cas de blessure ? »

C. « Avec votre coéquipier, déterminez les diverses étapes à franchir pour équilibrer une équation et indiquez l'étape qui vous paraît la plus difficile. Énumérez par écrit ces étapes. Vous pourrez partir après m'avoir remis votre feuille. »

D. « Les questions des pages 7 et 8 constituent votre devoir. Nous vérifierons les réponses demain. » Les réponses n'ont pas été vérifiées le lendemain.

E. « Qui peut me dire pourquoi la poésie est considérée comme reflétant une forme plus évoluée d'intelligence linguistique que la prose ? »

F. « Vous avez tous choisi un roman qui vous intéresse pour le lire et en faire la critique. Soyez prêts à présenter votre critique de ce livre devant votre groupe lundi prochain. »

G. « Comment l'artiste a-t-il utilisé l'espace et les formes dans cette peinture ? » L'enseignante attend cinq secondes, puis demande à un élève de répondre.

H. « Prenez le temps de réfléchir, puis je vous demanderai de dire votre réponse à votre partenaire. Vous êtes sur la Lune et vous voulez calculer la trajectoire d'une balle tirée par un fusil. Quels facteurs devrez-vous considérer ? Dites ensuite s'il est possible de placer avec un fusil une balle en orbite autour de la Lune. »

Discussion

Les exemples impairs (page 57) ont pour but d'amener tous les élèves à s'investir dans un questionnement et de les inciter à répondre à la question. De plus, ils permettent à ceux-ci de réfléchir isolément ou de partager leur réflexion en groupe avant de présenter leur réponse devant la classe. Les élèves passent du mode interne (réfléchir seul) au mode observable (écrire ou présenter sa réponse), bien qu'il ne soit pas essentiel de passer du mode interne au mode observable. Les exemples A, C, F et H de la page précédente correspondent à ces modes. Les exemples pairs (page 57) responsabilisent un seul élève. Souvent, la surprise d'être choisi lui fait oublier la réponse, d'autant plus qu'il sent la pression résultant du peu de temps accordé à la réflexion. Les exemples B, D, E et G appartiennent à ce groupe.

A.C. Phase II (*suite*) – Exprimez votre pensée

Une fois cet exercice terminé, retracez le cheminement de votre pensée depuis l'examen des premiers exemples et contre-exemples jusqu'à maintenant.

A.C. Phase III – Application

Nous ferons un retour sur la leçon et appliquerons la tactique EDC (examiner les deux côtés) qui fait partie du programme CoRT de De Bono.

Retour sur la leçon

À cette étape de la leçon, nous voulons examiner s'il est toujours avantageux de poser des questions pour responsabiliser les élèves.

Question

Sur quels aspects éthiques et culturels devriez-vous concentrer votre attention au moment de la formulation des questions en vue de susciter la participation active?

Réponse

Au cours d'une lecture sur les cultures des premières nations pendant un atelier tenu dans le nord de l'Alberta, nous avons eu des difficultés avec la formulation de questions. L'exemple suivant, qui a rapport à David, un élève autochtone, montre quelle était la situation.

« Réfléchissez un moment avant de répondre. Pourquoi croyez-vous que les Canadiens ne sont pas assez dynamiques en politique internationale? »

Au bout de 15 secondes, l'enseignante demande à David de répondre.

En général, les élèves autochtones n'aiment pas se démarquer de leurs camarades, que ce soit en mal ou en bien. Après avoir parlé avec leurs enseignants, nous sommes arrivés à la conclusion que ces élèves se sentent plus à l'aise pour répondre si on les laisse d'abord discuter en groupe et qu'on leur demande ensuite de formuler devant la classe l'opinion du groupe. Il importe donc de respecter le style d'apprentissage de l'élève ainsi que sa culture.

Il convient de noter que, quelle que soit leur culture, les élèves préfèrent l'approche de « la période de réflexion pour échanger leurs points de vue entre eux ». Dans une brève étude conduite auprès d'enseignants de la maternelle, nous avons découvert que leurs élèves préfèrent également réfléchir et discuter entre eux avant de formuler leur réponse devant la classe. En formulant les questions de cette manière, on crée un environnement qui incite à la prise de risque. L'élève réfléchit plus aisément quand il ne sent aucune menace et qu'il a le temps de partager sa réflexion avec d'autres.

Dans *Making Connections : Teaching and the Human Brain* (1994), Caine et Caine parlent de la maximisation de l'efficacité du cerveau par le moyen de la création d'un état de « vigilance décontractée » (p. 70). La formulation de questions en vue de la stimulation de la participation active a pour but de produire cet état. Il va de soi que, pour une même question, certains élèves peuvent être détendus alors que d'autres sont très nerveux. C'est pourquoi il faut faire preuve de jugement dans la détermination du temps à accorder après avoir posé une question et tenir compte de la situation. C'est là que l'art d'enseigner entre en jeu.

Les concepts et les techniques liés à la formulation de questions

Les concepts et les techniques qui suivent ont rapport à la démarche de formulation de questions. Ils aident les enseignants et les étudiants à mieux formuler leurs questions afin de tenir compte des besoins d'apprentissage. Chaque concept ou technique est présenté sur une page séparée en vue de faciliter l'application de la stratégie du casse-tête. Lors d'une séance de perfectionnement d'enseignants, placez les participants en groupes de trois et donnez-leur deux ou trois énoncés parmi ceux énumérés ci-dessous.

Les participants forment ensuite des groupes d'experts, parlent des éléments qu'ils jugent importants, puis retournent dans leur groupe initial de deux ou trois pour formuler le résultat de leur réflexion.

1. Les niveaux de la pensée (concept)
2. Le temps consacré à l'apprentissage (concept)
3. L'utilisation du temps d'attente (*technique*)

4. La réaction aux situations suivantes : (*technique*)
   a) aucune réponse
   b) une réponse partiellement correcte
   c) une réponse absurde
   d) une réponse au hasard
   e) une mauvaise réponse
   f) une bonne réponse
5. La communication des résultats (rétroaction) (*technique*)
6. La réflexion personnelle et la réflexion partagée (concept)
7. La peur de l'échec et la dépendance (concept)
8. L'échec privé et l'échec public (concept)
9. La distribution des questions (*technique*)
10. La responsabilisation et le niveau d'engagement (concept)

La complexité de la pensée

La complexité de la pensée fait référence à l'habileté de l'enseignant de concevoir des questions comportant divers degrés de difficulté que l'on associe aux niveaux de pensée de Bloom.

Résumé de la taxonomie de Bloom

Connaissance – se souvenir, réciter

Compréhension – expliquer, donner des exemples

Application – agir en démontrant sa compréhension

Analyse – comparer/opposer, décomposer

Synthèse – reconstruire, créer, considérer une question sous de nouveaux aspects

Évaluation – juger selon des critères définis

Répondez aux questions suivantes

- Les enseignants peuvent-ils satisfaire les besoins particuliers des élèves s'ils différencient mal les niveaux cognitifs auxquels correspondent les questions posées aux élèves ?

- Les élèves peuvent-ils pourvoir à leurs propres besoins s'ils ne maîtrisent pas consciemment les niveaux cognitifs des réponses données ?

- Les enseignants peuvent-ils réagir adéquatement aux réponses des élèves s'ils ne savent pas à quel niveau cognitif correspondent les questions posées ?

- Y a-t-il un problème d'éthique quand les enseignants évaluent les élèves en prenant comme base un niveau de pensée supérieur à celui qui est utilisé pour enseigner ? Que faut-il penser d'une évaluation qui fait intervenir un niveau de pensée inférieur à celui qui est utilisé pendant l'enseignement ?

- Si les enseignants ne peuvent dire quel est le niveau cognitif auquel correspond leur enseignement, leur est-il possible d'évaluer leurs élèves en prenant comme base des niveaux inférieurs ou supérieurs à celui de leur enseignement ?

- Les élèves répondront-ils mieux aux questions s'ils savent quelles sont les exigences cognitives de ces questions ? Autrement dit, s'ils peuvent voir qu'une question implique une analyse et ce que signifie l'analyse, répondront-ils plus adéquatement à cette question ? En nous référant à une recherche portant sur des élèves de cinquième et de sixième année, nous pouvons répondre à cette question par l'affirmative (Bennett *et al.*, 1986).

Le temps consacré à l'apprentissage

Selon la recherche, un des éléments améliorant le rendement des élèves est le temps consacré à l'apprentissage. Même si les élèves semblent toujours occupés, les enseignants doivent s'enquérir de la nature de leur « occupation ».

Revenons à la formulation des questions : si on pose une question, tous les élèves devraient-ils être encouragés à participer à la réflexion ou devraient-ils avoir la permission d'y réfléchir seulement quand ils en ont envie ?

Si on désire appliquer le concept d'apprentissage actif des élèves, lesquels des exemples suivants conviendraient ?

Réfléchissons un peu...

1. « Qui peut me dire quelle est la différence entre un fait et une opinion ? »

2. « Ne levez pas la main tout de suite. Réfléchissez pendant 10 secondes et soyez prêts à donner votre réponse. Quelle est la différence entre un fait et une opinion ? »

3. « Qui peut m'indiquer quel est le principal enjeu du conflit qui oppose l'Armée républicaine irlandaise au gouvernement britannique ? »

4. « Nous avons parlé auparavant de la photosynthèse. Discutez avec un camarade de ce processus pendant 30 secondes, et je demanderai ensuite à certains d'entre vous de donner leur réponse. »

5. « Nicole, quelle est la différence entre une addition et une multiplication ? »

6. « Laquelle de la prose ou de la poésie implique un niveau supérieur de la pensée ? » L'enseignante laisse 15 secondes de réflexion aux élèves pendant lesquelles elle les observe. Elle demande ensuite à Sara de répondre.

Les exemples 2, 4 et 6 sollicitent davantage la participation des élèves et leur laissent moins la possibilité de se conduire mal. Avez-vous remarqué que, la plupart du temps, trois ou quatre élèves répondent aux questions? Ce chiffre vous paraît-il acceptable?

Quelles questions, dans la liste précédente, les enseignants emploient-ils le plus souvent? Si vous avez répondu 1, 3 et 5, vous avez vu juste.

En somme...

Si nous voulons augmenter le temps consacré à l'apprentissage, il faut nous soucier davantage de la façon d'employer ce temps. Un bon moyen d'augmenter le temps consacré à l'apprentissage consiste à mesurer avec soin le temps de réflexion laissé aux élèves. Dans les ouvrages pédagogiques, on appelle ce concept le «temps d'attente». Nous en traiterons dans la section suivante.

L'utilisation du temps d'attente

Le temps d'attente est le temps dont les élèves disposent pour répondre à une question qui leur est posée. C'est aussi le temps de réflexion qui leur est imparti après que la question est posée. Ce temps peut aussi inclure le temps accordé à l'élève pour réfléchir davantage après qu'il a donné sa réponse. Comme technique d'enseignement, le temps d'attente permet d'améliorer la qualité des réponses, qui sont plus précises et plus exhaustives. Par-dessus tout, il aide à créer un environnement pédagogique favorable à la prise de risque (Tobin, 1980; Rowe, 1974). La recherche montre que le fonctionnement du cerveau tend à ralentir quand le sujet se sent menacé. On a observé que l'amygdale cérébelleuse prend alors le contrôle du cortex cérébral, un phénomène qui se traduit par la domination des émotions. Quand ils ont le temps de réfléchir, de discuter ou de se préparer avec un camarade avant de donner leur réponse, les élèves ont plus de chances de se sentir à l'aise et de fournir une réponse appropriée.

Ce qui nous conduit à poser la question suivante: **est-ce que le fait de chercher à obtenir des réponses précises et exhaustives encourage vraiment les élèves à s'engager activement dans leur apprentissage?**

Les recherches indiquent que la majorité des enseignants prévoient un temps d'attente qui se mesure en centièmes de seconde, bien qu'un temps de trois secondes ou plus améliore considérablement les réponses des élèves. Soulignons aussi que la plupart des élèves aiment avoir le temps de se préparer avant de répondre. Il en va de même pour les étudiants du niveau universitaire.

Le niveau de rendement réel des élèves, le degré de complexité de la question ainsi que la connaissance qu'ont les élèves de la matière enseignée devraient être pris en compte dans le calcul du temps d'attente. Il va sans dire que certaines questions exigent peu ou pas de temps d'attente, soit lors d'un rappel de connaissances, ce qui constitue de 60 % à 70 % des questions posées.

Il est bon de savoir que les élèves qui regardent au plafond ou par terre sont probablement encore en train de réfléchir. S'ils vous regardent ou regardent à gauche et à droite, ils ont vraisemblablement fini de réfléchir ; ils ne sont peut-être pas certains de leur réponse et ont besoin que vous les aidiez pour ne pas perdre la face. Nous discuterons de ce sujet dans la section suivante.

Selon notre expérience...

Les enseignants accordent généralement plus de temps aux élèves brillants. Pourquoi ? Peut-être croient-ils que le temps d'attente est stressant, mais que ces élèves sont mieux en mesure de supporter le stress.

Réagir aux réponses des élèves

La rétroaction motive les élèves à apprendre. En réagissant aux réponses de l'élève, l'enseignant entretient ou accroît chez ce dernier le désir de s'engager dans son apprentissage.

Les enseignants qui posent des questions devraient être en mesure de comprendre pourquoi les élèves répondent de telle ou telle manière et aussi de susciter l'amélioration des réponses des élèves. Nous donnons ci-après des exemples de réponses, d'explications et de réactions d'enseignants. **Notez qu'il existe plusieurs autres façons de réagir.**

1. **Aucune réponse... Pourquoi l'élève ne répond-il pas ?**

   Il se peut que la question soit trop complexe. L'environnement en classe n'est peut-être pas favorable à la prise de risque. L'élève n'a peut-être pas entendu la question.

   Comment allez-vous réagir ?

   Suis-je à même d'employer un procédé qui l'aide à ne pas perdre la face ? Par exemple, vous pourriez dire : « J'ai peut-être mal formulé ma question. Permets-moi de la poser autrement. » Puis vous laissez à l'élève le temps de réfléchir et de discuter avec un camarade.

2. **Une réponse partiellement correcte... Pourquoi la réponse est-elle seulement partiellement correcte ?**

   Peut-être que la question était trop longue et que l'élève n'a pas pu se la rappeler.

   Comment allez-vous répondre ?

   Soulignez la partie correcte de la réponse, puis répétez la question et demandez à l'élève de développer sa réponse.

3. **Une réponse absurde... Pourquoi l'élève a-t-il donné une réponse absurde ?**

   Peut-être que l'élève ne se sent pas à l'aise dans cette classe et qu'il a besoin d'attention.

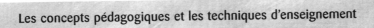

Comment allez-vous répondre ?

Essayez de trouver une parcelle de vérité dans sa réponse et dites : « Je n'avais pas regardé la chose sous cet angle. Ce que tu as dit vers la fin est très juste. »

4. **Une réponse au hasard… Pourquoi l'élève a-t-il tenté de deviner la réponse ?**

Peut-être que l'élève se sent obligé de dire quelque chose ; il ne veut pas vous dire qu'il ne sait pas la réponse ou ne veut pas répondre.

Comment allez-vous répondre ?

Demandez-lui de discuter avec un camarade avant de répondre ou dites-lui qu'il est lui est permis de passer son tour. Une fois que vous vous êtes assuré que l'élève a compris, vous pouvez par la suite lui demander de répondre.

5. **Une mauvaise réponse… Pourquoi l'élève a-t-il mal répondu ?**

Peut-être que la réponse comportait plusieurs éléments et que l'élève les a confondus.

Comment allez-vous répondre ?

Vous pourriez décomposer la question en plusieurs parties.

6. **Une bonne réponse… Pourquoi l'élève a-t-il répondu correctement ?**

La question était peut-être trop facile.

Comment allez-vous répondre ?

Vous pourriez ajouter un élément de complexité à la question pour l'inciter à réfléchir davantage.

La connaissance des résultats

Le fait de connaître ses résultats motive l'élève. Nous aimons tous savoir comment nous nous débrouillons. Nous apprécions également les enseignants qui peuvent nous dire avec tact et à-propos où nous en sommes. De plus, la rétroaction de camarades, de parents, d'enseignants, les livres et les films, ou nos réflexions nous aident à orienter notre action. La démarche qui consiste à apprendre aux élèves à s'autoévaluer est déterminante d'un point de vue pédagogique, car l'autoévaluation permet aux élèves de se situer par rapport aux résultats obtenus.

Songez à cela...

1. Si vous aimez les quilles, continueriez-vous longtemps à y jouer si vous ne voyiez jamais les quilles tomber ou si vous n'entendiez que le bruit que fait votre boule quand elle tombe au bout de l'allée ?

2. Continueriez-vous à cuisiner des plats raffinés que personne n'aime? Le fait de connaître les résultats de nos actions nous permet de faire beaucoup de choses. La rétroaction est encore plus utile quand l'information sur les résultats:

a) est fournie sans délai;

b) est précise – c'est-à-dire liée à ce qui est appris;

c) est encourageante;

d) a un caractère bienveillant.

Dans une étude portant sur des élèves doués, Marion Stelmaschuck (1986) a noté que les enseignants qui commentaient immédiatement les devoirs après les avoir reçus étaient plus efficaces. Nous connaissons tous des enseignants qui se contentent de jeter un coup d'œil rapide sur les travaux de leurs élèves, qui même ne les regardent pas du tout et qui donnent des notes comme 8 sur 10 ou A sans annoter la copie ou fournir des conseils. Un de nos professeurs à l'université était passé maître dans l'art de la rétroaction. Les commentaires qu'il apportait dépassaient en longueur les textes de ses élèves. Il nous a fait comprendre l'importance des commentaires. De plus, le fait qu'il accordait beaucoup d'attention à nos travaux nous a grandement poussés à réfléchir et à redoubler nos efforts. Pour cet enseignant, tous les mots comptaient – c'était là sa récompense pour nos efforts.

> Si vous voulez que les résultats de vos élèves s'améliorent, vous trouverez sans doute utile l'idée de laisser les élèves se préparer mentalement (démarche interne) avant de donner leurs réponses (démarche observable). C'est le sujet de la section qui suit.

Passer du mode interne au mode observable

Ces deux concepts correspondent à deux manières de faire participer les élèves. Les deux sont utiles.

1. **Interne** – signifie « caché à la vue du public »

2. **Observable** – signifie « exposé à la vue du public »

Le mode observable est, cela va sans dire, plus facile à évaluer que le mode interne. Le mode interne diminue la sensation de pression ressentie par les élèves, et le mode observable l'augmente. Comparez les exemples suivants.

Interne

- Fermez les yeux et imaginez que vous êtes…
- Voyez mentalement…
- Réfléchissez à…
- Préparez-vous mentalement à…

Quelle est l'utilité de ce mode ?

Il accroît les chances de réussite et la prise de risque parce que les élèves peuvent préparer leur réponse.

Observable

- Discutez avec votre camarade de…
- Pouces vers le haut si vous êtes d'accord…
- Écrivez votre réponse…
- Présentez votre réponse à la classe…
- Exprimez ce que vous ressentez…

Quelle est l'utilité de ce mode ?

Il favorise la responsabilisation de l'élève et sa participation.

En ce qui concerne les techniques de questionnement, les enseignants peuvent dire ce genre d'énoncés pour passer d'un mode à l'autre :

« Prenez 15 secondes pour réfléchir à la façon dont différents animaux passent l'hiver. Ensuite vous devrez partager vos idées avec un camarade. Enfin, je demanderai à certains d'entre vous de donner leur réponse à la classe. »

Note

Un philosophe a dit que c'est une chance pour les êtres humains que nous sommes de pouvoir formuler mentalement des hypothèses et les faire disparaître ensuite sans mot dire. La peur de l'échec et la peur de dépendre de l'aide des autres peuvent nuire aux élèves qui ont à formuler leurs idées devant la classe. Nous traitons de ce problème dans la section qui suit.

La peur de l'échec et la dépendance

L'art d'enseigner consiste notamment à créer un environnement qui encourage les élèves à poser des questions et à prendre des risques sans craindre l'échec.

La **peur de l'échec** et la **dépendance** représentent deux obstacles à la participation des élèves. Si l'environnement en classe ne lui paraît pas favorable à la prise de risque, l'élève s'engagera moins activement dans son apprentissage. D'un autre côté, il se pourrait qu'un élève attende toujours que quelqu'un d'autre vienne le dépanner. Ces deux concepts sont faciles à comprendre, mais difficiles à appliquer.

Réagir adéquatement aux réponses des élèves est essentiel. Il faut également poser des questions correspondant à des niveaux de difficulté appropriés. Si l'on pose des questions d'un niveau de difficulté approprié et qu'on encourage en même temps l'élève, on crée un environnement favorable à l'apprentissage. Si un élève est réticent à répondre, comment réagirez-vous ? Pourquoi ? Si on ne lui laisse pas le temps de réfléchir et de discuter avec un camarade avant de lui demander de répondre, quels seront, selon vous, son degré de réussite et sa motivation à apprendre ? On voit aisément ici que ce qui semble à première vue un élément très simple, soit le questionnement exercé par l'enseignant, montre plutôt la complexité de l'enseignement.

À retenir

Diverses structures coopératives, et en particulier la méthode **réfléchir-partager-discuter,** le **tournoi à la ronde** et les **napperons,** permettent à l'élève de partager sa réflexion avec ses camarades, ce qui sollicite sa participation active et en même temps lui épargne le stress lié au fait d'avoir à parler devant toute la classe. La section suivante traite des concepts d'échec public et privé.

L'échec privé et l'échec public

Après une chute de bicyclette, il est possible de se remettre en selle sans être vu de personne. Mais combien de fois remonterions-nous sur notre bicyclette si nous tombions devant des gens ?

Ce concept est important du point de vue éthique. Quand on demande au hasard à un élève de répondre à la question posée, on lui demande en fait de risquer d'échouer devant ses camarades sans qu'il lui soit permis de dire s'il veut répondre ou non. Ce qui peut ne pas nous apparaître comme un échec peut en être un pour l'élève. Il est donc important de créer un environnement où l'élève peut prendre des risques.

Nous connaissons tous des enseignants très compétents qui sont détendus et qui aiment parler à leurs élèves. Mais, quand on leur demande de travailler dans un groupe d'adultes (même avec des enseignants de leur école), ils ont beaucoup de difficulté à parler devant les autres. Certains n'assistent pas à des ateliers par crainte d'avoir à parler en public.

D'où l'importance de créer en classe des environnements favorisant la prise de risque, d'avoir à sa disposition divers moyens permettant de comprendre et d'appuyer les efforts des élèves.

Il est certain que les élèves ont plus de chances de réussir si on les laisse se préparer en petits groupes. Le fait de structurer les leçons de façon à faire intervenir des activités coopératives favorise la participation des élèves qui ont peur d'échouer.

La distribution des questions

La distribution des questions n'est pas un concept complexe. Toutefois, si on tient compte des recherches, 3 ou 4 élèves répondent à environ 80 % des questions appelant des réponses volontaires.

Si vous donnez des ateliers à des adultes, posez-leur des questions auxquelles ils sont libres de répondre afin de voir le nombre de ceux qui répondront. Les adultes sont simplement de plus vieux élèves : 3 ou 4 personnes sur un total de 25 répondront à 80 % de vos questions.

Dans une étude, on a observé que, dans une classe d'une université composée de 70 étudiants, 3 étudiants répondaient à la plupart des questions appelant une réponse volontaire. Cela signifie-t-il que les autres n'avaient rien à dire ? Bien sûr que non. Ils préféraient tout simplement écouter passivement. Il faut dire aussi qu'on était au début de l'année et que les étudiants se connaissaient encore peu. De plus, on peut se demander si le sujet était intéressant. D'autres raisons aussi peuvent expliquer la non-participation des élèves.

Nous ne disons pas que la participation volontaire est à éviter ; nous pensons plutôt le contraire. Il peut s'agir d'une manière moins engageante d'inciter les élèves à répondre ou de donner à ceux qui aiment se porter volontaires la possibilité de se mettre en évidence. **L'emploi de cette méthode doit résulter d'un choix délibéré.**

Réflexion

En tant que parents, vous attendez sûrement de votre enfant qu'il participe activement en classe. S'il ne le faisait pas, vous aimeriez que l'enseignant applique une technique propre à améliorer sa participation. Si jamais vous avez l'occasion d'observer le travail d'un enseignant, prêtez attention à la manière dont les questions sont formulées.

La responsabilisation et la pression

La meilleure façon d'illustrer le degré de responsabilisation des élèves et la pression qui les influence est d'utiliser un diagramme à deux axes. Imaginons que vous révisiez la matière vue dans les cours précédents. Les quadrants 1, 2, 3 et 4 de la figure ci-dessous représentent différents degrés de pression et de responsabilisation. Vous trouverez un exemple pour chaque combinaison.

L'art d'enseigner consiste à choisir le bon degré de pression (**de peu à beaucoup d'inquiétude**) et de responsabilisation (**d'aucune participation à une participation complète**) à susciter chez l'élève pour maximiser l'apprentissage.

Bien entendu, l'enseignant peut utiliser l'une ou l'autre combinaison ou les utiliser toutes. Le choix de la méthode employée pour répondre aux besoins des élèves à tel moment précis relève de l'art d'enseigner.

Bien sûr, le niveau de difficulté de la matière et la classe en tant que milieu favorable ou non à la prise de risque influent sur le degré de pression (parfois appelé aussi «degré de stress» ou «d'inquiétude» des élèves).

Avec un collègue, concevez des tâches à exécuter en classe qui correspondent à chacun des quadrants. Quand les élèves seront-ils le plus créatifs?

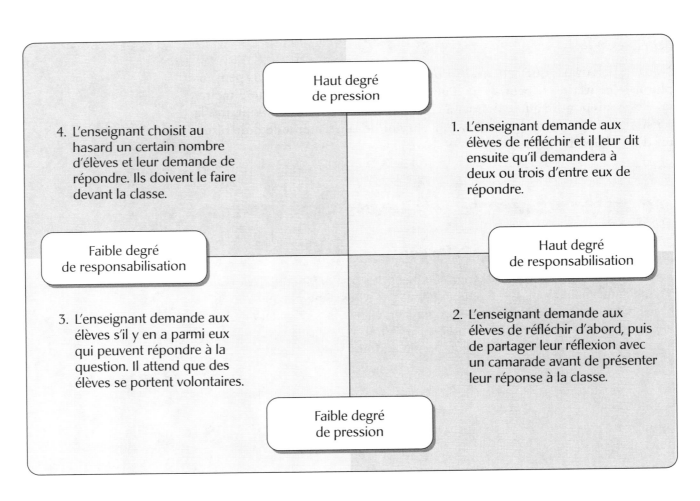

Le concept de niveau de pensée et les techniques d'enseignement qui s'y rapportent

Cette section traite des niveaux de pensée. Pour certains d'entre vous, elle constituera une introduction à la façon dont on catégorise les différentes formes de pensée; cette catégorisation est appelée «taxonomie». Pour d'autres, ce sera une simple révision de notions déjà apprises. Enfin, certains n'auront pas besoin de la lire puisqu'ils utilisent déjà des taxonomies avec succès.

La plupart des enseignants ont entendu parler de taxonomie. Certains d'entre vous se rappelleront vaguement avoir étudié la taxonomie de Bloom à l'université. Pour la majorité des enseignants, le mot «taxonomie» évoque une liste de verbes qu'il fallait mémoriser et qui étaient distribués dans un diagramme circulaire représentant les niveaux taxonomiques – un peu comme les groupes alimentaires dans lesquels les enfants répartissent les aliments. Dans nos stages en enseignement, nous avions désigné des objectifs à l'aide de ces verbes. Puis, arrivés dans notre première classe, nous avons tôt fait d'oublier la démarche pour nous laisser entraîner dans le tourbillon quotidien de l'enseignement. Nous allons donc faire un retour dans le passé qui nous permettra de voir que les taxonomies aident grandement à la réflexion.

La plupart des enseignants n'arrivent pas à se rappeler les six niveaux de la taxonomie de Bloom. Cependant ils peuvent aisément expliquer la signification de chacune de ses composantes. Ainsi, la majorité d'entre eux n'appliquent pas consciemment des éléments de taxonomies, bien qu'on constate qu'ils utilisent ces derniers dans leur enseignement.

Il existe beaucoup d'autres taxonomies, par exemple celles de Aschner, de Krathwol et de Guilford. Le fait d'utiliser une taxonomie ne rend pas l'enseignant efficace. Toutefois, l'emploi conscient des niveaux de pensée au moment de la préparation des questions et des tâches à réaliser en classe peut accroître l'efficacité de l'enseignement.

Bref, le but de cette section et des activités qui y sont décrites est de vous aider à vous servir de la taxonomie pour clarifier et approfondir cette partie de la pratique pédagogique qui a rapport au niveau de la pensée.

Les taxonomies pour mieux penser

La section consacrée à la participation active présentait deux concepts: 1) l'engagement des élèves; et 2) la responsabilisation. Il est nécessaire de tenir compte de ces concepts, mais, à notre avis, cela ne suffit pas. Comme enseignants, nous devons aussi considérer les divers niveaux de pensée.

Les niveaux de pensée sont certainement utiles pour permettre aux enseignants de répondre aux divers besoins des élèves. Il faut également tenir compte des intelligences multiples, des styles d'apprentissage, des caractéristiques des élèves à risque, des recherches sur le cerveau, des particularités des garçons et des filles, de la culture et des difficultés d'apprentissage.

Encore une fois, la capacité d'intégrer des concepts, des techniques, des tactiques et des stratégies est ce qui nous définit comme enseignants. Cette capacité est une des principales caractéristiques qui font de nous des enseignants.

L'activité suivante a pour but d'améliorer votre réflexion. Il s'agit de catégoriser les énoncés à l'aide de la méthode de la pensée inductive de Hilda Taba (décrite au chapitre 8).

Tâche à accomplir

Classez les questions et les activités ci-dessous dans des catégories correspondant au niveau de pensée qu'elles sont susceptibles de favoriser chez l'apprenant.

La technique coopérative

Toutes les personnes doivent exprimer leur opinion avant qu'un énoncé soit placé dans une catégorie.

Taille des groupes: Formez des dyades et attribuez à chaque personne la lettre A ou B. Si vous le préférez, vous pouvez travailler seul.

Une fois l'exercice terminé, répondez aux questions de la page 74. Ne lisez pas ces questions avant d'avoir terminé la classification.

Note

On demandera au hasard à des groupes de présenter et de justifier leurs réponses.

Ensemble d'énoncés se rapportant aux niveaux de pensée

1. Énumérez les différentes parties d'un microscope.

2. Quelles différences et ressemblances y a-t-il entre les conservateurs et les libéraux?

3. Expliquez, dans vos propres mots, le fonctionnement des endorphines.

4. Montrez comment vous calculeriez l'étendue de tapis qu'il faut pour couvrir la salle de séjour et deux chambres. Quel serait le coût total si le tapis se vendait 24,95 $ le mètre carré?

5. Selon vous, si Louis Riel était né dans une famille riche de race blanche, aurait-il quand même été pendu?

6. Nommez deux phénomènes actuels se rattachant à la révolution industrielle.

7. Écrivez et jouez un sketch qui montre comment exprimer son désaccord de façon polie.

8. En vous appuyant sur votre connaissance de la politique internationale, concevez une série de mesures innovatrices susceptibles de résoudre des problèmes que vous considérez comme critiques en Yougoslavie.

9. Quelle est la plus grande force dans Macbeth : l'amour ou la haine ? Justifiez votre réponse.

10. Discutez en dyade de la politique canadienne sur le libre-échange avec les États-Unis et le Mexique.

11. Prédisez ce que sera l'effet à long terme du libre-échange sur l'industrie automobile ontarienne.

12. Qui était le plus grand artiste de tous les temps ? Pour répondre, tenez compte du rayonnement de cet art dans le monde.

13. Concevez une façon d'introduire l'usage du plastique dans la fabrication des ailes d'automobiles.

14. Utilisez vos connaissances des graphiques pour illustrer le rôle du tabagisme dans les différentes maladies décrites dans l'article scientifique qui vous a été fourni.

15. Quelle est la formule servant à calculer la vitesse d'un objet en chute libre ?

16. Trouvez le meilleur plan d'investissement prudent sur 5 ans pour une personne retraitée de 65 ans qui a 100 000 $ en banque et un revenu annuel de 18 000 $.

17. Comparez les styles baroque et classique en musique.

18. Quelle forme d'art ou quel style artistique influe le plus sur votre raisonnement ?

19. Associez chaque capitale au pays correspondant.

20. D'ici la fin de semaine prochaine, votre groupe doit démonter un petit moteur et être en mesure d'expliquer comment chacune des pièces agit sur les autres pièces.

21. Essayez d'équilibrer l'équation en utilisant les connaissances employées pour résoudre les précédentes.

22. En tenant compte des défauts du protagoniste et des forces de l'antagoniste, trouvez un nouveau dénouement à votre scénario.

23. Énumérez le plus grand nombre possible d'hydrocarbures en trois minutes.

24. Comparez les principales tensions résultant de l'attitude des gens lors de la Première Guerre mondiale et lors de la guerre du Vietnam.

Les questions qui se rapportent à ces énoncés se trouvent à la page suivante.

Questions se rapportant à l'activité de classification

Lisez chaque question, puis communiquez votre réponse à un collègue. Si vous travaillez seul, comparez vos idées avec celles qui sont énoncées à la page suivante.

1. En vous appuyant sur l'analyse que vous avez faite du sujet, dites quelle est la catégorie de questions qui, dans les faits, est le plus souvent posée dans les classes ainsi que dans les examens et les tests.

2. Réfléchissez de nouveau à votre classification. Selon vous, à quels types de questions les élèves préfèrent-ils répondre en classe ? Pourquoi ? Dans quel ordre vos élèves classeraient-ils les types de questions s'ils avaient à placer en premier ceux qui les encouragent le plus à réfléchir ?

3. Selon vous, quel est le niveau minimal de pensée que les élèves devraient avoir si on considère qu'ils vivent dans un système démocratique ?

4. Expliquez le rôle joué par l'opinion dans une évaluation.

5. Définissez le mot « application ». Y a-t-il une autre façon de lier l'application aux autres niveaux de pensée de la taxonomie de Bloom ?

6. Dans quel piège un enseignant s'expose-t-il à tomber quand il demande aux élèves d'appliquer des notions qu'ils ont mémorisées ?

7. Une enseignante qui ne sait pas distinguer les différents niveaux de questions peut-elle répondre aux besoins individuels des élèves ?

8. Dans leur évaluation des élèves, les enseignants ont-ils une responsabilité légale ou morale de tenir compte du niveau de pensée où s'est situé leur enseignement et où ils ont sollicité l'engagement des élèves ?

9. Croyez-vous qu'il existe un lien entre le fonctionnement des neurones, les stades du développement de l'intelligence de Piaget (ci-dessous) et les niveaux supérieurs de pensée auxquels on veut que les élèves accèdent ?

Les stades du développement de l'intelligence de Piaget

Stade sensorimoteur : (de 0 à 2 ans) – interagit physiquement avec l'environnement.

Période préopératoire : (de 2 à 7 ans) – a besoin de situations concrètes.

Stade des opérations concrètes : (de 7 à 11 ans) – apprend toujours mieux par l'action, mais peut résoudre des problèmes abstraits simples.

Stade des opérations formelles : (de 11 à 15 ans) – raisonne comme un adulte.

Réponses se rapportant à l'activité de classification : ce que d'autres ont dit...

1. La mémorisation est le niveau de raisonnement le plus répandu dans les classes. Ironiquement, il a un effet minime sur l'apprentissage.

2. Les réponses à des mini-sondages menés auprès des élèves montrent qu'ils préfèrent les questions de synthèse et d'évaluation, suivies des questions d'analyse et d'application, puis de celles de compréhension. Les questions de mémorisation étaient les moins populaires.

3. Analyse et évaluation combinées. Par exemple, au moment de prendre une décision politique, comme celle de tenir un référendum sur l'indépendance du Québec, il faut analyser les possibilités et effectuer un choix. Il est difficile de décider si on ne comprend pas les enjeux.

4. Une opinion relative à un enjeu est une évaluation. Une opinion est valable dans la mesure où l'on est capable de la justifier. La pensée critique permet de discerner les faiblesses de l'argumentation de son interlocuteur (par exemple, la généralisation hâtive, les fausses analogies, la référence à des statistiques invérifiables, les choix dichotomiques).

5. C'est dans l'application qu'on montre sa compréhension de la façon de faire une chose. En appliquant une notion, il faut se rappeler des connaissances, les comprendre, les analyser.

6. Il y a un danger à demander aux élèves d'appliquer ce qu'ils ne comprennent pas vraiment et qu'ils ont uniquement mémorisé (par exemple, les élèves qui font des retenues correctement dans une soustraction, mais qui ne comprennent pas pourquoi il faut placer un 1 auprès du 0 après avoir rayé le 4 pour le remplacer par 3). On croit qu'ils ont compris parce qu'ils répondent bien, mais, en fait, ils ont simplement mémorisé la manière de procéder et ils la comprennent peu.

7. Il est plus difficile de répondre adéquatement aux besoins des élèves si on ne peut définir clairement les exigences cognitives des questions. Supposons que vous posiez une question suscitant une analyse et que vous n'obteniez aucune réponse. Comment interpréterez-vous ce comportement?

8. Nous croyons que oui. Rappelez-vous le temps où vous étiez élève : croyez-vous qu'il soit juste d'être évalué à l'aide de questions trop complexes par rapport au contenu de la matière enseignée en classe? Que penseriez-vous de la qualité de l'apprentissage si toutes les questions se rapportaient aux niveaux de la mémorisation et de la compréhension?

9. En ce qui concerne les stades de Piaget et le fonctionnement des neurones, il semble que nous pouvons répondre « oui ». Selon une théorie sur le développement du cerveau, la sécrétion de myéline et la croissance du cerveau coïncident avec ces stades. La myéline est une substance lipidique isolante qui permet aux influx nerveux de se propager rapidement avec un minimum de pertes dans la transmission. Nous étudierons en détail le cerveau dans le chapitre 11. Healy (1994) rapporte que c'est pendant l'adolescence que la secrétion de myéline est le plus élevée.

La taxonomie de Bloom

Une taxonomie des niveaux de pensée aide les enseignants à déterminer le type d'intervention dans lequel faire travailler les élèves. Elle permet aux enseignants de comprendre plus clairement ce qui doit être appris et la façon dont les élèves devraient présenter ces apprentissages. Les enseignants utilisent la taxonomie pour concevoir des questions et des activités comportant différents degrés de complexité, non seulement pour inciter les élèves à se surpasser, mais aussi pour répondre aux besoins individuels d'apprentissage.

Si vous n'appréciez pas la taxonomie de Bloom ou si vous vous sentez limité par cette taxonomie, essayez alors la taxonomie de Aschner ou celle de Guilford, ou encore celle que vous avez vous-même créée. Au moment de décider si vous allez ou non utiliser une taxonomie, songez à ce que les recherches disent sur le développement du cerveau et à la capacité des élèves à s'élever à des niveaux complexes de raisonnement. À ce sujet, voyez le chapitre 11.

Certaines recherches indiquent que les enseignants efficaces enseignent, souvent sans en être nécessairement conscients, en sollicitant les niveaux supérieurs de la pensée.

Les six niveaux de la taxonomie de Bloom

1. Connaissance (mémorisation)
2. Compréhension
3. Application
4. Analyse
5. Synthèse
6. Évaluation

Notez que ces catégories ne sont pas nettement distinctes ; elles servent uniquement de guides. La plupart du temps, une intervention fait appel à plus d'une catégorie. Les écrits publiés sur le sujet montrent qu'il y a divers points de vue concernant la catégorisation des niveaux quatre à six. Une des raisons qui expliquent le désaccord est la quantité de connaissances que l'élève possède. Vous pouvez, par exemple, poser une question et croire que la réponse de l'élève se situe au niveau de l'évaluation ; mais si vous n'avez pas évalué les connaissances de l'élève, vous ne pourrez savoir s'il répète ou non l'opinion d'une autre personne.

Exemples de débuts de phrases pour des activités basées sur la taxonomie de Bloom

Notez que certains de ces exemples rentrent dans plus d'une catégorie ; il s'agit simplement de suggestions.

Niveau I – Connaissance (mémorisation)

1. Quelle est la définition de...?
2. Tracez le contour de...
3. Donnez-moi les faits concernant...
4. Nommez les caractéristiques de...
5. Énumérez les étapes de...

Niveau II – Compréhension

1. Expliquez en quoi ces idées se ressemblent.
2. Racontez, dans vos propres mots, l'histoire de...
3. Classifiez ces concepts[1].
4. Donnez des exemples.
5. Construisez un modèle de...
6. Faites un dessin ou jouez un sketch qui représente...

Niveau III – Application

Note : L'application sans la compréhension n'est pas efficace.

1. Représentez des données sous forme de graphique.
2. Montrez la façon de...
3. Pratiquez...
4. Montrez par des gestes la façon dont une personne ferait...
5. Calculez...

Niveau IV – Analyse

1. Quelles sont les composantes de...?
2. Quelles sont les principales étapes du processus de...?
3. Si..., alors...
4. Quelle autre conclusion est-il possible de tirer de...?
5. Quelle est la différence entre un fait et une hypothèse ?
6. Quelle serait la solution à...?
7. Quel est le lien entre... et...?
8. Quel est le motif de...?
9. Comment feriez-vous...?

---

1. Peut aussi faire partie de l'analyse.

Niveau V – Synthèse

1. Élaborez un modèle qui vous fait découvrir de nouvelles idées.
2. Trouvez un plan original ou une expérience originale pour…
3. Complétez l'histoire de façon à…
4. Émettez une hypothèse sur…
5. Changez… de façon à…
6. Suggérez une nouvelle façon de…

Niveau VI – Évaluation

1. Selon vous, … ?
2. Évaluez les chances que… se produise.
3. Quelle solution favorisez-vous ? Pourquoi ?
4. Quel est le pire système ? Quel est le meilleur ?
5. Que vaut chacune de ces idées ?

Exemples de questions associées à la taxonomie de Bloom utilisées à la suite de la lecture d'histoires

> Si les histoires en question sont étrangères à la culture des élèves, trouvez d'autres histoires et posez des questions analogues.

Boucle d'or et les trois ours

Niveau I – Connaissance

- Nommez les personnages de l'histoire.
- Dans quel lit les ours ont-ils trouvé Boucle d'or ?

Niveau II – Compréhension

- Résumez l'histoire dans vos propres mots.
- Pourquoi les ours étaient-ils fâchés contre Boucle d'or ?

Niveau III – Application

- Qu'aurait-il pu arriver si Boucle d'or avait aussi mis la maison en désordre ?
- Reprenez l'histoire en supposant qu'il y a eu entrée par effraction.
- En vous appuyant sur les indications données dans l'histoire, dessinez la maison des ours.

Niveau IV – Analyse

- Quelle est la différence entre ce qu'a vécu Boucle d'or et ce qu'a vécu le Petit Chaperon rouge ?
- Trouvez des parties de l'histoire qui auraient pu vous arriver.

- Énumérez tous les événements qui montrent qu'il ne s'agit pas d'une histoire vraie.

Niveau V – Synthèse

- Imaginez que Boucle d'or soit entrée dans une maison habitée par trois mouffettes. Que se serait-il passé?
- Que se serait-il passé si Boucle d'or était retournée chez elle et avait trouvé les trois ours dans son lit? Qu'aurait-elle fait?

Niveau VI – Évaluation

- Dites si la décision qu'a prise Boucle d'or de se sauver des ours est une bonne décision. Justifiez votre réponse.
- Que pensez-vous de la conduite de Boucle d'or comme invitée dans la maison des ours?
- Imaginez que Boucle d'or soit poursuivie en justice pour avoir pénétré par effraction dans la maison. La jugeriez-vous innocente ou coupable? Justifiez votre réponse.

La vérité sur l'affaire des trois petits cochons
(par Jon Scieszka)

Nous vous encourageons à lire ce conte amusant si vous ne l'avez pas déjà fait. Le loup y est poursuivi en justice pour avoir mangé les cochons. Sa défense est pour le moins intéressante!

Niveau I – Connaissance (mémorisation)

- Quels arguments le loup invoque-t-il pour nier sa culpabilité?
- Avez-vous déjà eu à vous défendre d'une accusation?

Niveau II – Compréhension

- Dites ce que vous pensez de l'argument du loup selon lequel manger le cochon équivaut à éviter de gaspiller un hamburger que l'on trouve.
- Acceptez-vous les raisons que le loup allègue pour expliquer son entrée dans la maison du premier cochon? Justifiez votre réponse.

Niveau III – Application

- En quoi cette nouvelle version du conte ressemble-t-elle à ce qui se passe de nos jours dans les tribunaux?
- Comment vous êtes-vous défendu quand on vous a accusé d'une chose que vous n'aviez pas faite?

Niveau IV – Analyse

- Quelle est la différence entre cette version du conte et le conte original des Trois Petits Cochons?
- Pourquoi le loup joue-t-il le rôle du méchant dans la majorité des contes? Est-ce que cela se justifie?

Niveau V – Synthèse

- Que croyez-vous que les cochons feraient si le loup était innocenté ?
- Quand le loup sortira de prison, aura-t-il appris de ses erreurs ou cherchera-t-il à se venger ?

Niveau VI – Évaluation

- Est-ce que cette version où le loup est innocent vous paraît plus intéressante que la version originale ? Justifiez votre réponse.
- Si vous étiez juges, quelle sentence auriez-vous donnée au loup ?

$\mathcal{D}$eux continuums : du simple au complexe, du facile au difficile

Madeline Hunter a montré que l'on peut introduire plus de flexibilité dans les questions en modifiant leur degré de difficulté. À notre point de vue (et de celui de nos élèves), elle a raison. On peut comparer la chose à une règle coulissante : les enseignants peuvent poser des questions dont le degré de difficulté va de « simple et facile » à « complexe et difficile ».

En posant différents types de questions, les enseignants rendent les apprenants aptes à résoudre des difficultés de tous ordres. Le fait d'appliquer la taxonomie de cette façon aide certainement à répondre aux besoins individuels des apprenants. Les questions de chaque quadrant de la figure ci-dessous ont leur utilité.

Nous renvoyons aussi à ce que Millar a écrit en 1897 : « Au moment de demander à des élèves de répondre… les enseignants devraient choisir les élèves qui ont le plus besoin de la question. » Comment les enseignants peuvent-ils faire cela s'ils ne sont pas conscients des exigences cognitives que comporte la question ?

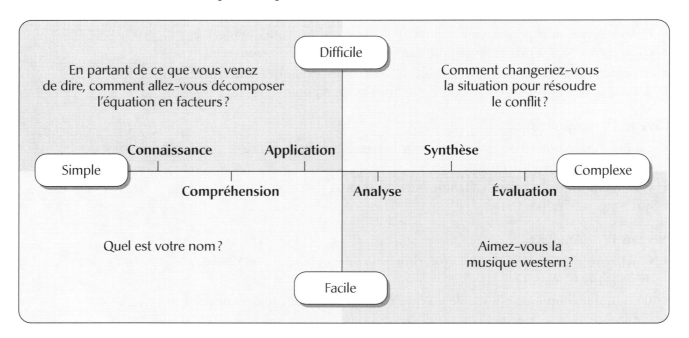

Le concept de motivation et les techniques d'enseignement qui s'y rapportent

Les deux sections précédentes portaient sur la façon d'amener les élèves à participer activement et de les responsabiliser en tenant compte des niveaux de raisonnement. Ces trois choses sont importantes; mais il faut aussi veiller à ce que les élèves restent motivés ou, mieux, à ce que les élèves se motivent eux-mêmes.

La motivation est un autre concept dont les enseignants doivent tenir compte pour répondre aux besoins individuels des élèves. Créer un environnement pédagogique pour 30 élèves 200 jours par année est une tâche complexe qui demande de la créativité. Il est essentiel pour accomplir cette tâche d'intégrer une variété de concepts, de techniques, de tactiques et de stratégies. Robert Sylwester nous rappelle que, quand nous disons que les élèves ne sont pas intéressés, ce n'est pas qu'ils ne le sont pas, c'est plutôt qu'ils ne s'intéressent pas à ce à quoi nous voulons qu'ils s'intéressent (*The Brain and Learning,* vidéo, 1ʳᵉ partie, 1998, ASCD).

Des raisons de lire cette section

- Comprendre les facteurs qui favorisent la participation active à l'apprentissage. Le nombre de techniques et de stratégies que vous utilisez, votre connaissance de la matière ou vos bonnes dispositions à l'égard de vos élèves importent peu si une leçon est vide de sens, ennuyeuse ou trop difficile.

- Comprendre que si nous refusons en tant qu'enseignants de participer à des ateliers ennuyeux parce que les sujets traités ne nous intéressent pas, nous ne devrions pas non plus imposer aux élèves des expériences d'apprentissage qui ne les intéressent pas.

La motivation

Une définition

Qui sait vraiment quelle est sa motivation? La motivation varie suivant les individus. Dans le cas de nos élèves, cela pourrait être simplement «tout ce qui les encourage à apprendre».

Pourquoi intégrer la motivation dans les leçons

Quand les élèves sont motivés à apprendre, ils apprennent davantage et plus rapidement. Ils risquent également moins de mal se conduire.

Selon vous, qu'arriverait-il si on disait à des élèves de 8e année qu'ils pourront partir en vacances quand ils auront terminé le programme d'études avec une moyenne de 75 %?

Les éducateurs parlent souvent d'allonger l'année scolaire pour augmenter le rendement des élèves. Notre avis est qu'un bol de porridge permettait à Oliver Twist de survivre, mais que deux l'auraient peut-être tué. «Plus» ne rime pas avec «mieux».

Quelques considérations théoriques

1. Selon la théorie de l'attribution, il n'y a aucun transfert de motivation à long terme pour apprendre tant que les élèves n'attribuent pas leur succès ou leur échec à leurs efforts personnels.

> On présume que les élèves comprennent le lien causal entre leurs efforts, ou leur manque d'efforts, et le résultat positif ou négatif.

2. Si les élèves reçoivent une forme de renforcement (des félicitations, de l'encouragement, etc.) pour une tâche facile ou qu'ils ont réussie grâce à de la chance, à une aptitude particulière, à un enseignant efficace ou à d'autres facteurs sur lesquels ils ont peu de prise, ce renforcement sera sans effet sur leur motivation à apprendre.

3. De quel point de vue devrait-on envisager la motivation: de celui des enseignants ou de celui des élèves?

Deux types généraux de motivation

Dans la plupart des classes, les élèves n'accourent pas en criant avec excitation: «Youpi! un cours de maths!» S'ils montrent de l'enthousiasme, vous n'avez certainement pas besoin de revoir les écrits traitant de la motivation.

Nous savons qu'un élève sur six est à risque. Ils sont victimes de mauvais traitements, d'agressions sexuelles, de violence psychologique, de divorces à répétition, de parents alcooliques, entre autres choses. Si leurs besoins fondamentaux ne sont pas comblés, quel intérêt peuvent-ils prendre aux mathématiques, à la lecture d'un poème ou au travail en équipe ? Pourtant certains d'entre eux apprécient ces activités.

Pour comprendre ce qui motive les élèves, il est utile d'examiner les deux catégories de base de la motivation.

La motivation intrinsèque

Dans ce type de motivation, la force vient de l'apprenant ; toutefois, l'enseignant peut aménager l'environnement, employer des techniques et mettre à profit ses traits de caractère pour favoriser ce type de motivation. *Millar (1897) appelle ce type de motivation « motivation naturelle ».*

La motivation extrinsèque

La force vient ici de l'extérieur de l'apprenant. L'enseignant doit faire des choses pour motiver les élèves et, si possible, les amener à se motiver eux-mêmes. *Millar (1897) appelle ce type de motivation « motivation artificielle ».*

Malheureusement, les élèves n'arrivent pas tous à se motiver par eux-mêmes, du moins pas au début de l'année. Bien que les enseignants efficaces sachent concevoir des environnements pédagogiques qui incitent les élèves à se motiver eux-mêmes, ils doivent aussi parfois se servir de motivations extrinsèques pour susciter la motivation.

Supposons que Adler et Glasser voient juste quand ils affirment que les besoins humains qui influencent notre comportement sont :

- le besoin d'appartenance ;
- le besoin de diriger sa vie ;
- le besoin de vivre librement ;
- le besoin de se divertir.

Alors quelles sont les forces présentes dans l'environnement pédagogique qui poussent les élèves à continuer de s'engager activement dans leur apprentissage ?

Nous proposons ci-dessous une série de tâches à exécuter qui vous aideront à découvrir ce qui vous motive. Vient ensuite une liste (non exhaustive) d'éléments tirés des écrits sur la motivation.

Les choses qui motivent – Une suggestion d'exercice

Tâche : Énumérez les choses qui vous motivent.

Directives

1. Prenez deux minutes pour énumérer les éléments qui vous motivent à faire quelque chose.

2. Liez ces éléments aux rôles des enseignants ou d'autres personnes (parents, amis) qui ont interagi avec vous pour créer un environnement qui vous a motivé à apprendre.

3. Formez des groupes de trois et dégagez les facteurs de motivation que vous avez en commun.

4. Jumelez votre groupe avec un autre groupe de trois et dégagez les facteurs de motivation que les deux groupes ont en commun.

   Conclusion: Êtes-vous motivés par les mêmes facteurs? Que cela implique-t-il dans la démarche pédagogique/la démarche d'apprentissage? Dites ce qui arriverait si vous aviez un répertoire limité d'approches pédagogiques.

5. En quoi la théorie des intelligences multiples (de Howard Gardner) et celle des styles d'apprentissage (de Bernice McCarthy, Rita Dunn, Anthony Gregoric, entre autres) sont-elles liées à la motivation?

Une fois l'exercice terminé, établissez des liens entre vos réflexions et les renseignements présentés dans les deux pages qui suivent.

Les six caractéristiques de la motivation

Il est possible d'utiliser les six concepts qui suivent pour augmenter la motivation des élèves en classe. Toutefois, si nous n'aidons pas les élèves à apprendre et à comprendre que leurs succès et leurs échecs dépendent de leurs efforts, ces six concepts n'auront qu'un effet illusoire. De plus, il faut disposer de stratégies de rechange qui puissent encourager la réflexion au cas où les élèves travailleraient dur sans obtenir les résultats escomptés. En outre, il faut songer à des façons différentes de structurer les interactions en classe. Nous avons constaté que ces six caractéristiques sont constamment présentes dans les écrits sur le sujet depuis 1897. Un des meilleurs textes que nous ayons lus sur le sujet est celui de Millar, écrit en 1897. Dans ses travaux, Madeline Hunter mentionne aussi ces caractéristiques comme des facteurs clés.

1. Le succès

Rien ne réussit mieux que le succès. Si les élèves se sentent en situation de réussite et qu'ils ont confiance en eux, il ne leur faut réussir que 75 % du temps pour être motivés. Les élèves qui ne se sentent pas en situation de réussite et n'ont pas confiance en eux-mêmes ont besoin de réussir de 90 % à 95 % du temps pour être motivés.

Les enseignants doivent en déduire que, pour que les élèves réussissent, il faut utiliser des niveaux de difficulté appropriés. De plus, il faut amener les apprenants à participer activement à leur apprentissage. Les enseignants doivent également, au besoin, superviser l'apprentissage des élèves, ajuster leur façon d'enseigner et modifier l'environnement de la classe. Dans la plupart des cas, l'enseignement devrait se faire selon un ordre croissant de difficulté, surtout avec les élèves qui se découragent facilement. Cela semble évident; mais cela est parfois difficile à faire quand les aptitudes diffèrent d'un enfant à l'autre.

2. La pression

Si aucune pression n'était exercée, l'apprentissage serait probablement impossible. Mais une pression excessive peut décourager certains élèves, et une pression trop faible, causer de l'ennui à certains autres. L'enseignant peut appliquer un ou plusieurs des concepts suivants pour obtenir le niveau de pression approprié.

a) **Augmenter la responsabilisation** – La formulation des questions, l'utilisation du temps d'attente, l'examen des devoirs et l'établissement de normes d'apprentissage constituent des domaines où il est possible d'augmenter ou de diminuer la pression exercée sur les élèves. Quand vous mettez l'accent sur la responsabilisation, soyez prudent avec tout ce qui touche les particularités liées aux diverses cultures.

b) **La visibilité** – Se déplacer dans la classe favorise la participation des élèves. La pression à laquelle sont alors soumis les élèves se compare à celle que nous ressentons quand nous apercevons une voiture de police dans notre rétroviseur.

c) **Les conséquences** – Les élèves sont plus enclins à terminer la tâche qui leur est demandée quand ils savent qu'ils pourront bientôt goûter le produit de leurs efforts ou qu'ils ne jouiront pas d'une chose qu'ils aiment s'ils ne se donnent pas la peine de faire le travail.

Note

Il convient de mentionner que les récompenses et les punitions sont souvent liées aux conséquences. Elles ont cependant pour effet de diminuer la motivation intrinsèque. Toutefois, la plupart des gens aiment avoir un peu de motivation extrinsèque ; l'excès de ce type de motivation risque cependant de compromettre la productivité de l'élève.

d) **Le temps** – Si les élèves savent de combien de temps ils disposent pour accomplir une tâche, ils se préoccupent davantage de doser leurs efforts. Avez-vous déjà remarqué combien les gens se soucient du temps pendant un examen ? Plus il y a de temps, moins les gens sont soucieux (la plupart des gens). Fait intéressant, les limites de temps diminuent la créativité de certaines personnes, tandis qu'elles la favorisent chez d'autres. Chose certaine, elles empêchent la conversation de se déployer librement.

e) **L'aide** – Si les élèves savent qu'ils peuvent recevoir de l'aide, ils sentiront moins de pression. En intégrant des exercices pratiques guidés aux leçons, on permet aux élèves de recevoir l'appui dont ils ont besoin au moment où ils acquièrent une nouvelle aptitude. Mais l'enseignant doit savoir qu'un excès d'aide risque de rendre les élèves dépendants de lui. Peut-être est-ce la raison du succès des petits groupes d'apprentissage coopératif, dans lesquels les élèves dépendent les uns des autres.

3. Le sens

Il y a plus de chances que les élèves participent à l'apprentissage si l'enseignement se réfère à leur passé, à leur présent et à leur avenir. Cela exige qu'on établisse des liens avec des connaissances déjà emmagasinées dans leur mémoire. La mise en contexte permet à l'enseignant de rendre la leçon instructive ou d'aider les élèves à voir le sens de la leçon. De même, le fait d'énoncer, de discuter ou de négocier le but de la leçon avec les élèves les motivera davantage à participer. Le théâtre, les jeux de rôle, les sorties scolaires, les discussions, les films ou les vidéos sont d'autres moyens que vous pouvez employer pour les motiver.

4. Le climat favorable

En faisant de l'apprentissage une expérience agréable, vous augmentez les chances que les élèves s'appliquent à apprendre. Les styles d'apprentissage (il en sera question au chapitre 10) entrent dans cette catégorie, tout comme se montrer poli et respectueux. L'enseignant qui réagit adéquatement aux différents types de réponses (incorrectes, absurdes, etc.) crée un climat favorable.

5. L'intérêt

Les gens sont motivés à faire les choses qui les intéressent. Nous nous soucions des choses que nous trouvons variées, nouvelles et invitantes. L'humour et l'enthousiasme permettent aux enseignants de stimuler l'intérêt des élèves. La curiosité à propos de quelque chose excite aussi notre intérêt. En accordant beaucoup d'attention aux élèves, on agit sur le climat de la classe.

6. La connaissance des résultats

Quand nous savons que nous travaillons comme il faut ou que nous savons ce qu'il faut faire pour que ce soit le cas (et que nous sommes certains que nous pouvons le faire), nous sommes motivés à continuer. La manière dont les enseignants réagissent aux réponses des élèves peut amener ceux-ci soit à arrêter, soit à poursuivre leurs réflexions. Superviser l'apprentissage des élèves et ajuster l'enseignement (à l'aide de la vérification de la compréhension) constituent de bonnes rétroactions. L'autoévaluation des élèves (par exemple, à l'aide d'une liste) est un autre excellent moyen d'offrir de la rétroaction.

La motivation et les enseignants enthousiastes

Les élèves sont plus attentifs quand les enseignants sont enthousiastes. La recherche de Mary Collins (1978) indique que l'enthousiasme des enseignants a pour effet d'accroître le temps que les élèves consacrent à l'apprentissage. Quand nous avons demandé à des enseignants de réfléchir aux qualités d'un enseignant qui les a marqués, l'humour et l'enthousiasme arrivaient au premier rang dans 80 % à 90 % des réponses. L'enthousiasme est considéré aussi comme une des caractéristiques des enseignants efficaces dans les entrevues menées par Ken Macrorie pour *Twenty Teachers* (1984). William Hare (1995) fait également ressortir l'importance de l'enthousiasme dans *What Makes a Good Teacher*.

Les enseignants communiquent leur enthousiasme aux élèves de différentes façons :

- par l'élocution ;
- par le choix des mots ;
- par l'humour ;
- par le mouvement des yeux ;
- par les expressions faciales ;
- par l'attitude ;
- par les mouvements ;
- par le niveau d'énergie ;
- par la bienveillance ;
- par la variété et la nouveauté.

Résumé des éléments de la motivation

- **Le succès**
  pas ennuyeux, pas trop difficile

- **La connaissance des résultats**
  La rétroaction

- **La responsabilisation**
  La visibilité, la formulation des questions

- **L'enseignement qui intéresse l'élève**
  Le lien avec les expériences des élèves

- **Le climat favorable**
  L'attitude gagnante, la politesse

- **L'intérêt**
  La nouveauté, le caractère attrayant, la variété

Résumé des recherches sur les concepts pédagogiques et les techniques d'enseignement

Si on vous demandait quel outil (du papier d'émeri, un rabot ou une scie) conviendrait le mieux pour raccourcir une planche, répondriez-vous que c'est la scie ? Cela ne signifie pas qu'on doive éliminer le rabot ou le papier d'émeri de son coffre d'outils. Chaque outil a son utilité.

Nous considérons le lien entre les techniques, les tactiques d'enseignement et les stratégies sous le même angle. Elles ont chacune leur utilité, mais ce sont les stratégies qui contribuent le plus à l'apprentissage des élèves – dans la mesure où les enseignants appliquent adéquatement les concepts et les modèles théoriques pour prendre des décisions éclairées sur les techniques et les tactiques d'enseignement à intégrer aux stratégies de façon que celles-ci fonctionnent parfaitement.

Des recherches s'effectuent depuis longtemps sur bon nombre de concepts pédagogiques et de techniques d'enseignement. Si vous faites, par exemple, une recherche informatique dans ERIC (fichier du Centre d'information sur les ressources pédagogiques) concernant l'humour et l'enthousiasme, vous trouverez une multitude de recherches (à la fois quantitatives et qualitatives) portant sur les effets de ces concepts sur l'apprentissage des élèves.

La recherche révèle que les techniques d'enseignement ont peu d'effet sur l'apprentissage des élèves. Certains chercheurs considèrent que certains programmes (par exemple, l'application de théories pédagogiques, mise sur pied par Madeline Hunter) ne sont pas efficaces parce que les concepts et les techniques se rattachant à ces programmes n'améliorent pas sensiblement l'apprentissage des élèves. Selon nous, ces affirmations équivalent à dire qu'il faut retirer le papier d'émeri du coffre d'un menuisier parce qu'il n'est pas efficace pour couper du bois. Le papier d'émeri sert à la finition du travail. De même, les techniques d'enseignement servent à peaufiner la démarche d'apprentissage. Quand la recherche se limite aux effets de variables isolées sur l'apprentissage des élèves, on émet alors un jugement sur la valeur de ces variables et ainsi on risque d'agir d'une façon bornée et irréfléchie. La richesse des interactions entre les variables devrait plutôt guider nos efforts.

Si vous mesurez les effets des techniques d'enseignement sur l'apprentissage des élèves, vous découvrirez qu'ils sont minimes : ils passent du 50e percentile à un chiffre inférieur au 55e percentile. Dans certains cas, un peu plus ou un peu moins, mais l'effet général est modeste. Il y a, bien sûr, l'effet synergique auquel on peut s'attendre quand les techniques sont parfaitement intégrées, et surtout, quand elles s'accompagnent d'autres tactiques d'enseignement et stratégies pédagogiques.

Les concepts pédagogiques sont également liés à l'environnement pédagogique. Phelan, Davidson et Cao (1992) mentionnent, dans leur étude, l'importance de l'empathie. La recherche sur le cerveau insiste sur l'importance du sentiment de sécurité. Le cerveau, comme nous l'avons vu, cesse de fonctionner quand on se sent menacé. L'hippocampe, qui joue un rôle important dans la mémoire, s'atrophie après un stress prolongé. La recherche de Soar et Soar (1979) met en évidence l'effet d'un environnement dépourvu d'empathie sur l'apprentissage des élèves. Toutefois, ces auteurs n'ont pas étudié l'effet d'un environnement où il y a plus d'empathie. La recherche de Stelmaschuck (1986) sur les élèves doués rapporte que ces élèves veulent des enseignants qui se soucient d'eux à l'extérieur des heures de classe.

Enfin, la recherche de David et de Roger Johnson sur l'apprentissage coopératif indique que le concept pédagogique de la responsabilité individuelle est essentiel au bon fonctionnement du travail d'équipe. Nous pouvons donc conclure qu'un bon nombre de concepts pédagogiques et de techniques d'enseignement ont leur place désignée dans la mosaïque de l'enseignement et de l'apprentissage.

Qu'avons-nous appris jusqu'à maintenant ?

- Ce chapitre a exploré trois concepts, ainsi que les techniques qui découlent de ces concepts ou les favorisent. Ces concepts sont la participation active, les niveaux de pensée et la motivation. D'autres éléments liés à ces concepts ont aussi été explorés : le mode interne, le mode observable, l'échec public, la peur de l'échec, le temps consacré à l'apprentissage, le niveau de la connaissance, le niveau de la compréhension, le niveau de l'application, le niveau de l'analyse, le niveau de la synthèse, le niveau de l'évaluation, la pression, le succès, le climat favorable, la connaissance des résultats, l'intérêt et le caractère utile de l'apprentissage.

- Les techniques dont il était question dans ce chapitre touchaient le temps d'attente, la formulation de questions, le passage du mode interne au mode observable et la formulation de questions comportant divers degrés de difficulté.

- Nous avons également décrit des techniques d'enseignement liées aux questions, principalement la façon dont les enseignants réagissent aux réponses absurdes, dites au hasard, bonnes, partiellement correctes, mauvaises, ou à l'absence de réponse.

- Certains concepts comme l'empathie, l'enthousiasme et l'humour peuvent aussi être considérés comme des techniques. Ils peuvent prendre plusieurs formes selon l'utilisation qu'on en fait. Ainsi, nous pouvons les considérer comme des concepts pédagogiques. La question de savoir s'ils sont des techniques ou des concepts importe peu ; ce qui importe est d'avoir une bonne compréhension de leur nature et de leur rôle dans la création d'environnements pédagogiques efficaces.

Chapitre 4

Les tactiques d'enseignement

Voici deux colonnes présentant un ensemble de données relatives à l'**acquisition de concepts**. La colonne 1 contient des exemples de tactiques d'enseignement; la colonne 2, des exemples de techniques d'enseignement. Qu'est-ce que les tactiques ont en commun, et quel est le lien entre les tactiques et les techniques? Nous renvoyons au chapitre 7 le lecteur désireux d'en savoir plus sur l'acquisition de concepts.

Dites ce qui arriverait si on tentait de mettre en œuvre les processus de la colonne 1 (les tactiques) sans appliquer les techniques de la colonne 2.

Colonne 1	Colonne 2
• Réfléchir-partager-discuter • Têtes numérotées • Entrevue en trois étapes • Quatre coins • Napperon • Tournoi à la ronde • Journal à double entrée • Cercles intérieur et extérieur • Remue-méninges	• Accorder un temps d'attente (questions) • Vérifier la compréhension • Répondre à une question absurde • Clarifier la réponse d'un élève • Faire une démonstration (modéliser) • Exprimer son désaccord de façon polie • Informer la classe du but de la leçon • Écouter attentivement • Paraphraser

Note

Les éléments 1 à 9 sont des tactiques. L'élément 10 (jugement différé durant une discussion) est un exemple d'exercice de la pensée critique. Différer son jugement est utile dans des tactiques comme la méthode réfléchir-partager-discuter et le tournoi à la ronde.

Voici un exercice pour mesurer vos connaissances. Dans quelle colonne placeriez-vous ce qui suit?

1. Tableau PMI (plus/moins intéressant)

2. Méthode EDC

3. Graphique cause-effet

4. Diagramme de Venn

5. Résumé

6. Toile de mots

7. La ligne des valeurs

8. Un crayon pour deux

9. Déplacement productif

10. Jugement différé

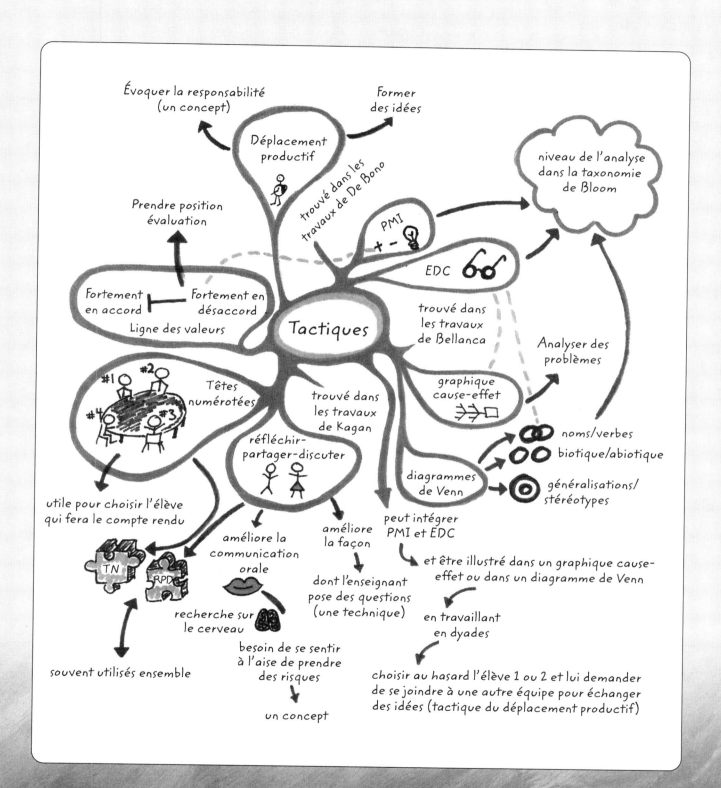

Questions clés

1 Qu'est-ce qu'une tactique d'enseignement et en quoi diffère-t-elle d'une technique d'enseignement et d'une stratégie d'enseignement?

2 Quel est l'état actuel de la recherche sur les tactiques d'enseignement? Ces tactiques influent-elles sur l'apprentissage des élèves?

3 Quelle relation y a-t-il entre les techniques d'enseignement, les concepts pédagogiques et les tactiques d'enseignement (par exemple, la formulation de questions, la responsabilisation et les cercles intérieur et extérieur respectivement)?

4 En quoi les tactiques influencent-elles ou facilitent-elles la mise en œuvre des stratégies d'enseignement? Par exemple, l'entrevue en trois étapes (tactique) améliore-t-elle l'efficacité de la schématisation conceptuelle (stratégie)?

Le présent chapitre décrit huit tactiques d'enseignement. Saviez-vous qu'il existe des centaines d'autres tactiques d'enseignement? Spencer Kagan présente 100 tactiques dans *Cooperative Learning*. Edward de Bono en recense 60 dans son programme CoRT, et Jeanne Gibbs en énumère une cinquantaine dans son programme *Tribes*. Imaginez les possibilités que cela représente lorsque nous combinons des tactiques les unes aux autres et que nous les renforçons avec des techniques d'enseignement. Par exemple, la formulation de questions (une technique) et la participation active (un concept pédagogique) sont utiles pour accroître l'efficacité de tactiques, telles que la méthode réfléchir-partager-discuter. Combinez maintenant cela avec votre connaissance des intelligences multiples et du développement de l'enfant, ainsi qu'avec votre connaissance des mathématiques, de l'art, du français, de l'anglais, etc., et vous constaterez la puissance d'un tel assemblage pédagogique.

Imaginez les possibilités quand les tactiques sont utilisées pour renforcer des stratégies plus complexes comme la conception de leçons, l'acquisition de concepts, la schématisation conceptuelle et la controverse créative présentées dans les prochains chapitres.

Le présent chapitre poursuit six objectifs liés les uns aux autres:

1. Présenter le sujet et indiquer la raison d'être du chapitre.

2. Décrire huit tactiques d'enseignement.

3. Analyser trois leçons ayant pour but d'illustrer la façon d'appliquer les tactiques.

4. Établir des liens entre les techniques, les tactiques et les stratégies d'enseignement.

5. Déterminer comment rattacher certaines tactiques à la schématisation conceptuelle.

6. Résumer (établir des liens avec l'apprentissage des élèves).

Introduction

De nombreuses tactiques d'enseignement sont décrites dans les écrits traitant de l'enseignement, mais on trouve peu de recherches traitant de leurs effets sur l'apprentissage des élèves. Notre hypothèse est qu'elles ne sont pas aussi puissantes que les stratégies d'enseignement, mais qu'elles le sont plus que les techniques. En ce qui concerne l'apprentissage des élèves, la valeur des tactiques d'enseignement se mesure à leur capacité de renforcer l'effet des stratégies d'enseignement. Cela dit, les tactiques peuvent servir isolément à accomplir diverses tâches dans la classe, comme classer de l'information, encourager le dialogue et élever la réflexion à des niveaux plus complexes.

La plupart des tactiques décrites dans ce livre se basent sur les ressources suivantes:

- l'ouvrage de Spencer Kagan intitulé *Cooperative Learning*;
- le programme CoRT de Edward de Bono;

- les idées de Jim Bellanca formulées dans *Cooperative Think Tank I* et *Cooperative Think Tank II* ;

- les travaux de Jeanne Gibbs, dans *Tribes*.

Signalons que la plupart des tâches coopératives présentées par Kagan dans *Cooperative Learning* sont des tactiques d'enseignement. Certaines de ces petites structures coopératives sont plus complexes (par exemple, la méthode casse-tête, la méthode STAD [*Student Team Achievement Divisions*] et la méthode EJT [équipes-jeux-tournois]. Nous rangeons ces trois méthodes dans la catégorie des stratégies d'enseignement en raison de leur grande complexité.

Le fait qu'il existe un vaste éventail de tactiques d'enseignement implique un continuum de complexité à l'intérieur d'une variété étendue de structures coopératives : les plus simples sont la tactique des têtes numérotées et la tactique « réfléchir-partager-discuter », et les plus complexes (selon notre point de vue) sont l'entrevue en trois étapes et les quatre coins.

L'ouvrage le plus complet sur la méthode de recherche en groupe est *Expanding Cooperative Learning Through Group Investigation* de Yael et Shlomo Sharan. Pour obtenir une description précise des six étapes de cette méthode ainsi que les feuilles de planification et les exemples de formulaires d'évaluation qui leur correspondent, le lecteur consultera *Cooperative Learning : Where Heart Meets Mind* de Bennett, Rolheiser et Stevahn. Dans le présent ouvrage, vous trouverez une courte explication de la stratégie d'enseignement d'Aronson appelée casse-tête. Si vous voulez avoir une description détaillée de la méthode casse-tête, reportez-vous à l'ouvrage de Elliot Aronson intitulé *The Jigsaw Classroom*.

Réfléchir-partager-discuter : une tactique simple ; en saisissez-vous toute la complexité ?

Nous avons dit plus haut que les tactiques d'enseignement sont plus complexes que les techniques d'enseignement. Qu'est-ce que cela signifie ?

Arrêtez-vous un instant pour penser à tout ce que vous devriez considérer si vous vouliez appliquer efficacement une des tactiques d'enseignement **les plus simples** : la méthode **réfléchir-partager-discuter.** Si vous êtes avec une autre personne, prenez le temps d'échanger des idées, de les comparer avec ce que d'autres enseignants expérimentés et efficaces vous ont dit au sujet de son application.

- Les élèves sont-ils capables d'utiliser efficacement la tactique réfléchir-partager-discuter ? Par exemple, peuvent-ils écouter attentivement ? Peuvent-ils paraphraser ce qu'une autre personne a dit ? Peuvent-ils différer leur jugement, au besoin, au lieu de critiquer ou de dénigrer les autres ?

- Quel niveau de pensée visez-vous : une mémorisation, une compréhension, une application, une analyse, une évaluation ou une synthèse ? Si vous ne savez pas encore, comment ferez-vous alors pour déterminer le temps d'attente? Que dit la recherche sur le temps d'attente à accorder aux élèves, et quel effet celui-ci a-t-il sur leur réflexion?

- Quel sera le niveau de responsabilité de l'élève? Partagera-t-il sa responsabilité avec un camarade ou lui demanderez-vous de la partager avec toute la classe? Si vous demandez à un ou plusieurs élèves de partager la responsabilité avec la classe, les élèves se sentiront-ils à l'aise? Auront-ils le droit de passer leur tour?

- Qu'est-ce que la documentation sur le cerveau humain vous apprend au sujet de l'importance de la sécurité affective et de l'adoption de comportements intelligents?

- Qu'est-ce que les travaux de Howard Gardner révèlent au sujet de l'importance de l'intelligence interpersonnelle?

- Que faites-vous si un élève ne répond pas à l'une de vos questions ou s'il vous fournit une bonne réponse, une mauvaise réponse, une réponse bonne en partie, une réponse absurde ou une supposition? Surtout, que faites-vous pour éviter que l'élève ne perde la face?

- Qui s'assoira avec l'élève qui parle difficilement le français ou avec l'élève isolé et sans ami? Les garçons s'assoient-ils à côté des filles? Que se passe-t-il si vous avez un nombre impair d'élèves dans votre classe? Comment déterminerez-vous que tel élève discutera avec tel autre élève?

- Avez-vous formulé une question qui indique le niveau de pensée? Quelle sera la durée du temps de réflexion que vous accorderez aux élèves? Comment leur demanderez-vous d'échanger leurs réflexions? Commencerez-vous par une question ouverte ou par une question fermée? Demanderez-vous aux élèves de réfléchir seuls puis de partager ensuite leur réflexion avec les autres?

Rappelez-vous que la méthode réfléchir-partager-discuter est une des tactiques d'enseignement les plus simples.

Descriptions de huit tactiques d'enseignement

Dans les pages qui suivent, vous trouverez de brèves descriptions de huit tactiques d'enseignement ainsi que des exemples qui illustrent comment intégrer certaines de ces tactiques dans des leçons. À mesure que vous avancerez dans la lecture du présent chapitre, les leçons deviendront plus complexes. Le tableau de la page suivante indique les noms des auteurs et les titres des ouvrages dans lesquels les différentes tactiques sont décrites. Nous vous invitons à lire attentivement les travaux de ces auteurs. Ils ont collectivement décrit une multitude de tactiques d'enseignement. L'objectif de ce chapitre est de vous faire connaître les caractéristiques ainsi que les multiples possibilités que renferment ces tactiques. Nous espérons que, à mesure que vous avancerez dans la lecture du chapitre, vous verrez de plus en plus nettement les relations entre les tactiques, les techniques et les stratégies d'enseignement.

Tactique	Auteur du livre	Source de la tactique
1. Tableau PMI	De Bono	*CoRT Thinking*
2. Méthode EDC	De Bono	*CoRT Thinking*
3. Graphique cause-effet	Bellanca	*The Cooperative Think Tank : Graphic Organizers to Teach Thinking in the Cooperative Classroom*
4. Diagramme de Venn	Bellanca	*The Cooperative Think Tank : Graphic Organizers to Teach Thinking in the Cooperative Classroom*
5. Méthode réfléchir-partager-discuter	Kagan	*Cooperative Learning*
6. Tactique des têtes numérotées	Kagan	*Cooperative Learning*
7. Tactique de la ligne des valeurs	Kagan	*Cooperative Learning*
8. Tactique « déplacement productif »	auteur inconnu	source inconnue

Les deux premières tactiques, à savoir le **tableau PMI** (plus/moins intéressant) et la **méthode EDC** (examiner les deux côtés) sont deux des 60 tactiques incluses dans le programme CoRT de Edward de Bono. Elles amènent les élèves à être plus analytiques dans leurs prises de décisions. De plus, elles se combinent facilement avec les divers aspects de la pensée critique.

Les deux tactiques qui suivent (les **graphiques cause-effet** et les **diagrammes de Venn**) favorisent aussi la réflexion analytique, mais elles comportent un organisateur graphique qui dispose l'information dans un ordre déterminé.

La méthode **réfléchir-partager-discuter** et la **tactique des têtes numérotées** favorisent la prise de responsabilités dans le travail de groupe. La première facilite le dialogue, tandis que la seconde détermine le membre du groupe qui parlera en premier.

La tactique de la **ligne des valeurs** amène l'élève à porter un jugement et à faire une évaluation. La tactique du **déplacement productif** favorise la prise de responsabilité individuelle.

Note

Au chapitre 6, qui porte sur l'apprentissage par des pairs et qui envisage l'apprentissage coopératif dans une perspective plus pratique et plus globale, nous décrirons cinq autres tactiques, qui servent à structurer efficacement l'apprentissage en petits groupes.

1. Cercles intérieur et extérieur
2. Napperon
3. Quatre coins
4. Entrevue en trois étapes
5. Graffitis

1. Le tableau PMI (plus/moins intéressant)
Un organisateur graphique qui favorise la réflexion

Beaucoup d'entre nous utilisent le tableau PMI au moment de choisir un restaurant.

Le tableau PMI nous aide à prendre des décisions éclairées. Il est souvent en relation avec le domaine de la réflexion critique. Le mot « plus » réfère aux raisons pour lesquelles une idée ou une décision est bonne ; le mot « moins », aux raisons pour lesquelles une chose ne peut fonctionner ou une idée est mauvaise ; le mot « intéressant », à la position que nous adoptons ou à l'action que nous exécutons après avoir soupesé le « plus » et le « moins ».

Cette tactique aide les élèves à travailler aux niveaux de l'analyse et de l'évaluation selon la taxonomie de Bloom. Elle les incite à explorer une question, une solution ou une possibilité en se basant sur leurs prévisions concernant ce qui est susceptible de fonctionner ou de ne pas fonctionner.

Si nous faisons un rapprochement avec la méthode des six chapeaux d'Edward de Bono, le « plus » correspond au chapeau jaune, le « moins » au chapeau noir et « intéressant » au chapeau vert. Les six chapeaux sont décrits en détail au chapitre 8.

Par exemple, si votre classe a trouvé diverses solutions à un problème de pollution dans la communauté, elle pourrait appliquer la tactique PMI à chaque solution et, partant de cette analyse, déterminer quelle est la meilleure mesure à prendre.

Nous avons des amis qui ont utilisé un tableau PMI pour décider où ils allaient passer leurs vacances estivales. Ils ont dressé une liste de possibilités, puis ils ont élaboré un tableau PMI pour chacune d'entre elles. La plupart d'entre nous emploient cette méthode au moment de l'achat d'une automobile ou d'une maison. Rappelez-vous une occasion où vous avez acheté un objet sans prendre le temps de réfléchir. Vous connaissez aussi sans doute des gens qui ont acheté un chiot pour faire plaisir à leurs enfants… et qui constatent maintenant que le chien pèse 30 kilos et qu'ils doivent le promener deux fois par jour. Sans compter que, au lieu d'augmenter leur fonds de retraite ou de rembourser leur hypothèque, ces gens alimentent le compte bancaire de leur vétérinaire.

Situation : Pensez à la manière dont vous pourriez utiliser la tactique PMI au début de la leçon, à l'étape de la recherche d'informations sur les « moisissures » ou les « champignons », ou encore sur la « vie dans les igloos ».

Situation : Pensez à la manière dont vous pourriez appliquer la tactique PMI à la fin de la leçon. Une fois que les élèves ont examiné toutes les informations recueillies, comment s'y prendront-ils pour résumer ce qu'ils ont appris au sujet de la peine de mort, des nombres entiers négatifs ou des aliments à calories vides ?

Situation : Durant une présentation vidéo ou un court exposé, vous pouvez interrompre la vidéo ou l'exposé un certain nombre de fois et demander aux élèves de tracer un tableau PMI sur ce qui vient d'être énoncé.

Situation : Quand vous lisez un livre, vous pouvez utiliser le tableau PMI pour déterminer si la décision d'un personnage de faire telle ou telle chose était judicieuse. La colonne « Intéressant » peut être réservée aux prédictions ou aux questions.

Adaptations : Comment combiner la tactique PMI avec d'autres tactiques comme le napperon ou l'entrevue en trois étapes ?

Napperon : Formez des groupes de trois ou quatre élèves, et demandez à chaque élève de diviser sa section du napperon en trois parties (plus, moins, intéressant). Les élèves commencent par écrire dans la partie « plus » et, toutes les 30 secondes, ils font pivoter le napperon et écrivent alors dans la partie « plus » d'un autre élève. L'exercice se poursuit jusqu'à ce qu'ils soient revenus à leur section. Répétez-le en demandant cette fois aux élèves de commencer par écrire dans la partie « moins » ou la partie « intéressant ». Au centre du napperon, les élèves décrivent le consensus atteint par le groupe sur cette question.

Entrevue en trois étapes : Formez des groupes de trois. Les élèves peuvent être interrogés sur ce qu'ils pensent être les points forts et les points faibles d'un sujet donné et sur ce qu'ils pensent être l'idée la plus importante ou la plus intéressante.

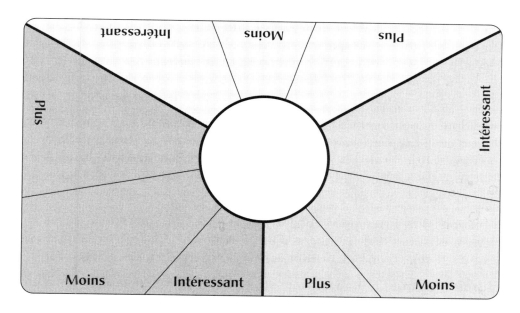

Suggestion : Fournir à chaque élève ou à chaque petit groupe une feuille divisée en trois colonnes pour faciliter la recherche et l'échange des idées.

Plus	Moins	Intéressant

2. La méthode EDC (examiner les deux côtés)
Un organisateur graphique qui favorise la réflexion

Connaissez-vous l'histoire des deux personnes se faisant face sur les deux rives d'une rivière ? L'une demande à l'autre comment il lui faut faire pour se rendre sur l'autre rive. L'autre lui répond tout simplement : « Vous êtes sur l'autre rive. »

La **méthode EDC** est liée à la réflexion critique. Cette tactique incite les élèves à envisager le monde extérieur sous une autre perspective. Contrairement au débat, où les élèves choisissent et défendent une position, la méthode EDC favorise une ouverture d'esprit et une compréhension approfondie du phénomène en question. Note : Les élèves peuvent élaborer un tableau PMI pour chaque aspect d'une question afin de déterminer quelle sera leur position. Dans la question qui est posée, on considère l'aspect A, qui favorise telle idée, et l'aspect B, qui s'y oppose. Cela rejoint la stratégie de la controverse créative, qui sera expliquée au chapitre 10.

Si vous voulez que vos élèves mettent à profit les riches possibilités de la controverse créative, il faut que vous les rendiez d'abord capables d'**examiner les deux aspects d'une question**. Note : Si vos élèves ont de la difficulté à appliquer une tactique simple comme la méthode réfléchir-partager-discuter, la méthode EDC leur sera de peu d'utilité. Vous pouvez rechercher comment deux tactiques s'emboîtent l'une dans l'autre pour produire un effet global. Par exemple, supposons que quelqu'un essaie de vous convaincre de devenir végétarien. L'examen de cette question se basera sur des facteurs liés au fait d'être ou de ne pas être végétarien. Une fois que vous avez étudié les deux aspects de la question, vous êtes en mesure de prendre une décision éclairée.

Situation : Supposons qu'il soit question d'un règlement scolaire (par exemple, le port de la casquette en classe). Les élèves explorent les deux aspects de la question (porter et ne pas porter de casquette). Encore une fois, la méthode EDC peut se combiner à la tactique PMI. Il s'agit dans ce cas d'élaborer un tableau PMI pour chaque aspect de la question.

Situation : Les livres pour enfants sont d'excellents moyens d'inciter les élèves à explorer les deux aspects d'une question. Voici deux livres qui peuvent être l'objet d'une adaptation depuis la maternelle jusqu'à l'âge adulte.

Histoire : *Maxime's Tree* de Diane Léger-Haskell. Ce livre raconte l'histoire d'une fille qui a eu l'idée de sauver des arbres. Mentionnons qu'il a été contesté devant les tribunaux canadiens. La question à poser aux élèves est celle-ci : « Pourquoi ce livre a-t-il été contesté ? » Réponse : Parce qu'il décrit les gens de l'industrie forestière comme des « mauvaises personnes ». Le livre n'explore pas les deux aspects de la question. Il peut donc très bien servir à montrer aux élèves l'importance d'examiner les deux aspects d'une question.

Histoire : *The Littlest Mole Who Knew It Was None of His Business*, de Werner Holzwarth et Wolf Erlbruch. Ce livre raconte l'histoire d'une petite taupe qui est sortie de son terrier pour voir le soleil. Au même moment, un chien qui passait par là a fait tomber quelque chose de dégoûtant sur sa tête. La taupe n'a pu voir de quel animal il s'agissait, car sa vue était un peu déficiente. Furieuse, elle a cherché à trouver le coupable et a voulu se venger. La question à poser aux élèves est la suivante : «En quoi le comportement de la taupe est-il critiquable ? » La réponse est qu'elle ne s'est pas placée au point de vue du chien. Ce livre convient parfaitement pour aider les élèves à comprendre ce qu'est la controverse créative.

Situation : Pensez à un sophisme de la pensée inductive consistant à généraliser à outrance et se caractérisant par le fait qu'un seul aspect d'une question est pris en compte. Nous reproduisons ci-dessous un ensemble de données présentées au chapitre 7, à la page 208. Dans les deux pages suivantes, vous verrez comment la méthode EDC peut s'intégrer à une leçon.

Exemples d'énoncés faux malgré une apparence de vérité	Exemples de bons raisonnements
Les pesticides rendent les œufs des oiseaux très fragiles. Nous devons donc cesser d'en faire usage.	Il est possible que la Terre se réchauffe à cause de la pollution. Mais je crois que nous devons rechercher d'autres causes.
Les arbres sont importants. Les gens qui abattent des arbres détruisent notre planète. Nous devons interdire l'abattage des arbres.	J'aime ton idée, mais je ne suis pas certain de la comprendre complètement. Peux-tu me l'expliquer ?
L'énergie solaire est gratuite. Nous devons voter une loi pour encourager pécuniairement toutes les personnes qui adoptent l'énergie solaire.	Je suis d'accord, mais ne pourrions-nous pas envisager la chose dans une autre perspective ? Qu'en penses-tu, Ali ?
C'est une bonne idée de faire payer aux gens une taxe sur l'essence. Ainsi, nous aurons plus d'argent pour aider les pauvres à se nourrir.	Je suis d'accord pour dire que les gaz d'échappement des autos nuisent à l'environnement, mais nous devons considérer ce qui arriverait si nous obligions les gens à utiliser un autre mode de transport.
Ce raton laveur s'en est pris à mes poulets hier soir. Je vais capturer et éliminer tous les ratons laveurs qui se trouvent sur ma ferme.	Non merci, je ne mange pas de poisson. J'ai été malade une fois en mangeant du poisson, parce que j'y suis allergique.

Leçon

Objectif	Comprendre ce que signifie « examiner les deux aspects d'une question ».
Organisation	Chaque équipe a son napperon. Dans votre section individuelle, veuillez noter les raisons pour lesquelles vous pensez que les gens ont une argumentation déficiente. Dans 90 secondes, je vais vous demander de faire pivoter la feuille de votre groupe pour que vous puissiez voir les réflexions des autres membres du groupe. Si vous ne savez pas quoi écrire, n'écrivez rien.
Rétroaction	J'ai une idée qui me permettra de soutenir une opinion adverse sans perdre mon sang-froid. Nous allons utiliser l'acquisition des concepts pour explorer cette idée. Comparez les exemples positifs et les exemples négatifs énoncés ci-dessous. Lorsque vous avez une idée, référez-vous aux exemples donnés plus loin.

Exemples positifs

- Je conviens que les pesticides contrôlent les insectes, mais as-tu songé aux effets que les pesticides ont quand ils s'infiltrent dans les cours d'eau?

- Nous admettons tous que l'abattage des arbres peut entraîner une érosion des sols. Mais nous devons aussi considérer ce qui arriverait si des moulins à scie devaient fermer leurs portes et réduire des gens au chômage.

- Oui, je sais qu'il est toujours en retard à l'école. Mais je me demande s'il ne serait pas possible d'expliquer ses retards en examinant de près ce qui se passe à la maison.

- Vous pouvez, bien sûr, réduire les coûts de production de chaque ordinateur et nous ferons plus d'argent à court terme. Pensez-vous que vous devez considérer l'augmentation des coûts de réparation à long terme?

- Je comprends ton argument en faveur des sports amateurs, mais est-ce que cela signifie que les sports professionnels n'ont pas leur place dans notre communauté?

Exemples négatifs

- Ces ratons laveurs sont en train de tuer tous mes poulets. Je suis d'avis qu'il faut les supprimer tous.

- Les enseignants sont beaucoup trop payés. Ils ont deux mois de vacances par année et travaillent seulement de 9 h à 15 h 30.

- Tous les élèves devraient porter l'uniforme à l'école. Comme ils seraient tous vêtus de la même façon, aucun d'entre eux ne serait importuné à cause de sa tenue vestimentaire.

- La solution la plus commode est l'utilisation de voitures électriques. Cela réduirait la pollution causée par les gaz d'échappement.

- La compétition cause beaucoup trop de problèmes. Nous devons l'éliminer. Les gens doivent apprendre à coopérer, à travailler ensemble.

Voici quatre énoncés. Dans votre groupe, livrez-vous à un tournoi à la ronde afin de déterminer quels énoncés sont des exemples positifs et pourquoi.

Exercice

a) La loi sur les armes à feu qui est en vigueur en Australie est une bonne chose. Sans armes à feu, le monde serait plus sûr.

b) Les grands centres commerciaux font économiser beaucoup d'argent aux promoteurs, mais quels sont leurs effets sur les petits magasins de quartier?

c) Les annonces publicitaires qui montrent des gens minces et séduisants sont utiles parce qu'elles nous poussent à rester en forme.

d) Il est important de fabriquer des autos à prix modique, parce que ce ne sont pas tous les gens qui ont les moyens d'acheter des autos coûteuses. Mais ma crainte est que les personnes pauvres courraient alors davantage le risque d'être tuées ou blessées dans les accidents de la route.

Vérification de la compréhension

Nous allons déterminer ensemble ce que les exemples positifs ont en commun à l'aide de la **tactique du déplacement productif.** Prenez une minute pour vous assurer que les membres de votre équipe s'entendent sur ce que les exemples positifs ont en commun. Placez votre idée au centre de votre napperon. Quand je dirai: «Allez-y!», un élève dans chaque groupe lèvera la main (l'élève A, B, C ou D). Un autre élève de chaque groupe se lèvera et ira expliquer à un autre groupe la position du sien. Cet autre groupe exprimera aussi son opinion. Quand je dirai: «Revenez!», tous les élèves qui sont allés dans un autre groupe reviendront dans leur groupe. Bon, prenez maintenant deux minutes pour échanger vos opinions. Après deux minutes, demandez aux élèves A de lever la main et aux élèves C d'aller trouver un élève A d'un autre groupe. L'élève A de chaque groupe baisse la main chaque fois qu'un nouvel élève C se joint à son groupe.

Une fois que les élèves C sont revenus dans leur propre groupe, choisissez au hasard des élèves au moyen de la **tactique des têtes numérotées** ou en attribuant aux élèves une lettre plutôt qu'un numéro (par exemple, groupe 2, élève B) et demandez-leur: «Qu'en pense votre groupe?»

Pratique

Fournissez aux élèves une feuille sur laquelle figurent les données présentées ci-dessus. Deux élèves A défendent une opinion, et deux élèves B la combattent. Les élèves de chaque camp ont quelques minutes pour préparer individuellement leurs commentaires, puis une minute pour échanger leurs idées. Ils amorcent ensuite une discussion.

L'habileté sociale en cause est l'écoute active. Vous pourriez devoir présenter cette habileté au préalable, si vos élèves ne la connaissent pas bien. Si vos élèves dénigrent les autres et sont incapables de les écouter de bonne foi, ils ne sont pas prêts pour ce type d'exercice.

Retour sur la leçon : approfondissement

Demandez à vos élèves de mettre en évidence les liens qui unissent les taquineries, les préjugés et l'apartheid et aussi de discuter les opinions émises précédemment en se servant de leurs **napperons**. Les idées exprimées témoignent-elles d'une volonté et d'une capacité d'examiner les deux aspects d'une question ? Des extraits de films peuvent constituer d'excellentes illustrations : par exemple, Gandhi, au début du film du même nom, quand il défie la loi sur les titres de circulation.

Note

Si vos élèves n'ont pas les capacités ou les dispositions requises pour se livrer à cet exercice, croyez-vous qu'ils puissent participer efficacement au processus plus complexe de la controverse créative, expliquée au chapitre 10 ?

3. Le diagramme cause-effet

Un organisateur graphique

Comme le **diagramme de Venn**, le **diagramme cause-effet** (aussi appelé « diagramme en arête de poisson ») sert à organiser l'information. On l'utilise souvent pour résoudre des problèmes ou pour reconnaître et organiser des facteurs. Le diagramme cause-effet est lié à la tactique « considérer tous les facteurs (CTF) » de Edward de Bono. Nous ne décrirons pas cette tactique ici, car elle se passe d'explication.

Vous remarquerez que la « tête du poisson » fournit la question ou l'idée sur laquelle se concentrera la réflexion. À un certain point de vue, le diagramme cause-effet est plus complexe que le **remue-méninges**. Les élèves font plus que simplement dégager des idées ; ils les ordonnent en séparant les idées principales et les idées secondaires (ce qui correspond au niveau de l'analyse et de l'évaluation selon la taxonomie de Bloom).

Situation : Les élèves pourraient déterminer la façon de passer un examen. Ils mettent « Passer un examen » au début du diagramme, puis ils recherchent les facteurs qui interviennent. Ils peuvent aussi dégager les facteurs qui dépendent de leur volonté.

Le diagramme de la page suivante montre la structure d'un organisateur graphique en forme d'arête de poisson. Il présente les réflexions initiales d'un

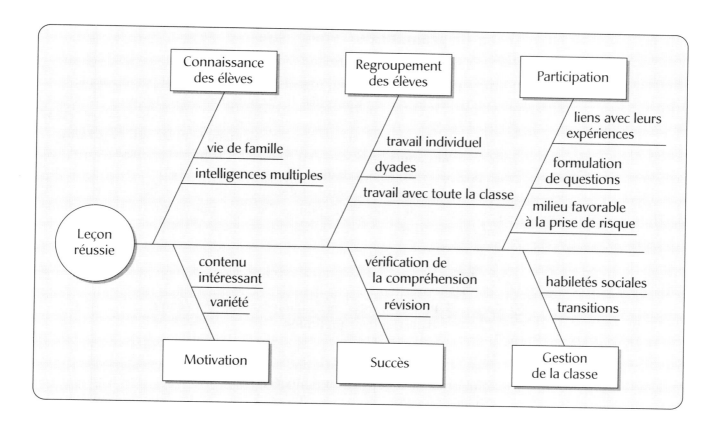

enseignant en rapport avec les divers facteurs à considérer au moment de planifier une leçon. Le diagramme peut avoir autant d'extensions qu'il est nécessaire.

Situation : Les élèves ont peut-être lu *The Giving Tree* de Shel Silverstein. Ils font un remue-méninges sur les façons dont le garçon pourrait s'y prendre pour devenir un meilleur ami de l'arbre. Ces élèves pourraient ensuite tracer un diagramme cause-effet sur les choses à faire et à ne pas faire quand on veut se faire des amis.

Situation : Les élèves pourraient rechercher pourquoi les gens se livrent à des intimidations. Ils pourraient élaborer un diagramme cause-effet pour faciliter l'examen de la question.

Adaptation : Demandez aux élèves de tracer un tableau PMI à l'aide d'un diagramme cause-effet, de manière que le PLUS soit dans la partie supérieure du diagramme, et le MOINS dans la partie inférieure. Quand ils auront terminé, demandez-leur de faire une entrevue en trois étapes sur leurs réflexions, et en particulier sur ce qu'ils ont trouvé le plus intéressant, le plus important et le plus intrigant.

4. Le diagramme de Venn

Un organisateur graphique

Le diagramme de Venn est un organisateur graphique. Il paraît simple, mais ne l'est pas. L'apprenant qui utilise le diagramme de Venn travaille au niveau de l'analyse selon la taxonomie de Bloom. En quoi des choses sont-elles semblables ou différentes? Si quelqu'un vous demande de faire un diagramme de Venn avec des noms communs et des adjectifs, la première question que vous vous poserez est celle-ci: combien de noms communs sont aussi des adjectifs (par exemple, nettoyant, abrasif, polluant, forestier). Un diagramme de Venn est présenté ci-dessous. Vous pouvez l'utiliser pour représenter graphiquement ces concepts.

Pensez à intégrer les diagrammes de Venn dans d'autres tactiques

Si vous demandez à vos élèves de tracer un diagramme de Venn en petits groupes, vous pourriez vous poser des questions comme celles-ci: comment la **tactique des têtes numérotées** peut-elle accroître la responsabilité et favoriser l'échange d'idées? En quoi la **tactique du déplacement productif** favorise-t-elle la prise de responsabilités et l'éclosion des idées? Les élèves peuvent-ils travailler individuellement, puis représenter une **entrevue en trois étapes** sur leur diagramme? Les élèves peuvent-ils créer leur propre diagramme de Venn en utilisant un **napperon,** faire pivoter le napperon pour vérifier les idées des autres, puis tracer au centre de celui-ci un diagramme de Venn sur lequel ils peuvent tous s'entendre et qu'ils peuvent expliquer?

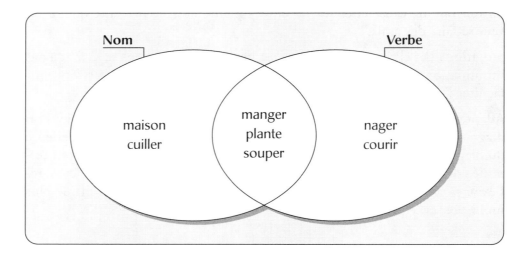

Situation: Par exemple, si vous voulez rendre vos élèves capables de distinguer une addition d'une multiplication, demandez-leur comment ils savent que le problème à résoudre est un problème de multiplication, et non d'addition.

Situation : Lorsque vous demandez à vos élèves d'étudier des figures de style telles que les comparaisons et les personnifications, demandez-leur quel est le procédé utilisé dans «des crêtes semblables à des sourires méchants». S'agit-il d'une comparaison, d'une personnification ou de quelque chose entre les deux ?

Situation : Vous demandez à des élèves de la maternelle de classer des objets dans l'un ou l'autre des deux groupes suivants : un groupe d'ingrédients (des brisures de chocolat, du sucre et de la farine) et un groupe de mélanges (des biscuits, un gâteau, une pizza). Dans quel groupe mettraient-ils un ananas, du riz et une tablette de chocolat ?

Dans le chapitre portant sur l'acquisition des concepts, vous verrez qu'en plaçant deux cerceaux sur le sol, vous pouvez créer des catégories. Vous rapprochez les cerceaux de manière à ce qu'ils se chevauchent et vous placez des objets au milieu (comme dans le diagramme de Venn qui figure à la page précédente) pour ceux qui entrent dans les deux catégories.

Un stéréotype est un type particulier de généralisation. Voici six exemples de stéréotypes suivis de six exemples qui ne sont pas des stéréotypes. Essayez de déterminer ce que ces stéréotypes ont en commun avec les généralisations et en quoi ils sont différents. Reportez-vous ensuite aux outils de mesure et déterminez s'ils sont des exemples de stéréotypes ou non.

Stéréotypes

1. Les garçons sont plus forts que les filles.
2. La place de la femme est à la cuisine.
3. Les vedettes de cinéma aiment mener une vie somptueuse.
4. Les loups sont méchants.
5. Les enfants d'aujourd'hui ne sont pas respectueux.
6. Les personnes âgées sont des conducteurs dangereux.

Généralisations

1. Les gens qui font de l'exercice vivent plus longtemps.
2. Si nous ne mangeons pas bien, nous risquons davantage d'être malades.
3. Les Italiens raffolent des pâtes alimentaires.
4. Les conducteurs fatigués risquent davantage d'avoir des accidents.
5. Les élèves qui étudient ont tendance à avoir de meilleurs résultats.
6. Quand nous disons des choses agréables aux gens, ils ont tendance à mieux nous traiter.

Exercice

a) Les politiciens et les avocats sont des voleurs.

b) La vie peut être dangereuse.

c) Les gens qui pleurent sont des poules mouillées.

d) Les jeux vidéo sont une perte de temps.

e) Les joueurs de football sont stupides.

Individuellement ou avec un camarade, déterminez lequel des diagrammes de Venn suivants illustre le mieux la relation entre les stéréotypes et les généralisations.

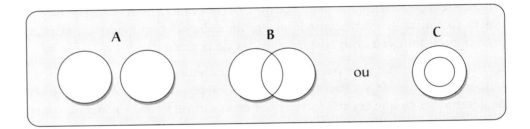

5. La méthode réfléchir-partager-discuter

Un organisateur utilisé en groupe

L'enseignant divise sa classe en groupes de deux, trois ou quatre élèves. Il demande aux élèves de réfléchir sur un sujet individuellement, puis d'échanger leurs idées avec un camarade. Cela paraît simple, mais ce ne l'est pas autant qu'on pourrait le croire. La tactique réfléchir-partager-discuter n'est pas toujours appliquée efficacement. Souvent, le problème est qu'un élève parle beaucoup plus que ses camarades. Comment savoir si les élèves s'écoutent les uns les autres ? Il existe une autre tactique, appelée « réfléchir aux quatre coins » : un élève parle, un second élève paraphrase ce qu'il a dit, un troisième parle de ce qu'a dit ce dernier avec un quatrième, et ainsi de suite.

La tactique « réfléchir aux quatre coins » fonctionne. Nous devons simplement élever le niveau de responsabilité et l'intégrer à d'autres tactiques d'enseignement. Attribuez d'abord à des élèves la lettre A, et à d'autres la lettre B. Posez votre question, accordez aux élèves un temps de réflexion, puis demandez aux élèves A de répondre. Quand les élèves A ont fini de donner leurs réponses, demandez aux élèves B de parler avec les autres élèves de ce que les élèves A ont dit. Ensuite, inversez les rôles. Dites aux élèves qu'ils ont 30 secondes pour discuter de ce qu'ils croient être la meilleure réponse et que vous choisirez au hasard des élèves qui feront part à la classe des réflexions de leur groupe.

Considérations

Consultez le chapitre 3, qui porte sur les techniques d'enseignement. La manière dont vous formulez votre question (technique d'enseignement) est

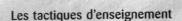

déterminante pour l'intégration de la tactique « réfléchir aux quatre coins » au processus d'apprentissage. Vous devez passer de ce qui est secret à ce qui est dit à voix haute (par exemple, « Réfléchissez individuellement, puis indiquez les résultats de votre réflexion à un camarade »). Vous devez aussi tenir compte du temps d'attente. À mesure que les questions deviennent plus complexes, augmentez le temps d'attente. Une utilisation efficace du temps d'attente suppose le recours à différents niveaux de pensée, comme ceux décrits dans la taxonomie de Bloom (connaissance, compréhension, application, analyse, synthèse et évaluation). Si vous êtes incapable d'apprécier les exigences cognitives de la question, comment réagirez-vous à une mauvaise réponse, à une réponse bonne en partie seulement, à une absence de réponse ou à une réponse absurde ? Si vos élèves ont l'impression que vous ne savez pas bien formuler les questions et qu'ils ne se sentent pas à l'aise en y répondant, la tactique réfléchir-partager-discuter ne sera pas efficace.

Situation : Une autre façon d'accroître la responsabilité consiste à combiner la méthode réfléchir-partager-discuter avec une autre tactique d'enseignement en petit groupe appelée « déplacement productif ». Les élèves réfléchissent d'abord à une question et partagent ensuite leurs réflexions. Vous demandez à tous les élèves A de lever la main. Vous demandez ensuite à chaque élève B de quitter son groupe, de s'asseoir à côté d'un élève A et d'échanger des idées. Voir la description de la tactique « déplacement productif » plus loin dans cette section.

Après que les élèves A et B ont discuté de la réponse à donner à la question, vous choisissez au hasard des élèves pour réagir : « Cette dyade, ici s'il vous plaît ; élève A, à vous de partager votre réflexion avec la classe. »

Employez bien le temps d'attente !

Situation : Les élèves ont travaillé individuellement avec leurs **schémas conceptuels**. Vous leur demandez de former des dyades. Vous leur posez des questions et ils échangent leurs réflexions. Par exemple, vous pourriez leur demander : « Réfléchissez individuellement pendant 20 secondes. Laquelle des composantes de votre schéma conceptuel aurait le plus d'effets sur les autres composantes si elle était enlevée ? » Notez que cette question relève des niveaux de l'analyse et de l'évaluation selon la **taxonomie de Bloom**.

Situation : Les élèves ont pris le temps d'opposer les exemples et les contre-exemples provenant de l'ensemble de données sur l'**acquisition de concepts**. En équipe de deux, ils recherchent les ressemblances entre les exemples. Ils partagent ensuite leurs réflexions et voient s'ils ont choisi et rejeté, ou choisi et confirmé les hypothèses. Notez que cette activité correspond à la phase II de la stratégie d'acquisition de concepts : *partager les réflexions.*

6. La tactique des têtes numérotées
Un organisateur utilisé en groupe

La tactique des têtes numérotées est une des tactiques de groupe les plus simples et les plus utilisées. Il s'agit de désigner des groupes avec des nombres (1, 2, 3) ou des lettres (A, B, C). La tactique des têtes numérotées convient particulièrement bien pour accroître la responsabilité. Elle est également utile pour ménager des transitions, remettre ou amasser du matériel, etc. Si vous numérotez les élèves, attribuez une lettre à chaque groupe (ou vice versa). La combinaison de la tactique des têtes numérotées avec un court exposé est également efficace. Par exemple, avant de faire un bref exposé sur les équations, dites aux élèves qu'ils auront deux minutes pour discuter en groupe et que vous choisirez ensuite un élève dans chaque groupe qui viendra présenter la réponse de son groupe devant la classe.

En ce qui concerne la **formulation de questions,** même nos étudiants d'université préfèrent utiliser la tactique des têtes numérotées quand ils travaillent en petits groupes. Bien qu'ils soient plus responsables, ces étudiants sont moins tendus parce qu'ils ont quelqu'un avec qui ils peuvent échanger avant de faire état de leurs réflexions en public. Lors des **transitions** ou lorsque vous remettez du matériel, la chose à ne pas faire dans une classe de septième ou de huitième année est de demander aux élèves de se lever et de venir chercher un atlas pour chaque membre de leur groupe. Ou bien ils se lèveront tous, ou bien aucun ne se lèvera. Si des élèves se lèvent, vous savez que, plus ils seront près des atlas, plus ils se déplaceront rapidement. Vous savez aussi que des élèves peuvent trébucher, ce qui pourrait les irriter. Si vous demandez à l'élève 2 de chaque groupe de venir chercher un atlas pour chaque membre de son groupe, votre demande sera probablement satisfaite de façon plus efficace.

Considérations

Rappelez-vous que, tout comme dans la tactique réfléchir-partager-discuter, un élève peut accaparer l'attention et parler constamment. En combinant la tactique des têtes numérotées avec la méthode réfléchir-partager-discuter, vous pouvez poser la question, donner aux élèves le temps de réfléchir, puis demander à l'élève A ou B de commencer. Quand un élève a fini de parler, il dit : «À toi!» et l'élève suivant fait part à son tour de ses réflexions. Certains enseignants disent : «On change!» pour indiquer à l'élève qui parle que son tour est fini et à l'autre élève qu'il peut commencer à parler. Vous pouvez dire aux élèves d'échanger leurs idées, ou à un élève en particulier de développer l'idée d'un autre élève ou de paraphraser ce qu'il a dit.

Situation : Dans l'**entrevue en trois étapes,** la tactique des têtes numérotées est utilisée comme outil de gestion ou d'organisation. Elle dit aux élèves qui sera l'intervieweur, le secrétaire et la personne interviewée à chacune des trois étapes. De cette façon, les élèves ne se disputent pas pour obtenir tel ou tel rôle. Mentionnons que, pour avoir l'esprit tranquille, vous pourriez attribuer d'abord la lettre, puis le rôle. Vous éviterez ainsi une surenchère des argumentations au sujet des rôles. S'il y a rotation des rôles, les élèves seront beaucoup moins préoccupés par le fait que tel rôle a été attribué en premier à un élève plutôt qu'à un autre.

7. La tactique de la ligne des valeurs
Un organisateur de réflexions et d'émotions

La tactique de la «ligne des valeurs» favorise les niveaux de l'analyse et de l'évaluation selon la taxonomie de Bloom. Rappelez-vous que la qualité des décisions prises par les élèves s'accroît à mesure qu'ils sont mieux informés et qu'ils se sentent plus à l'aise pour présenter leurs idées sans craindre d'être ridiculisés. La tactique de la ligne des valeurs est plus efficace dans les classes où les élèves ont développé leurs aptitudes pour le travail coopératif.

D'un certain point de vue, la tactique de la ligne des valeurs est une version simplifiée de la tactique des quatre coins. (Le lecteur se reportera à la page 167 du chapitre 6 pour obtenir une description de la tactique des quatre coins.) Au lieu d'avoir quatre choix, nous en avons seulement deux. Toutefois, même si nous n'avons que deux choix, nous disposons d'un éventail plus large de valeurs entre ces deux extrêmes. Ce continuum donne aux élèves une plus grande flexibilité quand ils ont à répondre à une question.

Une des forces de cette tactique réside dans le fait qu'elle s'appuie sur les études traitant du cerveau émotionnel (LeDoux, 1996; Goleman, 1997). Les élèves prennent conscience de leurs sentiments et réfléchissent sur ces derniers; souvent, leur manière de voir change radicalement.

Situation: Les élèves étudient les problèmes complexes auxquels fait face la société russe. S'appuyant sur leurs lectures, ils doivent prendre position ou défendre une valeur plutôt qu'une autre. Ici, la valeur est une forme plus démocratique de gouvernement ou une forme plus communiste de gouvernement.

Situation: Les élèves étudient deux toiles. Ils doivent choisir une toile plutôt que l'autre en fonction d'une valeur (par exemple, la plus forte tension exprimée, une émotion particulière, etc.).

Situation: Les élèves écoutent de la musique baroque. Une pièce musicale est jouée, et ils doivent déterminer si cette pièce est vraiment de style baroque.

Exemple d'une situation complexe: Une classe de quatrième année a étudié la question de la mise en quarantaine, ce qui a donné lieu à une discussion sur un sujet délicat, à savoir le droit des élèves atteints du sida à fréquenter leur école. Beaucoup d'élèves ont jugé que les élèves atteints du sida avaient le droit de fréquenter leur école. Ils se sont placés à l'extrémité de la ligne, soit devant un mur de la classe. D'autres pensaient le contraire; il se sont placés à l'autre extrémité de la ligne, soit devant le mur opposé. Les élèves de cette classe ont donc appliqué la tactique **réfléchir-partager-discuter** et expliqué les raisons pour lesquelles ils ont adopté telle position. Ensuite, ils ont utilisé la controverse créative pour considérer les deux aspects de la question. Après le débat, ils ont appliqué de nouveau la tactique de la ligne des valeurs pour déterminer dans quelle mesure ils avaient changé d'opinion. Mentionnons que les élèves qui au début soutenaient une position extrême défendaient à la fin l'autre position extrême. Seuls quelques élèves n'ont pas changé leur position.

Adaptation : Placez des bandes de ruban-cache sur le plancher, puis demandez aux élèves de rester sur leur position et d'écrire leur nom sur le ruban-cache pour indiquer où ils se situent par rapport à une question. La raison d'être de l'utilisation du ruban-cache est qu'à la fin de l'enquête, les élèves peuvent revenir sur leur position et écrire leur nom sur une autre bande de ruban-cache. Vous pouvez faire ressortir la première bande de ruban-cache et demander aux élèves de noter tout changement de position. Cette activité peut très bien être faite en guise de retour sur la leçon ou comme exercice de réinvestissement.

8. La tactique du déplacement productif
Le renforcement des relations

La tactique du déplacement productif est un processus qui allie d'autres processus plus complexes. Elle intègre la responsabilité individuelle, le mouvement physique et la variété dans le processus d'apprentissage. Elle implique qu'un membre d'un groupe se joigne à un autre groupe. Comme il y a échange d'idées entre deux groupes, elle peut se comparer à la pollinisation croisée. Il est préférable d'attribuer préalablement aux groupes et aux élèves des lettres et des nombres (par exemple, à l'aide de la **tactique des têtes numérotées**). On peut utiliser la tactique du déplacement productif dans toutes les matières et à tous les niveaux scolaires, y compris la maternelle.

Scénario : Vous racontez une histoire à vos élèves de première année (par exemple, *Franklin in the Dark*). Ils discutent ensuite en équipes de deux ou de trois des choses qui les ont effrayés dans l'histoire. Vous pourriez leur poser des questions précises : « Qu'est-ce qui vous a fait peur ? », « Pourquoi avez-vous eu peur ? » ou « Comment avez-vous résolu le problème ? » Invitez un élève de chaque groupe à se joindre à un autre groupe pour lui communiquer certaines idées émises par son groupe. Si un élève a de la difficulté à exprimer ses idées, demandez-lui de les formuler devant un camarade.

Scénario : Vos élèves travaillent en groupes de trois en utilisant un **napperon** ou en dressant un **diagramme cause-effet** en rapport avec une question ou un problème déterminé. Vous pourriez utiliser la tactique des têtes numérotées pour désigner l'élève de chaque groupe qui se joindra à un autre groupe (tactique du déplacement positif). Demandez à un élève de chaque groupe de lever la main (par exemple, l'élève C). Demandez à un autre élève (par exemple, l'élève A) de se lever, de prendre le matériel dont il a besoin et de se joindre à un nouveau groupe. Quand un élève A arrive dans un groupe, l'élève C baisse la main. L'élève A communique les idées de son groupe initial aux membres de son nouveau groupe, qui l'écoutent attentivement. Une fois qu'il a terminé, les membres du groupe peuvent alors émettre des commentaires, formuler de nouvelles idées, etc. Après avoir recueilli des informations, l'élève A revient dans son groupe initial.

Idéalement, les élèves devraient savoir à l'avance que l'un d'entre eux sera choisi. Cela augmente la responsabilité individuelle, car les élèves doivent s'assurer qu'ils comprennent bien ce qu'ils ont à faire.

Gardez toujours à l'esprit que l'intégration de ces tactiques d'enseignement est quelque chose de complexe. Si les élèves ne se sentent pas à l'aise ou s'ils sont incapables d'écouter attentivement les autres ou de paraphraser ce qui vient d'être dit, ils ne tireront aucun profit de l'application de ces tactiques. C'est pourquoi il est essentiel d'avoir une école inclusive où le milieu encourage la prise de risque. C'est aussi pourquoi bon nombre d'écoles utilisent des programmes comme *Tribes* pour établir des communautés d'apprentissage. Bien entendu, certains enseignants diront : « Je ne peux pas faire cela avec mes élèves. » Notre réponse est la suivante : « Nous avons vu ces tactiques appliquées partout dans le monde par des enseignants qui ont pris le temps de créer ensemble un milieu d'apprentissage coopératif qui encourageait la prise de risque. » Vous devez aider patiemment les élèves à acquérir des habiletés d'écoute et de partage si vous voulez que ces tactiques réussissent dans votre classe.

Adaptation : Demandez au groupe de formuler des questions en rapport avec le sujet ou le problème dont ils ont discuté (par exemple, des animaux en voie de disparition ou l'interprétation d'un graphique). Il pourrait s'agir de questions qu'ils aimeraient poser à un nouvel élève qui viendrait se joindre à leur groupe. Les élèves disposent d'un temps suffisant pour formuler des questions (disons entre trois et cinq minutes). Ils accueillent ensuite le nouvel élève et lui posent des questions. Puis l'enseignant choisit au hasard les élèves qui feront part aux autres de ce qu'ils ont appris au cours de l'entrevue. Encore une fois, cette activité renforce la responsabilité individuelle, car elle fournit aux élèves la possibilité de répondre oralement à des questions et de présenter les résultats de leur entrevue. Signalons que les élèves peuvent aussi appliquer la tactique du déplacement productif en équipe de deux, de quatre ou de cinq, en fonction de ce qui semble le plus approprié pour mettre à l'aise les élèves interviewés.

Leçon

Une classe de sixième année étudie des systèmes et des composantes de systèmes, principalement la structure de certaines feuilles (dont les nervures sont pennées, palmées ou parallèles). Les fonctions des feuilles sont ensuite comparées avec celles de certaines parties du corps humain.

Cette leçon implique la mise en œuvre de la totalité ou de certaines des idées pédagogiques énumérées dans le paragraphe ci-dessous. Pouvez-vous reconnaître l'endroit dans la leçon où ces idées sont appliquées et dire pourquoi elles le sont ?

Schématisation conceptuelle ; diagrammes de Venn ; tactique des têtes numérotées ; méthode réfléchir-partager-discuter ; acquisition de concepts ; napperon ; tournoi à la ronde ; tactique du déplacement productif ; méthode casse-tête ; cinq éléments de base ; remue-méninges ; pensée inductive ; conception d'une leçon ; formulation de questions ; temps d'attente ; réflexions individuelle et partagée ; responsabilité ; participation active ; variété ; signification ; classe favorisant la prise de risque ; taxonomie de Bloom ; recherche sur le cerveau ; intelligences multiples ; styles d'apprentissage.

En lisant la leçon, pensez à la manière dont les techniques, les tactiques et les stratégies d'enseignement se recoupent ou se soutiennent mutuellement.

Prenez aussi en considération le fait que la leçon peut porter sur autre chose que des feuilles, par exemple sur des formes géométriques, des types de poésie, des figures de style, des problèmes de physique, des styles de peinture, des équations algébriques, des types de graphiques, etc.

Enseignant : J'ai attribué à chaque élève un nombre compris entre 1 et 9 (il y a 30 élèves dans la classe). Quand je dis : « Allez-y ! », les groupes 1 s'assoient ici, les groupes 2 là, etc. Vous pouvez voir qu'à chaque table, il y a un nombre sur une fiche pliée. Approchez-vous de ces tables. Les élèves se déplacent, ce qui prend 45 secondes.

Enseignant : Attribuez-vous la lettre, A, B ou C. Oh ! vous êtes quatre dans votre groupe ; vous aurez donc un D (attendre 10 secondes). Bon, les A, qui êtes-vous ? Levez la main. Les B ? Levez la main. Les C ? Bon, Erica, tu es un D. Merci à tous !

J'ai neuf enveloppes et des feuilles de papier sur la table. Quand je dis une lettre à voix haute, tous les élèves à qui cette lettre a été attribuée s'avancent et prennent une enveloppe et une feuille de papier. S'il vous plaît, n'ouvrez pas l'enveloppe. Attendez que je vous le demande. Allez-y, les élèves C, s'il vous plaît. Cela prend environ 30 secondes.

Enseignant : Les élèves A doivent maintenant s'avancer et prendre un crayon-feutre d'une couleur différente pour chaque membre de leur groupe. Un instant, les A ! Ne bougez que lorsque je vous dirai de le faire. Environ 30 secondes s'écoulent.

Enseignant : Chaque enveloppe contient un certain nombre de feuilles provenant de diverses plantes. Avant que nous les analysions, je veux que vous écriviez tout ce que vous savez au sujet de ces feuilles sur la feuille de papier. Je vous donnerai 30 secondes pour réfléchir. Puis, quand je dirai : « Allez-y ! », vous commencerez à écrire. Quand je dirai : « Arrêtez ! », levez-vous et allez à la table dont le numéro correspond au nombre immédiatement supérieur au nombre attribué à la table où vous êtes. Vous aurez 60 secondes pour transcrire vos informations sur une autre feuille de papier. Vous n'aurez pas à aller à toutes les tables ou à écrire sur toutes les feuilles. Quatre feuilles suffiront. Je serai le chronométreur. Ne vous arrêtez pas à lire ce qui est déjà écrit ; jetez simplement vos idées sur le papier. Le fait que les mêmes informations sont écrites deux fois importe peu. Prenez 30 secondes pour réfléchir, sans parler. Environ 30 secondes se sont écoulées. Écrivez, s'il vous plaît. Les élèves font leurs quatre rotations de tables. L'enseignant circule entre les groupes pendant que les élèves écrivent.

Enseignant : Je vous remercie. Vous avez maintenant une liste de choses qu'environ 15 élèves de la classe savent au sujet des feuilles contenues dans les enveloppes. Lisez ces informations pendant une minute et examinez si certaines d'entre elles peuvent être regroupées. (Une minute passe.) Maintenant, faites un tournoi à la ronde en commençant avec l'élève D dans le cas d'un groupe de quatre ou avec l'élève A dans le cas d'un groupe de trois. Tentez de déterminer si vous pouvez trouver des modèles qui reviennent (faites des regroupements). Si vous n'en êtes pas certains, dites simplement : « Je passe. » Le tournoi prendra fin lorsque tous les membres de votre groupe se seront prononcés à tour de rôle.

Enseignant : Maintenant, je m'adresse aux élèves B. Ouvrez l'enveloppe et déposez délicatement les feuilles qu'elle contient sur du papier. Vous avez environ 20 feuilles différentes. Pendant environ une minute, examinez s'il y a des modèles dont vous n'avez pas discuté lorsque vous avez lu les idées écrites sur votre papier. (Une minute passe.) Tous les élèves C, commencez maintenant. Si nous n'êtes pas certains, dites : « Je passe », puis le tournoi se poursuit dans le sens des aiguilles d'une montre. Si ce n'est pas votre tour, contentez-vous d'écouter attentivement. Voyez ce que vous pouvez trouver. Vous avez trois minutes. Allez-y !

(Trois minutes passent.)

Maintenant, vous allez travailler ensemble en vous assurant que tous participent. Veillez aussi à ce que personne ne prenne toute la place pendant les discussions et ne fasse tout le travail. Nous en avons parlé l'autre jour. À la fin de cette leçon, nous tâcherons uniquement de déterminer dans quelle mesure vous vous êtes fait un devoir de faire participer tous vos camarades au classement des feuilles selon leur forme. Ne vous souciez pas de la couleur ou de la taille des feuilles. Ne tenez compte que de leur forme. Vous avez quatre minutes. Allez-y ! (Quatre minutes passent.) C'est terminé. Je vous remercie.

Sur deux côtés de la classe, j'ai mis deux tables. Les groupes 1 à 4 vont à une table, et les groupes 5 à 9 à l'autre table. Sans parler, examinez toutes les feuilles qui sont sur le côté gauche de la table, dégagez des traits communs et comparez-les avec les feuilles qui sont sur le côté droit de la table. Quelles sont les ressemblances entre les feuilles du côté gauche ? En même temps que vous examinez, demandez-vous s'il y a un groupe semblable au vôtre à votre table. (L'exercice dure environ cinq minutes ; les élèves peuvent se déplacer.)

Merci. Retournez à votre table et cherchez de nouvelles idées. (Deux minutes passent.)

Enseignant : Merci. Maintenant, je veux que vous réfléchissiez durant 30 secondes à ce que vous savez au sujet des feuilles et de leur forme. Tâchez aussi de déterminer pourquoi elles ont telle ou telle forme. Partagez vos réflexions avec les membres de votre groupe. Vous avez une minute. Après, je choisirai un élève dans chaque groupe qui expliquera les idées de son groupe au reste de la classe. Allez-y ! (Les élèves discutent.)

Enseignant : Bon… Groupe 4, élève C, y a-t-il quelque chose de particulier que votre groupe a trouvé ? (Demandez à un élève dans chaque groupe de faire part des réflexions de son groupe au reste de la classe. Au lieu de commenter ce que dit chaque élève, dites-lui simplement: «Merci d'avoir exprimé ces idées.»)

Enseignant: Juste devant moi, j'ai trois feuilles de papier. Quand je dirai: «Allez-y!», l'élève D (si le groupe a quatre élèves) ou l'élève A (si le groupe a trois élèves) s'approchera et en prendra une. Les A prennent la feuille bleue; les B, la feuille verte; et les C (ou les D) la feuille jaune. Tout le monde a-t-il une feuille? Bon. Prenez cinq minutes pour lire votre feuille. Indiquez ce que vous pensez être les trois ou quatre idées-forces. Quand je dirai «Allez-y!», les A vont dans ce coin-ci; les B, dans ce coin-là; et les C ou les D dans cet autre coin. Lorsque vous êtes dans votre coin, discutez avec un ou deux élèves de ce qui vous paraît être l'idée principale. Bien, maintenant, lisez votre feuille. (Accordez aux élèves cinq ou six minutes.) Maintenant, allez-y! (Il faut environ trois minutes aux élèves pour se déplacer et échanger des idées.) Merci. Quand je dirai: «Allez-y!», rejoignez votre groupe, retournez votre papier et faites un napperon, comme nous avons fait l'autre jour. Les B, c'est vous qui faites le napperon. Allez-y!

Enseignant: Quand je dirai: «Commencez», vous dresserez la liste des idées-forces qui ressortent de la discussion avec votre ou vos camarades. Vous avez deux minutes pour cela. Arrêtez, s'il vous plaît. La cloche de la récréation va sonner dans environ 60 secondes. Avant de sortir de la classe, pensez à ce que vous avez fait pour encourager les autres à participer et pour éviter qu'un ou deux élèves ne fassent tout le travail. Lorsque la cloche sonnera, vous pourrez quitter tranquillement la classe.

Récréation

Enseignant: (Assurez-vous que les élèves sont calmes.) Je vais vous parler de la structure des nervures pendant 10 minutes. Je vais aussi parler de trois modèles de nervures: le modèle penné, le modèle palmé et le modèle parallèle. Pendant que je parlerai, réfléchissez. Pensez à des systèmes du corps humain qui font ce que les feuilles font chez les plantes. Quand j'aurai terminé, je vais vous demander d'échanger vos idées avec les deux ou trois autres membres de votre groupe. Ensuite, vous inscrirez ce qui vous semble être l'information la plus importante au centre du napperon. Je vais demander à un élève de se lever et d'aller faire part de ses idées à un autre groupe. (Vous faites un exposé oral d'environ huit minutes sur chacun des trois types de feuilles et sur le rôle des nervures dans la croissance des plantes.)

Enseignant: Les élèves A, vous lèverez la main et ne la baisserez que lorsqu'un nouvel élève se sera joint à votre groupe. Élèves D ou élèves C, joignez-vous à un nouveau groupe en emportant votre papier. (Les élèves discutent et échangent des idées. Quand ils ont terminé, les membres de l'autre groupe échangent des idées pendant quatre minutes. L'élève D ou C écrit ces idées sur son papier, puis revient dans son groupe et lui fait part de toutes les nouvelles informations qu'il a reçues.)

Enseignant : Merci. Je vous ai remis des feuilles de papier (8 1/2 po × 14 po). Individuellement, mettez dans un schéma conceptuel tout ce que vous savez au sujet des feuilles. J'ai indiqué les directives au tableau. Revenez sur ce que vous avez écrit au début. Choisissez ce que vous voulez garder dans ces informations. Choisissez aussi des idées que d'autres élèves ont jetées sur le papier, des idées qui sont ressorties des discussions dans les coins ou de mon exposé. Sur une partie du schéma, à l'aide d'un diagramme de Venn (nous en avons beaucoup utilisé cette année), indiquez en quoi les nervures chez les plantes se comparent à des systèmes du corps humain. Sur l'autre partie du schéma, indiquez quel modèle de nervure vous avez trouvé le plus intéressant ou vous semble le plus efficace, et expliquez brièvement pourquoi. Demain, nous prendrons le temps de terminer les schémas et d'en parler à l'occasion d'une exposition.

Arrêtez-vous, s'il vous plaît. Il reste environ deux minutes avant la fin de l'exercice. Je veux que vous preniez 20 secondes pour réfléchir à ce que vous avez fait pour vous assurer que tous les membres du groupe ont été encouragés à participer. Quand je dirai : « Échangez », relevez une chose particulière qui s'est produite et qui a rappelé à un membre du groupe que la participation de tous était appréciée et encouragée.

Note

Dans une exposition, un élève colle ou épingle au mur son travail, se tient debout à côté et l'explique à un petit groupe ou à d'autres élèves. Environ les deux tiers des élèves circulent ainsi dans la classe et l'autre tiers des élèves décrivent leur travail. Les rôles des élèves sont intervertis de manière que chacun ait la chance d'expliquer son travail aux autres.

La leçon en un seul coup d'œil

Pouvez-vous reconnaître les tactiques d'enseignement?

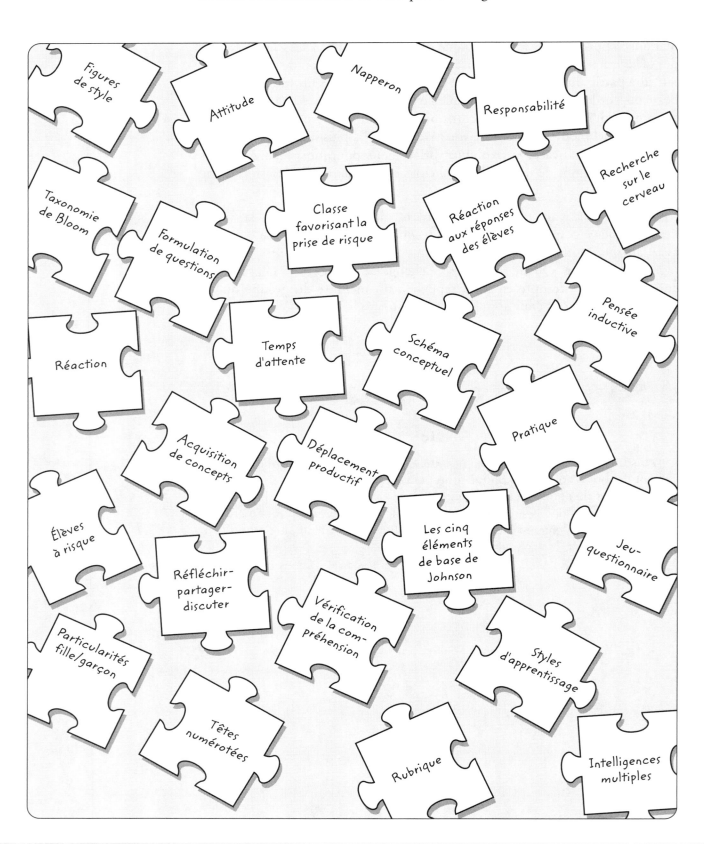

Qu'avons-nous appris jusqu'à maintenant ?

Nous avons trouvé peu d'études qui soutiennent nettement l'utilisation des tactiques décrites dans ce chapitre et des autres tactiques d'enseignement que nous appliquons régulièrement dans nos classes des niveaux primaire et secondaire. Cela ne devrait pas vous dissuader de les utiliser. L'expérience nous a montré qu'elles sont pratiques. Si vous faites de la recherche, peut-être pourriez-vous envisager d'étudier les effets de ces tactiques sur l'apprentissage des élèves.

Cela dit, des études menées auprès d'étudiants d'université ont montré que, lorsque le professeur interrompt son exposé oral toutes les 8 ou 10 minutes et demande aux étudiants de discuter de ce qui vient d'être dit, les notes d'examens de ces étudiants sont presque 2 fois plus élevées que celles d'étudiants dont les professeurs n'interrompent pas régulièrement leurs exposés oraux. Ces résultats suggèrent que des tactiques d'enseignement telles que la méthode réfléchir-partager-discuter ont des effets positifs sur la mémoire à court terme.

De plus, la recherche sur le cerveau nous a appris que la communication orale est essentielle au développement intellectuel. Beaucoup de tactiques sont fondées sur l'utilisation de la communication orale. Dans ses études sur les intelligences multiples, Howard Gardner soutient que l'intelligence interpersonnelle est un des meilleurs facteurs du succès. Cela s'est vérifié dans toutes les cultures qu'il a étudiées. Piaget et Vygotsky ont également souligné l'importance de l'interaction sociale dans l'apprentissage.

Nous appuyant sur notre expérience, nous considérons, quant à nous, que les tactiques décrites dans ce chapitre améliorent souvent le niveau de réflexion, la prise de responsabilités, la participation et la motivation à apprendre. Surtout, elles augmentent l'efficacité de stratégies plus complexes comme la schématisation conceptuelle, la construction d'arbres conceptuels, l'acquisition de concepts, le raisonnement inductif, la controverse créative et l'analyse en équipe.

Les effets des diverses tactiques d'enseignement sur l'apprentissage des élèves sont peu connus. Nous sommes d'avis qu'il conviendrait d'étudier les effets des tactiques d'intégration ainsi que les effets des techniques d'enseignement sur les tactiques et les effets des tactiques sur des stratégies plus complexes. On découvrirait sans doute que les effets sont plus interactifs et plus authentiques qu'on ne le croyait.

Chapitre 5
Le design pédagogique

Questions clés

1 Est-il important de vérifier la compréhension que l'élève a, par exemple, d'un concept ou d'un enjeu ?

2 Est-il important de discuter avec l'élève du sujet et du but de l'apprentissage ?

3 L'apprentissage devrait-il être utile, intéressant et authentique ?

4 Est-il nécessaire de faire des démonstrations ? Faut-il présenter des modèles ?

(suite ▶)

Pour commencer : une activité

Imaginez que vos élèves font une recherche sur le non-respect des droits de la personne et arrivent au concept de l'apartheid. Ils ne comprennent pas ce concept ainsi que la relation entre celui-ci, l'enseignement et les préjugés. Vous décidez alors de préparer une leçon qui durera 5, 15, 50 minutes ou plus. Quels éléments utiliserez-vous pour élaborer votre leçon et assurer le développement de l'apprentissage ? Écrivez ces éléments et comparez vos idées à celles de Madeline Hunter, qui sont présentées dans le diagramme en forme d'arête de poisson de la page 124.

Le chapitre comprend six parties liées entre elles :

1. Introduction et exposé des principes servant de fondement au design pédagogique

2. Les rapports entre les composantes pédagogiques et les techniques d'enseignement

3. Une description du design pédagogique

4. Activité : Développer l'utilisation réfléchie du design pédagogique

5. Exemples de leçons associées au design pédagogique où la participation active, la motivation et les différents niveaux de pensée sont intégrés

6. Résumé – Liens avec l'apprentissage de l'élève

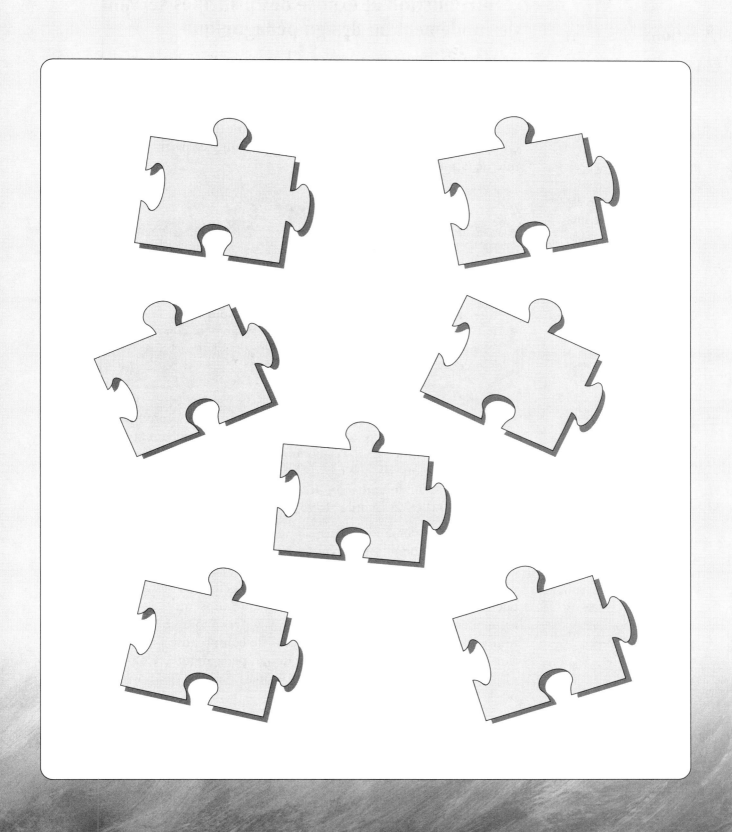

Questions clés (suite)

5 L'enseignant peut-il intégrer différentes techniques, tactiques ou stratégies dans sa leçon ? Peut-il les utiliser pour obtenir des données concernant le niveau de rendement des élèves ou simplement vérifier leur compréhension ?

6 Les élèves devraient-ils avoir le temps de faire des liens entre leur apprentissage et la vraie vie ?

7 Les élèves devraient-ils être engagés activement ?

8 Est-il important que les élèves se préparent, répètent (seuls ou en groupe) et discutent entre eux ?

9 Qu'est-ce qui fait le succès d'une leçon ou qui la fait voir comme un échec ? Si la leçon est considérée comme manquée, la faites-vous disparaître ou essayez-vous de la modifier (ajouter, améliorer ou supprimer des éléments) ?

10 Que pourrait-il arriver si vous négligiez de prendre en compte une ou plusieurs des questions ci-dessus ?

Introduction et exposé des principes servant de fondement au design pédagogique

Le présent chapitre est consacré à l'étude d'une stratégie, le design pédagogique, qui sera utilisée dans le reste du livre. **Le design pédagogique fait partie des stratégies qui facilitent la démarche créative.** Le design pédagogique consiste à choisir et à intégrer des démarches pédagogiques en fonction des besoins et des particularités de l'apprenant. Le choix dépend du degré de compréhension qu'a l'enseignant de ces besoins et particularités, de même que de la matière à apprendre.

Note

Nous ne prétendons pas que la stratégie du design pédagogique constitue la seule façon d'organiser une leçon. Nous avons choisi cette stratégie parce qu'elle permet d'illustrer clairement comment on peut associer des concepts, des techniques, des tactiques et des stratégies de diverses natures.

Plus spécialement, ce chapitre vise à montrer que les composantes pédagogiques peuvent être organisées de façon à rendre l'enseignant apte à prendre de sages décisions concernant l'élaboration d'une expérience d'apprentissage. Le design pédagogique est une façon d'organiser ces composantes. On trouve des points de vue intéressants sur le design pédagogique dans les ouvrages de Hunter (1994) et de Gentile (1993).

Peut-être vous demandez-vous s'il vaut la peine de s'intéresser au design pédagogique. Une raison de vous y intéresser est que Madeline Hunter s'est attachée durant sa carrière à observer des enseignants et à déterminer avec eux ce qui rendait leur travail efficace ou non efficace. Ses recherches consistaient notamment à définir les caractéristiques ainsi que l'évolution des environnements pédagogiques efficaces. Elle a décrit tout ce que les enseignants font quotidiennement. Un des moyens de comprendre l'évolution en question est d'examiner la démarche du design pédagogique. Comme elle le dit : « Il s'agit non pas d'une formule rigide, mais plutôt d'un moyen de développer la créativité. »

Certains éducateurs ont malheureusement utilisé ses idées de façon restrictive et irréfléchie, surtout en ce qui concerne le design pédagogique. Ce n'était évidemment pas le souhait de Hunter. Comme elle, nous considérons que le design pédagogique comporte le choix entre plusieurs éléments (un peu comme les pièces d'un Lego ou les couleurs sur la palette d'un peintre). Comprendre les différentes manières dont les leçons peuvent se dérouler permet d'arriver à la démarche plus complexe, celle du design pédagogique, qui consiste à concevoir des leçons favorisant l'apprentissage. La comparaison des composantes du design pédagogique avec les pièces d'un jeu de Lego implique trois choses. **Premièrement,** on peut placer les composantes dans n'importe quel ordre. **Deuxièmement,** on n'est pas tenu de les inclure dans la démarche et on peut utiliser n'importe quelle composante plus d'une fois. Enfin, **troisièmement,** on peut utiliser les composantes les unes à la suite des autres ou même simultanément dans des activités qui demandent plus de créativité. Pour peindre un tableau, il faut choisir et mélanger des couleurs. De même, quand on enseigne, il faut choisir et combiner les processus d'enseignement les plus susceptibles de répondre aux besoins des apprenants.

Les rapports entre les composantes pédagogiques et les techniques d'enseignement

La mise en situation, les suggestions, la pratique, le retour sur la leçon et l'approfondissement sont des composantes qui ne peuvent être réalisées **directement**; on **emploie** des techniques, des tactiques ou des stratégies pour ce faire. Exposer les objectifs de la leçon, vérifier la compréhension, faire une démonstration ou présenter un modèle sont des actions **directes**; nous les rangeons donc parmi les techniques d'enseignement. Il est possible d'utiliser un nombre indéfini de tactiques et de stratégies pour accroître l'efficacité de l'enseignement. Par exemple, pour rendre la mise en situation plus vivante, il est possible d'utiliser la tactique du napperon et la schématisation conceptuelle ou d'inviter un spécialiste à exposer un sujet devant la classe.

Il va sans dire que d'autres notions pédagogiques, comme la participation active, la motivation et les niveaux de raisonnement, peuvent être aussi liées à chaque composante du design pédagogique. Vous voudriez sûrement, par exemple, que les élèves « participent activement » à la « vérification de la compréhension ». Vous voudriez également qu'ils soient « responsables » et qu'ils aient du « succès ». Une vérification de la compréhension à laquelle les élèves ne prennent pas part activement, qui ne les responsabilise pas et qui n'augmente pas leurs chances de succès risque fort de demeurer sans effet. Il faut aussi tenir compte des exigences cognitives liées à la vérification de la compréhension. Ainsi, si les exigences sont trop faibles, les élèves s'ennuieront et, si elles sont trop élevées, ils peuvent se décourager. Ces deux situations peuvent entraîner des problèmes de gestion de classe.

De plus, il faut susciter l'engagement des élèves en tenant compte de leurs forces dans une variété de domaines. Parmi les choses qu'il faut prendre en considération à cet égard, mentionnons : 1) les différents sens (ouïe, vue, toucher, odorat, goût) ; 2) les différents styles d'apprentissage (la façon dont les élèves abordent l'apprentissage) ; 3) la force des élèves dans les différents types d'intelligences ; 4) leur capacité à travailler en équipe, etc.

En outre, il faut répondre aux questions suivantes : comment s'y prend-on pour rendre l'apprentissage significatif et intéressant ? Comment cible-t-on correctement les niveaux de pensée ? De quelle façon établissons-nous des liens avec la vie de tous les jours des élèves ? À quel moment doit-on présenter un modèle ou faire une démonstration ? Toutes ces questions sont au centre du design pédagogique.

Il existe plusieurs autres éléments dont il faut tenir compte. Parmi ceux-ci nous retrouvons des qualités humaines, comme l'empathie, le respect et l'enthousiasme, tandis que d'autres touchent davantage la pédagogie, comme le sens de l'organisation, le souci de la variété et de l'authenticité de l'enseignement. Ils devraient être intégrés au design pédagogique. **Le design pédagogique est une démarche qui permet d'intégrer et d'organiser les éléments pédagogiques fondamentaux et ainsi de mettre à profit les possibilités infinies de la pédagogie.**

Une description du design pédagogique

Le design pédagogique constitue une façon d'intégrer et d'organiser l'enseignement. Comme nous l'avons déjà mentionné, cette méthode a été mise au point par Madeline Hunter en 1970 et a été ensuite été très employée dans certaines parties du Canada et des États-Unis.

La structure de cette stratégie ne se rattache à aucune philosophie de l'enseignement en particulier. Le design pédagogique aide les enseignants à acquérir de l'assurance en ce qui regarde l'architecture des leçons et la façon dont elles s'intègrent les unes aux autres. Il permet d'améliorer leur efficacité.

Le design pédagogique est un concept totalement différent de celui de planification des leçons. Le but poursuivi dans les chapitres suivants est d'en arriver à bien maîtriser le design pédagogique associé à une approche plus créative, puissante et intégrative. Le design pédagogique paraît simple, mais c'est plutôt sa structure de base qui l'est. Quand ce sont des enseignants créatifs qui l'utilisent, elle peut être une démarche pédagogique complexe, intéressante et exigeante.

Quelle que soit la manière dont on conçoit les environnements pédagogiques, il est impossible de résoudre tous les problèmes de l'enseignement et de l'apprentissage. Nous devons comprendre que le design pédagogique n'est pas une solution miracle. Il est plutôt simplement un procédé figurant dans le répertoire de l'enseignant. Pour notre part, nous apprécions le fait qu'elle aide à intégrer des idées et favoriser ainsi l'intégration pédagogique (au sujet des modèles théoriques avancés, voir Ausubel, 1960).

Le diagramme organisateur : utile au design pédagogique

Le présent livre traite du processus créatif consistant à faire le design des leçons, c'est-à-dire à y intégrer des démarches pédagogiques. Cela est plus facile à dire qu'à faire. Ce chapitre décrit une stratégie pédagogique qui facilite l'intégration d'une variété de concepts, de techniques, de tactiques et de modèles théoriques. Si votre travail comme enseignant est efficace (que vous vous définissiez par ailleurs comme constructiviste, moderniste, béhavioriste, postmoderniste, etc.), vous employez déjà la plupart ou la totalité des composantes pédagogiques qui se rattachent au design pédagogique. La partie de cette stratégie qui vous paraîtra sans doute nouvelle concerne l'idée d'intégrer des stratégies et des tactiques plus puissantes pour remplacer certaines composantes. Nous appelons « intégrationnisme » l'approche qui consiste à combiner de multiples démarches. En somme, pour intégrer plus efficacement des approches pédagogiques en vue de mieux répondre aux divers besoins des élèves, les enseignants peuvent utiliser le design pédagogique. Il permet l'incorporation méthodique de multiples démarches pédagogiques.

Explication : Les chapitres précédents traitaient des concepts pédagogiques et des techniques d'enseignement. Ce chapitre montre comment ces deux parties de l'enseignement peuvent se combiner pour créer une stratégie appelée « design pédagogique ».

Mise en garde : Si le design pédagogique se fait de façon superficielle et irréfléchie, l'enseignant aura du mal à faire face à la complexité et à l'hétérogénéité des classes.

Les composantes pédagogiques et les techniques ont peu de valeur si elles sont utilisées séparément. Leur force réside dans le fait qu'elles sont judicieusement employées pour répondre aux besoins des élèves, ce que permet le design pédagogique. En somme, le design pédagogique permet de faire l'architecture de l'enseignement, mais ne suscite pas pour autant le « pouvoir d'apprendre » de l'élève. Toutefois, le design pédagogique influence ce pouvoir d'apprendre par son impact sur le milieu d'apprentissage.

Le diagramme organisateur du design pédagogique : un exemple

Au début du chapitre, vous avez été invités à indiquer les composantes qui se retrouvent dans la majorité des leçons. Le diagramme en forme d'arête de poisson (présenté à la page suivante) présente les composantes de la stratégie du design pédagogique.

Demandez-vous si vous êtes d'accord ou non avec ces idées :

- Est-il important de faire un lien avec les expériences antérieures des élèves ? (Mise en situation)

- Est-il nécessaire de faire participer les élèves activement et d'une façon significative ? (Mise en situation)

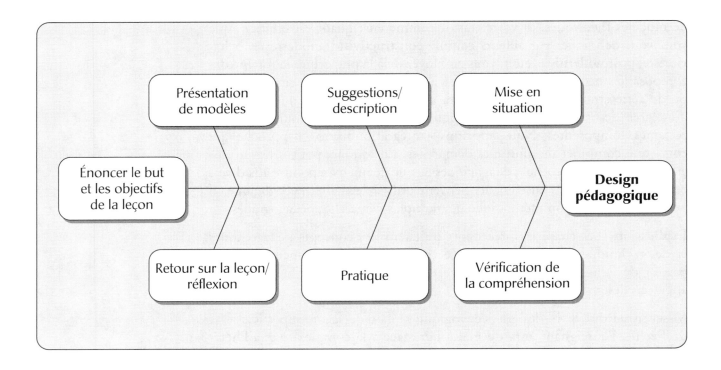

- Les élèves devraient-ils pouvoir dire leur opinion sur les objectifs d'apprentissage ou pouvoir en discuter ? (Énoncé des objectifs de la leçon)

- Faut-il considérer les diverses façons (intelligences multiples et styles d'apprentissage) dont les élèves peuvent obtenir de l'information ? (Suggestions)

- Est-il utile de faire une démonstration, de faire appel au jeu de rôle ou de présenter des modèles ?

- Les enseignants et les élèves devraient-ils s'assurer qu'ils se comprennent bien ?

- Les élèves devraient-ils avoir l'occasion de s'exercer ou devraient-ils tout simplement être capables d'expliquer ce qu'ils font ? L'aide d'un tuteur ou d'un mentor peut-elle être parfois utile ? (Pratique guidée et pratique autonome)

- Est-il nécessaire de résumer les principaux apprentissages et de les intégrer à des apprentissages antérieurs ? (Retour sur la leçon et réflexion)

Quatre exemples de leçons seront donnés plus loin dans le chapitre :

1. Les moyens de défense de l'organisme contre la maladie (niveau secondaire)

2. Comprendre ce qu'est la réconciliation pour être de meilleurs amis (niveau élémentaire)

3. Leçon consacrée à l'étude de *Mort d'un commis voyageur* d'Arthur Miller (niveau secondaire)

4. La participation équitable (niveau élémentaire)

Leçon 1

Leçon de biologie

Titre de la leçon	Les moyens de défense de l'organisme contre la maladie
Niveau	Biologie avancée, 11ᵉ année
Type d'activité	Le design pédagogique avec la stratégie casse-tête et les cinq éléments de Johnson
Durée	80 minutes (Les durées indiquées ci-dessous sont approximatives.)
Conçue par	Nora Rivaud

Objectif

En appliquant la stratégie du casse-tête, comprendre les mécanismes que l'organisme met en place pour se défendre des maladies causées par des corps étrangers (particules ou micro-organismes).

Mise en situation (8 min)

Notre organisme subit constamment l'assaut de corps étrangers tels que la fumée, les bactéries et les virus, qui peuvent nous incommoder ou nous rendre malades. Le corps humain a, au fil des générations, mis au point des méthodes ingénieuses pour combattre ces intrus. Employez la stratégie du napperon (voir la page 178) pour recueillir les idées des élèves sur le sujet. Expliquez ensuite l'objectif de la leçon aux élèves en utilisant un niveau de langage qui leur est accessible.

Suggestion/modélisation (8 min)

Explication de l'activité casse-tête :

- Formez des groupes de base de trois élèves, nommés A, B et C (si un élève est en surnombre, il y aura deux C).

- Groupez les élèves par lettres de façon à former des groupes d'experts.

- Escomptez une participation équitable (vérifiez leur compréhension du concept à l'aide d'un diagramme en « T »).

- Présumez que les élèves sont capables de prendre des notes et de résumer un exposé.

Exercice pratique (40 min)

- Donnez à chaque groupe de base trois feuilles de renseignements (ou une pour chaque élève) : A (rose) = anticorps ; B (verte) = globules blancs ; et C (bleue) = histamines. Prévoyez un temps suffisant pour la lecture. Demandez aux élèves s'ils sont prêts à répondre à un questionnaire. La réponse sera unanimement négative. Ainsi, les élèves comprendront la nécessité de former des groupes d'experts pour discuter. (10 min)

- Formez les groupes d'experts (les A ensemble, les B ensemble et les C ensemble) puis laissez les élèves discuter. Chaque feuille comprend 60 % de textes, 20 % d'illustrations et 20 % de questions pour diriger la discussion des groupes d'experts. Les élèves dégagent par écrit les idées principales et ils les expliqueront plus tard à leur groupe de base. (15 min)

- Retournez aux groupes de base. Chaque membre explique les idées principales aux deux autres élèves de son groupe. (15 min)

Vérification de la compréhension (20 min)

Questionnaire collectif dans les groupes de base (préparation de l'évaluation individuelle).

Retour sur la leçon/réflexion (3 min)

Une fois que les questionnaires sont remplis, donnez à chaque élève les deux autres feuilles qu'il n'avait pas. Note : Les élèves sont souvent très motivés à les lire après le questionnaire.

Leçon 2

Leçon de littérature du niveau primaire

Note

Il est à noter que cette leçon fait appel à deux autres stratégies : l'acquisition de concepts et l'apprentissage coopératif (les cinq éléments de Johnson et la structure réfléchir-partager-discuter de Kagan).

Titre de la leçon	Comprendre ce qu'est la réconciliation pour être de meilleurs amis
Niveau	4e année
Matière	Littérature
Thème	L'amitié
Type d'activité	Stratégie du design pédagogique à laquelle s'ajoutent l'acquisition de concepts et l'apprentissage coopératif
Durée	60 minutes
Conçue par	Maria Giampa

Objectif

Les élèves mettront en pratique la réconciliation et comprendront quelle est sa place dans l'amitié. Ils analyseront au préalable un ensemble de données à l'aide de la stratégie d'acquisition de concepts (figurant dans la partie « **Ensemble** de données pour l'acquisition de concepts », à la page suivante).

Les élèves détermineront les caractéristiques de l'amitié à travers l'étude des personnages de *The Orphan Boy*. Le livre raconte l'histoire d'un garçon qui se lie d'amitié avec les gens d'un village pauvre d'Afrique qui deviennent peu à peu autosuffisants. Le garçon demande aux villageois de ne jamais le suivre quand il part la nuit venue. Peu après, quelqu'un se met à le suivre. Le garçon s'en aperçoit et disparaît bientôt dans le ciel. Les villageois redeviennent alors pauvres. Il faut trouver une façon de réparer l'erreur commise. La stratégie d'acquisition de concepts aide les élèves à clarifier le concept de réconciliation.

Les élèves doivent trouver des façons d'appliquer les caractéristiques de l'amitié en classe.

Analyse de la tâche

1. Que signifie la réconciliation ? Quelle relation a-t-elle avec l'amitié ?

2. Comment agit un ami ? Surtout, qu'est-ce qu'un ami ne fait pas ?

Énoncé des objectifs et mise en situation

« Au dernier cours, nous avons parlé de la réconciliation. Réfléchissez. Que veut dire la réconciliation et pourquoi en a-t-on besoin dans nos vies ? Dites votre opinion à un camarade et discutez ensemble de l'importance de la réconciliation. Je demanderai par la suite à certains élèves d'exprimer leur point de vue devant la classe.

« Alors, la réconciliation permet de renouer avec quelqu'un après un malentendu et de consolider les liens d'amitié. C'est aussi un moment où on examine quelle sorte d'ami on a été avec ses camarades. Pour continuer d'être un ami, il est important de comprendre ce que signifie l'amitié et de réfléchir sur la manière dont les amis agissent entre eux. Aujourd'hui, nous allons essayer de préciser ce que veut dire "être un ami". »

Suggestion/modélisation/vérification de la compréhension

La stratégie d'acquisition de concepts est utilisée pour vérifier la compréhension des caractéristiques de la réconciliation. Les élèves réfléchissent en silence jusqu'à l'exemple quatre du tableau de la page suivante. Ils mettent ensuite en œuvre la stratégie réfléchir-partager-discuter et se préparent à dire en quoi les exemples de la colonne « Oui » se ressemblent.

Tableau 1 Ensemble de données pour l'acquisition de concepts

Oui	Non
1. Julie est assise à l'écart, la tête baissée, regardant ses mains. « Eh ! Julie ! Qu'est-ce qui se passe ? Tu me sembles déprimée. »	1. « Eh ! Julie ! Tu es toujours déprimée ! Secoue-toi un peu. Tu n'es vraiment pas amusante. »
2. « Georges, te rappelles-tu ? Hier, tu n'as pas voulu me laisser jouer à la balle. Je n'ai pas aimé ça. Qu'est-ce qui s'est passé ? Pourquoi ne voulais-tu pas que je joue ? »	2. « Georges, tu as agi en idiot hier. Tu ne pensais absolument pas aux autres. »
3. « Hé là ! Jacques ! Je sais que l'on ne t'a pas écouté hier, mais Lisa n'avait pas fini de parler. Peux-tu attendre qu'elle ait terminé ? Nous (le groupe) serons prêts à t'entendre ensuite. »	3. « Jacques, cesse d'interrompre les autres ! Pourquoi agis-tu de cette façon ? Ne te demande pas pourquoi personne ne veut de toi dans son équipe. »
4. « Je suis désolé à propos d'hier. Je sais que tu crois que je t'ignorais. En fait, je ne me sentais pas très bien et voulais être seul. Je ne voulais pas être méchant. »	4. « Tu es vraiment un boulet. As-tu déjà songé à m'aider un peu ? Je suis fatiguée de faire tout le travail. »

Exercice
A. « Je te remercie beaucoup de m'avoir apporté mes devoirs à la maison quand j'étais malade. Je sais que tu as dû laisser de côté ton entraînement de basket-ball après l'école pour me les apporter. Je sais aussi qu'il t'a fallu marcher longtemps. Je te suis vraiment reconnaissant. »
B. « Thomas, je suis désolé de ne pas t'avoir demandé de jouer à la balle. Parfois, je me comporte comme un idiot juste parce que je veux jouer avec des garçons sympas. » La réponse de Thomas : « Je n'aime pas être mis à l'écart, mais je suis content de savoir que je suis toujours ton ami. »
C. « Tiens, voici tes livres. J'en ai vraiment assez de faire l'esclave. Tu n'es même pas reconnaissante. Tu crois être la seule personne au monde ? Pourquoi devrais-je t'attendre pendant cinq minutes ? »
D. Frédérik a ignoré Thomas au moment de jouer à la balle le jour précédent. La réaction de Thomas : « Tu essaies seulement de paraître bien pour qu'ils t'aiment. Quel ami tu fais ! »

Modélisation

La modélisation a été faite à l'étape des suggestions. Elle s'effectue aussi au moment où l'enseignant et les équipes de deux reviennent sur les idées qui se rapportent aux exemples des colonnes « Oui » et « Non ».

Vérification de la compréhension

La vérification de la compréhension a été faite à l'étape des suggestion ; plus précisément dans la partie de la stratégie d'acquisition de concepts qui comportait un exercice. L'idée est qu'un problème est survenu et que quelque chose a été fait ensuite pour reconquérir une amitié.

La compréhension est vérifiée aussi quand l'enseignant observe les équipes sur leur façon de travailler. La vérification se termine quand, à la fin de la leçon, les élèves répondent aux questions portant sur le livre.

Pratique

A) « Vous devez spécifier les caractéristiques de l'amitié dans votre équipe de deux. Considérons d'abord l'exemple d'amitié présenté dans *The Orphan Boy* de Paul Morin. »

Demandez aux élèves de regarder attentivement les images, car elles donnent des indications sur la personnalité du garçon et sont par ailleurs des œuvres d'art exceptionnelles. Lisez le livre.

Demandez aux élèves de tenter de répondre mentalement aux questions : « Qui est le garçon ? » et « Pourquoi est-il ainsi ? » Demandez-leur d'échanger leurs idées avec un camarade. L'enseignant demande ensuite au hasard à des élèves de formuler des hypothèses.

B) Rôles : secrétaire, gardien des buts sociaux, responsable du matériel et gardien du temps.

But social : écoute active. Les élèves connaissent bien la signification de cette expression : elle a été expliquée au moyen d'un tableau à deux colonnes le jour précédent.

Tâche : Répondre aux questions suivantes sur une feuille de papier. Se préparer à remettre cette feuille à la fin de la leçon.

1. Pourquoi peut-on dire que le garçon, le vieil homme et l'ombre étaient de vrais amis ? Pourquoi le garçon, le vieil homme et l'ombre ne peuvent-ils pas être considérés comme de vrais amis ?

2. En vous référant à l'histoire, donnez des exemples de rupture d'un lien de confiance. Comment la relation est-elle renouée ?

Notez vos réponses sur une feuille de papier.

Vous avez 20 minutes pour exécuter cet exercice. La classe sera regroupée quand toutes les équipes auront fini.

Chaque groupe aura à répondre à une question. L'enseignant choisira l'élève qui sera le porte-parole du groupe.

Retour sur la leçon

« J'aimerais que chacun de vous évalue s'il maîtrise bien l'écoute active. Avez-vous montré avec votre corps que vous écoutiez ? Avez-vous évité d'interrompre les autres ? Sans désigner des élèves, j'aimerais avoir l'avis de chaque groupe. Je vais demander au hasard à un élève de chaque groupe de répondre. Je vais aussi évaluer chaque élève en observant chaque groupe pendant le travail.

« Nous avons passé beaucoup de temps à examiner l'idée d'amitié aujourd'hui. Voyons comment le mot "amitié" s'applique à nous dans la classe. Réfléchissez en silence pendant 30 secondes. Vous n'avez pas besoin de lever la main. Je vais demander à quelques-uns d'entre vous d'expliquer leurs idées.

« J'aimerais savoir ce que vous pensez que nous pourrions faire en classe pour être de meilleurs amis. Pensez à deux choses simples que nous pourrions faire en classe. À un moment de la journée, venez écrire vos idées sur la grande feuille de remue-méninges fixée au mur. »

Une analogie : les composantes du design pédagogique et leur similarité avec des blocs Lego

La présente section donne une brève vue d'ensemble des composantes du design pédagogique. La comparaison de ces composantes avec les pièces d'un jeu de Lego nous rappelle que nous pouvons modifier à volonté la manière dont elles sont assemblées. Rappelez-vous cependant que certaines composantes peuvent être omises, tandis que d'autres peuvent être utilisées plusieurs fois. En tant que professionnels, nous devons prendre des décisions judicieuses concernant leur usage.

Il existe, bien sûr, des centaines d'autres composantes.

- Schémas conceptuels
- Sortie éducative
- Diagrammes de Venn
- Acquisition de concepts
- Mini-conférence
- Apprentissage coopératif

La mise en situation

La mise en situation est utilisée par les enseignants pour capter l'attention des élèves et les amener à s'engager activement dans leur apprentissage. Les enseignants jouent avec trois attributs essentiels, nommés ci-dessous.

Les caractéristiques essentielles

1. À l'aide de questions ou d'activités, établir des liens avec des expériences passées des élèves.
2. Veiller à ce que tous les élèves participent activement.
3. Lier la participation des élèves aux objectifs d'apprentissage.

Quand utiliser la mise en situation ?

Habituellement, on peut utiliser ce concept au début de la leçon ou pour reprendre un exposé qui a été interrompu (par quelqu'un qui vous demande à la porte, par exemple).

Pourquoi l'utiliser ?

La mise en situation est utile pour amener tous les élèves à s'engager activement dans leur apprentissage. Souvent, on croit à tort que les élèves ne veulent pas apprendre. En fait, ils désirent apprendre, mais ce qui leur est présenté et la manière de le leur présenter les laissent indifférents. Il faut se rappeler que la vie des élèves à l'extérieur de la classe est intense et exigeante. Souvent, beaucoup d'autres choses accaparent leur esprit (des fêtes, des compétitions, un divorce, un nouvel animal de compagnie, la mort d'un être cher, leurs amours, etc.). La mise en situation doit tenir compte de ces autres choses qui les distraient de la leçon.

Quelques considérations pratiques

La mise en situation peut prendre quelques secondes, ou, si les élèves manquent d'expérience, elle peut exiger qu'on montre un film, qu'on raconte une histoire ou qu'on fasse une sortie éducative pour leur permettre de se familiariser avec le sujet. Parfois, la mise en contexte peut occuper toute la leçon. Elle sert à préparer les esprits à apprendre. C'est le moment de faire appel aux techniques qui favorisent la motivation.

La mise en situation a ceci d'intéressant qu'elle peut, comme un morceau de casse-tête, s'emboîter avec d'autres éléments. Il peut s'agir de tactiques telles qu'un schéma conceptuel ou un réseau notionnel, ou de stratégies telles que la recherche ou l'acquisition de concepts, le jeu de rôle, la pensée inductive. Toutes ces choses peuvent se combiner avec la mise en contexte. Elle peut exiger un travail minutieux ou au contraire se faire comme par magie. Quel que soit le contenu de la leçon, la mise en situation est étroitement associée à l'engagement des élèves pendant la leçon.

Exposer le but et les objectifs

C'est le moment de la leçon où l'enseignant peut décider de parler avec les élèves des aspects cognitifs, affectifs et psychomoteurs du contenu de la leçon. L'enseignant peut aussi indiquer en quoi la matière présentée est susceptible d'intéresser les élèves et peut faire référence à leur vie de tous les jours. On renseigne également les élèves sur la façon dont on procédera pour atteindre les objectifs d'apprentissage. Comme l'écrit Madeline Hunter (1994) : « Il ne s'agit pas de dire la formule pédante : "À la fin de la leçon, vous serez capables de…" mais plutôt d'utiliser un niveau de langage approprié aux élèves, par exemple : "Aujourd'hui, nous allons approfondir notre réflexion sur les types d'énergie. Je crois qu'un schéma conceptuel nous aiderait à rassembler les idées sur le sujet. Nous verrons ensuite comment vous répondrez aux questions qui émergeront de la réflexion." »

Les caractéristiques essentielles

1. Les objectifs sont décrits dans le langage des élèves et indiquent ce qui sera appris et la façon dont les élèves démontreront leur apprentissage. On peut également préciser le niveau de rendement attendu (disons 90 % d'exactitude) et les conditions de l'évaluation (une durée de 30 min). Supposons que la durée de l'exercice pratique soit 30 minutes et que ce dernier se fasse en équipe de 2 ; les élèves pourraient avoir à formuler au moins 3 énoncés qui reflètent leur compréhension des 2 positions opposées d'une problématique donnée (par exemple, la coupe à blanc).

2. Les objectifs sont clairs et, au besoin, on peut évaluer dans quelle mesure les élèves les ont atteints.

3. Les objectifs sont spécifiques ; par exemple, il tiennent compte des niveaux de pensée.

4. Les objectifs sont significatifs et pertinents.

Quand faut-il énoncer le but et les objectifs ?

Habituellement, le but et les objectifs sont exposés au début de la leçon, mais parfois, dans une leçon axée sur la recherche, on laisse aux élèves le soin de les découvrir. Dans ce cas, à la fin de la leçon, l'enseignant s'assurera que les élèves ont bien compris le but et les objectifs de la leçon.

Pourquoi faut-il les énoncer ?

Si vos élèves savent vers où l'on s'en va, ils auront plus de chances de s'y rendre, surtout si les objectifs sont significatifs et intéressants.

Quelques considérations pratiques

Les enseignants se passionnent souvent pour ce qu'ils enseignent, mais les élèves ne partagent pas toujours leur passion. Bien que notre passion nous soit utile, il est rare que les élèves abordent la matière avec la même ardeur. Ce n'est pas qu'ils soient indifférents ; ils ne s'intéressent tout simplement pas à ce à quoi on voudrait qu'ils s'intéressent. **Si les enseignants ne sont pas attentifs aux dispositions des apprenants vis-à-vis de la matière, ils risquent de ne pas communiquer leur enthousiasme à ces derniers.**

Note

Remarquez qu'un objectif peut être pertinent sans être significatif. Travailler sur une feuille de calcul en mathématiques n'est pas un genre d'apprentissage agréable. Si un objectif d'apprentissage manque d'authenticité et de pertinence, l'élève aura tendance à l'oublier. L'esprit vise la survie et assurément pas l'ennui.

Les suggestions

Les suggestions réfèrent à ce qui facilite l'apprentissage des élèves. Elles peuvent provenir de diverses sources :

- des élèves (dans le cas, par exemple, d'une leçon axée sur l'apprentissage coopératif) ;

- de l'enseignant ;

- de recherches informatiques ;

- d'une vidéo, d'un film, de diapositives, d'images ;

- de conférenciers invités ;

- d'une sortie éducative ;

- d'une visite à la bibliothèque ;

- de livres ;

- de l'expérience et de la réflexion de l'élève ;

- de jeux de rôle ou de pièces de théâtre ;

- de stratégies pédagogiques comme la schématisation conceptuelle, l'acquisition de concepts, la réflexion inductive, la recherche collective, etc.

Ainsi que nous l'avons déjà dit, les sens (ouïe, vue, toucher, odorat, goût) devraient être stimulés de façon *appropriée,* en fonction des forces ou des besoins particuliers des élèves.

Les caractéristiques essentielles

1. Les suggestions portent sur l'apprentissage à réaliser.

2. Les suggestions tiennent compte du niveau approprié de pensée.

3. Les suggestions doivent faire ressortir le côté utile et intéressant de la matière à étudier.

Il va sans dire que les suggestions ne se limitent pas à donner de l'information. L'enseignant doit aussi décider à quelle fréquence les élèves travailleront individuellement, en petits groupes coopératifs ou en grands groupes de discussion. Pour notre part, nous croyons que les approches peuvent être diverses, et que la variété et l'équilibre sont la clé du succès.

Considérations pratiques

Les écrits traitant des sujets suivants peuvent nous informer ou nous guider dans nos suggestions :

- les particularités des garçons et des filles ;
- les cultures et l'ethnicité ;
- les troubles d'apprentissage ;
- le cerveau humain ;
- les élèves à risque ;
- les intelligences multiples ;
- l'intelligence émotionnelle.

La présentation de modèles et la démonstration

Un modèle correspond habituellement à une représentation visuelle de la matière à apprendre (comme un modèle du cœur humain). Il peut aussi consister à « entendre » et à « ressentir » un poème ou une pièce de musique ou à éprouver une sensation tactile comme celle du froid.

La démonstration a plutôt rapport à une action, à une simulation ou à une démarche (comme dans le cas d'une expérience scientifique ou d'un problème de mathématiques).

Les caractéristiques essentielles

1. Le modèle et la démonstration font référence aux éléments fondamentaux ou aux étapes liés à l'apprentissage en cours.

2. Le modèle et la démonstration ne doivent pas prêter à confusion.

3. Les élèves peuvent voir, entendre et toucher pour mieux saisir les caractéristiques des éléments en question.

4. Les élèves peuvent parler de ce qu'ils voient, entendent ou touchent en rapport avec les éléments essentiels de la leçon.

Note

Un élève ne peut saisir toutes les caractéristiques d'un mammifère (être vivant, genre de naissance, pilosité, sang chaud, etc.) seulement à l'aide d'images. Il faut se préoccuper de ce qui touche les différents sens.

Quand les utiliser ?

Dans la plupart des cas, on fait appel aux modèles après la présentation de l'information ou au cours de celle-ci. Parfois, elle sert à l'étape de la mise en contexte, au début de la leçon, pour apporter de l'information. On peut aussi l'utiliser pendant la vérification de la compréhension, les exercices pratiques et le retour sur la leçon.

Pourquoi les utiliser ?

Les modèles ont pour fonction d'accompagner ce qui est présenté oralement d'un support visuel, auditif ou autre. Celui-ci aide les élèves à se rappeler ce qui a été enseigné.

Mise en garde

Quand on veut favoriser le raisonnement divergent ou la créativité, on peut laisser de côté les modèles, car ils limiteront peut-être alors les élèves.

Note

Si vous intégrez des stratégies d'acquisition de concepts ou de pensée inductive à la leçon, les modèles prendront place pendant la présentation de l'ensemble des données. Si vous utilisez la schématisation conceptuelle, les dessins que les élèves feront les aideront à se rappeler l'information.

La vérification de la compréhension

La vérification de la compréhension est la démarche qui aide les enseignants à réguler l'apprentissage et à déterminer si les élèves ont acquis les compétences visées. S'appuyant alors sur les résultats obtenus, l'enseignant peut ajuster son enseignement. Les ajustements peuvent consister à revoir la matière, à simplifier les étapes, à suivre une approche différente. Il est aussi possible de revenir plus tard sur la matière ou, en cas de succès, de passer à l'étape suivante.

On peut fournir aux élèves une liste d'indicateurs énumérant des points de repère pour leur permettre de vérifier eux-mêmes leur compréhension. La liste les aide parfois à faire leur autoévaluation et ainsi à se responsabiliser vis-à-vis de leur compréhension.

Les caractéristiques essentielles

1. Tous les élèves sont engagés activement (concept de participation active).
2. L'enseignant demande des réponses formulées à haute voix.
3. Les élèves reçoivent des rétroactions précises.
4. La vérification tient compte du niveau de pensée et de l'objectif qui ont été définis.
5. L'enseignant répond de manière appropriée aux efforts des élèves, en tenant compte du fait que l'élève réponde correctement ou incorrectement à une question.

Quand l'utiliser?

On vérifie habituellement la compréhension avant de demander aux élèves de faire un exercice pratique. On peut aussi l'utiliser au moment de la mise en contexte pour vérifier les connaissances antérieures des élèves ou encore à la fin de la leçon, au moment de faire un retour sur les apprentissages.

Pourquoi l'utiliser?

La vérification de la compréhension aidera les élèves à réussir lorsqu'ils auront à appliquer leurs apprentissages. Elle leur évitera qu'ils se sentent perdus lors des exercices pratiques ou se découragent ou deviennent frustrés. L'enseignant pourra repérer plus facilement ceux qui ont de la difficulté. Ces derniers risqueront moins d'entraver la gestion de la classe puisque leurs problèmes seront ciblés et résolus.

La pratique autonome et la pratique guidée

La pratique permet aux élèves de mettre en application ce qu'ils ont appris soit dans la leçon, soit à l'extérieur de la classe (par exemple, pour les devoirs). Elle leur fournit l'occasion de montrer leur compréhension de la matière. Il existe deux types de pratique, que l'on peut placer aux deux extrémités d'un continuum : le travail fait de manière indépendante (la pratique autonome) et le travail assorti d'une aide intensive (la pratique guidée). Les exercices pratiques peuvent être comprimés dans le temps (une période de travail intense qui permet de finir l'exercice) ou étalés (de courtes périodes de travail).

La pratique autonome – L'élève exécute la tâche sans faire appel à une aide quelconque. Les devoirs appartiennent habituellement à ce type d'exercices.

La pratique guidée – Les élèves reçoivent ou demandent de l'aide de l'enseignant, de leurs parents, d'autres élèves, etc. L'enseignement mutuel, l'intervention pédagogique de l'enseignement et le mentorat s'appliquent à ce type d'exercices, comme d'ailleurs aussi certains aspects de l'apprentissage coopératif. La pratique guidée permet à l'enseignant de reprendre certaines notions et de s'assurer que l'élève les a assimilées avant de le laisser travailler seul.

Note

Certains élèves auront besoin de plus de temps en pratique guidée, tandis que d'autres pourront passer à la pratique autonome plus rapidement.

Les caractéristiques essentielles

1. La quantité d'exercices pratiques. Combien doit-on en faire ? Suggestion : il vaut mieux avoir moins d'exercices en s'assurant qu'ils soient appropriés et significatifs.

2. La durée des exercices pratiques. Combien de temps doit-on leur accorder ? Suggestion : une courte période intense.

3. La fréquence des exercices. Combien de fois doit-on faire des pratiques guidées et des pratiques autonomes ?

4. Le mode de rétroaction ou la façon dont ils sauront où ils se situent dans leurs apprentissages.

5. Le moment de la pratique guidée et de la pratique autonome. Doivent-elles se faire en une seule séance ou s'étaler dans le temps ?

6. La pertinence. Les exercices pratiques sont-ils en rapport avec les objectifs (l'apprentissage visé) et correspondent-ils au niveau de pensée approprié ?

Quand les utiliser?

La pratique guidée et la pratique autonome se font habituellement après la présentation de modèles et la démonstration, une fois que les élèves ont compris ce qu'ils doivent mettre en application.

Pourquoi les utiliser?

La pratique guidée et la pratique autonome aident les élèves non seulement à mémoriser ce qu'ils ont appris mais aussi à appliquer les nouvelles notions à de nouvelles situations. Savoir quelque chose nous amène à agir et agir nous permet d'intégrer le savoir.

Le retour sur la leçon

Le retour sur la leçon constitue souvent le résumé de celle-ci. Ce résumé doit se faire dans la tête des élèves et non seulement dans celle de l'enseignant. Cette étape peut ressembler à la vérification de la compréhension, mais elle vise surtout les principales acquisitions réalisées au cours de la leçon. Le retour sur la leçon peut être simple ou complexe. Il peut inciter les élèves à approfondir leur réflexion, à établir des liens avec des connaissances déjà acquises ou à venir. Il peut donc servir à faire une transition.

Quand l'utiliser?

On l'utilise habituellement à la fin de la leçon ou de certaines étapes de la leçon.

Pourquoi l'utiliser?

Le retour sur la leçon permet de mettre clairement en évidence les idées principales de la leçon. Il donne le temps aux élèves de graver celles-ci dans leur esprit. Il peut consister à résumer les idées principales de la leçon ou, ce qui est plus complexe, à demander aux élèves d'apprécier la valeur de ce qu'ils ont appris. Parfois, on peut demander aux élèves de faire preuve de créativité dans la mise en pratique des acquis ou de les appliquer dans de nouvelles situations. Pendant la leçon, les élèves devraient concevoir un certain «design des connaissances» tel que proposé par Perkins (1986). L'enseignant doit se poser les questions suivantes:

1. Les élèves ont-ils compris la structure de ce qu'ils ont appris?

2. Ont-ils discuté du but de leur apprentissage?

3. Ont-ils fait l'expérience des situations modèles?

4. Ont-ils examiné la valeur de l'apprentissage?

Si ce n'est pas le cas... que vaut alors cet apprentissage?

Les caractéristiques essentielles

1. Le retour sur la leçon fait participer activement tous les élèves.

2. Le retour sur la leçon fait référence aux objectifs de la leçon (souvent, il les précise).

Un exemple de retour sur la leçon

Nous avons examiné les effets de la révolution industrielle sur les hommes et les femmes au début et à la fin du XIXe siècle. Je vais maintenant vous poser une question. Vous aurez 30 secondes pour réfléchir et vous préparer à répondre. Ne levez pas la main ; je vais choisir ceux qui vont répondre.

« Selon ce que vous savez de la révolution industrielle, peut-on dire qu'elle est terminée ? Justifiez votre réponse. »

Mise en garde : Souvent, l'enseignant résume la leçon en prenant à part un ou deux élèves et demande aux autres s'il y en a parmi eux qui ne comprennent pas. L'enseignant suppose que le fait qu'aucun élève ne répond signifie que tous ont compris. En fait, la réponse cachée des élèves risque d'être : « Je ne comprends pas vraiment, mais je ne veux pas que les autres le sachent. »

Voici deux leçons un peu plus complexes : elles intègrent des aspects de l'apprentissage coopératif et de la schématisation conceptuelle au design pédagogique.

Leçon 3

Introduction à *Mort d'un commis voyageur*

Niveau	11e année

Mise en situation

« Nous allons commencer à lire un livre intitulé *Mort d'un commis voyageur*. Avant de débuter, j'aimerais que vous rassembliez vos idées au sujet du terme "commis voyageur". Vous avez 20 secondes pour réfléchir. Maintenant (après les 20 secondes), nous allons faire une entrevue en 3 étapes. Formez vos groupes de base et prenez chacun une lettre : A, B ou C. »

A = interrogé

B = journaliste

C = secrétaire

« L'élève C utilisera cette feuille pour écrire les idées de l'élève A. Chaque entrevue dure 60 secondes. Je vais vous dire quand changer de rôle. » (Durée : 10 min)

Objectif

«Votre objectif sera de trouver tous les caractères distinctifs du commis voyageur. Ainsi, nous allons recueillir les réflexions et les sentiments de la classe au sujet du concept de "commis voyageur". Pour y arriver, nous allons faire un schéma conceptuel. Vous en avez déjà fait l'année passée. Si certains de vous n'étaient pas là, demandez à vos camarades de vous expliquer en quoi il consiste. Nous mettrons ensuite les schémas conceptuels de côté. Après la lecture, nous les reprendrons pour voir si vos idées ont changé.»

Consignes

«Voici comment nous allons procéder.

La personne A = dessinateur (dessine les concepts);

La personne B = gestionnaire (explique les idées de l'entrevue au dessinateur et en supervise les trois étapes);

La personne C = éclaireur/vérificateur du schéma (rencontre d'autres groupes à la recherche d'idées et s'assure que votre schéma conceptuel contient toutes les composantes essentielles).

Vous changerez de rôle à mon signal (A deviendra B, et ainsi de suite).

Écrivez "commis voyageurs" au centre de la feuille. Je veux que vous pensiez aux commis voyageurs que vous avez déjà rencontrés. Pensez aux sentiments que vous avez éprouvés à l'égard de ces gens. Dessinez toutes ces choses autour du mot, puis reliez les différentes idées par un trait. Rappelez-vous que les mots clés, les images et les couleurs sont importants pour communiquer vos pensées et vos émotions.» (Durée totale: 15 min)

Suggestions

Après 15 minutes

1. Demandez à un élève de chaque groupe d'apposer leur schéma au mur en vue d'une exposition. Désignez d'une lettre l'élève qui, dans chaque groupe, expliquera les images du schéma élaboré en équipe. Au bout d'une minute, les groupes se déplaceront vers un autre schéma.

   Chargez d'autres élèves de donner des explications à tous les deux déplacements de groupes. Demandez aux élèves responsables de la description du schéma d'expliquer pourquoi ils ont retenu telle ou telle caractéristique. (Durée totale: 10 min)

2. Une fois la visite terminée, formez de nouveaux groupes de trois et attribuez aux élèves les lettres A, B et C. Écrivez ce qui suit au tableau: «Quels sont les caractères distinctifs du commis voyageur? Justifiez votre réponse.» Dites-leur de réfléchir pendant 20 secondes à la question. Ils donneront leurs réponses à tour de rôle. Au signal, la personne A répondra de son mieux à cette question. Les personnes B et C se contenteront d'écouter. Puis, à un autre signal, les élèves changeront de rôle de façon que tous puissent répondre.

Quand tous les élèves ont fini de dire leur opinion sur les caractères essentiels du commis voyageur, demandez-leur de répondre en groupe à la question : « Quelles sont les 10 principales caractéristiques du vendeur ? » Ils devront les classer par ordre d'importance sur une feuille comportant une échelle de classement. Dites-leur qu'ils auront à exprimer et à justifier leur opinion devant la classe.

Numérotez les groupes. Puis choisissez au hasard une lettre et un chiffre pour désigner l'élève qui présentera les idées du groupe (par exemple, l'élève C du groupe 2). Écrivez les caractéristiques au tableau. La durée totale de la partie 2 est d'environ 20 min.

3. Commencez la lecture de *Mort d'un commis voyageur*. Demandez à des volontaires de lire des parties successives. Lisez jusqu'à la page 15. La durée totale est d'environ 15 min.

La présentation de modèles

La présentation de modèles a été faite à la partie 1 : les schémas conceptuels ont alors servi à déterminer les caractères distinctifs du commis voyageur sur la base de ce que les élèves connaissent.

La vérification de la compréhension

Le but de la leçon est de formuler l'idée initiale que la classe se faisait du commis voyageur.

La pratique guidée

Dans cette leçon, la pratique guidée se fait grâce à l'interaction entre les élèves. Ceux-ci s'exercent à interroger d'autres personnes et développent leurs aptitudes sociales ; ils utilisent et partagent des organisateurs (schémas conceptuels) pour recueillir et organiser des données.

Retour sur la leçon

Après la lecture, demandez aux élèves de relire les 15 pages en vue de déterminer si Willy Loman réunit les 10 caractéristiques du « bon commis voyageur » choisies par la classe. Les élèves doivent noter les différents traits qui, selon eux, font de ce personnage un bon ou un mauvais commis voyageur. Leur texte devra être prêt pour le début du prochain cours.

Leçon 4

La participation équitable

Niveau	4e année
Matière	Langue
Conçue par	Trina Wasilewski

La présente leçon intègre l'acquisition de concepts et certains aspects de l'apprentissage coopératif au design pédagogique.

Objectifs

Les élèves auront à montrer qu'ils comprennent ce qu'est la participation équitable en travaillant dans des groupes coopératifs.

Analyse de la tâche

1. Les élèves comprennent-ils ce qu'est la participation équitable?

2. Comprennent-ils les effets de la participation non équitable sur le groupe et sur chaque élève en particulier?

3. Les élèves peuvent-ils citer des exemples qui montrent comment il faut faire pour que tous les membres d'un groupe participent équitablement?

Mise en situation

Les élèves et l'enseignant s'assoient en cercle. L'enseignant présente la « pagaie magique », une pièce centrale de la légende *La pagaie magique qui permet de parler*. Le thème du cercle provient d'un tirage au hasard dans la boîte d'idées.

Un élève écrit : « Avez-vous déjà été rejeté ? Qu'avez-vous ressenti ? »

Les élèves réfléchissent sur le sujet pendant une minute. La pagaie est passée autour du cercle. Les élèves qui veulent parler de leurs expériences, formuler des commentaires ou exprimer leurs sentiments le font au moyen de la pagaie.

Les élèves s'expriment à tour de rôle. La pagaie fait le tour du cercle deux fois.

But et objectifs de la leçon

« Aujourd'hui, quand vous travaillerez ensemble dans votre groupe, demandez-vous si tous les membres participent de façon équitable. Rappelez-vous comment vous vous sentiez quand on vous a empêché de participer à une activité. Si vous permettez à tous de participer (équitablement), vous vous sentirez bien et les autres seront contents d'être inclus dans le groupe. Quand tout le monde participe, le travail devient beaucoup plus agréable ! »

Suggestion

1. Demandez aux élèves de réfléchir aux expériences ou aux exemples de rejet rapportés au cours de l'exercice du cercle. Discutez des effets du rejet sur le groupe et les personnes qui le composent.

2. Demandez aux élèves de préciser ce qu'ils ressentaient pendant l'exercice du cercle. Quels sentiments le fait de participer équitablement suscite-t-il chez eux ? Demandez à chaque élève de faire part de ses sentiments à la personne à côté de lui. Faites ensuite une discussion de groupe. Parlez des effets qu'a eus sur le fonctionnement du groupe le fait que tout le monde a participé (sentiment d'avoir accompli quelque chose, etc.).

3. Utilisant la démarche d'acquisition de concepts, rassemblez un ensemble de données qui fournissent des exemples de bonne participation et des exemples de mauvaise participation.

Demandez aux élèves d'indiquer ce que les exemples positifs ont en commun (en encourageant la participation équitable). Demandez aux élèves de rechercher d'autres exemples positifs ou d'autres façons de faire participer les autres équitablement.

Tableau 2 La présentation de modèles effectuée principalement pendant la présentation des exemples positifs

Oui	Non
« Faisons le tour pour entendre les opinions de tous. »	« Monique, ce sont tes idées à toi. C'est donc toi qui vas les exprimer. »
« Dessine d'abord, et ensuite nous inverserons les rôles toutes les cinq minutes. »	« Je suis trop timide pour parler devant la classe. Fais-le, toi. »
En circulant dans la classe, l'enseignante a constaté que les élèves écoutaient ceux qui parlaient.	En observant le groupe, l'enseignante a remarqué qu'un ou deux élèves faisaient tout le travail.
« Il nous reste à entendre ce qu'Alice en pense. Alice ? »	« Tu dessines. Moi, je ne suis pas bon en dessin. »
Exercice	

Considérez les exemples ci-dessous. Décidez avec votre camarade si ces exemples vont dans la colonne « Oui » ou dans la colonne « Non ».

A. Quand les élèves travaillaient, l'enseignant a remarqué qu'un élève formulait les idées, qu'un autre dessinait le tout et qu'un autre écrivait tout le texte à la fin.

B. Pendant le travail, les membres du groupe s'arrêtaient souvent pour vérifier si on tenait compte des idées de tous.

La vérification de la compréhension

La compréhension se vérifie au moment où les élèves donnent des exemples et des contre-exemples, puis parlent de l'exercice (A = Non, B = Oui). On la vérifie aussi pendant la mise en contexte (cercle), au moment où les élèves parlent de leurs expériences personnelles ou expriment leurs pensées sur le rejet.

La pratique guidée

Les élèves forment des groupes d'écriture de trois ou quatre. Au lieu de leur attribuer vous-même des rôles (gardien du temps, etc.), demandez-leur de le faire à votre place de façon que tous participent équitablement.

Retour sur la leçon

Une fois le travail dans leur groupe terminé, les élèves évaluent s'ils sont parvenus à faire participer tout le monde équitablement (notation de 1 à 5). Le groupe discute des résultats, puis chaque élève note dans son journal personnel les améliorations à apporter la prochaine fois.

Résumé du chapitre : des questions à formuler

Questions relatives à la mise en situation

1. Qu'arriverait-il si on n'utilisait pas la mise en situation (songez que les élèves, surtout ceux à risque, arrivent en classe avec bien autre chose en tête que la matière à apprendre) ?

2. En quoi une sortie éducative, un conférencier, un schéma conceptuel ou un jeu de rôle, par exemple, peuvent-ils constituer une mise en situation ? Une mise en situation peut-elle durer une journée ?

3. A-t-on toujours besoin d'une mise en situation ? Si l'activité est utile et intéressante en soi, la mise en situation devient-elle inutile ?

Questions relatives à la pratique

1. Avez-vous déjà réussi dans un domaine sans avoir eu besoin de pratique ?

2. Tous les élèves devraient-ils faire le même nombre et le même type d'exercices ?

3. Quel lien peut-on établir entre la rétroaction et la pratique ? À quoi servent les devoirs ?

Questions relatives à la vérification de la compréhension

1. Qu'arriverait-il si un enseignant ne s'assurait pas que les élèves ont compris avant de leur faire faire des exercices ?

2. Peut-on vérifier la compréhension au moment de la mise en situation ?

3. Comment vérifie-t-on la compréhension dans les autres étapes de la leçon ?

Questions relatives à la présentation de modèles et aux démonstrations

1. La présentation de modèles peut-elle être utilisée pendant la mise en situation, la vérification de la compréhension, etc. ?

2. Voyez-vous une différence entre la présentation de modèles et les démonstrations ?

3. En quoi la présentation de modèles influe-t-elle sur la compréhension et l'intégration de l'apprentissage ?

Questions relatives aux objectifs

1. Qu'arriverait-il si on ne parlait ou ne discutait pas avec les élèves du but ou du sens de l'apprentissage ?

2. Qui fixe les objectifs ? Quels avantages et inconvénients voyez-vous dans le fait de faire participer les élèves à l'établissement d'objectifs d'apprentissage ?

Questions relatives au retour sur la leçon

1. Quelles ressemblances et différences y a-t-il entre le retour sur la leçon et la vérification de la compréhension ?

2. Quelle est l'erreur la plus souvent commise au moment de terminer une leçon ?

3. Les élèves pourraient-ils dégager les objectifs de la leçon au moment du retour sur la leçon au lieu que l'enseignant les énonce et en discute avec eux au début de la leçon ?

Chapitre 6

L'apprentissage coopératif

En quoi un apprentissage en petits groupes qui est efficace diffère-t-il d'un apprentissage en petits groupes inefficace? Qu'en pensent les enseignants compétents? Les éducateurs, les chercheurs et les ouvrages énumérés ci-dessous fournissent une partie de la réponse aux enseignants qui veulent se perfectionner et affronter les difficultés particulières liées à l'apprentissage en petits groupes:

- l'étude de Johnson et Johnson sur les cinq principes fondamentaux
- *Group Processes in the Classroom* de Schmuck
- l'étude de DeVries sur la méthode EJT (équipes-jeux-tournois)
- l'étude de Sharan sur la « recherche en groupe » (*group investigation*)
- le livre d'Elizabeth Cohen sur les directives complexes intitulé *Complex Instruction*
- l'ouvrage *Creative Controversy* de Johnson et Johnson
- les travaux de Howard Gardner sur l'intelligence interpersonnelle
- les travaux de Kagan sur la formation des groupes
- les écrits de Goleman sur l'intelligence émotionnelle
- les résumés de recherche de Slavin
- la recherche d'Aronson sur la méthode casse-tête
- *Tribes* de Jeanne Gibbs
- la recherche sur les enfants à risque
- la recherche sur le cerveau
- les travaux de Piaget et de Vygotsky

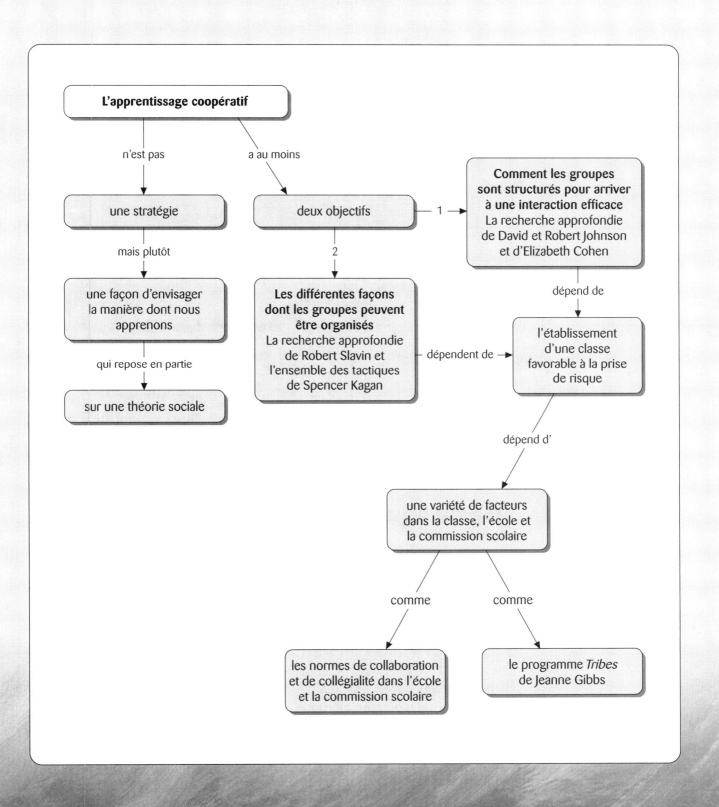

Ce qu'il importe de retenir de ces travaux de recherche

- L'apprentissage est essentiellement social ; nous apprenons rarement en étant isolés des autres.

- Chaque membre d'un groupe a besoin d'être responsable de son apprentissage.

- Il est nécessaire d'acquérir des aptitudes sociales et des capacités de communication ainsi que d'exercer une pensée critique.

- Il est important d'établir des procédures pour que le groupe fonctionne efficacement.

- Les tâches et les objectifs doivent être appropriés au travail de groupe et favoriser les interactions.

- Les groupes de deux, trois ou quatre personnes favorisent les échanges.

- Le temps de parole des membres est réduit dans les groupes nombreux.

- Il est avantageux à long terme de choisir avec soin le jumelage des personnes à l'intérieur du groupe.

Ce qu'il importe de retenir de l'expérience des auteurs

- L'apprentissage coopératif est un outil pédagogique parmi d'autres.

- On peut être un enseignant efficace et ne pas utiliser de façon totalement consciente certains éléments de l'apprentissage coopératif.

- L'apprentissage coopératif n'est pleinement efficace que lorsqu'il est combiné à d'autres stratégies.

- Parmi les activités les moins fructueuses en enseignement, il faut inclure le travail de groupe qui n'est pas structuré de façon rigoureuse.

Le contenu de ce chapitre

Le présent chapitre décrit les processus pédagogiques qu'on désigne sous le terme d'«apprentissage coopératif» ainsi que les ouvrages qui traitent du sujet. Nous verrons comment deux éléments de l'apprentissage coopératif s'intègrent à l'enseignement et à d'autres processus pour exercer un effet synergique sur l'apprentissage. Ce chapitre vous aidera à comprendre ce qu'est l'apprentissage coopératif, mais toutefois il n'a pas pour but d'expliquer en profondeur telle ou telle méthode en particulier. Nous pensons qu'il est plus opportun d'intégrer de multiples perspectives que de se concentrer sur une seule approche.

À l'heure actuelle, le terme «apprentissage coopératif» est employé pour désigner différents processus pédagogiques auxquels participent des petits groupes. Certains de ces processus sont simples (comme la méthode réfléchir-partager-discuter), et d'autres complexes (comme la controverse créative).

Nous classons les processus pédagogiques les plus simples dans la catégorie des tactiques d'enseignement, et les processus les plus complexes dans celle des stratégies.

Il est difficile de discerner la ligne de démarcation entre la tactique et la stratégie. La méthode « apprendre ensemble » (*learning together*) de Johnson et Johnson repose sur cinq principes fondamentaux, et les structures d'apprentissage les plus complexes, comme la méthode casse-tête, la recherche en groupe, l'analyse de la dynamique de groupe (*team analysis*) et la controverse créative font partie des stratégies d'apprentissage coopératif. Elles s'appuient sur la théorie de l'apprentissage et comportent une série d'étapes ou de composantes. Les structures d'apprentissage coopératif les moins complexes, comme la méthode réfléchir-partager-discuter et les cercles intérieur et extérieur, sont à ranger parmi les tactiques d'apprentissage coopératif ; ce sont des structures simples et très utiles. Ainsi, la plupart des travaux de Spencer Kagan entrent dans la catégorie des tactiques d'enseignement. Le présent chapitre comporte six objectifs liés entre eux :

1. Indiquer la raison d'être du chapitre et définir un organisateur qui aide à comprendre les différentes perspectives sur l'apprentissage coopératif.

2. Présenter une liste de questions qu'il est essentiel de se poser quand on utilise l'apprentissage coopératif.

3. Étudier la façon dont l'apprentissage coopératif s'intègre à une leçon à travers l'analyse de deux plans de leçons.

4. Examiner les cinq principes fondamentaux de la méthode « apprendre ensemble » de Johnson et Johnson.

5. Décrire six autres structures de petits groupes. Notez qu'il existe plus de 200 structures de petits groupes, dont la plupart sont des tactiques d'enseignement peu documentées.

6. Résumer brièvement l'exposé sur l'apprentissage coopératif.

Introduction : la raison d'être de l'apprentissage coopératif

L'apprentissage coopératif est un des processus pédagogiques les plus documentés. L'enseignant doit savoir qu'il existe de nombreuses approches et que la plupart d'entre elles peuvent être intégrées simultanément ou superposées. Utiliser l'apprentissage coopératif avec des élèves qui n'ont pas de grandes aptitudes pour le travail en groupe, c'est comme lancer une pierre à une personne qui se noie. Le travail de groupe efficace est complexe. À sa première année d'enseignement, un enseignant que l'on connaît s'est empressé d'appliquer la stratégie de la controverse créative dans sa classe de septième année. Il nous a dit le lendemain que ce fut un désastre. Il a tenté de mettre sur rail un des processus de groupe les plus complexes qui soient, alors que ses élèves n'étaient même pas prêts à faire usage de la méthode réfléchir-partager-discuter.

Il importe de savoir que la recherche sur le fonctionnement du cerveau et les connaissances acquises sur l'intelligence, la créativité et les styles d'apprentissage nous révèlent que l'interaction sociale influence le comportement intellectuel. Howard Gardner estime que l'intelligence interpersonnelle permet plus que tout autre facteur de prédire si une personne aura ou non du succès dans la vie. Daniel Goleman (1997) abonde dans le même sens dans *Emotional Intelligence*. Gardner affirme que la combinaison des intelligences spatiale, musicale, corporelle-kinesthésique, logico-mathématique, intrapersonnelle, verbo-linguistique et naturaliste avec l'intelligence interpersonnelle a un effet synergique.

L'apprentissage coopératif est une approche pédagogique qui met en valeur l'intelligence interpersonnelle dans la classe ou le milieu scolaire. Il facilite aussi l'utilisation d'autres stratégies d'enseignement qui tiennent compte des différentes façons dont les élèves pensent, par exemple les réseaux notionnels et la construction d'arbres conceptuels.

L'apprentissage coopératif est complexe. Plusieurs auteurs l'envisagent selon des perspectives différentes. Vous trouverez ci-dessous un organisateur qui permet de donner une signification à ces perspectives.

En lisant le présent chapitre, rappelez-vous que l'apprentissage coopératif augmente l'efficacité de nombreuses autres stratégies d'enseignement. Rappelez-vous aussi que le travail de groupe mal conçu représente une des approches les moins efficaces dans l'enseignement et le processus d'apprentissage.

Les trois dimensions de l'apprentissage coopératif

L'expérience nous a montré qu'il convenait de considérer l'apprentissage coopératif selon trois perspectives, que nous appellerons ici des «dimensions». Nous définissons ci-dessous ces dimensions.

- **L'approche structurale** – Les ouvrages traitant de cette dimension décrivent diverses façons dont les groupes peuvent accomplir des tâches en vue d'atteindre des buts précis. Par exemple, consultez les travaux de Robert Slavin et de Spencer Kagan ou mettez en œuvre leurs procédés.

- **L'approche axée sur les processus** – Les écrits traitant de cette dimension s'intéressent surtout à la façon dont les groupes font leur apprentissage scolaire et social. Consultez à cet égard les travaux de David et Roger Johnson (méthode «apprendre ensemble»; cinq principes fondamentaux), de Elizabeth Cohen (directives complexes) et de Richard Schmuck (activités de groupe en classe).

- **L'approche axée sur la prise de risque en classe** – Cette dimension a rapport à la recherche sur le cerveau, qui nous apprend que le cerveau tend à éviter la menace. Les élèves qui vivent dans la peur ou qui se sentent critiqués n'apprennent pas autant que les élèves qui se sentent appréciés et respectés. L'apprentissage coopératif aide à créer ce climat incitant l'élève à la prise de risque pour tirer tous les avantages du travail en groupe. Si, dans votre classe, l'élève n'est pas incité à prendre des risques, l'apprentissage coopératif ne se fera que de façon superficielle et vous obtiendrez au mieux des succès minimes. À cet égard, consultez Jeanne Gibbs (programme *Tribes*) ou mettez en œuvre les procédés qu'elle décrit.

Le programme *Tribes*:

1. l'écoute active;

2. les énoncés d'appréciation;

3. le droit de passer son tour;

4. le respect mutuel.

L'apprentissage coopératif: questions essentielles

- Quelle autre approche ou méthode d'enseignement a été plus abondamment étudiée que l'apprentissage coopératif? En quelque sorte, cette question revient à la suivante: «En tant qu'éducateurs, comment ne pas considérer l'apprentissage coopératif comme un moyen de créer un milieu d'apprentissage efficace?»

- Sachant que la recherche sur le cerveau révèle qu'un milieu favorable à la prise de risque est l'une des trois choses dont le cerveau a besoin, n'avons-nous pas, en tant qu'éducateurs, la responsabilité de constituer un répertoire d'outils pédagogiques qui amènent les élèves à travailler ensemble de manière respectueuse et harmonieuse?

- Sachant que la recherche (Calvin, 1996; Perkins, 1995) indique que l'intelligence dépend grandement de l'interaction sociale, n'avons-nous pas le devoir de créer des milieux d'apprentissage qui amènent les élèves à s'exprimer avec aisance?

- Si l'intelligence interpersonnelle décrite dans l'ouvrage de Howard Gardner (1983) est un des plus importants facteurs de succès dans la vie, n'est-il pas essentiel de la développer à l'école?

- Freire (1970) affirme que le dialogue permet de corriger d'une manière efficace un comportement. Il ajoute que la confiance, l'espoir, l'amour, l'humilité, la réflexion critique et la foi sont essentiels au dialogue. Dès lors, ne devrions-nous pas amener nos élèves à acquérir des compétences à dialoguer? En tant qu'éducateurs, ne nous faudrait-il pas montrer l'exemple dans nos relations avec nos élèves et nos collègues?

- Louis et Miles (1990) révèlent que la capacité de résoudre des conflits est le plus important critère de l'efficacité du personnel scolaire. Comment pourrions-nous être efficaces si nous ne dialoguons pas, si nous ne pouvons travailler efficacement dans des groupes?

- Où les élèves acquerront-ils principalement les aptitudes sociales et les capacités de communication et de réflexion critique nécessaires pour vivre et travailler en harmonie avec les autres? Quelles conséquences le fait d'avoir acquis et exercé ces aptitudes et ces capacités tout au long de leurs études entraînerait-il?

- La recherche sur les styles d'apprentissage indique que certains élèves apprennent mieux en groupe. D'un point de vue moral, ne devons-nous pas en tenir compte?

- Enfin, à quand remonte la dernière fois que vous avez lu une offre d'emploi dans un journal où l'on demandait des personnes ayant une aptitude particulière pour se mettre en rang, écouter le patron parler et, dans les moments de confusion, s'asseoir et ne rien faire jusqu'à ce que le patron vienne les voir?

Leçon 1

L'apprentissage coopératif à la maternelle

Matière	Leçon de sciences : les parties de l'arbre
Niveau	Maternelle
Note	Des élèves étudiaient un module sur les organismes vivants et ce qui favorise leur croissance. Cette leçon s'inscrivait dans leur recherche sur les arbres.
Objectif	Développer la notion que les jeunes élèves ont des arbres en leur demandant de faire des expériences et de discuter en équipes de deux des parties de l'arbre. L'aptitude sociale à développer était le partage – principalement celui des idées et du matériel – avec un camarade.

Mise en situation

a) Formez des équipes de deux. L'un sera l'élève A, et l'autre l'élève B.

b) Réfléchir-partager-discuter. Dites à vos élèves : « Pensez pendant cinq secondes à un moment où vous étiez dans un parc, dans une forêt ou même dans votre cour – en un mot, dans un endroit où il y a des arbres. Les arbres que vous voyiez étaient-ils identiques ou différents? » Ensuite, demandez aux élèves de discuter. « Maintenant, élèves A et élèves B, discutez entre vous. Les arbres étaient-ils différents? » Accordez aux élèves environ 15 secondes, puis choisissez au hasard des élèves qui communiqueront leurs réponses au reste de la classe. Écrivez les mots sur du papier de grande dimension. Examinez les mots.

c) Exposez aux élèves, dans un langage qui leur est accessible, l'objectif pédagogique, qui est de reconnaître les diverses parties de l'arbre et de comprendre que les arbres ne sont pas tout à fait semblables les uns aux autres.

À l'extérieur de la classe

a) Les élèves marchent dans la cour de l'école en observant des arbres.

b) Touchez les troncs de différents arbres. Parlez aux élèves de l'*écorce*.

c) Prenez des morceaux de bois mort que vous trouvez par terre et montrez les différences avec les branches d'un arbre vivant (examinez les *feuilles* et les *bourgeons*).

d) Touchez et sentez des *aiguilles* de pin et d'épinette.

e) Touchez et sentez des *bourgeons* d'érable et de saule.

f) Expliquez aux élèves que certains arbres ont des feuilles et que d'autres ont des aiguilles.

g) Expliquez aux élèves que l'arbre a une partie invisible : les *racines*.

À l'intérieur

a) Exposez aux élèves l'**objectif social,** qui est de partager aimablement le matériel.

b) **Illustrez** l'objectif par des contre-exemples de manières où on ne partage pas aimablement le matériel, comme en disant : « C'est à MOI ! » et en se saisissant de l'objet.

c) Demandez aux élèves ce que les enseignants voient et entendent quand leurs élèves partagent aimablement des objets. Vous pouvez illustrer les énoncés dans un tableau où vous mettez des images simples (comme un sourire) qui serviront de rappel.

d) Dites aux élèves qu'à la fin de l'activité, vous demanderez à certains d'entre eux d'expliquer devant la classe comment ils partagent aimablement le matériel.

Suggestions

a) Remettez à chaque équipe de deux un sac en plastique contenant des brindilles provenant de quatre arbres.

b) Demandez aux élèves de trouver des différences entre leurs brindilles.

c) Menez une discussion générale sur les différences entre celles-ci, par exemple entre celles d'un pin et celles d'une épinette.

d) Menez une discussion générale sur les différences entre les brindilles, par exemple entre celles d'un érable et celles d'un saule.

Vérification de la compréhension

a) Allez d'une équipe à l'autre, observez les élèves et prenez des notes sur la manière dont ils partagent leurs brindilles et font part de leurs observations.

b) Choisissez des élèves au hasard et demandez-leur d'expliquer devant la classe comment ils ont partagé leurs brindilles avec leur camarade.

Combinaison d'une pratique autonome et d'une pratique guidée

a) Remettez à chaque élève une enveloppe contenant des morceaux de papier où figurent des images représentant des parties d'arbres (des aiguilles, des bourgeons, des branches, l'écorce, des racines, des aiguilles et des feuilles) qui ont été préalablement découpés en forme de morceaux de casse-tête. Demandez aux élèves de faire correspondre les images en les collant sur une feuille.

b) Dites aux élèves de vous remettre leurs feuilles une fois qu'ils auront terminé. Parlez brièvement avec chaque élève afin de voir s'il a besoin de directives additionnelles.

Retour sur la leçon/approfondissement

a) Un vendredi après-midi, au moment de la révision de la matière apprise durant la semaine, vous pourriez demander aux élèves de s'asseoir dans un coin de la classe et de discuter des parties d'un arbre. Vous pourriez orienter la discussion sur la manière dont nous traitons les arbres et sur l'idée d'être amis avec les arbres.

b) Les idées apprises dans cette leçon pourraient bien s'intégrer à un module ultérieur sur la pluie puisqu'elle est utile à la croissance des arbres.

Leçon 2

L'apprentissage coopératif dans un cours de français

Matière	Français
Niveau	9e année
Préparée par	Sonia Ricci
Objectif pédagogique	En travaillant en groupe, les élèves démontrent leur aptitude à reconnaître et à classer des images qui font référence au **bien-être** découpées dans des magazines récents.
Objectif social	Les élèves ont l'occasion d'exprimer leurs opinions, d'écouter leurs camarades exposer les leurs et de dégager un consensus dans une discussion.

Analyse de la tâche

1. Est-ce que les élèves comprennent bien la signification du mot « bien-être » ?

2. Est-ce que les élèves connaissent la tactique réfléchir-partager-discuter ?

Mise en situation

Inscrivez le mot « bien-être » au tableau. Dites aux élèves de bien considérer ce nouveau mot et demandez-leur de découvrir ce qu'il signifie en s'appuyant sur ce qu'ils savent. Ils connaissent le mot « bien » et le mot « être ». Mais le mot composé signifie autre chose. Demandez aux élèves de réfléchir individuellement, puis de discuter de leurs idées avec un camarade et ensuite de les échanger avec le reste de la classe lorsque vous le leur direz. En somme, vous utilisez ici la tactique réfléchir-partager-discuter.

Suggestions

1. Utilisez des cartes pour présenter aux élèves des phrases illustrant divers emplois du mot **bien-être** (à la fois physique et moral). Assurez-vous que les élèves comprennent le vocabulaire employé avant de fixer ces cartes au tableau.

2. Une fois que toutes les cartes ont été présentées, utilisez des coupures de magazines qui illustrent la notion de **bien-être**. Demandez-leur de regarder les images et de déterminer lesquelles illustrent le mieux la notion de *bien-être.*

3. Demandez à un élève choisi au hasard de dire son opinion devant la classe. Demandez à deux autres élèves d'exposer tour à tour leurs opinions devant la classe. Amorcez ensuite une discussion générale et encouragez les trois élèves à dégager un consensus.

4. Expliquez l'objectif à vos élèves et utilisez des groupes coopératifs hétérogènes de quatre déjà formés (les pupitres sont disposés en groupes de quatre dans la classe). Remettez à chaque groupe des coupures de magazines.

   Élève A : le responsable du matériel (ramasse les images, le papier, les marqueurs, etc.)

   Élève B : le secrétaire (écrit les réponses acceptées)

   Élève C : l'animateur (s'assure que tous les membres de l'équipe ont exprimé leur opinion)

   Élève D : le gardien du temps

5. Une fois que les groupes ont terminé leur travail, choisissez au hasard un élève dans chaque groupe et demandez-lui de venir présenter les conclusions de son groupe devant la classe. Avant qu'ils ne commencent leur travail en groupe, dites-leur que vous procéderez ainsi afin que l'élève se sente responsable de participer activement à la tâche.

Objectifs

Prenez le temps de bien expliquer aux élèves l'objectif pédagogique et l'objectif social de la leçon. Montrez-leur aussi l'importance d'attendre son tour pour exprimer son opinion et de participer activement. Dites aux groupes d'établir leur propre façon de procéder (par exemple, quand exprimer son opinion, écouter attentivement les autres, etc.). Les élèves pourraient utiliser des formules comme : « Qu'en penses-tu ? » ou « C'est à ton tour. »

Modélisation

Elle se fait à l'étape 3 des suggestions.

Pratique (guidée)

Elle est expliquée plus haut, dans la partie des suggestions.

Vérification de la compréhension

Elle se fait à l'étape 3 des suggestions.

Durant l'exercice : passez parmi les élèves et voyez si leurs réponses sont bonnes, s'ils s'expriment à tour de rôle et s'ils sont en voie d'atteindre un consensus.

Retour sur la leçon

Quand les membres d'un groupe ont convenu d'une réponse et l'ont écrite, un représentant présente les images de son groupe à la classe et explique la façon dont elles ont été classées.

Les élèves ou vous-même pouvez demander au représentant pourquoi son groupe a choisi de classer les images comme il l'a fait. Le représentant doit expliquer comment le groupe en est venu à cette décision et pourquoi il a écarté d'autres possibilités.

À la fin, les membres de chaque équipe discutent rapidement de la manière dont ils ont procédé pour faire les choses à tour de rôle et s'assurer que chaque membre a été écouté et respecté.

Analyse des leçons

Qu'est-ce qui, dans les deux leçons précédentes, a fait que les élèves ont eu un meilleur rendement en groupe ?

Seul ou avec un collègue, déterminez ce qui a contribué, dans les deux leçons que nous venons de voir, à rendre les élèves plus efficaces dans le travail de groupe.

Un **diagramme cause-effet** (graphique en arête de poisson) est présenté à la page suivante (voir le chapitre 4, page 102, pour plus d'information sur ce type de diagramme). L'exercice qui suit a pour but de vous familiariser avec l'utilisation de cet organisateur graphique. Écrivez vos idées dans les cadres.

Comparez ensuite vos réflexions sur le travail de groupe efficace avec ce que Johnson et Johnson, s'appuyant sur leur recherche et leur expérience, avancent concernant les cinq principes fondamentaux (présentés dans les trois pages suivantes) et avec ce que vous savez des structures d'apprentissage coopératif telles que la tactique réfléchir-partager-discuter.

Note

On ne saurait reprocher aux enseignants qui ont conçu ces deux leçons de ne pas avoir atteint la perfection. Ils ont eu le courage de nous faire part de leurs essais. Ces leçons montrent comment les techniques, les tactiques et les stratégies d'enseignement, ainsi que les concepts pédagogiques, s'intègrent les uns aux autres. Dans la préparation et l'enseignement des leçons, on s'est attaché à incorporer certains éléments de la recherche portant sur la manière d'accroître l'efficacité du travail de groupe par le moyen de l'apprentissage coopératif.

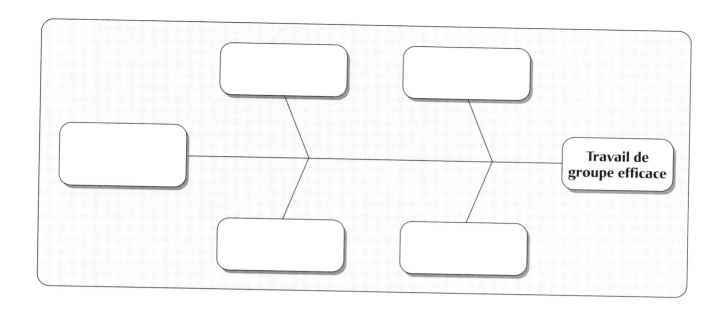

Les cinq principes fondamentaux d'un travail de groupe efficace selon Johnson et Johnson

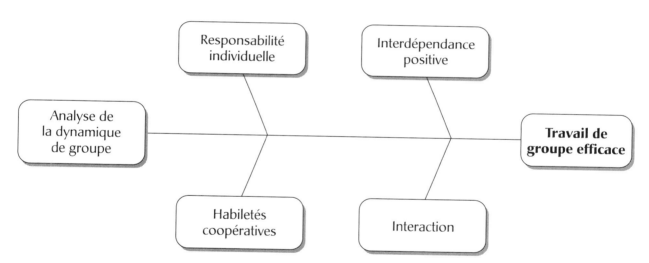

La **responsabilité individuelle** a rapport au fait que chaque élève se considère comme responsable de son apprentissage et qu'il a aussi une responsabilité sociale qui consiste à encourager et à soutenir les autres membres de son groupe dans leur apprentissage. C'est là un des concepts les plus importants. Si un élève entrave les efforts des autres, cherche à les dominer ou fait tout le travail, le groupe ne peut fonctionner efficacement.

L'**interaction** réfère au fait d'établir un milieu dans lequel les élèves sont encouragés à échanger et à dialoguer. Cela suppose des groupes de deux à quatre élèves : assis près les uns des autres, les élèves peuvent facilement se voir et s'entendre. Un cercle ou un carré facilitent l'interaction. Plus le groupe est grand, plus les élèves tendent à se mettre en retrait et, donc, à ne pas prendre part au travail du groupe et assumer leurs responsabilités.

Les **habiletés coopératives** désignent les aptitudes sociales ainsi que les capacités de communication et de réflexion critique que les élèves doivent acquérir pour travailler efficacement dans des groupes. Johnson et Johnson insistent surtout sur les aptitudes sociales. Selon nous, il convient davantage de parler d'habiletés coopératives, lesquelles englobent les aptitudes sociales. Il y a ici une progression hiérarchique : il est difficile de communiquer si l'on n'a pas les aptitudes sociales nécessaires pour le faire et il est difficile aussi d'avoir une réflexion critique si les aptitudes sociales et les capacités de communication font défaut.

L'**analyse de la dynamique de groupe** implique une réflexion sur les interactions à l'intérieur du groupe et une appréciation des efforts déployés par les différents membres en vue de les rendre enrichissantes. Ici, la fonction métacognitive revêt une grande importance. Sans l'exercice de cette fonction, les groupes ne se développent pas efficacement, ce qui nuit à l'apprentissage social et scolaire. Dans *Outsmarting IQ,* Perkins explique pourquoi la réflexion constitue un élément essentiel.

L'**interdépendance positive** est liée au fait que les élèves travaillent ensemble de manière positive en s'aidant les uns les autres et en assumant leurs responsabilités. Elle n'apparaît pas toujours spontanément. Aussi les enseignants doivent-ils parfois trouver des moyens de rendre les élèves positivement interdépendants. Jules Romains, un dramaturge et romancier français, abordait déjà cette question au début des années 1950. Johnson et Johnson distinguent neuf composantes de l'interdépendance positive.

Nous les décrirons à tour de rôle.

Interdépendance positive

- **Objectif** : Il importe grandement que la tâche et l'objectif soient clairement définis et suscitent l'intérêt si l'on veut que le travail de groupe soit efficace. Vous ne voulez sûrement pas former des groupes pour leur faire exécuter des tâches ennuyantes et sans importance. Nous vous invitons fortement à écrire la tâche à accomplir au tableau, sur un transparent ou sur du papier de grande dimension de façon que les élèves puissent s'y référer, au besoin.

- **Rôle** : Chaque élève doit avoir un travail à exécuter dans son groupe (observateur, documentaliste, animateur, secrétaire, etc.). Les rôles doivent être choisis et exercés avec soin. Si des élèves de sixième année revoient en groupe des problèmes de mathématiques pour les classer sous forme d'énoncés, ils pourront trouver utile d'échanger les rôles.

- **Partage des ressources** : Il va de soi que les ressources doivent être partagées. Par exemple, dans une leçon d'arts plastiques où il s'agit de réaliser un napperon sur la façon d'utiliser des lignes et des formes pour communiquer des sentiments comme la solitude, la sérénité et la perplexité, vous pourriez demander aux élèves de partager les pastels.

- **Avantages** : Cette composante de l'interdépendance positive est expliquée. Les avantages accordés aux élèves qui ont travaillé ensemble peuvent prendre la forme de temps libre accordé ou d'une histoire qu'on leur raconte.

Cela signifie que chaque membre du groupe s'applique à remplir sa tâche parce qu'il y voit un avantage. Les avantages obtenus ne font pas l'objet d'une compétition entre les groupes puisque chaque groupe peut les obtenir. La notion de compétition relève de la composante appelée « force extérieure ».

- **Force extérieure**: Cette composante donne lieu à une saine compétition entre les élèves en vue de satisfaire à des normes, par exemple.

- **Environnement**: Quand les enseignants prêtent attention à la structure ou aux structures de l'environnement (par exemple, les élèves s'assoient et travaillent dans une aire définie, autour d'une table ou d'un brûleur Bunsen), les élèves ont plus de chances de travailler dans un esprit de collaboration.

- **Identité**: Cette composante de l'interdépendance positive est souvent visible quand les élèves sont appelés à travailler à un projet pendant une certaine période de temps. Ils peuvent alors créer un slogan, un nom, une chanson, un logo, etc., pour montrer leur sentiment d'appartenance à leur groupe. Ce n'est qu'avec le temps que l'on peut constater les effets de l'identité à un groupe.

- **Séquence**: Chaque membre d'un groupe contribue à la réalisation d'une étape déterminée. Cette composante peut se comparer à la construction d'une maison.

Application des cinq principes fondamentaux de l'apprentissage coopératif

Analysez la leçon qui suit. Déterminez quand et comment l'enseignant a mis en application les cinq principes de base de Johnson et Johnson.

Leçon 3

Note La leçon qui suit a été conçue par un enseignant stagiaire de neuvième année dans une grande école secondaire multiculturelle de la banlieue. Avant cette leçon, les élèves avaient commencé un projet d'une durée de trois semaines où ils devaient établir leur profil de travail. Ce projet devait être utilisé par la suite pour un devoir de mathématiques intégré. Le but du devoir était de familiariser les élèves avec les difficultés inhérentes à la réalisation d'un curriculum vitae, à la recherche d'un emploi, à la poursuite d'une carrière et à l'établissement d'un budget équilibré. Au moment de la leçon, les élèves étaient rendus à l'étape où ils devaient imaginer un chasseur de têtes. Ils étaient vaguement conscients des raisons pour lesquelles ils dressaient la liste des traits propres à ce personnage fictif. Le temps était venu de leur apprendre à rédiger un curriculum vitae. L'enseignant a utilisé la tactique des têtes numérotées. Il a formé des groupes de trois ou de quatre élèves (appelés « 1 », « 2 », « 3 », etc.) et a attribué des lettres aux élèves (A, B, C, etc.).

Mise en situation

«Y en a-t-il parmi vous qui ont eu de la difficulté à faire le devoir d'hier?»
(Le devoir consistait à remplir une feuille de données personnelles en vue de
la rédaction d'un curriculum vitae.) «Vous a-t-il été difficile d'organiser vos
informations? Prenez 15 secondes pour penser aux difficultés que vous avez
eues en remplissant la feuille. Échangez vos idées dans votre groupe. Assurez-
vous que chaque membre du groupe a été écouté. Je vais demander au hasard
à des élèves de faire part à la classe des commentaires de leur groupe. Soyez
prêts, car ce pourrait être vous.»

Après 60 secondes, demandez à quelques élèves de partager leurs idées.

Objectifs

«Aujourd'hui, nous allons voir en quoi consiste un "curriculum vitae". Nous
recueillerons vos données personnelles essentielles dans un document appelé
"curriculum vitae". Puisque la plupart d'entre vous devront chercher un
emploi, il est important que vous sachiez comment vous "vendre" à un employeur éventuel. Un curriculum vitae est un moyen aisé et rapide de rensei-
gner quelqu'un sur vous-même.

«Vous aurez l'occasion d'écrire les curriculum vitae de vos personnages fictifs
à la fin de la semaine.»

Suggestions

Les élèves forment des équipes de deux. «Dans chaque équipe, attribuez-
vous la lettre A et la lettre B. Prenez cinq minutes pour écrire toutes les
choses que vous jugez utile d'inscrire dans un curriculum vitae. Assurez-vous
qu'il y a une participation égale: aucun élève ne doit prendre toute la place
et faire tout le travail. Nous avons traité de cette aptitude sociale dans une
leçon antérieure. Écrivez d'abord vos idées en abrégé.» Quand les élèves ont
terminé, demandez-leur de répartir les informations en catégories (une
stratégie simple de pensée inductive). Dites-leur que, quand tous les groupes
auront terminé, vous demanderez à un élève de chaque groupe de se joindre
à un autre groupe et de lui faire part de ses idées. Cette petite structure de
groupe augmente la responsabilité des membres du groupe.

Modélisation

Au bout de cinq minutes, remettez aux élèves un exemple de curriculum
vitae et dites-leur de ne pas tourner la feuille tant que vous n'aurez pas terminé la distribution.

Lorsque tous les élèves ont reçu leur feuille, ils la tournent et regardent les
titres du curriculum vitae. Chaque élève fait équipe avec le même camarade
que tout à l'heure. Chaque équipe prend 10 minutes pour lire attentivement
le curriculum vitae de Gloria et réfléchir aux questions suivantes, que vous
pourriez écrire au tableau.

- Qu'est-ce que vous aimez et n'aimez pas de ce curriculum vitae?

- Selon vous, quel genre d'emploi Gloria demande-t-elle?

- Si vous étiez un employeur, est-ce que vous engageriez Gloria? Justifiez votre réponse, puis passez au vote.

Note

L'enseignante qui a conçu cette leçon a voulu que l'idée de participation égale se dégage de la leçon plutôt que de l'enseigner ou de la présenter directement aux élèves. Cette manière de procéder rend l'exercice de l'aptitude à communiquer plus réaliste et plus intéressant.

Vérification de la compréhension

«Avant que nous commencions, je tiens à vous faire part de ce que j'ai observé en me déplaçant d'un groupe à l'autre. J'ai remarqué que tout le monde participait et que personne ne prenait toute la place et ne faisait tout le travail. C'est quelque chose d'important. Je vous remercie.»

Demandez aux élèves de réfléchir individuellement aux questions suivantes. Ensuite, choisissez au hasard des élèves qui répondront à ces deux questions:

- Pourquoi doit-on apprendre à rédiger un curriculum vitae?

- Pourquoi pensez-vous que le curriculum vitae est important?

Pratique guidée

«J'ai réservé du temps à la salle d'informatique pour que vous puissiez, au cours des prochains jours, rédiger les curriculum vitae de vos personnages fictifs. Je vais vous remettre d'autres exemples de curriculum vitae qui vous aideront à déterminer d'autres catégories que vous pourriez vouloir inclure. Aujourd'hui, nous resterons ici pendant toute la période et vous pourrez commencer à préparer vos curriculum vitae. Maintenant, commencez! Vous avez 20 minutes pour préparer vos curriculum vitae.»

Approfondissement

Lorsque les élèves ont terminé leurs curriculum vitae, dites-leur de former des groupes de quatre et de travailler ensemble pour déterminer quels emplois ils pourraient demander eu égard aux informations contenues dans leurs curriculum vitae.

À la page suivante, nous présentons la réflexion de l'enseignante sur cette leçon. Cette réflexion est suivie de six structures d'apprentissage coopératif.

Réflexion de l'enseignante...

Les classes étaient généralement petites (composées de 20 à 25 élèves), et les lieux se prêtaient bien au travail en équipes de 2 ou en petits groupes. En raison du climat favorable, les diverses stratégies que j'ai appliquées ont bien marché. J'ai particulièrement apprécié le programme «non officiel» de neuvième année qui mettait l'accent sur des situations concrètes et l'acquisition d'habiletés très près des capacités de ces élèves. Le concept de curriculum vitae est à la fois utile et intéressant pour les élèves de cet âge. Pour comprendre le but du curriculum vitae, ils ont eu à se placer selon le point de vue de l'employeur, le seul point de vue qui compte dans ce genre d'écrit. La plupart des élèves ont pris part aux discussions et tous ont participé activement à l'exercice «j'aime/je n'aime pas» et au vote final.

Les élèves ont manifesté énormément d'intérêt pour les activités portant sur la mise en situation et la précision de l'objectif. À la première question, ainsi que je l'avais prévu, les élèves n'ont pas hésité à lever la main. Ils étaient dans une certaine confusion, car ils avaient de la peine à rassembler les informations. Les élèves qui avaient une certaine connaissance du curriculum vitae ont fait part au reste de la classe de leurs réflexions, lesquelles faisaient référence à des frères, à des sœurs ou à des amis qui étaient déjà sur le marché du travail.

Les élèves étaient excités à l'idée de voir un vrai curriculum vitae et ils n'ont pas mis de temps à critiquer positivement ou négativement le document. La plupart étaient d'accord pour dire qu'il était bien construit. D'autres élèves ont exprimé l'avis que la candidate avait travaillé à temps partiel de façon trop irrégulière. Il a semblé y avoir une division dans les opinions quand les élèves ont eu à décider si la candidate devait obtenir ou non l'emploi. Ils ont tous voté et donné les raisons de leur choix. Je crois que cette partie de la leçon a été une réussite parce que les élèves ont été capables de prendre des décisions, ce qui est important pour des personnes de leur âge. Il y a eu un seul problème de gestion durant la leçon. Un élève a dit que la justification donnée par un autre élève était «stupide». Je lui ai dit qu'il avait le droit de ne pas être d'accord avec certaines choses, mais qu'il était tout à fait inacceptable d'employer des mots comme «stupide» en parlant d'un autre élève. J'ai conclu en disant: «Continue de nous dire pourquoi tu n'es pas d'accord», et la leçon s'est poursuivie. Je ne suis pas sûre d'avoir bien agi, mais, à ce moment-là, je ne voulais pas faire disparaître l'énergie positive de la classe.

Pendant que les élèves travaillaient en équipes de deux, je me suis promenée dans la classe pour aider ceux et celles qui avaient de la difficulté à comprendre des mots ou des idées. Ils m'ont posé beaucoup de questions. Tous étaient ravis à l'idée d'aller à la salle d'informatique pour rédiger un curriculum vitae. Certains élèves ont commencé à dégager les grandes lignes de leur curriculum vitae, d'autres se sont concentrés sur la mise en page. Je les ai fait s'arrêter un moment pour leur demander de s'assurer que tous participaient également aux tâches. J'ai brièvement expliqué aux élèves que les offres d'emploi dans les journaux demandaient des gens capables de travailler en équipe et que le travail d'équipe suppose la participation active de tous.

Je crois que les élèves demeurent motivés lorsque nous leur enseignons des choses concrètes ou que nous rattachons notre enseignement à des situations réelles. Ce genre d'enseignement implique un travail d'équipe ou de groupe, une implication de chacun et des discussions dans de grands groupes. Je me suis sentie à l'aise en donnant cette leçon. J'ai beaucoup aimé aussi la dynamique de la classe et la motivation avec laquelle les élèves ont accompli leurs tâches.

Les structures d'apprentissage coopératif

La plupart des structures d'apprentissage coopératif en petits groupes constituent ce que nous appelons des «tactiques»; certaines, plus complexes, nous apparaissent comme des stratégies[1].

Comme nous l'avons déjà vu dans le présent chapitre, les structures d'apprentissage coopératif vont des plus simples aux plus complexes et servent à diverses fins. Parmi les structures simples, mentionnons la tactique réfléchir-partager-discuter et le tournoi à la ronde. L'entrevue en trois étapes et la méthode du napperon sont moyennement complexes. La méthode EJT (*équipes-jeux-tournois*), la méthode casse-tête et la recherche en groupe (*group investigation*) sont plus complexes.

Ce qui rend ces structures utiles est le fait qu'elles appliquent trois des cinq principes fondamentaux de l'apprentissage coopératif énoncés par Johnson et Johnson : la responsabilité individuelle, l'interaction face à face et au moins deux des composantes de l'interdépendance positive (l'objectif clair et précis ainsi qu'un environnement approprié).

Les ouvrages de Spencer Kagan décrivent un très grand nombre de structures d'apprentissage en petits groupes. Les travaux de Jeanne Gibbs, résumés dans *Tribes,* constituent une philosophie pratique et sont axés sur la création d'une communauté d'apprenants qui contient aussi de nombreuses structures d'apprentissage en petits groupes. Dans ses recherches, Robert Slavin définit aussi de nombreuses structures, que nous considérons comme des stratégies d'enseignement. Deux des structures d'apprentissage coopératif les plus complexes sont l'analyse de la dynamique de groupe (*team analysis*), étudiée par Richard Elson, et la controverse créative (David et Roger Johnson). Ces deux structures seront décrites en détail au chapitre 10.

Nous recommandons de lire le chapitre sur la recherche en groupe dans *Models of Teaching* de Joyce, Weil et Showers (1992) et *Group Investigation* de Sharan, car ce sont les ressources les plus complètes sur cette structure de groupe. Gardez toujours à l'esprit que les structures peuvent se combiner les unes aux autres ou se succéder. Par exemple, vous pouvez utiliser en même temps les cercles intérieur et extérieur et la méthode des têtes numérotées pour amener les élèves à développer le sens de la responsabilité. À la fin d'une

---

1. Le lecteur se reportera au chapitre 2, qui présente les différences entre les tactiques et les stratégies d'enseignement.

entrevue en trois étapes, vous pouvez intégrer un tournoi à la ronde pour que chaque élève puisse partager ce qu'il a appris. À la dernière étape de la méthode casse-tête, vous pouvez recourir à l'entrevue en trois étapes pour amener les élèves à assumer leurs responsabilités individuelles et pour vérifier ou faciliter leur compréhension.

Évidemment, vous pouvez aussi utiliser des structures d'apprentissage en groupes pour mettre en application des stratégies plus complexes, comme l'acquisition de concepts de Bruner, décrite au chapitre 7. Par exemple, vous pouvez utiliser la méthode du napperon pour aider les élèves à grouper leurs idées ou leurs hypothèses durant les échanges sur les exemples positifs et négatifs.

Voici un exemple de leçon qui associe la méthode casse-tête et les cinq principes fondamentaux de l'apprentissage coopératif.

À la suite de cette leçon sur les fractions, nous porterons notre attention sur six structures d'apprentissage coopératif. Nous décrirons brièvement chaque structure et nous présenterons ensuite un certain nombre de situations qui illustrent comment et dans quelles circonstances elle peut être utilisée.

- Cercles intérieur et extérieur
- Napperon
- Quatre coins
- Graffitis
- Entrevue en trois étapes
- Méthode EJT (*équipes-jeux-tournois*)

Leçon 4

Matière	Les fractions
Niveau	6e année
Note	Nous sommes à la fin d'un module sur les fractions. La leçon qui suit est une révision avant l'examen.

Objectif

Les élèves font une révision en prévision d'un examen et approfondissent leur connaissance des fractions en faisant des équivalences, en réduisant des fractions à leur plus simple expression, en additionnant ou en soustrayant des fractions avec des dénominateurs semblables ou différents, en exprimant des fractions impropres. La méthode casse-tête sera utilisée pour permettre aux élèves de devenir des « experts » dans un ou deux domaines, puis d'enseigner leurs connaissances à des élèves du groupe initial. Cette méthode est expliquée plus loin.

Mise en situation

Les élèves sont dans leur groupe de base (groupe hétérogène formé de six élèves qui ont des niveaux variés de compétences en mathématiques). À l'intérieur de chaque groupe, formez des équipes de deux en prenant soin de jumeler les élèves les plus forts avec les élèves les plus faibles. Demandez aux élèves de s'attribuer des lettres (AA, BB, CC, etc.). « Dans vos groupes de six, faites un remue-méninges et écrivez sur la feuille de papier tout ce que vous avez appris sur les fractions. Dans 90 secondes, je choisirai au hasard un certain nombre d'élèves qui communiqueront le résultat de leurs réflexions au reste de la classe. » Une fois que les élèves ont terminé, recueillez leurs idées et assignez-leur la tâche suivante :

« Je vais attribuer à chaque dyade deux domaines dans lesquels l'équipe deviendra experte. Vous aurez trois minutes pour discuter avec votre camarade et ensuite je vous demanderai de vous déplacer et de travailler avec deux autres A, B ou C, et vous aurez alors à exprimer vos idées à tour de rôle dans votre groupe d'experts. »

- **Élèves A** : faire des équivalences de fractions
- **Élèves B** : transformer des nombres mixtes en fractions impropres et des fractions impropres en nombres mixtes
- **Élèves C** : additionner et soustraire des fractions avec un même dénominateur et avec des dénominateurs différents

Rappelez aux élèves que l'examen approche et qu'ils peuvent aujourd'hui se familiariser davantage avec les fractions en participant à une séance de révision basée sur la méthode casse-tête. Ils auront la charge d'enseigner deux domaines aux autres membres de leur groupe. À la fin de l'activité casse-tête, les élèves se livreront à un jeu-questionnaire sur les six domaines du groupe. Pour terminer, ils feront une **entrevue en trois étapes**.

« Allez-y ! C'est parti ! » (Accordez trois minutes aux élèves.)

Méthode casse-tête

Étape 1 : Les élèves revoient leurs domaines respectifs avec un camarade à l'intérieur de leur groupe initial. Chaque élève vérifie si son camarade a compris. Les trois minutes sont une période de réchauffement servant à préparer le travail dans les groupes d'experts. Les élèves prennent une feuille où sont inscrites des informations et des questions se rapportant à leurs domaines. Avant qu'ils se joignent aux groupes d'experts, rappelez-leur ce qui a été dit plus tôt dans le module au sujet de la vérification de la compréhension et de la participation de tous.

Étape 2 : Les élèves A des différents groupes font équipe ensemble, de même que les élèves B, les élèves C, etc., et créent ainsi des groupes d'experts.

Étape 3 : Après avoir remercié leur groupe d'experts, les élèves retournent dans leur groupe initial. Les élèves A expriment leurs idées et vérifient si les autres ont compris ; ils sont suivis ensuite des B et des C. Demandez aux élèves de discuter pour voir s'ils ont vérifié correctement la compréhension de tous les membres et dans quelle mesure tous ont pu exprimer leurs réflexions. Choisissez au hasard des élèves qui viendront partager leurs réflexions devant la classe.

Pratique (guidée)

La pratique guidée prend place à l'étape 3. Afin d'assumer leur responsabilité d'experts, les membres du groupe remplissent la même feuille que celle qui a été écrite dans les groupes d'experts. L'expert les aide à écrire. Cela signifie que chaque élève écrit sur trois feuilles, mais qu'il n'est expert que pour une seule.

Pratique (autonome)

Chaque élève s'éloigne de son groupe initial et répond seul à des questions qui pourraient être celles d'un examen. Ensuite, chaque élève retourne à son groupe initial, prend le travail d'un autre membre du groupe et l'aide à corriger les fautes commises.

Retour sur la leçon

Les élèves forment maintenant des groupes de trois et font une entrevue en trois étapes sur les questions posées. Après chaque question, ils échangent les rôles. Chaque élève doit être interviewé sur les trois questions. Ainsi, chaque élève est tour à tour l'intervieweur, l'interviewé et le représentant (environ 15 minutes).

Note

Une fois l'activité commencée, vous demandez aux élèves de s'arrêter et de réfléchir à la manière dont ils vérifient la compréhension des autres et s'assurent que chacun est écouté. Vous rappelez aux élèves qu'ils doivent retourner dans leur groupe initial et utiliser la même feuille pour expliquer leurs domaines et montrer comment répondre aux questions. Vous leur rappelez également qu'ils doivent réfléchir à la façon dont ils transmettront leurs connaissances aux autres membres de leur groupe et vérifieront leur compréhension.

Approfondissement

Pour faire le lien entre ce que les élèves viennent de faire et la manière dont ils peuvent appliquer ce qu'ils ont appris sur la résolution de problèmes vécus à l'extérieur de l'école, écrivez des problèmes concrets au tableau et demandez aux élèves d'établir dans leur groupe de trois des rapports entre l'un des problèmes et ce qu'ils viennent tout juste d'apprendre. Ensuite, choisissez au hasard des élèves qui viendront exprimer leurs idées devant la classe.

Les cercles intérieur et extérieur

La méthode des cercles intérieur et extérieur consiste à placer les élèves dans deux cercles – un cercle à l'intérieur d'un autre. Elle peut être utilisée avec des groupes de six élèves ou plus, la moitié des élèves étant dans le cercle intérieur, l'autre moitié dans le cercle extérieur, et chaque élève dans un cercle faisant face à un élève dans l'autre cercle. Cette disposition favorise le dialogue entre les élèves. Elle aide au développement de la conscience sociale au début de l'année scolaire et contribue à garder les choses en mouvement et à assurer les échanges tout au long de l'année.

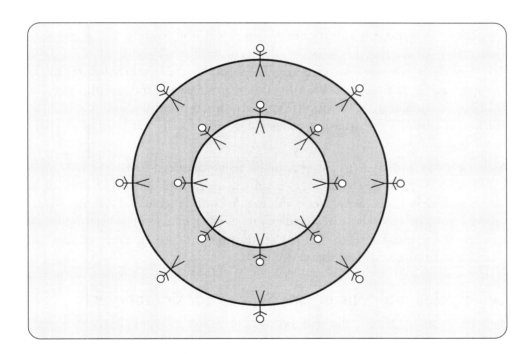

Application de cette tactique

Situation: Vous écrivez une question au tableau, puis vous demandez aux élèves de réfléchir à la réponse. Accordez-leur un temps de réflexion (entre 15 et 30 secondes), puis dites-leur: «Chaque élève qui est dans le cercle intérieur dit à l'élève du cercle extérieur devant lui comment il résoudrait le problème. Quand il a terminé, il dit: "À ton tour." Puis l'élève du cercle extérieur exprime son idée ou approfondit celle de l'autre.»

Quand ils ont terminé, demandez aux élèves du cercle extérieur de se déplacer vers la droite. Chaque élève est maintenant prêt à passer à la question suivante et à échanger avec une nouvelle personne.

Situation 1 : C'est vendredi après-midi, et les élèves sont apathiques. Vous devez les faire bouger. Vous les placez donc dans des cercles intérieur et extérieur, et vous leur demandez de répondre à des questions ayant rapport avec ce qu'ils ont étudié. N'oubliez pas d'accorder aux élèves un temps de réflexion (temps d'attente). Ainsi l'activité aura plus de chances de réussir. Faites faire une rotation après chaque question.

Situation 2 : Lisez un court poème aux élèves, puis accordez-leur 30 secondes pour en rechercher la signification. Demandez à un élève de dire son opinion sur le sujet. Quand il a terminé, il dit : « À ton tour » et l'élève qui est devant lui exprime à son tour son opinion.

Situation 3 : Dans votre classe de français ou d'espagnol, vous présentez un module où il est question du vocabulaire lié au système judiciaire. Vous demandez aux élèves de se placer dans des cercles intérieur et extérieur. Un pupitre est disposé entre chaque paire d'élèves qui se font face. Sur chaque pupitre est placée une fiche décrivant une situation de jeu de rôle. Un élève est policier ; l'autre, un automobiliste qui reçoit une contravention (stationnement interdit, excès de vitesse, etc.). Accordez aux élèves 90 secondes pour que lors de la simulation, les deux élèves (policier et automobiliste) argumentent sur le fait qu'on devrait ou non donner la contravention. Ensuite, les élèves se déplacent d'un pupitre dans la direction opposée. Cette fois, les rôles sont inversés (la situation et les rôles sont décrits sur la fiche déposée sur chaque pupitre.)

Situation 4 : Choisissez un paragraphe ou recherchez des figures de style dans un texte. Mettez ce que vous avez choisi sur un transparent ou un mur de la classe, puis demandez aux élèves d'analyser le bout de texte et d'échanger leurs idées, à tour de rôle, dans des cercles intérieur et extérieur. Il est important que les élèves voient le texte écrit sur un transparent (principalement ceux qui ont une mémoire auditive plus restreinte).

Les cercles intérieur et extérieur... considérations

- Nous vous suggérons d'attribuer une lettre aux groupes des cercles intérieur et extérieur (A, B, C, etc.), si vous avez plus d'un groupe qui utilise la méthode des cercles intérieur et extérieur. Attribuez un nombre à chaque paire d'élèves dans les cercles intérieur et extérieur (1, 2, etc.). Posez votre question et donnez aux élèves le temps d'échanger leurs idées. Maintenant, dites, par exemple : « Groupe B, paire 2, dans le cercle extérieur, quelle est votre réponse ? » De cette façon, vous intégrez au processus des cercles intérieur et extérieur la **méthode des têtes numérotées** et vous favorisez ainsi la prise de responsabilité individuelle chez les élèves.

- Lorsque vous appliquerez la méthode des têtes numérotées et que les élèves du cercle extérieur feront une rotation, vous remarquerez que le numéro de chaque paire sera différent. Vous résoudrez la difficulté en disant aux élèves que l'élève dans le cercle intérieur porte un « gène dominant » (dans ce cas, un nombre). Le numéro de chaque élève dans le cercle intérieur ne changera pas. Le nouvel élève dans le cercle extérieur qui fera face à l'élève dans le cercle intérieur prendra simplement le numéro de celui-ci.

- Laissez aux élèves un temps de réflexion avant de demander aux paires d'élèves des cercles intérieur et extérieur d'échanger leurs idées. Portez une attention spéciale à la complexité de la question et à la durée du temps de réflexion que vous accordez aux élèves.

- Quand vous utiliserez la méthode des têtes numérotées pour choisir des élèves qui exprimeront leurs idées devant le reste de la classe, gardez à l'esprit que certains élèves ne pourront pas répondre ou répondront incorrectement. Une façon de leur éviter de perdre la face est de leur dire qu'ils peuvent passer leur tour s'ils ne sont pas sûrs de leur réponse. Vous pourriez aussi demander à d'autres élèves qui semblent connaître la réponse. (Reportez-vous au chapitre 3 si vous voulez en savoir davantage sur la façon de poser des questions.)

- Si vous avez un nombre impair d'élèves, demandez simplement à deux élèves dans le cercle extérieur de faire comme s'ils étaient une seule personne. Cela fonctionne bien si votre classe compte des élèves ayant des besoins spéciaux (que vous pouvez jumeler avec des élèves plus forts) ou des élèves qui ont été absents et qui n'ont pu acquérir les notions essentielles à l'exercice. Ces élèves peuvent former équipe avec d'autres élèves lorsque vous employez la méthode à des fins de révision.

Les cercles intérieur et extérieur... adaptations

1. Demandez à un groupe d'élèves d'un cercle extérieur de passer dans le cercle intérieur. Cela apportera de nouvelles informations. Vous pouvez aussi changer les paires, par exemple pour éviter de mettre ensemble deux élèves qui risquent de ne pas bien communiquer ou de se disputer.

2. Pour déterminer qui commencera, vous pouvez changer votre façon de choisir les élèves. Par exemple, vous pouvez choisir l'élève dont la date de naissance est la plus proche de la journée du poisson d'avril; l'élève dont le lieu de naissance est le plus éloigné de l'école; l'élève dont le prénom apparaîtrait en premier dans une liste alphabétique; l'élève qui porte les vêtements les plus chauds; l'élève qui a le plus de frères et de sœurs, etc. S'il y a égalité entre deux élèves, alors dites à l'élève qui est dans le cercle intérieur (ou extérieur) de commencer.

La tactique des quatre coins : de la maternelle à l'âge adulte

Avec la tactique des quatre coins, vous commencez par un énoncé, un problème ou une question. Ensuite, les élèves choisissent un coin qui correspond le plus à leur point de vue ou à leur réaction. Une fois dans ce coin, ils forment des paires (autant que possible) et expliquent les raisons pour lesquelles ils ont pris telle ou telle décision. Les élèves doivent être prêts à communiquer leurs idées ou celles de leur camarade sur demande.

La tactique des quatre coins convient particulièrement bien pour amener les élèves à des niveaux de réflexion plus créatifs ou plus évaluatifs. Elle est surtout utile si vous voulez que les élèves débattent un sujet. Bien sûr, vous pouvez avoir trois, quatre, cinq ou six coins (ou endroits) où les élèves peuvent aller ; tout dépend de leur niveau de réflexion ou de leur attitude à l'égard de ce que vous leur proposez.

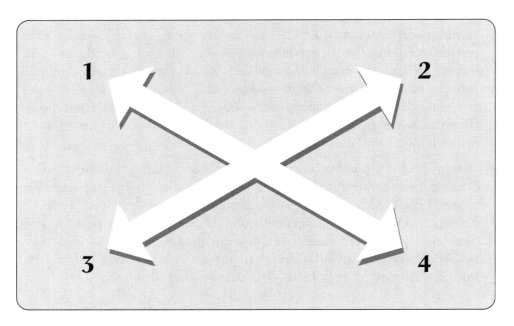

Application de cette tactique

Situation 1 : Vous discutez avec vos élèves de l'énoncé suivant : « Les élèves porteurs du VIH/sida doivent être admis dans notre école. » Vous désignez quatre coins : « fortement d'accord », « d'accord », « fortement en désaccord » et « en désaccord ». Donnez aux élèves le temps de réfléchir à leur réponse (par exemple, 30 secondes). Sans parler, ils vont dans le coin qui correspond à leur position. Une fois arrivés dans leur coin, ils forment des paires ou des groupes de trois et discutent des raisons pour lesquelles ils ont choisi ce coin. Par la suite, choisissez au hasard des paires ou des groupes d'élèves dans chaque coin qui diront les raisons de leur choix.

Situation 2 : Vos élèves de deuxième année viennent de faire une recherche sur des organes du corps humain, par exemple le cerveau, le cœur, l'estomac et les poumons. Ils doivent dire quel est l'organe le plus important selon eux et justifier leur choix. Après avoir réfléchi un moment, ils se rendent dans le coin qui correspond à l'organe choisi. Pour éviter que les jeunes élèves placés dans les différents coins ne deviennent confus, il conviendrait d'écrire le nom de l'organe ou de placer une image représentant l'organe dans le coin correspondant. Une fois qu'ils ont formé des paires ou des groupes, les élèves échangent et défendent leurs idées.

Situation 3 : Après avoir lu une histoire à vos élèves, vous leur demandez de dire quel est le personnage qui leur apparaît comme responsable de ce qui est arrivé ou quelle est la meilleure solution à un problème donné. Chaque coin de la classe représente une réponse possible. Par exemple, si vous avez lu des extraits du livre pour enfants intitulé *Le chat qui mangeait des ombres* (2003), les élèves pourraient déterminer les choix possibles quant aux conséquences de la rencontre du garçon et du chat. Ils se rendraient ensuite dans le coin qui, selon eux, correspond à la solution la meilleure, puis échangeraient et défendraient leurs points de vue.

Situation 4: Vous présentez aux élèves un module sur la Seconde Guerre mondiale. Vous désignez des endroits dans la classe qui représentent différentes causes de ce conflit. Les élèves doivent choisir parmi ces causes celle qui leur paraît la plus importante et justifier leur choix. Vous pourriez commencer et terminer le module en procédant de la sorte, ce qui permettrait aux élèves de comparer les idées qu'ils avaient au début avec celles qu'ils ont à la fin du module.

Situation 5: Après leur avoir parlé d'énergie, vous demandez à vos élèves de déterminer quelle est la source d'énergie la plus efficace ou la plus coûteuse, ou encore les personnes qui sont le plus touchées par des déversements accidentels de pétrole (les plombiers, les pêcheurs au filet maillant, les cuisiniers ou les banquiers).

La tactique des quatre coins... considérations

- Encouragez les élèves à décider par eux-mêmes dans quel coin ils vont aller. Donnez-leur le temps de réfléchir. Dites-leur de suivre leur idée, de ne pas se laisser influencer ou diriger par les autres. Si vous n'encouragez pas l'indépendance de la pensée, les élèves iront dans le coin que leur ami, les élèves les plus brillants ou les plus populaires ont choisi.

- Assurez-vous que les élèves ne se joignent pas à de grands groupes, une fois rendus dans un coin. Incitez-les plutôt à former des dyades ou des groupes de trois. Les élèves ont besoin de se sentir responsables. En paires, ils deviennent plus responsables et ont plus de temps pour parler. Assurez-vous que, durant les premières minutes, chaque élève a un camarade avec qui échanger des idées. Laissez-les discuter. Les élèves suivront la règle établie à moins que vous ne leur suggériez de faire des modifications.

La tactique des quatre coins... adaptations

1. S'il n'y a que deux positions possibles, la tactique des quatre coins devient ce que Jeanne Gibbs appelle dans *Tribes* « *putting yourself on the line* » – ou la tactique ligne des valeurs. Ici, pour exprimer son point de vue, chaque élève se tient debout sur une ligne dont les extrémités correspondent aux positions « fortement en accord » et « fortement en désaccord ».

Certains enseignants mettent du ruban-cache sur le plancher entre les deux positions extrêmes. Les élèves se placent à un endroit de la ligne (sur le ruban-cache) avant la discussion, le débat ou l'étude. Ils y apposent leur signature. Après la discussion, le débat ou l'étude, ils reviennent sur la ligne, se tiennent debout et signent de nouveau leur nom sur le ruban-cache. Ils peuvent alors mesurer la distance qui les sépare de l'endroit où ils avaient apposé leur signature la première fois. Vous pouvez intégrer ce procédé à une activité de mathématiques (représentations graphiques, moyennes, etc.).

2. Vous pouvez utiliser divers thèmes pour la pensée métaphorique associée aux quatre coins, par exemple des titres de chansons, des titres de films, des aliments ou des espèces animales.

3. Rappelez-vous que la tactique des quatre coins peut être combinée à d'autres tactiques, renforcée par d'autres tactiques ou utilisée pour résoudre des problèmes. Par exemple, supposons que les taquineries dans votre classe ou votre école font problème. Vous déterminez d'abord les raisons pour lesquelles les élèves se taquinent, puis vous placez un texte décrivant chacune des raisons à un endroit précis de la classe. Vous demandez aux élèves de réfléchir et de se rendre à l'endroit où est inscrite, selon eux, la principale raison pour laquelle les élèves se taquinent. Leurs points de vue deviennent alors un puissant catalyseur de changements.

La mise en application des quatre coins

Dans les quatre pages qui suivent, nous présentons une leçon d'apprentissage coopératif complexe qui requiert la mise en application des cinq principes fondamentaux de Johnson et Johnson, de même que diverses structures d'apprentissage en petits groupes, notamment la tactique des quatre coins.

Leçon 5

La tactique des quatre coins intégrée dans une leçon de sciences

Description	Leçon sur l'électricité statique – partie d'un module sur l'électricité
Niveau	6e année
Conçue par	Renee Lyon

Objectif pédagogique

1. Les élèves comprendront les caractéristiques de l'électricité statique (en particulier, que les charges opposées s'attirent et que les charges identiques se repoussent) et démontreront cette compréhension en rédigeant un rapport écrit sur les analyses et les observations faites en classe.

2. Les élèves emploieront les termes scientifiques et techniques consacrés dans leurs analyses et leurs observations.

Objectif d'ordre social

Demandez aux élèves d'agir de façon aimable dans le travail en groupe. Cela peut consister, par exemple, à s'encourager les uns les autres (verbalement ou par des gestes) durant leurs recherches sur l'électricité statique.

Analyse de la tâche

1. Les élèves peuvent-ils déterminer les caractéristiques de l'électricité statique ?

2. Les élèves peuvent-ils réaliser les expériences scientifiques appropriées et employer les termes scientifiques dans leurs rapports écrits ?

3. Les élèves montrent-ils qu'ils ont compris l'importance de l'habileté sociale à acquérir en s'abstenant de faire des remarques désobligeantes et en s'encourageant plutôt les uns les autres dans les activités de groupe ?

Mise en situation

Démonstration 1 : Soufflez un ballon. Demandez aux élèves s'ils pensent que le ballon collera au mur. Demandez-leur d'utiliser la tactique **réfléchir-partager-discuter** pour déterminer ce qui ferait coller le ballon au mur. Pourquoi ? Essayez et voyez ce qui se passe.

Discussion

« Quand je frotte le ballon sur mes cheveux, il attire les électrons de mes cheveux. Nous savons que les électrons ont une charge négative. Le ballon a maintenant une charge négative, alors que le mur est chargé positivement. » Concept : les charges opposées s'attirent – écrivez-le au tableau. Les électrons des cheveux chargent négativement le ballon, et le mur est chargé positivement.

Démonstration 2 : Soufflez un second ballon attaché à une corde. Frottez-le sur vos cheveux. Frottez le premier ballon (maintenant attaché à une corde). Demandez aux élèves de prédire ce qui arrivera lorsque les deux ballons seront attachés ensemble.

Demandez aux élèves d'indiquer leurs prédictions à l'aide de la tactique des quatre coins. Selon leurs prédictions, ils iront dans un des quatre coins suivants :

- Coin 1 : Les ballons se repousseront
- Coin 2 : Les ballons s'attireront
- Coin 3 : Les ballons ne feront rien
- Coin 4 : Je ne sais pas

Concept : les charges identiques se repoussent. Écrivez-le au tableau. Les électrons des cheveux ont chargé négativement les deux ballons.

Note

J'ai maintenant des élèves debout dans quatre groupes. Je forme quatre groupes hétérogènes de quatre élèves. Je prends soin de les grouper en tenant compte des caractéristiques variées des élèves (leur rendement, leur sexe et leur aptitude à travailler en groupe). Je demande ensuite aux élèves de disposer leurs pupitres de manière à former quatre groupes de quatre.

Partage

« Très bien. Vous avez tous prédit comment l'électricité statique agirait sur les ballons dans les deux démonstrations. Maintenant, vous allez avoir la possibilité de vérifier si ce que nous avons prédit se produit vraiment (les électrons qui passent d'un atome à l'autre en créant une charge électrique à la surface de l'objet) en réalisant votre propre expérience. »

« Aujourd'hui, notre travail portera sur deux points :

1. L'électricité statique : Chaque groupe rédigera un rapport intitulé *Les résultats de notre expérience* qui montrera ce que vous avez appris en travaillant ensemble. (Les élèves connaissent bien cette formule.)

2. Le travail de groupe : Vous prendrez conscience qu'un groupe travaille plus efficacement lorsque tous les membres s'encouragent et se félicitent les uns les autres pour les efforts accomplis au lieu de perdre des énergies précieuses à se dénigrer.

« Nous avons déjà parlé de cela, mais revoyons quand même ce que nous pourrons voir et entendre dans le travail en groupe qui démontre que nous nous encourageons les uns les autres. » Rappelez aux élèves le tableau en T dont il a été question plus haut et qui portait sur l'habileté sociale consistant à donner des critiques constructives. Demandez-leur de **réfléchir** à une nouvelle liste ou de se rappeler celle du tableau en T. Écrivez au tableau les divers éléments (ce qu'ils verraient et entendraient). Montrez-leur le tableau en T qui a été déjà tracé pour qu'ils comparent leurs idées.

Demandez aux élèves de lire la liste, de choisir deux éléments sur lesquels portera leur travail en groupe aujourd'hui dans cette activité scientifique et d'écrire ces éléments (ce qu'ils verront et ce qu'ils entendront en travaillant en groupe) sur des fiches individuelles. Ramassez les fiches et dites aux élèves de concentrer leur attention sur les éléments qu'ils ont choisis.

« À chaque coin, vous trouverez le matériel suivant. » (Donnez aux élèves de l'information sur le matériel.) « Tout est soigneusement disposé sur cette table en face de vous. Vous commencerez dans une minute. Mais, tout d'abord, je vais vous expliquer comment procéder pour réaliser votre expérience de groupe. » Expliquez aux élèves les rotations, le matériel placé dans les coins, ce qu'ils peuvent prendre, le temps dont ils disposent, etc. Lisez-leur la feuille sur l'électricité statique qui décrit en détail l'expérience à réaliser. Expliquez-leur qu'ils devront employer les termes précis ainsi que des procédés scientifiques de recherche. Rappelez aux élèves que chaque groupe a la responsabilité de remettre un rapport intitulé *Les résultats de notre expérience*. Demandez-leur de tracer au verso de la feuille un tableau dans lequel ils pourront inscrire les résultats, que vous écrirez au tableau.

Matériel testé	Résultats
Épingle	attirée par la paille chargée

Attribuez au hasard des rôles dans chaque groupe en disant aux élèves qu'ils ont tous la responsabilité de s'encourager les uns les autres. Voici d'autres responsabilités :

- prendre soin du matériel ;
- noter les résultats ;
- ranger la table, une fois l'expérience terminée ;
- faire des doubles vérifications, rédiger le rapport et vous le remettre.

Dites aux élèves qu'ils auront à évaluer la manière dont ils ont travaillé individuellement et en groupe.

Commencez par demander au responsable du matériel dans chaque groupe de distribuer le matériel qui est sur la table. Assurez-vous que tout le matériel est distribué.

Déplacez-vous dans la classe pendant que les groupes travaillent.

Modélisation

La tâche a été modélisée à l'étape de la mise en situation et de la discussion. Les aptitudes sociales ont été modélisées à l'étape du partage et tout au long de la leçon, au cours de laquelle vous avez eu des mots d'encouragement et utilisé un langage gestuel positif.

Vérification de la compréhension

- Observez les élèves pendant qu'ils travaillent en groupe.
- Vérifiez la progression dans la rédaction du rapport.

Pratique (indépendante et guidée)

Voir la mise en situation, la discussion et le partage.

Retour sur la leçon/approfondissement

«Nous avons vu que l'électricité statique est produite par une charge électrique à la surface d'un objet. Votre groupe a-t-il découvert quelque chose de surprenant ou d'inattendu?» Permettez à chaque groupe de faire part de deux de ses observations au reste de la classe.

«Réfléchissez individuellement. Y a-t-il d'autres circonstances dans la vie de tous les jours où nous pouvons constater la présence d'électricité statique?» Accordez aux élèves 10 secondes de réflexion, puis dites-leur de lever la main s'ils ont une idée dont ils voudraient faire part à la classe. (Exemples possibles : des vêtements qui sortent du sèche-linge, des cheveux rebelles, un écran de téléviseur, des éclairs, etc.) Posez la question suivante aux élèves : «Pensez-vous que l'électricité statique se produit plus souvent par temps sec ou par temps humide?» Encouragez-les à échanger et à expliquer leurs idées.

Aptitude sociale

Amorcez une discussion sur le rendement des groupes. Demandez aux élèves s'ils se sont encouragés mutuellement. Faites-leur part de vos observations positives sur leur travail.

Remettez aux élèves les fiches sur lesquelles ils ont inscrit les deux éléments considérés par eux comme les plus importants quand ils travaillaient en groupe. Nul doute que vous entendrez des élèves dire : « Tu avais raison ! » ou « Je comprends mieux maintenant ! » Vous verrez également des signes de tête affirmatifs et des signes d'encouragement.

Distribuez aux élèves une feuille d'évaluation. Chaque élève remplira sa feuille et vous la remettra. Demandez aux élèves d'apprécier dans quelle mesure ils ont tenu compte des deux éléments choisis au départ. Demandez-leur s'ils sont arrivés à faire ce qu'ils avaient l'intention de faire.

L'entrevue en trois étapes : de la maternelle à l'âge adulte

L'**entrevue en trois étapes** constitue un moyen d'encourager les élèves à partager leurs réflexions, à poser des questions et à prendre des notes. Elle convient particulièrement aux groupes de trois élèves, mais elle peut être adaptée pour des groupes de quatre.

Attribuez à chaque élève une lettre correspondant à un rôle : A = intervieweur ; B = personne interviewée ; C = secrétaire. Déterminez la durée de chaque entrevue en fonction de l'âge de vos élèves et de la connaissance qu'ils ont de cette structure d'apprentissage coopératif. Quand ils ont terminé l'entrevue, demandez-leur de faire un tournoi à la ronde et de faire part aux autres des éléments qu'ils ont notés quand ils jouaient le rôle de secrétaires (élèves C).

Application de cette tactique

Situation : Les élèves viennent de terminer un rapport sur des animaux en voie de disparition ou la biographie d'un personnage important. Ils font maintenant une entrevue en trois étapes pour partager les idées-forces contenues dans leur rapport.

Situation : Les élèves viennent de terminer un schéma conceptuel ou un réseau notionnel relatif aux idées les plus importantes dans le module de géométrie ou à l'application de différentes formules dans le module de physique. Ils s'interviewent sur la construction de leur réseau notionnel ou sur les liens existant entre les différents éléments de leur schéma conceptuel.

Situation : Les élèves viennent de terminer un processus d'acquisition de concepts sur des équations relatives au transfert de la chaleur, des figures de style ou des graphiques efficaces. Ils s'interviewent pour partager leurs réflexions sur la manière dont ils s'y sont pris pour déterminer ce que tous les exemples positifs avaient en commun. Ici, l'entrevue en trois étapes est utilisée pour réaliser la phase 2 de l'acquisition de concepts.

Situation : L'année scolaire vient tout juste de commencer. Les élèves s'interviewent sur les raisons pour lesquelles les mathématiques les rendent nerveux et sur ce qu'ils considèrent comme étant les règlements les plus importants de la classe. Vous pourriez employer d'abord la méthode du napperon pour recueillir leurs réflexions.

Situation : Les élèves s'interviewent pour partager leurs réflexions et leurs sentiments concernant un livre (un chapitre ou un article) qu'ils ont lu récemment ou une expérience récente.

Situation : Les élèves ont à résoudre un problème. Il peut s'agir d'un problème de la vie de tous les jours (par exemple, ce qu'ils doivent faire quand ils font face aux taquineries de leurs camarades ou à des préjugés) ou d'un problème scientifique. Les élèves s'interviewent sur la manière dont ils ont résolu le problème ou dont ils pourraient le résoudre.

Note

N'oubliez pas que les interactions sont favorables au développement du cerveau. Les comportements intelligents s'apprennent grâce aux interactions sociales.

L'entrevue en trois étapes… considérations

- Avant que vos élèves fassent une entrevue en trois étapes, il serait bon de leur parler des adultes dont le travail consiste à interviewer des gens. Explorez avec eux les types de questions que les intervieweurs posent et les moments qu'ils choisissent pour le faire. Vous pourriez présenter aux élèves la bande vidéo d'une entrevue télévisée, puis leur demander de discerner et de comparer les types de questions posées au début et au milieu de l'entrevue, avant la pause publicitaire et à la fin de l'entrevue.

- Vous pourriez également intégrer le processus d'acquisition de concepts dans une leçon portant sur les questions ouvertes et les questions fermées. Vous pourriez par là préparer vos élèves à la formulation de questions en leur expliquant quand et pourquoi il convient de poser des questions ouvertes et des questions fermées. Nous vous suggérons d'établir un répertoire de questions ouvertes et fermées sur le sujet choisi. Ainsi, les élèves un peu moins expérimentés ou plus timides à l'idée de poser des questions auraient un guide qui les aiderait au moment de leurs premières tentatives. Certains enseignants emploient la méthode des cercles intérieur et extérieur pour exercer leurs élèves à formuler des questions ouvertes et des questions fermées.

- Parlez à vos élèves du temps de réflexion requis pour répondre à une question ou de la décision de répondre ou de ne pas répondre à une question. Expliquez-leur que, quand quelqu'un leur pose une question, ils ont le droit de dire : « C'est une bonne question. Donnez-moi quelques secondes pour y réfléchir » ou : « C'est une question importante, mais je n'ai pas suffisamment d'informations pour y répondre. Je vous en reparlerai » ou encore : « Cette question est trop personnelle. S'il vous plaît, posez-moi une autre question. »

- Vous pourriez tout aussi bien utiliser une feuille de notes (voir la page 172). L'élève qui prend des notes pourrait écrire les idées de la personne interviewée dans l'espace prévu à cette fin.

- À mesure que vos élèves se familiariseront avec le processus, présentez-leur des taxonomies (comme celle de Bloom) qui leur permettront d'accéder à des niveaux de pensée plus élevés grâce à leurs questions[2].

L'entrevue en trois étapes… liens et adaptations

1. L'entrevue en trois étapes renforce de nombreuses stratégies d'enseignement, comme l'acquisition de concepts, la pensée inductive, la schématisation conceptuelle, la conception de réseaux notionnels et la recherche en groupe. Elle peut servir pour amener les élèves à partager leurs devoirs ou les résultats d'une expérience, à déterminer quels élèves comprennent tel ou tel module à l'étude. L'entrevue en trois étapes favorise en même temps la prise de responsabilités.

2. Comme nous l'avons déjà mentionné, il est possible de faire une entrevue avec une équipe de quatre élèves. À l'étape 1, A interviewe B et C interviewe D simultanément. À l'étape 2, B interviewe A et D interviewe C simultanément. À l'étape 3, les élèves se réunissent de nouveau et, dans un tournoi à la ronde, chacun résume ce que son camarade a dit pendant l'entrevue.

3. Faites comme s'il s'agissait d'une émission de radio ou de télévision en direct. Les élèves ont un faux microphone. Vous comptez à rebours 5, 4, 3, 2, 1, puis vous dites : « Vous êtes en ondes. » Un élève prend le faux micro : « Bonjour, je m'appelle (par exemple*)* Rebecca Santos. Nous sommes en compagnie de Roger Martineau, qui a étudié les effets de la pollution sur les animaux… » Les autres élèves posent leur première question. Trente secondes avant la fin, dites-leur qu'il ne reste que 30 secondes. La fois suivante, attendez qu'il reste 15 secondes. Comptez ensuite à rebours 5, 4, 3, 2, 1, et dites : « Pause publicitaire – hors antennes. » C'est alors le moment pour les élèves de changer de rôles.

L'ensemble de données pour l'acquisition de concepts : exemples de questions et de demandes

« Voici un ensemble de questions et de demandes. Les questions et les demandes précédées d'un nombre IMPAIR sont différentes de celles qui sont précédées d'un nombre PAIR. Elles ne sont pas meilleures ou pires, elles sont simplement différentes. Je veux que vous considériez l'effet que les questions ou les demandes précédées d'un nombre impair ont sur la personne qui doit

---

2. Sur ce sujet, voir le chapitre 3.

répondre (rappelez-vous que vous ne répondez pas aux questions). Par vous-mêmes, comparez les questions et les demandes à numéro impair avec les questions et les demandes à numéro pair. Quand vous aurez une idée de ce que les questions et les demandes à numéro impair ont en commun, trouvez un camarade, partagez vos hypothèses, puis, à tour de rôle, déterminez quelles sont les questions dans le test qui correspondent respectivement aux questions ou aux demandes à numéro impair et aux questions et aux demandes à numéro pair.

« Quand vous aurez terminé cet exercice, discutez en groupe du rôle que les questions et les demandes à numéro impair et à numéro pair jouent pendant une entrevue ou lorsque vous rencontrez une personne pour la première fois. » Déterminez en quoi l'entrevue en trois étapes se rapporte aux travaux de Gardner sur l'intelligence interpersonnelle.

L'ensemble de données : questions et demandes

Les élèves viennent de terminer leurs rapports sur les animaux en voie de disparition. L'ensemble de données qui suit constitue un modèle à proposer aux élèves qui pourraient avoir besoin d'aide pour formuler des questions.

1. Quel animal as-tu étudié ?

2. Explique pourquoi l'idée des droits des animaux est importante pour toi.

3. Dans quels pays cet animal vit-il ?

4. Comment utiliserais-tu les lois sur les droits des animaux pour résoudre ce problème ?

5. De quoi cet animal se nourrit-il habituellement ?

6. Quel rapport établis-tu entre les droits des animaux et l'extinction ?

7. Un animal en voie de disparition ferait-il un bon animal de compagnie ?

8. Quel genre de jardin zoologique pourrais-tu créer pour relâcher la pression exercée sur les animaux ?

9. Quelle est l'espérance de vie de cet animal dans son milieu naturel ?

10. Qu'est-ce qui représente la plus grande menace pour l'animal : le développement ou la pollution ?

Exercice

A. Crois-tu que le fait de placer ces animaux dans les zoos est une solution ?

B. Explique pourquoi les zoos ne sont pas une bonne chose si les animaux sont protégés et qu'on les aide à se reproduire.

C. Est-ce qu'on trouve cet animal dans les zoos ? Pourquoi ?

D. Tu as mentionné que les pieds des éléphants étaient utilisés comme cendriers. Dans quelle mesure la demande pour certaines parties de cet animal affecte-t-elle ses chances de survie ?

Comme activité d'approfondissement : Les questions et les demandes 1, 2, 4, 6, 8 et 10 suivent-elles un modèle ? Pensez à la taxonomie de Bloom. Lorsque les élèves maîtrisent une taxonomie de pensée, ils pensent avec plus de précision.

Formulaire d'entrevue en trois étapes

Entrevue 1, nom : _____

_____

Entrevue 2, nom : _____

_____

Entrevue 3, nom : _____

_____

Tournoi à la ronde : idées maîtresses provenant des entrevues

_____

_____

La tactique du napperon : de la maternelle à l'âge adulte

La tactique du napperon implique la formation de groupes d'élèves qui travaillent à la fois individuellement et ensemble autour d'une feuille de papier. La feuille de papier est divisée en autant de parties qu'il y a d'élèves dans le groupe, et contient un carré ou un cercle en son centre. Les groupes de deux à quatre élèves sont ceux qui fonctionnent le mieux. Cette tactique peut aussi être utilisée avec des groupes de cinq, six ou sept élèves si les élèves ont l'habitude de travailler en groupe.

Le matériel requis se résume à peu de choses : une feuille de papier de grande dimension, un crayon ou un stylo pour chaque élève et un endroit où déposer la feuille de papier. Cette tactique fonctionne bien avec du papier de format 8 1/2 po × 11 po. Toutefois, le papier de grande dimension a ceci d'avantageux qu'il donne aux élèves un peu plus d'espace et qu'il leur permet de lire plus facilement ce que les autres ont écrit.

Application de cette tactique

Situation 1 : Vous venez de lire une histoire ou un poème à vos élèves, et vous voulez qu'ils prennent le temps d'y réfléchir, d'écrire leurs idées en rapport avec une question clé et de les partager avec les autres.

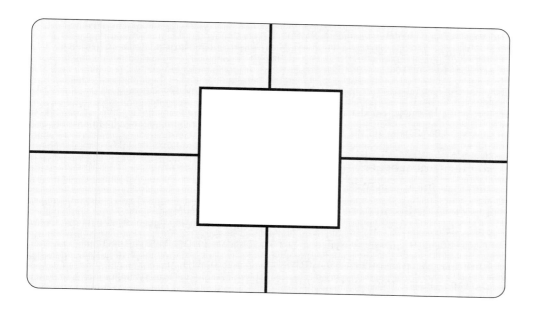

Situation 2 : Vous commencez un module sur l'énergie, le printemps ou le gouvernement, et vous voulez déterminer ce que les élèves savent déjà.

Situation 3 : Vous avez montré comment équilibrer une équation, mettre une équation en facteurs ou effectuer une addition difficile. Vous avez ensuite écrit un problème au tableau et demandé aux élèves de le résoudre sur l'espace qui lui est réservé sur la feuille. Par la suite, les élèves échangent leurs idées avec les autres membres de leur groupe. Comme activité d'approfondissement, vous pourriez écrire différentes questions au tableau (une pour chaque élève dans le groupe) et demander aux élèves de formuler leurs propres questions. Quand ils ont terminé, ils font part de leur solution aux autres élèves du groupe.

Situation 4 : Vous tentez d'obtenir un consensus sur une question. Les élèves écrivent (chacun dans l'espace assigné sur la feuille) ce qu'ils considèrent comme les points essentiels. Ils encerclent deux ou trois idées principales et marquent d'un astérisque celle qui leur semble la plus importante. À tour de rôle, les élèves lisent leur liste au groupe et soulignent le point essentiel. L'élève qui est le prochain à prendre la parole inscrit cette idée au centre du napperon. Lorsqu'ils ont terminé, les élèves ont noté les idées que le groupe considère comme importantes et tous ont été écoutés et respectés.

Situation 5 : Vous regardez une vidéo avec les élèves et vous voulez qu'ils en dégagent les idées principales. Les élèves notent par écrit des idées pendant la vidéo, puis les échangent avec leur groupe.

La tactique du napperon... considérations

- Remettez à chaque groupe une feuille de papier et demandez aux élèves de la diviser en autant de parties qu'il y a d'élèves dans le groupe. Vous pouvez leur demander ou non de tracer un carré au milieu. Voir la situation 4 ci-dessus pour ce qui a trait à l'utilisation du carré ou du cercle au milieu.

- Les élèves travaillent individuellement pendant un temps suffisant. Ici, l'aptitude sociale a rapport au fait de garder le silence et de respecter l'intimité des autres.

- Les élèves partagent leurs réflexions avec les membres de leur groupe. Pour appuyer la tactique du napperon, vous pourriez faire intervenir une capacité de communication telle que celle qui consiste à écouter de façon active ou à demander des précisions. Nous vous suggérons d'intégrer à l'exercice soit d'autres habiletés sociales ou encore des compétences liées à la communication ou à la pensée critique.

- Les élèves utilisent la tactique du tournoi à la ronde à tour de rôle, dans le sens des aiguilles d'une montre, puis dans le sens inverse. Vous pouvez, surtout s'ils font un tournoi à la ronde pour la première fois ou s'ils ne se connaissent pas bien, les autoriser à passer leur tour et, ainsi, à ne pas partager leurs idées avec les autres s'ils ne se sentent pas prêts ou à le faire ultérieurement.

La tactique du napperon... adaptations

1. Combinez la tactique « équipe reconstituée » et celle du napperon. Demandez à un élève de prendre la feuille de son groupe et de se joindre à un autre groupe afin de partager les idées principales inscrites dans le carré, au centre du napperon.

2. Si les élèves forment des groupes de trois, vous pouvez leur demander de faire une **entrevue en trois étapes** basée sur ce qu'ils ont écrit dans le carré central.

3. Les enfants de la maternelle pourraient dessiner (par exemple, ce que le printemps signifie pour eux).

4. La tactique du napperon fonctionne bien en combinaison avec l'**acquisition de concepts**. Après que vous leur avez présenté un ensemble de données, les élèves peuvent formuler des hypothèses (individuellement), puis les partager en groupe et écrire au centre du napperon celles qui font l'objet d'un consensus.

5. Avant de faire des **schémas conceptuels** ou des **réseaux notionnels,** les élèves peuvent appliquer la tactique du napperon en écrivant d'abord dans le carré (ou le cercle) les idées principales, qui seront ensuite transcrites dans les schémas ou les réseaux notionnels.

6. Durant les séances de **remue-méninges,** certains élèves prennent toute la place, alors que d'autres essaient de ne rien faire. Parce qu'elle amène tous les membres du groupe à réfléchir, la tactique du napperon augmente les chances de les rendre responsables et de leur faire prendre une part active au processus d'apprentissage.

7. Quand ils auront terminé, vous pourriez demander aux élèves de découper leur section et de la combiner aux sections de deux ou trois élèves appartenant à d'autres groupes. Ils pourraient alors partager les idées de leurs groupes respectifs.

Autres dispositions

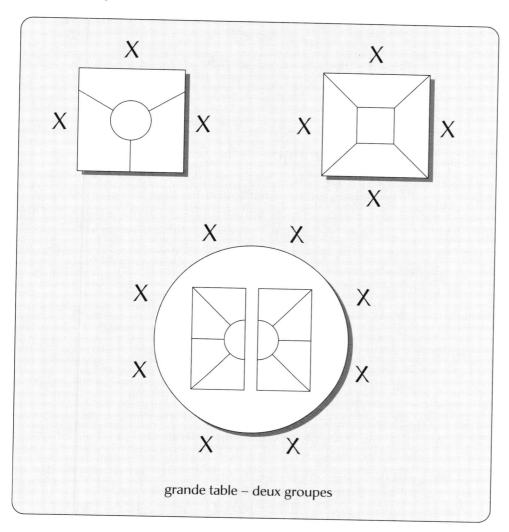

grande table – deux groupes

La tactique des graffitis : de la première année à l'âge adulte

La tactique des graffitis est un processus de remue-méninges créatif qui met à contribution la totalité ou la majorité des élèves de la classe. Vous commencez par former des groupes de trois ou de quatre et vous remettez à chacun une grande feuille de papier au milieu de laquelle un sujet est inscrit. Les sujets peuvent être les mêmes ou être différents d'une feuille à l'autre. Les élèves ont 30 secondes pour réfléchir, puis entre 60 et 90 secondes pour écrire individuellement, mais en même temps, leurs idées sur la feuille. Quand ils ont terminé, tous les membres du groupe se lèvent et vont en même temps à la table d'un autre groupe, où ils écrivent encore une fois leurs idées sur la feuille qui s'y trouve. Les élèves répètent le geste jusqu'à ce que chaque groupe ait visité les tables de tous les autres groupes. Lorsqu'ils reviennent à leur table initiale, tous les groupes ont maintenant sur leur feuille de papier les idées de tous les élèves de la classe.

Note

Au lieu d'utiliser des mots, les élèves, en particulier les plus jeunes, peuvent faire des dessins.

Application de cette tactique

Situation 1 : Vous enseignez dans une classe de musique. Vous jouez une pièce, et les élèves doivent mentionner toutes les choses qui traversent leur esprit quand ils écoutent ce genre de musique (des sentiments, des souvenirs, etc.). Quand vous avez fini de jouer, vous recueillez diverses réflexions et émotions liées au type de musique (par exemple, country, classique, jazz ou blues). Maintenant, demandez aux élèves de formuler sur la feuille de papier un énoncé en rapport avec la pièce musicale.

Situation 2 : Vous étudiez un roman ou une pièce de théâtre, *Roméo et Juliette* par exemple. Vous avez l'intention, dans la prochaine leçon, de demander aux élèves d'écrire un sketch. Vous vous rendez compte que la partie la plus difficile est de recueillir des informations sur chaque personnage. Vous prenez cinq feuilles de papier et, au centre de chacune, vous inscrivez le nom d'un des cinq personnages principaux. Vous demandez ensuite aux élèves d'écrire tout ce qu'ils savent au sujet de ce personnage ou des exemples de situations qui révèlent sa personnalité. Ils écrivent pendant 90 secondes, changent de feuille, écrivent pendant 90 secondes, et ainsi de suite jusqu'à ce qu'ils reviennent à leur feuille initiale. Au bout du compte, chaque élève a recueilli les réflexions de tous les élèves de la classe. Par la suite, les élèves classent les données par ordre d'importance et écrivent le sketch.

Situation 3 : Vous voulez évaluer les connaissances des élèves relativement aux machines munies d'un levier. Ils écrivent leurs idées sur la feuille de papier de leur groupe, puis sur la feuille de chacun des autres groupes. Les élèves groupent ensuite les leviers dans différentes classes en se basant sur leurs caractéristiques. Note : La tactique des graffitis recoupe ici la phase 1 du modèle de pensée inductive de Hilda Taba, modèle qui sera décrit au chapitre 8.

Situation 4 : Les élèves donnent des exemples de parties d'un exposé oral. Au centre de chaque feuille de papier est inscrite une partie différente de l'exposé oral (noms propres, adverbes, adjectifs, etc.). Ils écrivent le plus d'exemples possible sur chaque feuille pendant 60 secondes, puis ils passent à une autre feuille. À la fin, ils reviennent à leur feuille initiale et recherchent les mauvais exemples ou les exemples confus.

Situation 5 : Avant de commencer un module sur l'Égypte, vous voulez avoir une idée de ce que vos élèves savent sur l'Égypte. Au centre de chaque feuille, le mot « Égypte » est inscrit. Les élèves ont 90 secondes pour écrire sur chaque feuille tout ce qu'ils savent sur l'Égypte. Quand ils reviennent à leur feuille initiale, les élèves de chaque groupe formulent cinq questions auxquelles ils aimeraient pouvoir répondre en se fondant sur les informations contenues sur la feuille.

La tactique des graffitis... considérations

- Utilisez des marqueurs de couleur. Cela rend l'exercice plus intéressant et obligera les élèves à réfléchir avant d'écrire. Si le commentaire inapproprié est en vert et que seulement trois élèves ont un marqueur vert, il sera plus facile pour vous de découvrir qui en est l'auteur.

- Dites aux élèves de ne pas perdre de temps à lire les autres réponses. Il importe peu qu'ils écrivent les mêmes choses que leurs camarades. Si une même idée revient souvent, cela veut peut-être tout simplement dire qu'elle est importante.

- Dites aux élèves que la tactique des graffitis est un concept et expliquez-leur ce qu'il signifie. Énumérez avec eux les endroits où l'on trouve habituellement des graffitis. Vous pourriez retracer l'histoire des graffitis, ce qui rendrait la leçon encore plus intéressante.

La tactique des graffitis... adaptations

- Supposons que vous enseignez une langue seconde. Cette fois, n'inscrivez rien au centre de chaque feuille. Dites aux élèves de choisir cinq mots (anglais, espagnols ou allemands). Donnez-leur 30 secondes pour les écrire sur leur feuille initiale. Ensuite, ils écrivent leurs mots sur la feuille de chaque groupe. Une fois revenus à leur feuille initiale, les membres de chaque groupe rivalisent pour donner le plus d'équivalents anglais ou français possible de chaque mot.

- Demandez aux élèves de s'échanger les feuilles de papier plutôt que de se déplacer. Ce sera plus simple si vous pensez que vous pourriez avoir de la difficulté à gérer la classe lors des déplacements.

- La tactique des graffitis peut très bien servir à amorcer la phase 1 du modèle de pensée inductive de Hilda Taba.

- La tactique des graffitis peut être utilisée pour amener les enfants de la maternelle à dire ce qu'ils savent au sujet d'une lettre, par exemple la lettre « A ». Vous leur demandez de se déplacer d'une feuille à l'autre (une lettre différente est inscrite au centre de chaque feuille) et ils écrivent la lettre ou dessinent une chose qui correspond à un mot commençant par la lettre « A » ou contenant un « A ».

- Supposons que votre cours porte sur l'orthographe. Vous pourriez demander à vos élèves de choisir six mots, d'en épeler trois correctement et trois incorrectement. Dites aux élèves d'épeler incorrectement leurs trois mots en ayant à l'esprit les fautes les plus courantes que les autres élèves risqueraient de commettre s'ils les épelaient eux-mêmes. Chaque élève écrit d'abord ses six mots sur la feuille de son groupe, puis sur la feuille de chacun des autres groupes. Lorsqu'ils ont terminé, les élèves reviennent à leur feuille initiale et déterminent quels sont les mots épelés correctement et incorrectement.

Voici des graffitis de mathématiques réalisés par des élèves de niveau primaire (première tentative). Ils ont résolu des problèmes de numération. Au centre de chacune des six feuilles était inscrit un nombre différent. Les élèves sont passés avec leur groupe d'une feuille à l'autre. Ils devaient écrire une phrase mathématique (2 + 4 = 6) avec le nombre inscrit sur leur feuille. Une fois revenus à la feuille initiale de leur groupe, les élèves ont lu ce que les membres des autres groupes avaient écrit et vérifié si ce qu'ils avaient écrit était correct. Vous pourriez modifier la tactique en demandant à vos élèves de ne pas écrire les réponses. Ainsi, quand ils reviendront à leur feuille initiale, les élèves auront à répondre aux questions que les membres des autres groupes leur auront laissées.

À la page suivante, nous donnons un exemple de leçon de sciences qui intègre la tactique des graffitis.

Leçon 6

Module sur les sols

Matière	Leçon de sciences qui intègre la tactique des graffitis
Conçue par	Sherry Jones et Helen Kapsalakis
Niveau	4ᵉ année

Mise en situation

Demandez à vos élèves de dessiner sur une feuille de papier ce à quoi ressemble, selon eux, une racine, puis de montrer leur dessin à un camarade. Invitez quelques élèves à dessiner au tableau leur racine. Faites en sorte d'avoir des exemples différents de racines. Discutez avec chaque élève qui dessine une racine au tableau d'expliquer en quoi ce qu'il a dessiné est une racine, les endroits où l'on peut en trouver, ce dont elle a besoin pour se développer, etc. Posez également des questions au reste de la classe. Inscrivez leurs réponses au tableau sans les commenter.

Objectif

Encouragez les élèves à se familiariser avec ce module de sciences sur les sols en appliquant la tactique des graffitis et en échangeant leurs points de vue. Présentez-leur cet objectif et discutez-en avec eux dans un langage qui leur est accessible.

Modélisation

Amorcez une discussion avec les élèves sur les différents types de racines, leurs diverses utilisations, leur utilité. Montrez-leur les racines d'une plante qui pousse dans la classe. Dites-leur en quoi consistera l'application de la tactique des graffitis et établissez les règles suivantes :

- écrire ou dessiner clairement ses idées ;

- ne pas écrire ou dessiner ses idées sur celles des autres ;

- écrire et se déplacer le plus tranquillement possible après que le signal a été donné.

Vérification de la compréhension

Revoyez avec les élèves les règles à suivre et le rôle de chacun dans cette activité. Observez les élèves pendant qu'ils exécutent leurs tâches.

Exercice

À chaque table, remettez à chaque élève un marqueur de couleur différente. L'élève qui a le marqueur entouré d'un autocollant sera le premier à retourner la feuille de papier de grande dimension et à commencer l'activité.

Une feuille de papier de grande dimension est placée sur chaque table. Chaque feuille a un titre : « Les vers de terre » ; « Le compost » ; « Les racines » ; « Les couches du sol » ; « Les différents types de sols » ; et « Les utilisations des sols ». À votre signal, toutes les 90 secondes, les élèves passent d'une feuille à une autre.

Suggestions

À chaque table, les élèves ont 30 secondes pour lire les commentaires écrits sur la feuille. Demandez-leur de classer grossièrement les informations et de se préparer à formuler les idées principales avec les autres groupes. Donnez-leur cinq ou six minutes pour se préparer. En utilisant la méthode des têtes numérotées, demandez à un élève dans un groupe de lever la main, puis dites un autre nombre à voix haute. L'élève ayant le nombre correspondant prendra la feuille de son groupe, se joindra à un autre groupe et communiquera les idées de son groupe. L'élève qui a la main en l'air la baisse dès que cet élève se joint à son groupe.

Retour sur la leçon

Demandez aux élèves de penser à des propos intéressants sur les sols qu'ils ont entendus. Choisissez au hasard des élèves qui partageront leurs idées avec le reste de la classe. Demandez ensuite aux élèves d'apprécier en groupe dans quelle mesure ils ont suivi les règles de l'activité des graffitis. Faites-leur part de vos observations. Affichez dans la classe les feuilles de papier de grande dimension des différents groupes. Invitez les élèves à regarder le travail des autres pendant quelques minutes. Laissez les feuilles affichées de façon qu'elles puissent être consultées au besoin.

La méthode EJT (équipes-jeux-tournois)[3]

La méthode EJT est une forme plus complexe d'apprentissage coopératif. La méthode EJT a été créée par David DeVries et Keith Edwards (1978). Nous l'avons vu appliquer avec de jeunes élèves comme ceux de première et de deuxième année.

La méthode EJT est habituellement utilisée pour vérifier la compréhension de la matière enseignée ou pour voir les connaissances acquises. Elle ressemble sous certains aspects à la méthode casse-tête. Les élèves travaillent dans un groupe initial de trois et révisent la matière. Ils constituent ensuite des groupes de tournoi : un élève de chaque groupe forme un autre groupe avec deux élèves qui proviennent de deux autres groupes. Ces groupes de tournoi répondent à un certain nombre de questions inscrites sur des fiches, les réponses étant données au verso. La manière de procéder s'apparente à celle du jeu Quelques arpents de piège.

Lorsqu'ils ont répondu aux questions ou que le temps est écoulé, les élèves retournent dans leur groupe initial et ajoutent les points individuels qu'ils

---

3. Traduction de « TGT » (*teams-games-tournaments*).

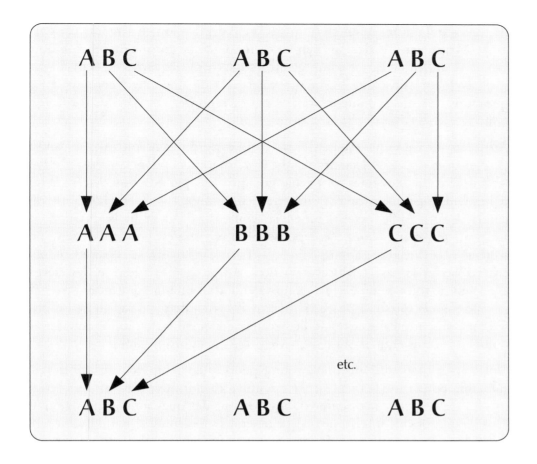

ont remportés dans le tournoi. Nous présentons ci-dessous une adaptation de la méthode qui permet de gagner du temps. Elle a été conçue par une enseignante en première année du Colorado.

Important
Prenez le temps d'expliquer aux élèves l'importance de l'esprit sportif et de discuter avec eux de cette habileté sociale.

Formulez les questions et commencez le tournoi

Énoncez de 16 à 32 questions qui vous permettront d'apprécier dans quelle mesure les élèves ont assimilé la matière de votre dernier module. Divisez les questions en quatre groupes, inscrivez chaque groupe de questions sur une feuille de papier distincte et donnez un titre à chacune : « cœur », « carreau », « pique » et « trèfle ». Faites de même avec les réponses. Vous avez maintenant **deux** documents de quatre feuilles chacun : un document qui contient les questions et un autre qui contient les réponses (les numéros des questions doivent correspondre à ceux des réponses).

Ensuite, prenez un jeu de cartes. Retirez du jeu les figures, les 10 et les 9 (si vous avez 32 questions). Il vous reste 32 cartes, dont 4 as valant « 1 ». Ajoutez les valets, qui auront une fonction spéciale (l'explication en sera fournie plus loin). Maintenant, mélangez bien les cartes. Chaque groupe du tournoi doit avoir: 1) un jeu de cartes comprenant les quatre as, les cartes de deux à huit inclusivement, ainsi que les quatre valets; 2) un document contenant les questions; 3) un document contenant les réponses; et 4) une feuille de pointage (voir l'exemple fourni ci-dessous).

Attribuez aux élèves les lettres A, B et C, qui correspondent aux rôles suivants: chaque élève A sera un lecteur; chaque élève B, un répondant; et chaque élève C, un secrétaire. **Les rôles sont échangés après chaque question.** L'élève B (le répondant) pige une carte et la montre à son groupe (par exemple, le sept de cœur). L'élève A (le lecteur) prend la feuille du cœur et lit la question 7. L'élève B réfléchit et donne sa réponse. Si la réponse est bonne, l'élève C (le secrétaire) coche la case appropriée. Si la réponse est mauvaise, l'élève C n'inscrit rien dans la case ou inscrit un tiret. Après chaque question, les élèves changent de rôles. Si un élève pige un valet, il doit prendre une autre carte. Si sa réponse à la question posée est bonne, il inscrit deux points au lieu d'un. S'il pige un autre valet et répond correctement une fois de plus, il double ses points (c'est-à-dire qu'il obtient quatre points), et ainsi de suite.

Nous vous suggérons de prévoir une période de temps d'une durée raisonnable pour cette activité – par exemple, 20 minutes. S'ils finissent plus tôt, les élèves peuvent discuter tranquillement des questions jusqu'à ce que tous les groupes aient terminé ou que le temps soit écoulé. Quand ils ont terminé, les élèves retournent dans leur groupe initial, additionnent les points qu'ils ont obtenus et vous remettent leur feuille de pointage.

Exemple de feuille de pointage

Nom de l'équipe	Numéro de la question								Total
	1	2	3	4	5	6	7	8	

Situation 1: Vous venez de terminer un module sur le tableau périodique des éléments. Vous appliquez la méthode EJT pour aider vos élèves à faire correspondre les noms des éléments et les symboles.

Situation 2: Vous voulez apprécier l'aptitude de vos élèves à reconnaître divers types de poésie. Vous placez des poèmes de différents types dans quatre enveloppes. Sur chaque enveloppe est inscrit un des mots suivants: «cœur», «trèfle», «carreau» ou «pique».

Situation 3: Vous venez de terminer un module sur les fables. Vous créez des situations ou des énoncés ayant rapport à la vie d'aujourd'hui, puis vous demandez aux élèves de dire quelles fables ces situations ou ces énoncés évoquent. Par exemple, « Je préfère chanter plutôt que de danser le hip-hop » = *La Cigale et la Fourmi* de La Fontaine ; « Nous mangeons souvent du fromage à la maison » = *Le Corbeau et le Renard* de La Fontaine.

Situation 4 : Vous devez évaluer les capacités d'écriture de vos élèves. Vous créez des exemples d'erreurs (par exemple, des verbes mal conjugués, des pluriels mal accordés, des phrases incomplètes, etc.). Les élèves doivent découvrir les erreurs.

Situation 5 : Vos élèves ont de la difficulté à déterminer s'ils doivent effectuer des additions, des soustractions, des multiplications ou des divisions, ou combiner deux de ces opérations, pour résoudre un problème de mathématiques. Soumettez-leur divers problèmes et demandez-leur l'opération ou les opérations qu'ils choisiraient pour les résoudre.

La méthode EJT… adaptations

Divisez votre classe en groupes de base formés de six élèves au lieu de trois, et attribuez aux élèves les lettres AA, BB et CC. Après avoir revu dans leur groupe de base les notions apprises, les élèves rejoignent les groupes de tournoi, non pas individuellement, mais en dyade. Ainsi, les deux A d'un groupe initial vont rejoindre les deux A de deux autres groupes. Les groupes du tournoi sont donc composés de six élèves. Les membres de chaque groupe de tournoi tirent une question au hasard, échangent leurs idées, puis donnent leur réponse. Nous ne connaissons pas de meilleure façon de faire travailler ensemble des élèves de différentes forces. Avec une telle adaptation de la méthode EJT, vous permettez à vos élèves de prendre des risques, même pour ceux qui ont de la difficulté dans la matière à l'étude. Si un des groupes de tournoi compte un nombre impair d'élèves (par exemple, cinq élèves), demandez à un élève fort de participer individuellement au tournoi.

Pour présenter l'esprit sportif, utilisez un tableau en T et demandez aux élèves d'y inscrire ce que, selon eux, vous verriez et entendriez s'ils avaient tous l'esprit sportif. À la fin, revoyez avec eux ce qu'ils ont fait.

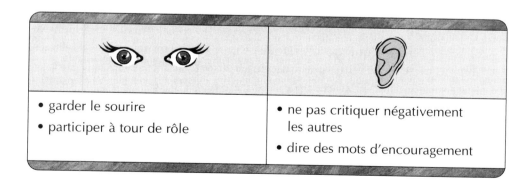

• garder le sourire • participer à tour de rôle	• ne pas critiquer négativement les autres • dire des mots d'encouragement

Dans les pages qui suivent, vous trouverez deux exemples de leçons qui font appel à la méthode EJT.

Leçon 7

La méthode EJT

Sujet	Résumé du module : Les volcans et les tremblements de terre
Conçue par	Kurn-Jin Kim (enseignante de 6ᵉ année)

Objectifs

Au cours d'une révision du module de géographie, des élèves de sixième année reconnaissent et décrivent les caractéristiques des volcans et des tremblements de terre à l'aide de la méthode EJT. En même temps, ils démontrent un esprit sportif.

Mise en situation

« Rappelez-vous tout ce que nous avons appris jusqu'à maintenant sur les volcans et les tremblements de terre. Vous savez qu'il y a aura un examen demain et que je vous ai promis qu'il serait amusant. En fait, certaines questions proviendront de l'exercice que nous ferons aujourd'hui. Je vais vous expliquer comment ce tournoi fonctionne. »

Suggestions

1. Demandez aux élèves de réviser pendant 15 minutes, en groupes de trois, ce qu'ils ont appris concernant les volcans et les tremblements de terre.

2. Demandez-leur de former des groupes de trois. Distribuez à chaque groupe un jeu de cartes, dont vous aurez préalablement retiré les dames et les rois. (À noter : les as ont une valeur de « un » et les valets ont une fonction spéciale.) Donnez aux élèves une minute pour choisir (en chuchotant) le nom de leur groupe.

   Expliquez aux élèves les règlements du tournoi.

   Rôles : un lecteur – qui lit la question
   un répondant – qui répond à la question
   un secrétaire – qui inscrit les points sur la feuille de pointage

3. Les élèves de chaque groupe se répartissent les rôles, puis ils changent de rôles après chaque question. Chaque groupe de tournoi a un jeu de cartes. Chaque carte représente une question qui sera lue et à laquelle une réponse sera donnée. (Par exemple, le quatre de trèfle représente la question quatre de la feuille des « trèfles ».)

4. Le lecteur lit la question et détermine si la réponse est bonne ; le cas échéant, le secrétaire inscrit un point. (Voir les questions et les réponses aux pages 192-195.)

5. Si un valet est tiré et que la réponse est bonne, le répondant obtient le double de points (deux points).

   • Si l'élève tire un autre valet, la question vaut quatre points.

- Si un autre valet est tiré, la valeur de la question double une fois de plus (huit points).
- Si les 4 valets sont tirés à la suite (ce qui est très improbable), la question vaut 16 points.

6. À la fin du tournoi (pouvant durer jusqu'à 50 minutes), tous les membres d'un groupe de tournoi retournent dans leur groupe de base et comptent leurs points.

7. Discutez avec les élèves de l'opportunité d'utiliser un tableau en T, où ils pourraient préciser ce qu'est l'esprit sportif et ce qu'il n'est pas.

Modélisation et vérification de la compréhension

En ayant en main les questions et les réponses, demandez à deux élèves de se porter volontaires. Demandez à la classe de décider qui des deux sera le lecteur et qui sera le secrétaire. Tirez une carte dans le jeu. Vous demanderez ensuite à la classe quelle question le lecteur posera (si c'est le trois de carreau, la classe devrait dire que c'est la question trois de la feuille de carreau). En fonction de la réponse, le secrétaire note les points.

Faites changer les rôles. Demandez à un des deux élèves de tirer une carte et continuez ainsi le jeu. Puis faites un autre changement de rôles, le dernier dans la première ronde. Cette fois, assurez-vous qu'un valet sera tiré. Demandez aux élèves combien vaut la question dans un tel cas et ce qui arrivera si un deuxième valet est tiré, puis un troisième et même un quatrième valet. Expliquez-leur que la fin de la première ronde a lieu quand les trois personnes ont répondu à une question.

Suggestions/vérification de la compréhension

Étant donné qu'il pourrait y avoir des équipes de deux, les points devraient être ramenés à une moyenne calculée selon le nombre de membres dans chaque groupe. Lorsque le temps est écoulé, les élèves retournent dans leur groupe de base, en ayant leur feuille de pointage en main. Chaque groupe initial vous remet ses feuilles de pointage (sur lesquelles est inscrit le nom du groupe). Observez si les élèves manifestent un esprit sportif.

Retour sur la leçon

Invitez les élèves à apprécier dans un tournoi à la ronde (sans se critiquer) si leur participation a été bonne et s'ils ont fait preuve d'esprit sportif. Demandez-leur de dire ce qui les laisse insatisfaits et ce qu'ils pourraient faire la prochaine fois pour améliorer le climat.

Feuille de pointage pour l'activité EJT

Nom	1	2	3	4	5	6	7	8	9	10	11	12	13	Total

Note

Nous vous suggérons de donner aux élèves des avantages liés à leur apprentissage plutôt que des objets. Par exemple, les membres d'un groupe qui obtient un nombre déterminé de points reçoivent une prime de 2 % applicable au prochain examen, ont le droit de quitter la classe 3 minutes plus tôt, peuvent rester à la bibliothèque plus longtemps, etc.

Voici les questions et les réponses de l'activité EJT.

Questions « pique »

1. Qu'est-ce qu'un tremblement de terre ?

2. Décrivez ce qu'est une faille normale.

3. Décrivez ce qu'est une faille inverse.

4. Décrivez ce qu'est une faille coulissante.

5. Quelles sont les différentes couches de la terre ?

6. Comment s'appelle la fameuse faille en Californie ?

7. Comment appelle-t-on l'étude des volcans ?

8. Où la plupart des tremblements de terre surviennent-ils ?

9. À quoi peut-on comparer la chair d'une pomme par rapport à la Terre ?

10. Qu'est-ce qui fait que deux plaques tectoniques s'éloignent l'une de l'autre ?

Questions « trèfle »

1. Qu'est-ce qui retient ensemble des plaques de telle sorte qu'il y ait une libération soudaine d'énergie au cours d'un tremblement de terre ?

2. Quelles sont les deux échelles utilisées pour déterminer la force d'un tremblement de terre ?

3. Qu'est-ce que mesure l'échelle de Richter ?

4. Qu'est-ce que mesure l'échelle de Mercalli modifiée ?

5. Quelle est la valeur la plus élevée sur l'échelle de Mercalli modifiée ?

6. Que fait un sismologue ?

7. Qu'est-ce que le processus de *triangulation* ?

8. Qu'est-ce qu'un tsunami et comment se produit-il ?

9. Qu'est-ce que la liquéfaction des sables ?

10. Quelle est la principale cause de décès dans un tremblement de terre ?

Questions « carreau »

1. Qu'est-ce qu'un volcan ?

2. Quelle est la différence entre la lave et le magma ?

3. Où se trouvent la plupart des volcans ? Comment cette région s'appelle-t-elle ?

4. Épelez *pahoehoe*.

5. Que signifie « aa » ?

6. Quelle est la différence entre « pahoehoe » et « aa » ?

7. D'où provient la plus grande partie de la lave d'un volcan ?

8. Quel genre de volcan est l'île d'Hawaï ?

9. Dans quel pays se trouve la ville de Pompéi ?

10. Près de quel volcan Pompéi est-elle située ? Épelez le nom.

Questions « cœur »

1. Décrivez ce qu'est un volcan à cône de cendre.

2. Décrivez ce qu'est un volcan à cône mixte.

3. Décrivez ce qu'est un volcan hawaïen (ou volcan-bouclier).

4. Dites ce qu'est une éruption linéaire.

5. Décrivez un cône de lave.

6. Qu'est-ce qu'une caldeira ?

7. Qu'est-ce qu'un lahar ?

8. Qu'est-ce que la ponce ?

9. Comment un volcan peut-il influer sur la météo ?

10. Décrivez le désastre survenu au lac Nyos, au Cameroun.

Réponses « pique »

1. Un tremblement de terre provient du frottement de deux plaques en profondeur. Le frottement empêche les plaques de bouger en accumulant de l'énergie. L'énergie accumulée se libère subitement lorsque les plaques se fracturent. C'est cette énergie libérée qui crée un tremblement de terre (ou un séisme).

2. Une faille normale survient lorsque deux plaques se détachent. Une plaque descend, alors que l'autre reste où elle est.

3. Une faille inverse survient lorsque deux plaques se poussent l'une contre l'autre. Une plaque monte, alors que l'autre reste où elle est.

4. Une faille coulissante ou décrochante survient lorsque deux plaques se déplacent côte à côte. Elles ne montent pas ou ne descendent pas l'une par rapport à l'autre, mais elles glissent l'une sur l'autre.

5. Les couches de la terre sont la croûte (terrestre), le manteau supérieur, le manteau inférieur, le noyau externe et le noyau interne.

6. La faille de San Andreas.

7. La sismologie.

8. Aux bords des failles, là où les plaques se heurtent.

9. Au manteau terrestre.

10. La chaleur pousse le magma (qui est de la roche fondue) jusqu'à la croûte terrestre. Le magma se refroidit durant son ascension, puis, une fois arrivé à la croûte, il replonge vers le manteau. Les courants de magma brisent la croûte et les plaques qui en résultent s'éloignent lentement les unes des autres, emportées par les mouvements du manteau.

Réponses « trèfle »

1. Le frottement.

2. L'échelle de Richter et l'échelle de Mercalli modifiée.

3. L'énergie libérée au cours d'un tremblement de terre (mesurée en ergs).

4. Les effets qu'un être humain peut observer au cours d'un tremblement de terre.

5. La valeur la plus élevée est 12. (Demandez aux élèves d'écrire la réponse en chiffres romains : XII.)

6. Un sismologue étudie les tremblements de terre.

7. On a besoin d'abord de trois postes. À chaque poste, on doit savoir à quelle distance a eu lieu le tremblement de terre. On trace des cercles représentant la distance qui sépare chaque station, et l'intersection des trois cercles dessinés représente l'épicentre du tremblement de terre.

8. Un tsunami est un raz-de-marée produit par des chocs telluriques sous-marins.

9. Les tremblements de terre s'accompagnent parfois d'une liquéfaction des sables causée par la montée de l'eau souterraine à la surface. Les sables se liquéfient, c'est-à-dire qu'ils passent de l'état solide à l'état liquide ; ils deviennent en quelque sorte des sables mouvants.

10. Les décès surviennent principalement à la suite des incendies causés par la rupture de canalisations de gaz.

Réponses « carreau »

1. Un volcan est une ouverture qui permet la montée à la surface du magma qui provient de l'intérieur de la Terre.

2. La lave est la roche fondue à la surface de la Terre. Le magma est la roche fondue sous la surface de la Terre.

3. La plupart des volcans se trouvent sur les bords des plaques tectoniques, dans la région appelée la «ceinture de feu du Pacifique».

4. P-A-O-Ï-H-O-Ï.

5. «aa» est une lave qui devient rugueuse en se refroidissant.

6. Le pahoehoe est une lave à surface lisse par opposition à l'aa.

7. Elle provient du tube principal.

8. Un volcan-bouclier.

9. En Italie.

10. Près du Vésuve.

Réponses «cœur»

1. Un volcan à cône de cendre est un volcan composé de téphra (pierres de toutes natures).

2. Un volcan à cône mixte est un volcan de plusieurs milliers de mètres de hauteur ayant un cratère au sommet. Il devient très haut en raison de la superposition de plusieurs couches de lave.

3. Un volcan-bouclier est constitué de coulées de lave fluide.

4. Une éruption linéaire est une émission de lave par une fracture à la surface.

5. Un cône de lave est un culot qui empêche la lave de sortir.

6. Un caldeira est un immense cratère résultant de l'effondrement de la partie centrale d'un volcan à la suite d'une explosion violente.

7. Un lahar est une coulée de boue qui résulte de la fonte de la calotte glaciaire surmontant un volcan à la suite d'une éruption.

8. La ponce est une roche volcanique créée par le contact de la lave et de l'eau de l'océan. Cette roche est poreuse et suffisamment légère pour flotter sur l'eau.

9. Les cendres projetées par un volcan dans l'atmosphère bloquent la lumière du soleil, causant ainsi des refroidissements à la surface de la Terre.

10. Le volcan du lac Nyos a rejeté des gaz toxiques plus lourds que l'air. Ces gaz ont recouvert la ville voisine durant la nuit et ont tué 1746 personnes.

Leçon 8

La méthode EJT

Sujet	Lire l'heure
Matière	Mathématiques
Niveau	2e année

Objectif

Les élèves devront démontrer qu'ils comprennent les concepts relatifs aux quarts d'heure et ils réviseront la matière en prévision d'un test. Ils développeront certaines habiletés sociales (travailler en groupe, être poli, rester centré sur la tâche à accomplir).

Matériel requis

1. Feuilles de questions et de réponses pour le tournoi (remises à chaque groupe).

2. Un crayon par groupe.

3. Une horloge munie d'une aiguille des secondes par groupe.

4. Un jeu de cartes par groupe (cartes 2 jusqu'à 10 inclusivement).

Note

Si vous ne voulez pas utiliser des jeux de cartes et des feuilles de questions et de réponses, vous pourriez faire usage de fiches séparées (l'heure au recto, un diagramme au verso).

Mise en contexte

Demandez aux élèves d'indiquer leurs jeux préférés. Attendez-vous à ce qu'ils mentionnent des jeux vidéo comme Nintendo. Mais encouragez-les à mentionner d'autres types de jeux. Discutez brièvement avec eux de ce qu'il est possible d'apprendre en jouant. Dites-leur qu'ils formeront des groupes dans une activité EJT qui leur permettra de démontrer leur capacité à lire l'heure. Expliquez aux élèves les règles du jeu ainsi que les habiletés sociales qui consistent à travailler en groupe et à rester centré sur la tâche à accomplir. Écrivez au tableau les différentes étapes et les habiletés sociales à développer.

Modélisation et suggestions

Divisez votre classe en groupes et donnez-leur des noms comme Pluton, Mars, Mercure et Vénus (ils connaissent ces noms car ils les ont vus dans une leçon précédente). Donnez aux groupes cinq minutes pour étudier l'heure et le déplacement des aiguilles sur l'horloge. Attribuez aux élèves les lettres A, B et C. Chaque groupe doit se rendre à une station. Aux quatre stations, il y a un jeu de cartes (cartes 2 jusqu'à 10 inclusivement), un crayon, une horloge, une feuille de questions et une feuille de réponses.

Voici quelques précisions concernant cet exercice :

- Insistez sur l'importance que le travail soit réalisé en équipe.

- Mentionnez que chaque groupe aura l'occasion d'étudier l'heure et de résumer ce qui a été appris sur le sujet – tous les membres du groupe travailleront ensemble en s'aidant les uns les autres.

- Chaque groupe doit être composé de cinq élèves.

- Un nombre est attribué à chaque membre d'un groupe ; ce nombre est inscrit sur une fiche.

- Après avoir étudié l'heure et le déplacement des aiguilles pendant cinq minutes, dites à chaque groupe où il doit aller.

- Les élèves prennent le jeu de cartes et retournent la première carte. Le premier groupe lit la question ; le deuxième groupe doit indiquer l'heure en donnant une bonne réponse en moins de 30 secondes ; le troisième groupe observe et a la responsabilité de vérifier les réponses. Un point est accordé par bonne réponse.

- Une fois que la réponse est vérifiée, les groupes changent de rôles. Le groupe qui a répondu à la question sera chargé de lire la prochaine question ; le groupe qui a lu la question vérifiera la prochaine réponse ; et le groupe qui a vérifié la réponse répondra à la prochaine question. Le jeu s'arrête après que tous les groupes ont répondu à au moins cinq questions.

- Les élèves reviennent ensuite dans leurs groupes de base et additionnent les points obtenus dans le tournoi. Puis demandez à tous les élèves de s'asseoir par terre, de commenter ensemble les résultats et d'apprécier le fonctionnement du groupe.

- En cas de conflit au sujet d'une réponse, le groupe qui a lu la question vérifiera la réponse. Si la mésentente persiste, intervenez.

Vérification de la compréhension

Pendant l'activité, déplacez-vous dans la classe pour apprécier les habiletés sociales des élèves et pour les encourager à rester concentrés sur leurs tâches.

Retour sur la leçon

Une fois assis par terre, chaque groupe informe le reste de la classe des résultats qu'il a obtenus. Remerciez chaque groupe pour les efforts qu'il a accomplis en insistant, une fois de plus, sur l'importance du travail en équipe. Recueillez les idées relatives à ce que les élèves ont fait pour s'aider durant les cinq minutes qui ont précédé le tournoi et à leurs comportements durant ce dernier. Discutez avec les élèves de l'importance des encouragements pour la réussite du travail et des effets des critiques négatives. Faites-leur part de vos observations et soulignez certaines idées positives provenant de chaque groupe. Terminez l'activité en demandant à vos élèves de réfléchir individuellement à ce qui pourrait être amélioré dans un prochain tournoi.

Voici un exemple de questions : neuf questions pour chacune des couleurs (cœur, carreau, trèfle, pique). Les A ont tiré une carte, disons le quatre de cœur, et la question correspondant au quatre de cœur a été lue par l'élève B. L'élève C a vérifié la réponse et a inscrit sur la feuille de réponses un crochet si la réponse était bonne, ou un tiret si elle était mauvaise.

Numéro	Cœur	Carreau	Trèfle	Pique
2	12 h 45	3 h 15	10 h 00	9 h 15
3	10 h 15	10 h 30	5 h 45	4 h 45
4	7 h 15	8 h 15	8 h 00	1 h 00
5	6 h 45	2 h 15	2 h 45	2 h 30
6	4 h 15	12 h 30	1 h 15	5 h 30
7	2 h 15	11 h 00	11 h 30	11 h 45
8	1 h 45	10 h 45	3 h 45	3 h 30
9	3 h 00	7 h 30	7 h 00	7 h 45
10	5 h 00	8 h 45	4 h 30	4 h 00

Chapitre 7

Vue d'ensemble du chapitre sur l'acquisition de concepts

Questions clés

1 Qu'est-ce qu'un concept? Comment acquiert-on des concepts à l'âge de deux ans?

2 Quelle est la signification de l'apprentissage en tant que structure par opposition à l'apprentissage en tant qu'information?

3 Comment intégrer l'apprentissage coopératif à l'acquisition de concepts?

4 Est-il nécessaire de combiner la technique de la formulation des questions avec l'acquisition de concepts?

Les parties du chapitre sont liées les unes aux autres:

- Introduction et explication de la raison d'être de l'acquisition de concepts;
- Exemples d'ensembles de données et de leçons;
- Précisions sur la réflexion inductive;
- Précisions sur l'acquisition de concepts;
- En quoi l'acquisition de concepts procède du travail de Perkins sur l'apprentissage en tant que structure;
- Des exemples plus complexes de leçons qui font appel à plusieurs stratégies;
- Activité: À vous de jouer!;
- Trois types de concepts;
- La stratégie d'acquisition de concepts;
- La combinaison de la stratégie d'acquisition de concepts avec d'autres stratégies;
- Le résumé du chapitre.

Introduction

Tout ce que l'on peut toucher, voir, sentir et goûter est un concept. Regardez autour de vous: toutes les choses qui vous entourent ainsi que leurs caractéristiques sont des concepts (mur, fenêtre, lisse, froid, fille, amicale, etc.).

Peut-on dire que les concepts sont l'essence de la vie? Sans doute pas. Ils sont en tout cas à la base de toute communication – visuelle, verbale ou gestuelle –, élément à coup sûr essentiel dans nos vies. Une fois que l'on a élucidé un

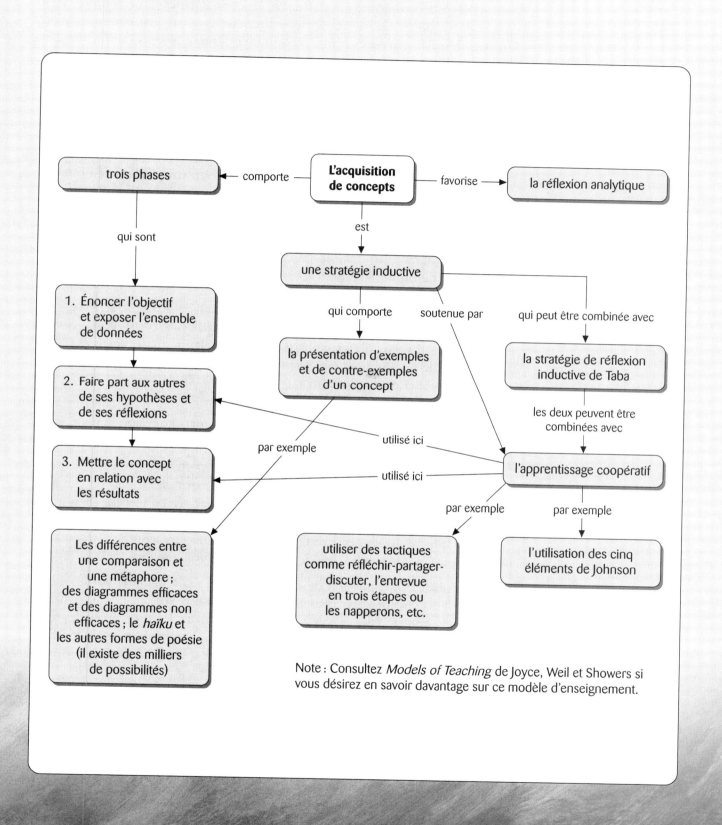

trois phases ← comporte — **L'acquisition de concepts** — favorise → la réflexion analytique

qui sont

est

1. Énoncer l'objectif et exposer l'ensemble de données

une stratégie inductive

qui comporte

soutenue par

qui peut être combinée avec

2. Faire part aux autres de ses hypothèses et de ses réflexions

la présentation d'exemples et de contre-exemples d'un concept

la stratégie de réflexion inductive de Taba

par exemple

utilisé ici

les deux peuvent être combinées avec

3. Mettre le concept en relation avec les résultats

utilisé ici

l'apprentissage coopératif

Les différences entre une comparaison et une métaphore ; des diagrammes efficaces et des diagrammes non efficaces ; le *haïku* et les autres formes de poésie (il existe des milliers de possibilités)

par exemple

par exemple

utiliser des tactiques comme réfléchir-partager-discuter, l'entrevue en trois étapes ou les napperons, etc.

l'utilisation des cinq éléments de Johnson

Note : Consultez *Models of Teaching* de Joyce, Weil et Showers si vous désirez en savoir davantage sur ce modèle d'enseignement.

concept, on peut faire des généralisations et des distinctions, lesquelles sont essentielles à la communication efficace. La connaissance d'un nombre élevé de concepts nous aide à mieux comprendre et à mieux communiquer. L'acquisition de concepts est une technique qui nous permet de clarifier des concepts et, par là même, d'enrichir nos vies.

Dans le présent chapitre, nous décrivons la stratégie pédagogique (ou modèle d'enseignement) connue sous le nom d'«acquisition de concepts». L'acquisition de concepts est une stratégie inductive qui a été conçue par Jerome Bruner. Il l'explique dans *A Study of Thinking* (Bruner, Goodnow et Austin, 1986). Bruner, un chercheur à l'Université de New York, a obtenu en 1987 le prix international Balzan pour l'ensemble de son travail dans le domaine de la psychologie. Ses travaux ont amélioré notre compréhension de la façon dont s'établissent les significations et du rôle joué par la pédagogie dans l'apprentissage.

Nous appliquons l'acquisition de concepts parce que cette stratégie nous paraît être une bonne «couleur» à mettre sur notre palette, un bon moyen de répondre aux diverses manières d'apprendre des élèves. L'acquisition de concepts concerne le niveau conceptuel de l'analyse. Elle incite le cerveau à rechercher des modèles. Elle exige des élèves qu'ils s'élèvent, dans leur réflexion, à des niveaux élevés d'abstraction et qu'ils discutent entre eux. Elle a pour effet de fixer plus durablement les choses apprises dans la mémoire et elle aide à faire comprendre plus rapidement les concepts.

Les recherches nous révèlent que le cerveau joue le rôle d'un chercheur de modèles et que la discussion contribue grandement au développement intellectuel. L'acquisition de concepts aide à découvrir des modèles et fournit des occasions de discuter.

Comme vous le verrez dès le début, former de bons ensembles de données constitue la partie la plus difficile de l'acquisition de concepts. Vous aurez aussi à revoir des choses sur lesquelles vous croyiez avoir des notions vraies (par exemple: deux lignes parallèles peuvent-elles être courbes, rester toujours à la même distance l'une de l'autre et ne jamais se joindre?).

Mise en garde: L'acquisition de concepts, à elle seule, n'incite pas les élèves à utiliser les concepts, pas plus qu'elle ne précise le rôle des concepts. Elle n'incite pas non plus les élèves à apprécier la valeur, la force ou l'effet d'un concept. Pour atteindre ces différents buts, l'enseignant doit intégrer à l'expérience d'apprentissage des méthodes d'enseignement telles que la controverse créative.

La raison d'être de l'acquisition de concepts

Les enseignants peuvent choisir de réfléchir à la place des élèves ou de fournir aux élèves des occasions de réfléchir par eux-mêmes. L'acquisition de concepts favorise la pensée indépendante.

Comme nous l'avons déjà mentionné, la stratégie d'acquisition de concepts oblige les élèves à utiliser le niveau conceptuel de l'analyse, essentiel à la réflexion critique.

Il importe surtout de savoir que la plupart des gens, sinon tous, ont fait usage sans le savoir de la stratégie d'acquisition de concepts pendant à peu près toute leur vie.

Cette stratégie qui incite les élèves à approfondir leur compréhension d'un concept rappelle beaucoup la façon d'apprendre des jeunes enfants. Considérez la situation suivante :

Vous faites une promenade avec votre enfant. Sans la désigner comme telle, vous allez appliquer naturellement la stratégie d'acquisition de concepts. Examinons ce qui se passe pendant la promenade de Denise.

Denise désigne quelque chose du doigt. Sa mère dit : « Oh ! regarde, c'est un chien. Viens ici, petit chien. Tu vois, c'est un chien. Il fait wouf ! wouf ! Touche son museau. Tu sens comment il est froid. Je crois qu'il t'aime : il remue sa queue… » Ce contact avec le chien permet à l'enfant de former le concept de « chien ». Deux minutes plus tard, Denise voit un chat et, bien sûr, elle dit : « Chien ! » Sa mère continue sa leçon : « Non, c'est un chat. Il fait miaou et il ronronne… » L'enfant commence à comprendre ce que ne sont pas les chiens et ce que les chats peuvent être, mais l'idée de queue lui fait obstacle pour distinguer clairement un chat d'un chien. Si vous avez un enfant, vous avez aussi sans doute déjà dû lui expliquer la différence entre un grand danois et un cheval. Bientôt, l'enfant va s'apercevoir qu'une mouffette n'est pas un chien et qu'une marmotte n'est pas un chat grâce aux personnes qui lui donnent des exemples d'attributs propres aux chiens et aux chats.

L'acquisition de concepts est une méthode pédagogique qui est attrayante pour les enfants. Elle peut créer une ambiance de jeu dans la classe. Elle amène du nouveau et de la variété, ce qui contribue à motiver les élèves à apprendre.

Cette stratégie incite les élèves à clarifier des concepts. En outre, elle les amène à reconnaître des objets correspondant aux caractéristiques des concepts à l'étude.

Les ouvrages sur les styles d'apprentissage et les intelligences multiples que nous lisons nous amènent à conclure que l'acquisition de concepts permet aux élèves d'apprendre de différentes manières.

Exemple de leçon

Les portraits

But	Faire comprendre aux élèves le concept de « portrait » et utiliser la démarche d'acquisition de concepts dans une leçon d'arts plastiques où les élèves ont à tracer le portrait d'un de leurs camarades.
Niveau	4ᵉ à 6ᵉ année

Énoncé de l'objectif

Les élèves sont assis sur le tapis près du tableau.

« J'aimerais que vous portiez attention aux cartes marquées "oui". Elles ont toutes quelque chose en commun (les attributs essentiels du concept). J'aimerais que vous les compariez aux cartes marquées "non". On ne trouve pas cette caractéristique sur les cartes "non". Réfléchissez à chaque carte que je vais vous présenter. Ne formulez pas vos idées à voix haute. Pour chercher une caractéristique commune ou un thème dans les cartes "oui", pensez à des œuvres d'art. Je veux aussi que vous examiniez la façon dont le sujet est représenté dans ces dernières. Faites abstraction des couleurs ou du style personnel de l'artiste (attributs accidentels du concept) et recherchez seulement ce que les cartes "oui" ont en commun.

« Vous allez pouvoir échanger vos idées à voix basse, avec un camarade, après la présentation de toutes les cartes. Je vous présenterai ensuite des cartes additionnelles pour vous permettre de vérifier vos hypothèses. »

Ensemble de données

J'ai choisi d'utiliser un ensemble de données composé exclusivement de cartes postales qui montrent des œuvres des collections permanentes et temporaires des galeries que j'ai visitées. Ces cartes sont un outil idéal. On y trouve 17 exemples, 17 contre-exemples, ainsi que 6 cartes d'exercices qui comprennent 3 exemples et 3 contre-exemples.

Dans ma présentation des données à la classe, j'ai alternativement montré un exemple de portrait et un contre-exemple. Je fixais au tableau chaque image présentée avec du ruban adhésif. Je plaçais les exemples à gauche du tableau et les contre-exemples à droite, avec une ligne verticale séparant les deux. J'ai intitulé « oui » le côté gauche et « non » le côté droit. J'indiquais oralement de quel côté allait chaque carte. Par exemple, en plaçant un portrait peint par Picasso du côté « oui », j'ai dit à la classe : « C'est "oui". »

Oui   **Non**

Présentation de leurs hypothèses et de leurs réflexions

Après avoir présenté toutes les cartes, j'ai demandé aux élèves de former des équipes de deux mais sans se lever. Je fonctionne souvent ainsi pour les amener à se jumeler rapidement. Il y avait un nombre pair d'élèves, donc aucun groupe de trois. Je leur ai demandé d'échanger à voix basse leurs idées en équipe. J'ai fixé à cinq minutes la durée de l'échange (cette classe est incapable de faire ce type d'exercice pendant plus de cinq minutes). J'ai précisé qu'ils devaient écouter les idées de l'autre concernant la ressemblance entre les portraits. Cette classe connaît bien le mot « hypothèse » à cause des leçons de sciences. J'ai donc demandé aux élèves de formuler une hypothèse en équipe au sujet des cartes « oui ». Les cinq minutes écoulées, ils semblaient avoir hâte de présenter leurs idées puisque plusieurs mains étaient levées.

J'ai demandé à chaque équipe de présenter son hypothèse à la classe. J'ai posé à chacune la question suivante : « Que peuvent avoir en commun les cartes du côté "oui" ? » Je n'ai pas commenté les réponses des élèves. Après avoir entendu les réponses de toutes les équipes, j'ai demandé à la classe de dire quelle était l'idée qui revenait le plus souvent parmi celles qui avaient été émises. Des élèves m'ont dit quelque chose qui ressemblait à : « Tout le monde a dit que les cartes du côté "oui" montrent des gens. » Un élève a dit : « On dirait que les gens posent pour l'artiste. » Un autre a formulé une idée un peu semblable : « On dirait que les gens nous regardent directement sur certaines images. » Un autre élève a dit : « Dans les cartes "oui", les gens occupent presque tout l'espace. » Je voyais que les élèves dégageaient les éléments essentiels. Je leur ai donc montré les cartes d'exercices pour alimenter la conversation. À chaque carte que je leur montrais, je leur demandais de lever la main s'ils croyaient que c'était un portrait. Ensuite, je demandais à ceux qui croyaient que ce n'en était pas un d'expliquer leur pensée.

Approfondissement de la réflexion

J'étais très satisfait du déroulement de la leçon. J'avais trouvé une excellente occasion de discuter des attributs que je voulais qu'ils remarquent dans les portraits. Je leur ai dit qu'ils avaient un bon sens de l'observation et qu'ils avaient bien compris l'exercice. Je leur ai dit que je trouvais aussi que les portraits avaient souvent des personnes comme sujet. Je leur ai ensuite demandé d'expliquer pourquoi certaines images montrant des gens étaient des contre-exemples. Ils ont répondu que les portraits ne montraient qu'une seule personne. Je leur ai dit que j'étais d'accord avec eux. Je leur ai demandé pourquoi l'image d'un chien était un exemple de portrait. Un élève en a alors déduit que le sujet pouvait être une personne ou un animal. J'ai abondé dans son sens. Puis je leur ai demandé d'expliquer pourquoi l'image d'une personne avec beaucoup de bras de style bande dessinée (dessinée par Keith Haring) était un contre-exemple. Un élève a répondu qu'il fallait que ce soient de vraies personnes. Je lui ai dit que j'étais d'accord avec lui : la carte montre une personne imaginaire. Ce qui m'a amené à poser la question : « Pourquoi l'image bizarre d'une personne peinte par Picasso fait-elle partie des portraits ? » Après un temps de réflexion, une élève a dit ceci : « Il s'agit d'une vraie personne… c'est seulement la façon dont l'artiste l'a peinte. » C'était toute une découverte ! J'ai expliqué à la classe que Picasso avait peint, en effet, une personne qu'il connaissait, mais dans un style différent.

Le concept

J'ai présenté le concept de portrait à la classe. J'ai expliqué aux élèves que les cartes « oui » étaient toutes des portraits et que les cartes « non » n'étaient pas des portraits parce qu'elles ne correspondaient pas à la définition d'un portrait. J'ai énuméré les attributs des portraits déjà découverts par les élèves :

- Ce sont des œuvres d'art qui représentent une personne ou un animal (les natures mortes sont exclues).

- C'est la personne ou l'animal qui est le sujet principal de l'œuvre et non ce qu'il y a autour ou à l'arrière-plan.

- Il peut s'agir d'un tableau ou d'une sculpture.

- On peut voir toute la personne ou seulement son buste ou sa tête.

- On peut voir le sujet de côté (ou de profil) ou d'un autre angle.

J'ai expliqué aux élèves que la carte d'exercice qui représente un homme et une femme peut sembler être un portrait. Toutefois, le sujet est plutôt la publicité de boisson gazeuse qui se trouve à l'arrière-plan. Ils semblent avoir bien compris cela.

Je leur ai demandé s'ils voulaient tracer le portrait de quelqu'un dans la classe. Cette idée leur a plu. Je leur ai donc permis d'utiliser le style qu'ils voulaient pour faire un portrait descriptif d'une personne qu'ils connaissent.

Réflexions personnelles

Grâce à l'utilisation de cet ensemble de données, nous avons pu passer ensuite facilement à la leçon d'arts plastiques. Je me suis senti à l'aise dans cette leçon puisque les élèves avaient maintenant une solide expérience au sujet des portraits. Ce fut ma première utilisation d'ensembles de données. J'étais donc content d'avoir choisi un sujet que je connaissais bien pour débuter. J'utiliserais sûrement cette méthode d'enseignement de nouveau. Ce type de leçon a très bien marché avec la classe choisie parce que ces élèves ont toujours besoin de défis pour garder leur concentration. La leçon leur a plu, car ils adorent tout ce qui touche les arts. Je crois qu'ils pourraient faire une leçon de ce genre dans une autre matière. Il s'agit d'une manière efficace d'introduire un concept et de faire intervenir une variété de styles d'apprentissage et d'intelligences.

Cinq de plus!!!

Dans les pages qui suivent, vous trouverez cinq autres ensembles de données. Trois leçons complexes utilisant l'acquisition de concepts font suite à ces ensembles (les leçons A, B et C). Déterminez si vous êtes capable de saisir la démarche de l'acquisition de concepts avant même que nous ne l'expliquions à la fin du chapitre.

Ensemble de données – 1er exemple : La géométrie

Au lieu de décrire les formes tridimensionnelles aux élèves, constituez un ensemble de données qui permettra à ces derniers de rechercher des modèles de solides et de discuter de leurs idées entre eux. Si vous avez affaire à des élèves de la maternelle, placez des triangles d'un côté et d'autres formes de l'autre côté. Vous pourriez placer les exemples et les contre-exemples dans deux cerceaux, puis demander, à titre d'exercice, aux élèves de déterminer ensemble dans quel cerceau il convient de placer d'autres figures et d'expliquer leurs choix. Dites : « Dans l'ensemble de données suivant, qu'ont en commun les formes du côté gauche ? En quoi diffèrent-elles des formes du côté droit ? Réfléchissez seuls, puis échangez vos idées avec un camarade. Quand vous aurez tous les deux trouvé une réponse, expliquez à tour de rôle où vous placeriez les autres formes. »

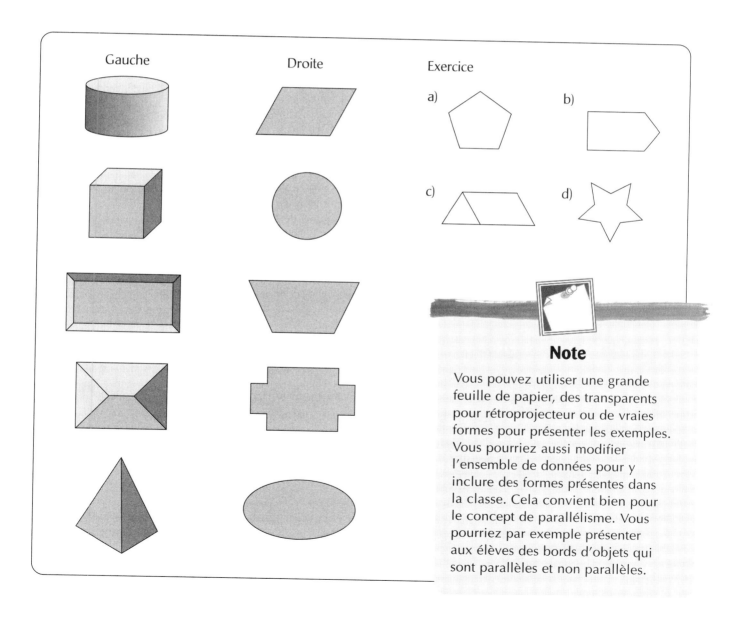

Note

Vous pouvez utiliser une grande feuille de papier, des transparents pour rétroprojecteur ou de vraies formes pour présenter les exemples. Vous pourriez aussi modifier l'ensemble de données pour y inclure des formes présentes dans la classe. Cela convient bien pour le concept de parallélisme. Vous pourriez par exemple présenter aux élèves des bords d'objets qui sont parallèles et non parallèles.

Ensemble de données – 2ᵉ exemple : Un raisonnement fautif

Le présent ensemble de données aidera les élèves à déterminer en quoi un raisonnement est fautif.

« Lisez les énoncés de gauche, puis comparez-les à ceux de droite. Ceux de gauche comportent tous un vice de raisonnement. Travaillez seuls. Après avoir lu tous les énoncés et précisé en quoi consistent les vices de raisonnement, échangez vos idées avec un camarade. Puis décidez ensemble si vous mettrez les énoncés dans la partie de gauche ou dans celle de droite. »

Exemples de vices de raisonnement	Contre-exemples de vices de raisonnement
• Les pesticides fragilisent les œufs des oiseaux. Nous devons cesser de les utiliser. • Les arbres sont importants. Les gens qui coupent des arbres détruisent notre planète. La coupe d'arbres devrait être interdite. • L'énergie solaire est gratuite. Nous devrions adopter une loi qui donnerait à tout le monde l'argent nécessaire pour adopter cette forme d'énergie. • Taxer davantage l'essence est un bon choix. Ainsi, nous aurons assez d'argent pour nourrir les pauvres. • Ce raton laveur a mangé un de nos poulets la nuit dernière. Nous allons piéger et tuer tous les ratons laveurs qui passent sur notre ferme.	• Il est possible que la Terre se réchauffe à cause de la pollution. Mais je pense que nous devrions aussi envisager d'autres explications. • J'aime ton idée, mais je ne suis pas certaine d'avoir compris ce que tu disais dans la dernière partie. Pourrais-tu m'expliquer ? • Je suis d'accord, mais pourrions-nous envisager la question sous un autre angle ? Qu'en penses-tu, Ali ? • J'admets que les gaz d'échappement des automobiles nuisent à l'environnement, mais nous devons penser à ce qui se produirait si nous forcions les gens à utiliser un autre genre de moyen de transport. • Non, merci. Je ne mange pas de poisson. J'ai déjà été malade après en avoir mangé et je suis maintenant allergique.

Exercice

Lequel des deux exemples suivants présente un vice de raisonnement ?

A. Nous n'avons pas beaucoup d'argent. Nous devrions donc acheter l'ordinateur le moins cher. Ainsi, on pourrait en avoir deux par classe.

B. Tous les membres du groupe ont parlé, sauf Charles. Sais-tu comment résoudre ce problème, Charles ?

Dans les exemples de vices de raisonnement, on oublie de considérer tous les aspects une question. Examiner les deux côtés ou les différents aspects d'une question est une des tactiques du programme CoRT de De Bono. Il est possible de concevoir un ensemble de données d'acquisition de concepts pour la plupart des 60 tactiques du programme CoRT.

Note

Les élèves pourraient avoir besoin d'un plus grand nombre d'exemples et ne vous attendez pas à ce que tous les élèves arrivent à discerner tous les attributs avec seulement cinq ou six exemples. Pour notre part, il nous a fallu dans certains cas présenter 20 exemples et contre-exemples pour arriver à faire comprendre un concept.

Ensemble de données – 3e exemple : Le grossissement d'un microscope

Des élèves de 7e année avaient de la difficulté à dessiner ce qu'ils voyaient au microscope avec la bonne perspective qui correspond aux grossissements présentés ci-dessous. Les explications étaient insuffisantes. L'enseignant a donc créé un ensemble de données, ce qui a permis aux élèves de comprendre en quelques minutes et de faire leur dessin dans la bonne perspective.

Concept

Estimer la grosseur d'un objet observé au microscope.

- Si le champ d'observation = 1mm ou 1000 µm à grossissement fixe.

$1 \text{ µm} = 1 \times 10^{-6} \text{ m}$

% =	100 %	75 %	50 %	25 %
1 mm				
diamètre de l'objet =	1000 µm	750 µm	500 µm	250 µm

Ensemble de données – 4e exemple : Le romantisme

Le romantisme est un courant de pensée qui met les principes et les croyances au-dessus de tout, quelles que soient les conséquences qui en résultent pour la société.

Exemples positifs	Exemples négatifs
1. Un garçon s'attaque à un petit dur de son voisinage plus fort que lui qui a offensé un de ses amis.	1. Un entraîneur consent à satisfaire le propriétaire de l'équipe et fait jouer un joueur qu'il ne juge pas assez bon pour la ligue professionnelle.
2. Après avoir vainement demandé à la direction d'agir, un employé a dénoncé l'entreprise où il travaillait parce qu'elle polluait l'environnement et ne respectait pas les normes de sécurité.	2. Dans les réunions, un employé applaudit à toutes les décisions de son patron, même s'il ne les approuve pas.
3. Une femme continue de s'opposer aux autorités même si elle risque de perdre son emploi.	3. Un homme travaille pour un parti politique dont il ne partage pas les idées mais qui a une bonne chance de gagner les élections.
4. Un homme commet un vol dans une banque pour nourrir sa famille pauvre et malade.	4. Une adolescente ne répond rien au groupe d'élèves qui ridiculisent une amie absente.
5. Un boxeur affronte un adversaire plus fort que lui. Il n'a aucune chance de gagner, mais il évite le K.O.	5. Un inventeur cède ses droits d'auteur à une multinationale qui le menaçait de faire disparaître son entreprise s'il ne le faisait pas.

Exercice

a) Un petit pays voisin de la Russie s'abstient de voter à l'ONU au sujet de l'invasion de l'Afghanistan par l'URSS.

b) Une famille pauvre tolère la visite d'un oncle riche mais désagréable qui fait des remarques déplacées.

c) Un élève défend un nouvel élève qui est la cible des moqueries d'un groupe de gamins plus populaires et plus grands que lui.

Ensemble de données – 5e exemple : La physique de niveau secondaire (complexe)

L'objectif de la présente leçon est d'amener les élèves à établir un rapport ainsi qu'une formule illustrant la loi qui régit la pression (P) et le volume (V) des gaz en vue de résoudre des problèmes en se basant sur ce rapport. La température et la masse sont constantes. Notez qu'il se peut que vous ayez à leur donner un grand nombre d'exemples et de contre-exemples. Toutefois, vous verrez qu'il est facile d'ajouter un grand nombre d'exemples et de contre-exemples au cours de la leçon.

V1 (L)	P1 (kPa)	P2 (kPa)	Oui V2 (L)	Non V2 (L)	Le changement de pression
10,0	100	200	5,00	20,0	
10,0	100	300	3,33	30,0	
10,0	100	400	2,50	40,0	
10,0	100	50	20,00	5,00	
10,0	100	1000	1,00	10,0	
10,0	100	1	1000,00	0,0001	

On demande aux élèves de comparer le volume final (V2) au volume initial en fonction de la pression initiale (P1) et finale (P2).

« Dans votre groupe de quatre, échangez vos idées sur le rapport entre la pression et le volume. » (Leur donner une minute.)

« Après votre discussion, décidez seuls, sans parler, si la réponse en caractères gras ci-dessous constitue OUI ou NON un rapport entre la pression et le volume. »

V1	P1	P2	V2
10,0	100	10	**100,0 (oui ou non ?)**

« Si vous avez répondu OUI, vous avez raison. Assurez-vous que tous les membres de votre groupe peuvent justifier leur réponse.

« Présentez, à tour de rôle, la réponse pour chaque ligne et la manière dont vous avez procédé pour y arriver :

V1	P1	P2	V2
20,0	100	200	_____
20,0	100	50	_____
20,0	100	250	_____
20,0	100	75	_____
35,5	22	45,2	_____

« Quand vous avez terminé, écrivez la formule qui correspond à la démarche suivie. Préparez-vous ensemble à présenter votre formule à des élèves d'un autre groupe. Vous ne saurez pas à l'avance qui aura à la présenter. »

Leçon A

L'apartheid et les préjugés

Apartheid

Définition	L'apartheid est une loi ou une politique qui institue la ségrégation.
Attributs essentiels	1. Chose imposée par la loi. 2. Chose qui institue la ségrégation.

Préjugé

Définition	Une opinion *a priori* défavorable qu'on se fait sur quelqu'un ou quelque chose. Il concerne souvent un groupe social précis et a un caractère plus grave que la partialité.
Attributs essentiels	1. Opinion *a priori* défavorable. 2. Cause certains préjudices.

Objectif de la leçon

Pour mieux comprendre les concepts d'apartheid et de préjugé, les élèves vont les lier à des questions d'équité en éducation. La partialité et la moquerie sont des concepts apparentés par le sens.

Cette leçon combine la stratégie d'acquisition de concepts et celle de l'apprentissage coopératif. L'étude de deux concepts importants rendra les élèves aptes à comprendre d'autres concepts à la fin de la leçon.

Tâche d'apprentissage

Comparez les exemples IMPAIRS et recherchez ce qu'ils ont en commun. Opposez-les ensuite aux exemples PAIRS.

Tâches collectives

Écoutez d'abord tous les membres de votre groupe. Puis, au moment de faire l'exercice, évitez de mettre en cause leurs valeurs, mais faites-leur comprendre qu'ils pourraient approfondir leur réflexion.

Consignes

1. Formez des groupes de deux ou trois.

2. Utilisez un ensemble de données par groupe.

3. Lisez seuls les 10 énoncés. Lisez d'abord les exemples IMPAIRS, puis les exemples PAIRS. Comparez les exemples IMPAIRS aux exemples PAIRS.

4. Toujours seuls, dégagez les ressemblances et les différences entre les exemples IMPAIRS et les exemples PAIRS.

5. Présentez le résultat de vos réflexions à vos coéquipiers. Après que tout le monde s'est exprimé, retracez la démarche par laquelle vous êtes arrivé à vos conclusions et décrivez-la aux autres membres de votre groupe – depuis le premier énoncé jusqu'au dernier.

6. Considérez maintenant les énoncés de l'exercice. Déterminez lesquels correspondent aux exemples IMPAIRS et lesquels correspondent aux exemples PAIRS. Y en a-t-il qui n'entrent dans aucune des deux catégories ? Rappelez-vous la tâche collective qui consiste à ne porter un jugement qu'après avoir entendu les réflexions de tous les membres de l'équipe.

Ensemble de données sur l'apartheid et les préjugés

1. En Afrique du Sud, un règlement interdisait aux Noirs d'habiter dans des zones réservées aux Blancs.

2. Au Canada, on refusait aux autochtones d'entrer dans la plupart des restaurants élégants.

3. En Allemagne, pendant la Seconde Guerre mondiale, la loi exigeait des Juifs qu'ils aient un laissez-passer pour se déplacer dans leur localité.

4. En Amérique du Nord, il n'est pas rare de voir un jury uniquement composé de Blancs décider du sort d'une personne d'une autre race.

5. Au Canada, pendant la Seconde Guerre mondiale, une loi obligeait les personnes originaires du Japon à aller dans des camps spéciaux et à laisser presque tous leurs biens. Les personnes d'origine allemande ou italienne n'avaient pas à aller dans ces camps.

6. Dans certains États américains, un Noir accusé d'avoir tué un Blanc était presque toujours déclaré coupable. Si un Blanc était accusé d'avoir tué un Noir, il était presque toujours innocenté.

7. Aux États-Unis, la loi obligeait les Noirs à s'asseoir à l'arrière dans les autobus.

8. En Israël, un Juif qui marchait dans la rue a été tué par un terroriste.

9. Dans certains pays du Moyen-Orient, la conduite automobile est interdite aux femmes.

10. En Angleterre, trois personnes sont mortes à la suite de l'explosion d'une bombe posée par l'Armée républicaine irlandaise.

Exercice

a) En Malaisie, si vos cheveux dépassent une certaine longueur (comme le montrent des images affichées dans les banques), vous serez servi en dernier à la banque.

b) Au Canada, les femmes n'avaient pas le droit de voter, mais la plupart des hommes et des femmes acceptaient la loi.

c) En Amérique du Nord, on se moque des enfants immigrants dans les cours d'école.

d) Dans les écoles d'Amérique du Nord, les hommes occupent 90 % des postes administratifs, tandis qu'une majorité de femmes enseignent.

e) Les lois de certains pays interdisent aux femmes d'interrompre une grossesse sans la permission des autorités.

f) Au Canada, on a promulgué des lois sur l'équité salariale.

Demandez maintenant aux élèves de porter leur réflexion sur les concepts d'apartheid et de préjugé. Ils peuvent retourner au roman qu'ils lisaient et débattre si certaines situations qui y sont décrites sont des exemples d'apartheid. Ils peuvent aussi chercher des exemples d'apartheid et de préjugés dans l'actualité. Il pourrait être intéressant de leur demander d'établir des rapports entre la moquerie, les préjugés et l'apartheid. Est-ce que les enfants se moquent, alors que les adultes obéissent à des préjugés? L'apartheid est-il un préjugé validé par la loi?

Leçon B

L'acquisition de concepts en économie (avec utilisation de l'apprentissage coopératif, de la réflexion inductive, des réseaux notionnels et des schémas conceptuels)

Matière	Économie – les industries primaire, secondaire et tertiaire
Niveau	7e année
Objectif	Les élèves utiliseront leurs connaissances des industries primaire, secondaire et tertiaire pour répondre aux questions posées à l'étape 3 (qui se rapportent à leur réseau notionnel initial sur les industries).

Note

Pour commencer la leçon (mise en situation ou rappel des leçons antérieures), j'ai indiqué dans un réseau notionnel tracé sur une feuille de papier de grande dimension tout ce que les élèves avaient trouvé sur le terme « industrie » à l'aide d'un remue-méninges. Le but de l'activité était de vérifier leur compréhension de ce terme. (Pour en savoir davantage sur les réseaux notionnels, reportez-vous au chapitre 9.)

Ensuite, j'ai utilisé l'ensemble de données suivant. Le côté vert contient les exemples, et le côté rouge les contre-exemples. Les étapes ont été expliquées après la présentation de l'ensemble de données.

| Ensemble de données pour l'acquisition de concepts dans la leçon sur les industries ||
Vert	Rouge
• piscicultures • piégeages (pour la fourrure) • élevages de bétail • vergers • mines de charbon • puits de pétrole • culture du blé • plantations d'arbres à caoutchouc • carrières • mines de diamants	• banques • restaurants • usines de transformation de la viande • scieries • manufactures de meubles • usines d'assemblage d'ordinateurs • services de photocopie • écoles secondaires • plombiers • charpentiers • vétérinaires • hôpitaux • constructeurs de véhicules automobiles • stations de radiodiffusion • courtiers en valeurs mobilières

Exercice

- fermes laitières
- fabricants de puces électroniques
- enseignants
- cinémas
- pêche sportive
- baseball professionnel
- ministère de l'Emploi et de la Solidarité sociale

Explication des étapes

Étape 1 – Énoncé de l'objectif et présentation de l'ensemble des données

«Continuez à réfléchir sur les industries en vous rappelant le contenu du réseau notionnel. Essayez de trouver ce qu'ont en commun les éléments de la colonne "verte". Puis, opposez ces éléments à ceux de la colonne "rouge". Ne vous souciez pas du fait que le travail soit exécuté à l'intérieur ou à l'extérieur.»

Étape 2 – Les élèves présentent leurs réflexions et leurs hypothèses

Quand la plupart des élèves pensent avoir trouvé le concept, demandez-leur d'échanger leurs idées avec un camarade. C'est à ce moment qu'il convient de combiner l'apprentissage coopératif à l'acquisition de concepts (A.C.). À l'étape 1, le travail était individuel; à l'étape 2, il se fait en petits groupes. Les élèves peuvent maintenant discuter des attributs du concept et décrire la démarche suivie depuis le premier exemple jusqu'au dernier. (Il s'agit d'un exercice de métacognition, c'est-à-dire d'une réflexion sur la réflexion, associé à l'intelligence intrapersonnelle.)

Étape 3 – Application et approfondissement du concept

Notez qu'ici les élèves ne sont pas passés à l'étape 3 de l'A.C.; on les a plutôt placés en groupes coopératifs de trois et fait passer aux étapes 1 et 2 de la réflexion inductive de Taba (voir le chapitre 8). Les élèves ont groupé les exemples de la colonne «rouge» et ont réfléchi de nouveau pour arriver aux concepts d'industrie secondaire et d'industrie tertiaire. Ils ont ensuite traversé simultanément l'étape 3 de la réflexion inductive et l'étape 3 de l'A.C. puisque ces deux étapes sont identiques. Cette étape consiste à utiliser ou à approfondir les concepts découverts ou formés.

Étape 4 – Application du concept à l'industrie primaire

Revenez maintenant au réseau notionnel et posez des questions aux élèves au sujet de leurs idées initiales relatives au terme «industrie» et aux liens formées dans leur esprit entre celui-ci et les industries primaire, secondaire et tertiaire.

Par exemple

- Dans quel genre d'industrie peut-on faire le plus d'argent: primaire, secondaire ou tertiaire? (Ils n'ont pu s'entendre à ce sujet, bien qu'ils aient trouvé de bons arguments.)
- Dans quel secteur se situe le Canada? (Ils ont répondu «primaire».)
- Dans quel secteur se situe le Japon? (Ils ont répondu «tertiaire».)

- Quelle monnaie a la plus grande valeur : celle du Canada ou celle du Japon ? (Ils ont répondu « celle du Japon ».)

- Quelle économie est la plus fragile : celle du Canada ou celle du Japon ? (Ils ont répondu « celle du Japon ».)

- Si son économie devient fragile, que devrait faire le Japon ? (Ils ont répondu « acheter des entreprises canadiennes ».)

- Qu'est-ce que le Canada devrait alors faire ? (Ils ont répondu : « nationaliser ses entreprises ». L'enseignant pourrait ensuite poser une seconde question : « Qui investirait au Canada si on nationalisait toutes les entreprises ? »)

Après l'étape 3, les élèves ont fait un réseau notionnel comme devoir (voir le chapitre 9 pour en savoir davantage sur les réseaux notionnels). Le jour suivant, on leur a demandé de former des groupes de quatre et de présenter le contenu de leur réseau en se servant de la structure de coopération du tournoi à la ronde.

Leçon C

Un exemple d'utilisation de l'acquisition de concepts dans une leçon sur le roman *The Revolt of Mother*

Ici, l'objectif de la démarche d'acquisition de concepts est d'amener les élèves à distinguer les niveaux de langue familier et standard. Cela est essentiel pour qu'ils ne confondent pas les niveaux de langue dans l'histoire qu'ils s'apprêtent à lire (notez que ces élèves sont faibles en français). L'acquisition de concepts n'est qu'une petite partie de la leçon. Elle s'insère dans la préparation décrite à la page suivante. Vous trouverez ci-dessous un ensemble de données relatives à l'acquisition de concepts.

La démarche d'acquisition de concepts pour *The revolt of Mother*

« Vous trouverez ci-dessous un ensemble d'énoncés. Les énoncés pairs (2, 4, 6 et 8) ont quelque chose en commun que les énoncés impairs n'ont pas. Je ne vous dirai pas quelle est cette chose.

« Avec votre camarade, lisez d'abord les énoncés impairs, puis les énoncés pairs. Examinez la façon dont on communique l'information. Ne tenez pas compte de la longueur des phrases et ne vous souciez pas du fait que c'est un homme ou une femme qui parle. »

1. « J'aimerais que tu ailles en d'dans, man, et que tu t'occupes de tes oignons. »

2. Ils étaient dans la grange, debout devant les portes grandes ouvertes.

3. « Tu vas pas construire une aut' grange ! Pourquoi ? On voulait mettre un aut' maison là, pa ! »

4. « Pourquoi creusent-ils, maman ? »

5. « Je ne croyais pas qu'ç'allait donner quelque chose de bon. »

6. « J'ai reçu une lettre de Hiram. »

7. « Pourquoi tu fais pas ça d'même, pa ? »

8. « Je ne savais pas que cela t'était si précieux. »

Exercice

« Lesquels des énoncés suivants ressemblent aux exemples impairs ? Justifiez vos réponses. » (Les trois premiers énoncés correspondent aux exemples impairs.)

1. « J'veux pus aller à l'école. »
2. « Pourquoi cé faire que vous êtes tous ici ? »
3. « P'quoi tu vas à l'école ? »
4. « Je ne veux plus aller à l'école. »

Objectifs de la partie principale de la leçon

Les objectifs sont de faire comprendre aux élèves l'importance de suivre ses principes et ses valeurs et de persévérer dans la recherche de la solution à un problème. Cela suppose qu'on leur fasse comprendre aussi qu'il est souvent difficile de rester fidèle à ses principes et à ses valeurs et que le fait de vivre dans l'intimité d'une personne nous conduit souvent à croire que nous la connaissons parfaitement, à la négliger, à ne pas adopter à son point de vue ou à ne pas l'encourager à persévérer dans ses entreprises.

Note

Vous pourriez aussi créer, dans le contexte de la stratégie d'acquisition de concepts, un ensemble de données sur la persévérance dans la résolution d'un problème. Cet ensemble de données pourrait également être utilisé dans une des sections suivantes de ce chapitre. Ensuite, racontez l'histoire ou montrez la vidéo. Puis demandez aux élèves de mettre les concepts en rapport avec leurs expériences personnelles.

Mise en situation

Relatez aux élèves une occasion où vous auriez dû dire ou faire quelque chose et où vous vous êtes abstenu, dérogeant ainsi à vos principes. Puis demandez aux élèves de se rappeler une occasion où ils ne voulaient pas faire quelque chose pour une raison quelconque, mais où ils ont dû s'exécuter quand même. Demandez-leur d'en parler. (Vous pouvez employer ici la structure d'apprentissage coopératif du tournoi à la ronde. Demandez-leur alors de travailler en groupes de trois ou quatre.)

- Présentez le début de la vidéo sur Gandhi de sorte que les élèves aperçoivent son dilemme : être intransigeant sur ses valeurs ou faire des concessions.

- Placez les élèves en groupes de deux pour qu'ils échangent leurs idées. Demandez-leur : « Gandhi a-t-il protesté ? A-t-il agi sans faire de concessions ? » Demandez ensuite à chaque équipe de se joindre à une autre équipe pour discuter à quatre de leurs idées. (Cette vidéo parle de la destruction des permis de voyage.)

Énoncé des objectifs et de la raison d'être de la leçon

«Aujourd'hui, nous étudierons la question des concessions sur le plan des principes. Nous considérerons à cette fin l'histoire d'une mère qui décide de changer des choses dans sa vie. »

Suggestions

1. Faites une leçon d'acquisition de concepts sur l'emploi de syntaxes et de mots particuliers dans le texte. Considérez les raisons pour lesquelles ils sont employés. Vérifiez la compréhension des élèves.

2. Clarifiez tout terme prêtant à confusion.

3. Lisez l'histoire. Demandez aux élèves de discuter en groupes de la ressemblance entre ce que la mère a fait et ce que Gandhi a fait. Demandez-leur aussi d'examiner les avantages et les inconvénients qui résultent du refus de faire des concessions sur le plan des principes.

4. Au moment du retour sur la leçon, pour approfondir leur réflexion, demandez aux élèves de réfléchir un instant aux mouvements en faveur des droits de la personne.

Modélisation

La modélisation s'effectue pendant la présentation de la vidéo, des expériences personnelles des élèves et de l'histoire d'une mère révoltée.

Vérification de la compréhension

Demandez aux élèves de discuter en équipe afin de circonscrire le sujet du roman *The Revolt of Mother* et de ce que signifie le refus de faire des concessions sur le plan des principes. (Remarque: Vous pourriez aussi leur présenter la vidéo *Stand and Deliver*, qui parle de l'histoire d'un enseignant de mathématiques au secondaire.)

Acquisition de concepts: Le refus de faire des concessions sur le plan des principes

Énoncé de l'objectif : Trouvez l'attitude responsable illustrée dans chaque énoncé de gauche	
1. Ivan sait qu'il doit étudier pour son examen. Il a donc refusé d'aller à un spectacle avec des amis.	1. « Il ne faudrait pas que je sois en retard pour le souper, mais je crois que je peux jouer une autre partie de billard. »
2. « Non merci, je ne bois pas d'alcool. Je suis celui qui doit conduire la voiture. »	2. « Je sais que fumer est mauvais pour ma santé, mais je vais fumer une cigarette parce que je me sens nerveux. »

(suite ▶)

3. « Ça m'est égal que tu ne me reparles plus jamais. Ce n'est pas bien de se moquer de lui de la sorte. »	3. Elle croit qu'il est mauvais de répandre des rumeurs, mais elle le fait quand même parce que ses amies le font.
4. Dolci voulait sortir avec ses amis, mais elle ne l'a pas fait. Elle est plutôt allée voir sa grand-mère, qui se sent seule.	4. « Je sais que c'est tricher, mais je dois copier ta réponse. Je suis allé voir une partie de hockey hier soir et je n'ai pas fait mes devoirs. »

Exercice

a) Même si Jane savait qu'elle allait arriver en retard à l'école, elle a pris soin de nourrir son petit chien.

b) Adam savait qu'il ne devait pas voler la radio, mais il l'a fait quand même pour éviter que ses amis le traitent de froussard.

Retour sur la leçon

« Nous avons parlé de l'idée de ne pas faire de compromis dans ce que nous croyons, ce que nous voulons dire ou ce que nous voulons faire. Rappelez-vous le début de la leçon : je vous ai demandé de réfléchir à une chose que vous avez faite même si vous ne vouliez pas la faire. Comment auriez-vous agi si vous n'aviez pas voulu faire de concession sur le plan de vos principes ? Réfléchissez pendant 15 secondes. Quelqu'un est-il prêt à répondre à cette question ? » (Note : L'enseignant n'emploie pas la participation active, car, dans le cas présent, la réponse est personnelle.)

La réflexion inductive

Il existe de nombreux types de réflexion : la réflexion créative, la réflexion critique, la réflexion divergente, la réflexion convergente, etc. Logiquement, on peut ranger l'acquisition de concepts dans la catégorie de la réflexion critique. Dans la majorité des écrits consacrés à la réflexion critique, on distingue deux types de réflexion critique : la réflexion déductive et la réflexion inductive. La déduction nous fait souvent penser aux sciences ou au travail du détective (par exemple : trouver un remède ou un criminel). L'induction nous fait penser aussi à ces deux domaines (par exemple : classer des insectes selon leurs caractéristiques ou chercher une constante dans une série de vols en vue de prévenir d'autres vols).

L'acquisition de concepts est une stratégie inductive qui amène les élèves à rechercher des modèles et à dégager des caractéristiques. Les recherches indiquent que le cerveau cherche à trouver des modèles. Dans le prochain chapitre, nous décrirons une autre stratégie inductive, la « réflexion inductive ». Dans l'acquisition de concepts, les idées sont déjà classées alors qu'elles ne le sont pas dans la stratégie de réflexion inductive. Ainsi, dans le cas de l'acquisition de concepts, les élèves n'ont qu'à examiner l'ensemble de données pour dégager les caractéristiques.

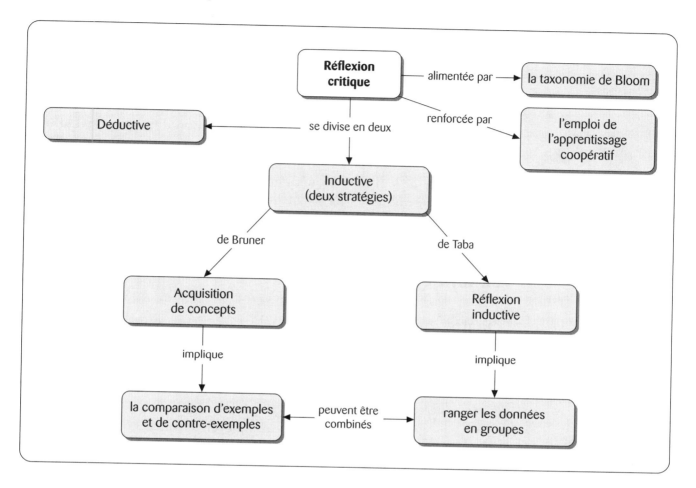

Une explication de l'acquisition de concepts

De quoi s'agit-il? L'acquisition de concepts est une démarche inductive qui vise à trouver la signification d'un concept ou à former un concept par la recherche de caractéristiques communes (appelées «attributs») à plusieurs éléments. Avec l'acquisition de concepts, les élèves comparent ou opposent des éléments entre eux.

Les caractéristiques définies peuvent servir à distinguer les exemples du concept des contre-exemples du même concept: à distinguer, par exemple, la métaphore d'autres figures de rhétorique telles que l'hyperbole.

Pourquoi l'utiliser? Cette stratégie amène les élèves à réfléchir à des éléments liés au concept, les aide à comprendre pleinement la nature du concept, et à l'utiliser en faisant montre de créativité. Tout cela est important, car la compréhension des concepts nous permet de nous représenter ce que nous connaissons. C'est ce qui donne une signification aux faits, aux principes, aux systèmes, aux théorèmes, etc.

On pourrait dire que chaque concept que les élèves ne comprennent pas est un obstacle à leur compréhension de faits, de principes ou d'autres choses. Il va sans dire que certains concepts sont plus importants ou complexes que d'autres. Le rôle de l'enseignant est de choisir les concepts qui aideront les élèves à comprendre clairement. Ainsi, la stratégie d'acquisition de concepts représente en partie la **science** de l'enseignement, tandis que le choix du moment où il convient d'employer cette stratégie touche l'**art** d'enseigner.

Le travail de David Perkins (1986) sur l'**apprentissage en tant que structure** par opposition à l'**apprentissage en tant qu'information** est lié à la démarche de réflexion que constitue la stratégie d'acquisition de concepts. Il affirme que les élèves devraient être capables de répondre à quatre questions liées à la structure du concept quand ils apprennent un concept. Ce qui montre l'importance de leur faire acquérir activement des connaissances plutôt que de les leur faire absorber passivement.

Le travail de Perkins sur l'apprentissage en tant que structure

Quatre questions

1. Quels sont les attributs essentiels du concept ?
2. Quelle est l'utilité du concept ?
3. Pouvez-vous nommer des types d'objets ou des situations qui sont rattachés à ce concept ?
4. Quelles peuvent être les raisons d'employer ce concept ?

Nous pouvons, par exemple, explorer le concept « tournevis » en nous posant ces questions.

1. Attributs : Un manche, une tige métallique et une extrémité qui a une forme correspondant à un type déterminé de tête de vis.
2. Utilité : Sert à visser.
3. Types d'objets : Tournevis à tête plate, carrée, étoilée.
4. Raisons : Il nous procure un avantage d'ordre mécanique.

Prenons une chose aussi simple que ce fait bien connu :

« Christophe Colomb a navigué sur l'océan bleu en 1492. »

On trouve dans ce fait les concepts suivants :

- explorateur
- naviguer
- couleur : bleu
- océan
- av. J.-C. – année

Connaissances à venir

Les choses se compliquent…

Voici un autre exemple : le concept d'**exprimer son désaccord de façon aimable**.

1. Attributs : Dire à une personne qu'elle peut avoir tort de telle manière que le dialogue soit maintenu, que l'on continue ensemble à chercher à résoudre le problème ou à l'éclaircir, au lieu de susciter sa rancune ou de la faire se buter dans son opinion.

(suite ►)

2. Utilité : Se concentrer sur un problème au lieu de briser une relation.

3. Situations :

   « Je comprends ton opinion, mais puis-je ajouter quelque chose ? »

   « Je comprends ta colère, mais laisse-moi t'expliquer pourquoi j'ai agi ainsi. »

   « Je suis désolé que tu te sentes ainsi. Mais je crois sincèrement que tu as commis une erreur. Veux-tu que je t'explique ? Si tu ne veux pas, passons alors à autre chose. »

4. Argumentation : Ce concept favorise la discussion au lieu de lui faire obstacle. Il sert à prévenir un conflit. Il permet d'examiner tous les aspects d'une question au lieu de se cantonner dans une seule idée.

Que feriez-vous avec les concepts de démocratie, d'amour, de richesse ou de sagesse ?

Vous commencez à voir la complexité de la structure des concepts. Pour pouvoir construire un ensemble de données d'acquisition de concepts, il faut d'abord discerner les attributs essentiels des concepts et créer des situations typiques (des exemples). Dans un travail réalisé en collaboration avec des enseignants du secondaire, par exemple, nous avons eu de la difficulté à élaborer une leçon sur le concept « synthétique ». Quand nous sommes arrivés à l'exemple du verre, nous avons eu de la peine à déterminer si cette matière est naturelle ou synthétique. Puis nous nous sommes aperçus que nous ne savions pas la signification exacte du mot « synthétique ». Ainsi, nous avions des exemples, mais connaissions peu la « structure » derrière les concepts « synthétique » et « verre ».

Les concepts qui expriment des choses naturelles (volcan, éclair, etc.) donnent lieu à une démarche différente. Leur structure diffère de celle des concepts qui expriment des inventions humaines. Quel est leur but ? Quelle est leur valeur ? Perkins répond à ces questions dans *Knowledge as Design* (1986).

 Juste une question toute simple pour vous : qu'est-ce qu'un concept ?

En gros, on peut dire que tout ce qui constitue un être est un concept ou un exemple de concept. Regardez autour de vous. Tout ce que vous pouvez voir, ressentir, toucher, sentir – percevoir en un mot – est un concept : l'amour, une texture rude, une sonnerie, la profondeur, une tante, la clarté, la douleur, le Soleil, la luminosité… Tout !

𝒫récisions sur la signification du mot « concept »

Un concept comporte quatre éléments :

1. **Un nom :** C'est le terme qui correspond au concept (par exemple : préjugé, agression, triangle, hiver, osmose ou rouge).

2. **Des exemples ou des modèles :** Les modèles d'un concept devraient tous avoir au moins une caractéristique commune. Pour le concept de « danse », par exemple, on peut utiliser les exemples de tango, valse, swing et twist. Ces quatre termes désignent une exécution de mouvements rythmiques du corps au son d'une musique. Ils ont une caractéristique commune.

3. **Les attributs** (à la fois essentiels et non essentiels) : Les attributs sont les caractéristiques du concept qui nous permettent de classer des choses dans des catégories. Les caractéristiques suivantes, par exemple, sont liées au concept de chaise :

   - **essentielles** – On peut s'asseoir dessus, elle a un dossier, elle est auto-porteuse.

   - **non essentielles** – La couleur, les matériaux, le nombre de pieds, le confort de la chaise.

4. **La portée des attributs :** Certains attributs sont présents à divers degrés. Par exemple, certaines pommes sont vertes, d'autres sont rouges ou jaunes. Il existe toutefois des tons de vert, de rouge et de jaune qui ne correspondent pas à ce que l'on considère comme des « couleurs de pommes ».

Avec un collègue, prenez un concept que vous enseignez et indiquez ses quatre parties.

1. Nom : _____

2. Exemples : _____

3. Attributs essentiels : _____

   non essentiels : _____

4. Portée des attributs : _____

Vous trouverez ci-dessous des exemples de concepts qui se prêtent bien à l'acquisition de concepts.

Exemples

La poésie *haïku* ; la personnification (toutes les figures de style) ; les phrases incomplètes (tous les problèmes de rédaction) ; les paragraphes descriptifs ;

les graphiques efficaces ou non efficaces ; les liquides très visqueux par opposition aux liquides peu visqueux ; les lettres d'affaires efficaces ou non efficaces ; les énoncés de problèmes de multiplication et ceux d'addition ; les bons et les mauvais emplois des guillemets ; la colonisation ; l'impérialisme ; le cubisme ; l'amitié, etc.

Eurêka !

Pendant un cours d'athlétisme, l'enseignant a défini les concepts de « sautiller », de « faire un pas » et de « sauter » à l'aide d'exemples et de contre-exemples. Ensuite, les élèves ont discuté ensemble des exemples et des contre-exemples, ils sont allés s'exercer en équipes de deux, puis ils se sont rassemblés pour échanger leurs idées. L'enseignant leur a alors dit si leur démonstration était un exemple ou un contre-exemple.

Augmenter la complexité des leçons : l'intégration d'autres composantes

À partir de maintenant, les choses vont se compliquer et les leçons vont gagner en efficacité. Vous trouverez à la page suivante une leçon qui fait partie d'un module d'un mois sur une nouvelle étude (qui traite de la prise de conscience par les élèves des exigences cognitives des questions). Les élèves ont commencé à inventer des questions et à les classer en fonction du type de raisonnement auquel elles font appel. L'ensemble de données qui a été constitué vise à aider les élèves à grouper leurs idées et à les lier à la taxonomie de Bloom après avoir construit et appliqué leur propre taxonomie.

Note

D'autres composantes que celles mentionnées ci-dessus ont été employées pendant la leçon.
Les éléments mentionnés sont ceux qui ont été intégrés sciemment et adaptés pendant la leçon. C'est ce que fait un enseignant conscient des techniques qu'il emploie.

Stratégie employée	Tactique	Technique	Concept
• acquisition de concepts • conception de leçons • réflexion inductive • réseaux notionnels • apprentissage coopératif (cinq éléments de Johnson)	• réfléchir-partager-discuter	• formulation de questions – interne à observable • temps de réflexion	• responsabilisation • participation active • environnement favorable à la prise de risque

Exemple simple de la démarche d'acquisition de concepts

Les élèves de la cinquième à la huitième année utilisent ensuite la réflexion inductive, puis terminent par une activité de réseaux notionnels menée en groupes coopératifs.

L'acquisition de concepts et les niveaux conceptuels

Explication : L'ensemble de données de la leçon a pour but de familiariser les élèves avec les différents niveaux de complexité. L'enseignant avait deux objectifs initiaux : 1) faire mieux comprendre aux élèves la nature des questions relevant de la mémorisation (à l'aide d'une activité simple, qu'ils devraient réussir) ; et 2) étendre leur compréhension à d'autres types de questions en leur faisant rapporter 10 contre-exemples relevant d'autres niveaux conceptuels (au moyen de la stratégie de réflexion inductive). Ils utiliseront pour ce faire la taxonomie qu'ils auront établie. Une fois les exemples classifiés, ils traceront un réseau notionnel de leur taxonomie. Par la suite (deux ou trois semaines plus tard), ils feront un exercice de casse-tête avec la taxonomie de Bloom pour comparer celle-ci à la leur. Au cours de ces semaines, les élèves devront indiquer le niveau conceptuel des questions qu'on leur pose avant d'y répondre (par exemple : « Il s'agit d'une question du niveau de l'évaluation. Voici ma réponse. »).

Vous souvenez-vous de la taxonomie de Bloom ?

- savoir (mémorisation)
- compréhension
- application
- analyse
- synthèse
- évaluation

Directives : « Vous trouverez à la page suivante deux ensembles de questions ou de demandes. Chaque énoncé du premier ensemble fait appel à un type particulier de raisonnement, à la différence des énoncés du second. Avec un camarade, trouvez ce que les premiers exemples ont en commun. Puis examinez à tour de rôle les autres exemples de l'exercice. Préparez-vous à présenter vos découvertes concernant la demande cognitive des premiers exemples. Des élèves choisis au hasard seront invités à répondre. »

Note

Vous pourriez utiliser la même leçon pour des classes de deuxième cycle du secondaire. Vous n'auriez qu'à changer les questions.

Qu'ont en commun les énoncés suivants ?

1. Nommez deux monstres que des héros mythologiques ont tués.

2. Nommez des exemples de pollution que nous pouvons trouver dans notre communauté.

3. Combien de pattes les araignées ont-elles ?

4. Présentez à votre camarade les différents types de triangles que vous avez étudiés.

5. Nommez les parties d'une fleur.

6. Quelles sont les provinces du Canada ? Quelles sont leurs capitales respectives ?

7. Nommez les couleurs primaires.

8. Qui peut répéter la définition d'une île qui a été donnée par Sari hier ?

9. Faites un remue-méninges pour nommer le plus de moyens de transport possible en trois minutes.

10. Réfléchissez seuls, puis communiquez votre idée à votre camarade. Quelles sont les trois aptitudes sociales que nous avons employées ?

D'autres types de raisonnements

1. Écrivez une lettre à un ami ou à une amie dans laquelle vous décrivez ce que votre école fait pour venir à bout de l'intimidation.

2. Expliquez dans vos propres mots le rôle du Soleil dans le cycle de vie de tout être vivant.

3. En vous appuyant sur vos connaissances, dites ce qui déclenche et ce qui explique la guerre.

4. Lequel de la musique ou du sport a le plus d'effets sur vos émotions ?

5. Nommez à votre camarade des choses observables dans la classe qui ne sont pas symétriques.

6. Faites un diagramme qui représente le nombre de fois où vous avez mangé des aliments à calories vides cette semaine. Ensuite, nous nous pencherons sur les conséquences de la consommation de ces derniers.

7. Avec votre camarade, établissez les différences qui séparent la moquerie et le préjugé.

8. Nommez un aliment que vous n'aimez pas. Imaginez maintenant que vous êtes des inventeurs. Avec quel autre aliment pourriez-vous mélanger le premier aliment pour le rendre plus à votre goût ?

9. Les citadins ne devraient pas avoir le droit d'avoir des chiens ou des chats. Dans chaque équipe, la personne A plaidera en faveur de l'énoncé, et la personne B contre.

10. Trouvez des exemples de formation d'un arc-en-ciel du fait de la réfraction.

Exercice

a) Nommez trois méthodes d'étude que vous pourriez utiliser pour réussir le test.

b) Évaluez la qualité de la nourriture servie chez McDonald en vous référant aux quatre groupes alimentaires. Vous fondant sur votre évaluation, vous décidez de faire compétition à McDonald avec votre restaurant franchisé. Que devriez-vous mettre au menu pour y arriver? Justifiez votre réponse.

c) En quoi les nomades d'Afghanistan ressemblent-ils aux sans-abri de nos villes?

d) En utilisant vos connaissances sur la multiplication, trouvez une méthode rapide pour déterminer le coût du lavage des fenêtres d'un immeuble de huit étages.

e) Nommez les cinq derniers premiers ministres du Canada, puis indiquez celui qui a contribué le plus à la formation de l'identité canadienne.

Vérification de la compréhension

Demandez au hasard à des équipes de faire part de leurs réflexions.

Énoncés des nouveaux objectifs
(réflexion inductive)

Distribuez des ciseaux. Demandez à une personne de découper les contre-exemples ainsi que les énoncés de l'exercice qui y correspondent. Dites: «Nous allons aller plus loin dans notre examen portant sur la complexité des questions. Une meilleure compréhension des difficultés que comportent les questions vous permettra de répondre de façon précise à ces dernières.»

Étape 1

«Avec votre camarade, répartissez les bouts de papier dans des catégories autres que celle à laquelle les types de raisonnement de la première colonne appartiennent. Le nombre de catégories n'a aucune importance. Soyez prêts à expliquer les groupements que vous faites. Classez les énoncés non pas en fonction de la matière, mais en fonction des types de raisonnement. Rappelez-vous que les exemples du premier ensemble exigeaient seulement que l'on se souvienne de ce qui a été enseigné. Les contre-exemples requièrent plutôt un raisonnement complexe.»

Étape 2

Les élèves collent les énoncés sur un carton, indiquent les caractéristiques communes aux différents groupes d'énoncés, puis nomment les types de raisonnement représentés. Ensuite, les équipes échangent leurs idées deux à deux. Les élèves affichent ensuite leurs cartons au mur, ce qui leur permettra de comparer leurs idées à celles des autres.

Étape 3

Demandez ensuite aux élèves de retourner à la lecture de leur roman. Dans leur lecture, ils doivent formuler des questions concernant celui-ci. Ces questions devront correspondre à chaque type de raisonnement. Les élèves travaillent seuls, mais ils vérifient la validité de leurs questions avec leur camarade.

Retour sur la leçon

Les élèves doivent tracer en équipe de deux un **réseau notionnel** pour présenter leur taxonomie du raisonnement. Ces réseaux seront affichés pour permettre à d'autres élèves de les voir. Les réseaux serviront de base pour la comparaison de leurs idées avec celles qui sont formulées dans la taxonomie de Bloom (celle-ci sera décrite plus loin dans le chapitre).

Les élèves veilleront à participer équitablement à l'élaboration du réseau notionnel. À la fin de la leçon, ils évalueront si chaque personne a participé de manière équitable à la conception du réseau. (Note : Cette partie concerne le travail coopératif de David et Roger Johnson, étudié au chapitre 6.)

Vous trouverez ci-dessous une leçon de français de douzième année qui constitue un exemple plus complexe d'intégration de plusieurs démarches pédagogiques.

Un exemple complexe d'intégration de plusieurs démarches pédagogiques à l'acquisition de concepts

But : approfondir la compréhension des figures de style

Stratégies employées : acquisition de concepts, apprentissage coopératif, réflexion inductive, réseaux notionnels et conception de leçons

Modèles théoriques employés : intelligences multiples, styles d'apprentissage, motivation et niveaux conceptuels

Tactiques appliquées : réfléchir-partager-discuter

Techniques employées : énoncé des objectifs et de la raison d'être de la leçon, formulation de questions, temps de réflexion, vérification de la compréhension, modélisation et exercices

Leçon

Mise en situation et énoncés des objectifs

« Nous avons étudié les divers procédés d'écriture. Vous aimeriez sans doute examiner de plus près les figures de style et utiliser ce que vous savez pour mieux comprendre les techniques employées par les écrivains pour toucher l'imagination de leurs lecteurs. »

«Vous allez d'abord travailler seuls, puis en petits groupes et ensuite tous ensemble. Formez vos équipes de deux. Si votre camarade est absent, placez-vous avec un autre élève seul ou formez une équipe de trois. Je vais distribuer une feuille contenant mes directives.»

Directives et ensemble de données

«Vous trouverez ci-dessous un ensemble de données constitué d'exemples et de contre-exemples. Les deux parties présentent des techniques employées à diverses fins par les écrivains (par exemple: pour rendre une phrase plus compréhensible ou plus vivante).

«Tous les exemples de la rubrique "Oui" ont rapport à une technique déterminée. Lisez d'abord individuellement les exemples des rubriques "Oui" et "Non". Puis lisez en équipe à haute voix un exemple "Oui" et un exemple "Non". Faites de même pour les quatre exemples suivants. Ensuite, recherchez ce que les exemples "Oui" ont en commun de sorte que nous puissions les placer dans une catégorie particulière de technique d'écriture.

«Après avoir examiné individuellement les cinq premiers exemples, faites part des résultats de votre réflexion à votre camarade, si celle-ci a abouti. Après avoir considéré tous les deux l'ensemble des exemples et être arrivés à une conclusion, vérifiez si votre idée s'accorde avec les énoncés de l'exercice.»

Exemples « Oui »

1. Elle plongeait son regard dans ses yeux comme une *optométriste à la recherche d'une anomalie.*

2. Je me suis réveillé tôt dans notre vieille, grande et silencieuse maison délabrée et j'ai aperçu une grande fissure au plafond qui évoquait *la silhouette d'une veille femme cassée, le dos courbé vers le haut et s'aplatissant vers le bas.*

3. Après avoir si souvent eu la tristesse comme compagne, je peux maintenant lire ma vie *comme on lit une carte peu fidèle.* Maintenant qu'il ne m'est plus possible de m'apitoyer sur mon sort, je regarde ma vie sans m'émouvoir parce que j'ai trouvé un peu de paix. Mon seul regret est d'avoir perdu mon innocence.

4. Un vent sans nom raclait les rochers *avec le tranchant de l'acier.*

5. Petal Bear sentait vivement la privation, mais ce n'était aucunement le cas de Quoyle depuis leur mariage. Son amour avait fait place à la haine *comme un gant qu'on retourne...*

6. Ils frémissent sous la chaleur de leur drame, stupéfaits de voir l'infidélité de leur mémoire, l'emprise qu'elle a sur eux, *aussi mystérieuse que des fils téléphoniques ou que le halo autour de la tête de l'enfant Jésus.*

7. Car il y a longtemps que le sort a gâté Tert Card, le remplissant *de démangeaison et d'irritation jusqu'à déborder comme un cornet de crème glacée.* L'initiale de son second prénom est X. Sa figure, *du fromage cottage défait à la fourchette.*

8. Lui, Alice et Joan sont liés *comme les petites poupées que découpe Alice dans le journal*; c'est ainsi qu'il se voit et les voit. Il se trouve dans le milieu, toujours dans le milieu. Celui qui est né dans les premiers jours de la guerre.

9. Si on pouvait enfoncer un bâtonnet dans ses souvenirs et les savourer *comme on savoure une sucette glacée,* on en redemanderait.

10. Aujourd'hui le brouillard était *aussi épais que du coton d'essuyage* et il traînait à sa suite un froid qui transperçait jusqu'aux os.

11. La peau de Diddy Shovel était *comme de l'asphalte fissuré par le temps et les éléments et par l'usure de l'âge.* Stubble travaillait sur la surface craquelée. Ses paupières mi-closes formaient des plis protecteurs dans les coins extérieurs.

12. «Jeune encore à 70 ans, et ils me mettent à la porte. Voulais apprendre à jouer du banjo. Du moins à ne pas casser les cordes. Je ne connais pas ma force, parfois. Et toi?» Il s'étira les doigts, ses jointures craquèrent comme du bois noueux jeté dans le feu. Il montrait un auriculaire *qui avait la forme d'un radis.*

Contre-exemples « Non »

1. «Ça te dirait, une tasse de thé?» murmura-t-il à l'adresse de Yark, qui s'essuyait le nez du revers de la main. Puis il se pencha au-dessus *des éclisses pour faire sortir le bran de scie ainsi que la morve de son nez.* Il sortit ensuite sa rengaine: «Ç't'inutile, les boulons et les écrous réussissent même pas à le faire tenir debout.»

2. Le mur penchait vers la lumière du soleil qui se rassembla avant de s'enfuir, *délicieusement effrayée.*

3. *Le ciel est un filet,* ses mailles ont retenu des étoiles brillantes.

4. *Un craquement, un sifflement: un câble s'est rompu.* Du verre qui éclate. La maison pivote sur elle-même en grinçant. *Les fils sifflent.*

5. Henry, immobile sous les couvertures, était envahi par un sentiment d'immensité, il était *devenu une fourmi solitaire* au milieu d'un immense bal.

6. Ou l'amour est une chose anodine, une chose glissante et inodore, un fluide transparent poussé autour du monde par le vent, ou encore – ce que croient de plus en plus de gens – *seulement un mot qui tente de se souvenir d'un autre mot.*

7. *L'affaissement de son moral, le désordre maniaque* de son cœur et de son esprit, la tyrannie de sa raison, le déclin de sa santé physique, toutes ces choses proviennent d'un mal mystérieux dont son entourage ne peut qu'observer les effets en se perdant en conjectures.

8. Je n'étais revenu à la maison que depuis quelques jours quand j'ai compris qu'elle se délectait de sa haine belle et pure pour Pinky Fullham, que la certitude d'avoir été trompée la faisait nager dans l'extase. Il y a une

certaine majesté dans tout cela. Rien dans sa vie ne lui avait procuré une excitation aussi intense – pourquoi n'aimerait-elle pas *l'exquise blessure*, le sel de la *douleur parfaite*.

9. Combien d'années? Je crois que cela doit faire 20 ans. Mon Dieu, ça passe vite. *Le temps est un sale voleur!* De plus, Alice entre au collège l'automne prochain. Tout cela si peu de temps après la mort de ton père.

10. Et une satanée bonne chance de se noyer seul dans la *bouillonnante froidure*.

11. Je l'ai aimé dès que j'ai entendu le calme des *souvenirs métaphoriques de son esprit*.

12. Les Tuckamore tout de noir vêtus se mêlent, *la falaise telle une stèle funéraire*.

13. «Pauvre petite!» s'exclama la tante en inspectant les genoux rouges de Sunshine. La serveuse marcha vers elles sur le tapis usé, *une de ses chaussures soupirant à chaque pas*.

14. J'étais venu à cause d'Hemingway, j'étais à la recherche de *ma virilité, du mythe du macho,* de la définition de la masculinité, fier de mes muscles et de l'endurance acquise en m'entraînant. Je voulais prouver ma valeur, car au fond de moi j'ai toujours eu l'impression d'être un poltron…

15. Un rideau a bougé à la fenêtre de la maison derrière *la cohue du zoo en bois*.

Exercice

1. À 16 ans, il fut recouvert d'une armure de chair. Sa tête ressemblait à une colline, aucun cou, les cheveux roux lissés vers l'arrière. *Ses traits rapprochés comme des bouts de doigt que l'on joint pour les embrasser.* Ses yeux couleur du plastique. Un menton monstrueux comme une étagère horrible qui sort du bas de son visage.

2. *Comme s'ils attendaient la confirmation du début de la saison,* les flocons commencèrent à tomber, quelques-uns se jetaient à la fenêtre.

3. *Ce pantalon répand une odeur de sainteté* et les plis qui traversent le devant ressemblent à des moustaches symétriques.

4. … les années qui les séparaient sont devenues son passe-temps et sa profession. Être la jeune femme d'un homme mûr l'aidait à conserver son esprit de jeune fille, *en faisait une gardienne de la tour des jeunes filles.* Là elle demeurait, en sécurité et soignée par quelqu'un.

5. Pendant la nuit, *une chaude brise, une langue d'air parfumé,* lécha la terre et retarda l'avancée de la bordure glacée.

6. Te souviens-tu de ce jour d'octobre de l'an passé où j'ai eu une forte migraine pour la première fois? Je t'ai trouvé dans la cuisine. Tu portais un de ces affreux tabliers en plastique. Tu m'as pris dans tes bras, puis tu m'as massé les tempes. J'étais terriblement amoureux de toi à cette époque. *Le craquement du tablier contre mon corps semblait être la réponse*

opératique au manque que je ressentais même là. C'était comme une voix qui nous murmurait de nous presser, de cesser de perdre notre temps. Comme j'aurais aimé aller en dansant avec toi jusqu'au jardin et descendre ainsi la rue, dépasser la ligne de l'horizon. Oh! ma chère! Je croyais qu'il nous restait plus de temps.

7. *Des gens aiment se représenter la mémoire comme un bas estuaire,* mais *les souvenirs que j'ai de moi-même ressemblent plutôt à un lac agité* dont les vagues se jetteraient contre la personne que je suis devenue. Quelqu'un de bien.

8. Jamais il n'avait navigué avec son bateau dans des eaux si agitées. La houle venait à lui à travers l'embouchure de la baie avec *des crêtes qui ressemblaient à des sourires cruels.* Le bateau tangua, s'éleva, puis s'engouffra à une vitesse affolante dans le creux des vagues.

9. Ces eaux, pensa Quoyle, hantées par des navires, des pêcheurs et des explorateurs perdus qui ont été aspirés par des *trous dans la mer aussi sombres que la gorge d'un chien mourant.*

10. *L'amour est-il un sac de friandises assorties passé à la ronde et dans lequel on peut se servir plusieurs fois?* Certaines peuvent piquer la langue, d'autres évoquer un parfum nocturne. *Le centre de certaines d'entre elles est aussi amer que la bile.* Certaines encore sont faites de miel et de poison. D'autres sont vite avalées.

11. Il regardait le vent avec les yeux de son imagination, voyait ses directions dans les formes asymétriques des roses des vents sur les vieilles cartes, dont *les pointes représentent les vents dominants.*

Suite des suggestions et de la modélisation

« Maintenant avec votre camarade, rangez les énoncés de l'exercice qui ne sont pas des comparaisons ainsi que les contre-exemples dans des catégories qui groupent d'autres figures de style ou d'autres techniques employées par les écrivains. Pour ce faire, vous pouvez d'abord les découper avec des ciseaux. » (Note : Il s'agit de la formation de concepts qui fait partie de la stratégie de réflexion inductive, décrite en détail au chapitre 8.)

Retour sur la leçon

Une fois qu'ils ont classé les énoncés, les élèves peuvent tracer un réseau notionnel de l'ensemble des figures de style, ce qui les aidera à se souvenir des figures de style. Ils peuvent le faire seuls ou en petits groupes coopératifs. Ils liront ensuite des extraits de *Shipping News* de Anne Proulx et de *Stone Diaries* de Carol Shield pour y trouver des exemples de chaque figure de style et décrire l'effet de chacune sur le lecteur. Puis on leur demandera de parler de ces effets à l'aide de la structure de coopération des cercles intérieur et extérieur. (Vous pourriez aussi utiliser d'autres structures de coopération, comme le tournoi à la ronde et les cercles communautaires.) De plus, vous pourriez leur demander d'indiquer l'exemple qui leur paraît être le meilleur et de se préparer à justifier leur choix.

Approfondissement

Cette partie a pour but de montrer comment on peut intégrer un certain nombre de figures de style, les utiliser simultanément – un peu comme les stratégies qui sont intégrées à la leçon. Les premiers exemples de la colonne « Oui » contiennent une comparaison, une personnification, une allitération et un oxymore.

L'enseignant termine avec une autre leçon d'acquisition de concepts qui utilise l'ensemble de données suivant. Il dit aux élèves : « Indiquez ce que les exemples de la colonne "Oui" ont en commun. Les exemples des colonnes "Oui" et "Non" contiennent tous des figures de style, mais ceux de la colonne "Oui" sont spéciaux. Comparez les exemples "Oui" entre eux, puis opposez-les aux exemples "Non". Vous avez trois minutes pour faire seuls cet exercice. Vous échangerez ensuite avec votre camarade pendant une minute. Pour finir, je demanderai au hasard à des élèves de nous exposer leurs idées. »

Oui	Non
Des crêtes s'élevaient comme des sourires cruels au-dessus de la saillie.	Dansant à travers les clés, *ses doigts soupiraient de dédain* envers la complexité.
Dans un cri d'épouvante silencieux, le bateau disparut de la surface.	Le crayon, *mû par sa propre volonté,* me transforma instantanément en génie.
Une de ses chaussures *soupirait à chaque pas.*	les *souvenirs métaphoriques de son esprit*
Un rideau a bougé à la fenêtre de la maison derrière *la cohue du zoo en bois.*	se noyer seul *dans la bouillonnante froidure*

Exercice

- Des gens aiment se représenter les souvenirs *comme un bas estuaire.*
- des trous dans la mer *aussi sombres que la gorge d'un chien mourant*
- Son cerveau s'agita *comme de la boue fraîchement gelée.*
- Il était un *simplet séduit par le côté occulte du savoir.*

Activité : À vous de jouer !

Puisque vous avez utilisé la démarche d'acquisition de concepts depuis votre naissance (peut-être plus que d'autres si vous avez un enfant), vous avez sans doute participé à des centaines de mini-sessions d'acquisition de concepts. Voyons ce que vous vous rappelez à ce sujet.

D'abord, comme nous l'avons dit plus haut, tout ce que vous pouvez voir, toucher, sentir et faire est un concept. Autour de vous se trouvent des centaines de concepts : rude, rouge, rond, parallèle, chaise, à motifs, doux, flexible, bague, contenant, plancher, luminaire, grand, vieux, droit, yuppie, chaleureux, froid, choses sur lesquelles on peut écrire ou choses avec lesquelles on peut communiquer. Choisissez un concept, puis cherchez, dans la pièce, quatre objets que vous pourriez toucher. Pour le concept de « communication », vous pourriez choisir, par exemple, une bouche, des mains, un stylo, des images. Maintenant, trouvez des contre-exemples (chaussettes, sac à main, tasse et plancher). Puis trouvez trois exemples à titre d'exercice (yeux, imprimerie, portefeuille). Vous êtes maintenant prêts à jouer !

Tâche

Enseignez un concept à l'aide de l'acquisition de concepts en vue de consolider les connaissances actuelles concernant la démarche. (Note : Cette leçon est conçue pour les petits groupes coopératifs. Si vous travaillez seul, suivez les étapes, puis joignez-vous à quelqu'un pour que vous puissiez vous exercer.)

Tâche collective

Réfléchir aux actions pendant qu'on les accomplit. Cela signifie essayer de déterminer les étapes de la démarche **OU**, si vous connaissez bien l'acquisition de concepts, déterminer où et comment combiner à celle-ci des tactiques de réflexion ou des modèles d'enseignement tels que la formation de concepts et l'apprentissage coopératif.

Directives

1. Trouvez un collègue avec qui travailler (ou travaillez seul). Choisissez dans ce qui vous entoure immédiatement un concept (que vous pouvez nommer et dont vous pouvez aussi nommer les attributs). Écrivez quatre exemples et quatre contre-exemples de ce concept. Puis, trouvez trois concepts qui serviront d'exercice (un mélange d'exemples et de contre-exemples). Prenez 15 minutes pour constituer l'ensemble de données et déterminer la manière dont vous allez présenter ces données à deux autres groupes.

2. Au signal, joignez-vous à deux autres groupes (vous serez alors six). Renseignez les quatre autres personnes sur ce que vous pensez être les étapes de la démarche d'acquisition de concepts. Présentez vos exemples et vos

contre-exemples. Quand ils croiront avoir une idée de ce qu'est un concept, demandez-leur de l'exprimer, puis de faire l'exercice.

3. Une fois l'étape 2 terminée, discutez dans votre groupe de six de ce qui s'est produit. Des composantes supplémentaires devraient-elles être intégrées pour faire mieux fonctionner l'acquisition de concepts? Si vous connaissez d'autres modèles d'enseignement tels que l'apprentissage coopératif ou la réflexion inductive, discutez de la façon dont ils pourraient être intégrés à l'acquisition de concepts. Assurez-vous pendant la discussion que tous les participants ont été entendus.

4. Comparez votre analyse avec les étapes ci-dessous.

Les trois étapes de l'acquisition de concepts

1. La présentation des données et la détermination du concept

Ici, vous devez choisir si vous allez présenter un exemple et un contre-exemple, tout l'ensemble de données d'un coup ou un mélange des deux premières options. Vous devez choisir aussi le moyen que vous utiliserez pour présenter l'ensemble de données: un rétroprojecteur, des diapositives, des objets, des feuilles reproductibles, une affiche, des jeux de rôle, etc.

La première étape comporte aussi un énoncé d'objectif qui vise à attirer l'attention des élèves sur ce dont ils doivent ou ne doivent pas tenir compte. Sur le concept du réalisme dans l'art, vous pourriez dire, par exemple: « Tenez compte non pas des couleurs ou de la taille des tableaux, mais plutôt des sujets et de la façon dont ils sont représentés. » L'énoncé d'objectif ci-dessous a trait aux nombres premiers.

Objectif : Quelque chose qui a rapport à la division	
Gauche	Droite
3	4
5	8
7	9
11	12
17	21

2. Discussion sur les hypothèses et les idées visant à confirmer l'acquisition du concept

Pendant la deuxième étape, vous pourriez demander aux élèves de discuter de leurs hypothèses avec un camarade ou vous pourriez écrire toutes les hypothèses de la classe au tableau (sans émettre de jugement pour l'instant). Demandez aux élèves d'évaluer toutes les hypothèses. Il vous faudra peut-être trouver d'autres exemples et contre-exemples pour clarifier le concept. L'acquisition de concepts ressemble à la sculpture : les exemples et contre-exemples que vous apportez aident à définir les contours du concept.

Vous pourriez aussi demander aux élèves de décrire le cheminement de leur réflexion pendant qu'ils examinaient les exemples et contre-exemples. Ils pourraient le décrire à un de leurs camarades ou devant toute la classe.

3. L'application du concept et l'approfondissement de la réflexion des élèves sur le concept

Arrive maintenant l'étape la plus importante : demander aux élèves d'utiliser leur compréhension du concept. Discutez avec les élèves de l'utilité du concept, formulez des arguments en faveur de son utilisation ou demandez aux élèves de mettre en application leur compréhension du concept. Pendant l'étape 3, vous pouvez combiner d'autres démarches pédagogiques à l'acquisition de concepts.

Exemple de leçon

Les charnières

Étape 1 – Présentation des données et détermination du concept

La leçon porte sur les mots et les locutions qui servent de charnières. L'énoncé d'objectif a précédé la présentation de l'ensemble de données. Le voici :

« Je vais vous présenter un ensemble d'énoncés. Tous les exemples de la section "Oui" ont un attribut commun. Les contre-exemples de la colonne "Non" n'ont pas d'attribut commun. Comparez les exemples "Oui" entre eux, puis opposez-les aux contre-exemples "Non". Fixez votre attention non pas sur le contenu des phrases, mais plutôt sur la façon dont elles sont écrites et s'enchaînent les unes aux autres. »

Tous les énoncés étaient écrits séparément au marqueur noir sur des feuilles de papier. Ils étaient écrits suffisamment gros pour que tous les élèves puissent les lire. Tous les exemples « Oui » comportaient au moins une charnière. Les sujets des énoncés avaient rapport avec les intérêts des élèves (groupes de musique populaire, acteurs préférés, etc.) de façon à capter leur attention et à les motiver.

J'ai ensuite présenté les phrases pendant que les élèves comparaient les attributs des exemples et les opposaient aux contre-exemples. Les phrases ont été présentées pêle-mêle. Je plaçais dans la bonne colonne chaque phrase après avoir demandé à un élève de la lire. Après la présentation de deux phrases, j'ai laissé les élèves réfléchir en silence aux attributs communs. Pendant la présentation des six premières phrases, les élèves devaient réfléchir en silence pour permettre à tous de trouver les points communs des exemples. Pendant la présentation des deux dernières phrases, les élèves ont fait une activité réfléchir-partager-discuter en équipes de deux pour décider dans quelle colonne iraient les phrases. Ils n'avaient toutefois pas encore le droit de parler de leur hypothèse, ils devaient seulement décider en équipe où ils placeraient les phrases avant que je ne le fasse.

Étape 2 – Présentation des hypothèses et des idées en vue de confirmer l'acquisition du concept

À cette étape-ci, les élèves doivent dire leur hypothèse à leur camarade, puis l'écrire sur une feuille de papier. Dans la leçon que nous rapportons, les élèves ont eu une courte discussion afin de déterminer les hypothèses qui fonctionnaient et celles qui ne fonctionnaient pas. Je leur ai ensuite présenté le premier exemple de l'exercice. Ils ont alors discuté avec leur camarade pour décider dans quelle colonne ils placeraient la phrase et sur quelle hypothèse se baserait leur choix. J'ai ensuite fait une petite enquête en demandant aux élèves de lever la main pour déterminer dans quelle colonne placer la phrase (trois réponses possibles : oui, non et indécis). Les élèves ont ensuite discuté avec leur camarade de la justesse de leur hypothèse. Lorsque leur hypothèse avait été infirmée, ils devaient relire les phrases et énoncer une autre hypothèse. Cette partie de la démarche met l'accent sur la formulation d'hypothèses, qu'elles soient bonnes ou mauvaises. Les élèves n'étaient pas évalués selon la justesse de leur raisonnement.

Après la réévaluation des hypothèses, les élèves de chaque équipe ont présenté leurs hypothèses aux élèves du petit groupe formé à l'endroit où ils sont assis. Puis chaque petit groupe a énoncé deux de ses hypothèses devant la classe. On a présenté à la classe une dernière phrase d'exercice pour que chaque groupe arrive à trouver une hypothèse qui fonctionne et à nommer l'ensemble des attributs communs aux exemples « Oui ».

Étape 3 – L'application et l'approfondissement de la réflexion sur le concept

Comme les élèves découvraient l'acquisition de concepts, je leur ai demandé s'ils pensaient que leur manière de traiter le problème avait évolué pendant l'analyse des données. Un bon nombre d'élèves ont eu de la peine à trouver les caractéristiques communes au début. Ils ont attribué leurs difficultés au fait qu'ils fixaient leur attention sur la phrase entière au lieu de la décomposer en ses éléments. Souvent, ils trouvaient que le sujet des phrases les avait distraits de la tâche qui consistait à « examiner la composition et l'enchaînement des phrases ». Ils étaient davantage portés à trouver des ressemblances entre les sujets. De nombreux élèves ont décomposé les phrases pour examiner le début de chacune. Ils ont bien aimé discuter de la façon dont ils avaient trouvé leur hypothèse parce qu'ils ont pu ainsi voir comment différentes personnes traitaient un même problème.

Puisque les hypothèses formulées par les élèves étaient satisfaisantes et qu'ils s'étaient familiarisés avec les charnières, nous sommes passés à l'application du concept. Les élèves ont alors eu à rédiger un paragraphe dans lequel des

charnières (mots ou locutions) devaient lier les phrases. Pour ce faire, les élèves ont collé chaque phrase et chaque charnière sur des bâtonnets, ce qui rendait les combinaisons plus faciles. Ils ont transcrit pour finir tout le paragraphe sur une feuille de papier et ont demandé à un camarade de réviser le texte.

J'ai donné comme devoir une autre activité de suivi. Il s'agissait de transformer un des contre-exemples en exemple.

Réflexions personnelles

La leçon d'acquisition de concepts s'est très bien déroulée. Son succès est surtout attribuable à l'organisation générale de la leçon. Pour formuler les énoncés, j'ai tenu compte des passe-temps et des intérêts des élèves de huitième année (émissions de télévision, films et groupes de musique populaires). Je crois que le fait d'utiliser des noms connus des élèves m'a aidé à capter leur attention.

J'ai obtenu plusieurs résultats positifs avec cette leçon. Premièrement, les élèves étaient très stimulés par le contenu de la leçon et ont aimé le défi qui consistait à trouver le concept. Ils ont vu la leçon comme un jeu, ce qui a eu pour effet d'accroître leur participation. Deuxièmement, tous les élèves ont réfléchi au problème. Je l'ai constaté après que je leur ai eu demandé de réfléchir en silence. Ils avaient très envie d'exprimer leurs idées dans les discussions en équipes ou en groupes. De plus, puisque les élèves avaient du temps pour réfléchir après la présentation de chaque phrase, j'ai reçu davantage de réponses, y compris de ceux ayant des besoins spéciaux. La leçon s'est déroulée en douceur. Je me sentais à l'aise, car je voyais que tous les élèves participaient à la leçon. Le franchissement de chacune des trois étapes de l'acquisition de concepts s'est fait naturellement.

Après la leçon, j'ai demandé aux élèves de dire leur opinion sur la leçon et ce qui pourrait être modifié dans celle-ci. Leur opinion était très positive. Ils m'ont dit avoir préféré la leçon à un cours magistral ou à la lecture de textes sur le concept. Ils ont senti que la possibilité de formuler et de modifier les hypothèses selon les exemples les aidait à apprendre et à comprendre. Ils ont aimé avoir de nombreux exemples et contre-exemples du concept; cela leur a paru préférable à des explications qui viennent après la présentation d'un seul exemple. Les exemples et les contre-exemples leur ont permis de mieux cerner le concept et aussi de mieux le comprendre puisqu'ils pouvaient voir concrètement les cas où les charnières étaient utilisées.

Les élèves n'ont éprouvé que quelques difficultés pendant la leçon. L'une d'elles avait rapport avec mon emploi de termes inconnus d'eux, tel celui d'« attribut ». Il aurait fallu que je le définisse au début et non pas au milieu de la leçon. Les élèves ont eu aussi de la difficulté à se concentrer uniquement sur l'objectif et à faire abstraction d'autres éléments de la phrase. Pour redresser la situation, je leur répétais l'objectif chaque fois que je leur demandais de réfléchir à leurs hypothèses ou de les discuter. Je crois que le problème se réglera avec le temps et l'utilisation régulière de l'acquisition de concepts.

Un bon nombre de mes meilleurs élèves ont montré très tôt dans la leçon qu'ils avaient compris. Quelques-uns d'entre eux ont manifesté des signes d'impatience pendant le reste de la leçon. La prochaine fois, si la situation se reproduit (ou dès le début de la leçon), je pourrais les faire asseoir avec des élèves plus faibles. Ainsi, ils pourraient, le cas échéant, aider ces élèves en leur posant des questions appropriées pour trouver les attributs (sans leur donner la réponse).

Si j'avais à enseigner cette leçon à une classe qui n'a jamais travaillé avec l'acquisition de concepts, je présenterais plutôt un ensemble de données simple et passerais à travers les trois étapes avec la classe à titre d'exemple. Ainsi, les élèves comprendraient mieux la démarche, ce qu'ils doivent faire et la manière de trouver des similitudes entre les exemples de la colonne « Oui ».

Note

Il faut de 15 à 20 leçons d'acquisition de concepts pour maîtriser cette stratégie.

Une description des étapes de la stratégie d'acquisition de concepts de Bruner

Étape 1 – Présentation des données et détermination du concept (à l'aide de l'énoncé d'objectif)

Cette étape ressemble à la première étape de la stratégie de réflexion inductive de Taba.

Pour guider la réflexion des élèves, l'enseignant énonce l'objectif avant de présenter l'ensemble de données. Il indique alors à la fois *quoi examiner* et *quoi ne pas examiner.*

Si la leçon porte, par exemple, sur le concept de « sonnet », ou de « *haïku* », l'enseignant peut dire : « Je vais vous montrer des exemples d'un genre particulier de poésie. Tous les exemples de la colonne "Oui" présentent un caractère commun. Les exemples de la colonne "Non" ne présentent pas de caractère commun, bien qu'ils soient constitués aussi d'extraits de poèmes. Comparez les exemples de la colonne "Oui" entre eux, puis opposez-les à ceux de la colonne "Non". Prêtez attention non pas au contenu des extraits ou au type de caractères, mais plutôt à la structure des poèmes. »

Ensuite, l'enseignant présente les exemples et laisse les élèves comparer les attributs des exemples de la colonne « Oui », puis les opposer à ceux de la colonne « Non ».

À ce moment, l'enseignant a le choix entre plusieurs façons d'inviter les élèves à réfléchir. La première consiste à présenter un exemple de chaque colonne, puis à continuer ainsi pour constituer l'ensemble de données. Une autre consiste à montrer en même temps tous les exemples des deux colonnes. Vous pourriez aussi présenter les exemples pêle-mêle, puis dire dans quelle colonne va chacun d'entre eux.

À la fin de cette première étape, les élèves énoncent et vérifient leur hypothèse pendant la présentation de l'ensemble de données ou en examinant l'ensemble de données déjà présenté (d'abord seuls, puis avec un camarade). (Ils passent ainsi du mode interne au mode observable.)

On laisse habituellement aux élèves du temps pour faire leur première analyse seuls et en silence. Si l'ensemble de données est présenté par étapes, on attend généralement de leur avoir montré quatre paires d'exemples avant de leur demander s'ils ont une hypothèse. En procédant de la sorte, on évitera de voir des élèves s'écrier avant le temps : « Je le sais ! » ou « C'est facile ! » Quand la plupart des élèves paraissent avoir une idée, l'enseignant peut leur demander de présenter leur hypothèse à un de leurs camarades, puis à la classe ou bien d'abord à la classe. Nous vous suggérons d'opter pour la première manière de faire. Si tout l'ensemble de données est présenté en même temps, laissez les élèves travailler seuls jusqu'à ce qu'ils aient une idée ou une hypothèse à présenter. Il est important qu'ils écoutent ce que leur camarade dit sans émettre de jugement. Ils doivent seulement l'écouter, puis le remercier quand il a terminé.

Étape 2 — Tester l'acquisition du concept

Cette étape ressemble à la deuxième étape de la stratégie de réflexion inductive de Taba. Au cours de cette étape, les élèves peuvent développer certaines compétences essentielles à la réflexion critique.

Quand environ la moitié de la classe a trouvé des hypothèses, vous pouvez demander à des élèves de déterminer dans quelle colonne placer d'autres exemples non classés. (Note : Les élèves peuvent d'abord réfléchir seuls, puis présenter leurs idées.)

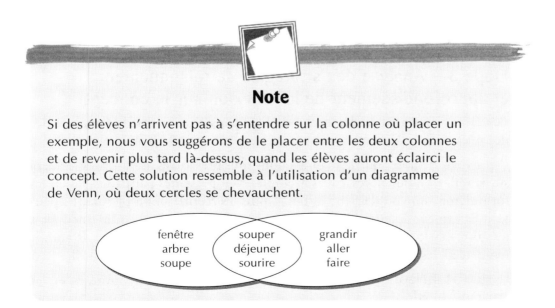

Note

Si des élèves n'arrivent pas à s'entendre sur la colonne où placer un exemple, nous vous suggérons de le placer entre les deux colonnes et de revenir plus tard là-dessus, quand les élèves auront éclairci le concept. Cette solution ressemble à l'utilisation d'un diagramme de Venn, où deux cercles se chevauchent.

fenêtre | souper | grandir
arbre | déjeuner | aller
soupe | sourire | faire

Par exemple, quand la plupart des élèves croient avoir une idée du concept ou une hypothèse, l'enseignant présente des exemples pour leur permettre de confirmer, améliorer ou infirmer leurs hypothèses. Il est essentiel de bien formuler la question si l'on veut assurer le succès de la leçon et obtenir la participation de tous les élèves. Les trois questions suivantes vous montreront l'importance de la formulation des questions, car elles ne responsabilisent pas toutes les élèves au même degré :

1. « Gilda, dis-moi si cet exemple va dans la colonne "Oui" ou "Non" ? »

2. « Qui peut me dire où placer cet exemple ? »

3. « Réfléchissez tous isolément et préparez-vous à dire votre réponse à votre camarade. Rappelez-vous de ne pas juger les idées de l'autre élève. Vous n'avez qu'à écouter, à remercier l'autre, puis à dire votre idée. Cet exemple va-t-il dans la colonne "Oui" ou dans la colonne "Non" ? (Temps de réflexion de cinq secondes.) Maintenant la personne A dit son idée à la personne B, puis la personne B dit la sienne à la personne A. »

Seule la troisième question responsabilise les élèves. Elle intègre à la démarche la structure de l'apprentissage coopératif réfléchir-partager-discuter ainsi qu'un des éléments de l'apprentissage coopératif de Johnson, à savoir les aptitudes sociales. Cette question fait intervenir l'aptitude de communication qui consiste à ne pas déprécier les idées des autres.

> Maintenant, les élèves sont prêts pour l'étape 3 – l'application du concept.

Une fois que la majorité des élèves ont présenté leurs hypothèses, l'enseignant met alors en œuvre un procédé qui aidera les élèves à confirmer ou à éliminer des hypothèses. Le procédé consiste à poser des questions et à fournir des exemples supplémentaires. À ce moment, le nom du concept peut être dit, si les élèves ne l'ont pas encore trouvé, et ils peuvent donner leur définition du concept selon les attributs trouvés.

Étape 3 – Analyse des stratégies de raisonnement et approfondissement de la réflexion sur le concept

Les élèves décrivent la démarche de leur pensée au cours de l'analyse des données.

Il convient de noter que la manière dont sont présentées les données influera sur la réflexion des élèves. Si les exemples sont présentés par paires, les élèves formuleront une ou deux hypothèses, puis les rectifieront à mesure. Ils peuvent également émettre plusieurs hypothèses, puis les éliminer les unes après les autres. Si toutes les données sont présentées en même temps, ils auront tendance à les examiner, puis à choisir quelques hypothèses de travail.

Ensuite, les élèves discutent de la relation entre leurs hypothèses et les attributs du concept.

Les élèves examinent ici les relations entre le concept et ses attributs. Ils discutent également de l'importance des attributs essentiels et non essentiels pour la définition du concept.

Les élèves approfondissent leur réflexion sur le concept.

À ce moment, les élèves comprennent le concept. Vous pouvez alors leur demander soit d'appliquer le concept, soit d'approfondir leur réflexion sur le concept ou les deux.

Note

Les élèves plus âgés seront capables de se rappeler comment leur hypothèse est née dans leur esprit, les modifications qu'ils y ont apportées ainsi que les raisons pour lesquelles ils l'ont modifiée, ce qui jette un éclairage sur leur manière de penser. Les élèves aiment habituellement connaître les idées de leurs camarades ainsi que les façons de les susciter. Les élèves moins âgés auront de la difficulté à parler de leur réflexion. Pendant les premières leçons, demandez aux élèves d'utiliser une « feuille de réflexion », comme celle qui est présentée ci-dessous, pour indiquer l'évolution de leurs idées.

Feuille de réflexion

Chaque fois qu'un nouvel exemple ou contre-exemple est présenté, note aussitôt ce que les exemples « Oui » te semblent avoir en commun. Si tu ne sais pas, inscris un zéro sur la ligne, puis passe à la ligne suivante. À la fin, tu pourras voir l'évolution de ta pensée.

1. _____

2. _____

3. _____

4. _____

5. _____

6. _____

7. _____

8. _____

9. _____

10. _____

Une variante de l'utilisation de la feuille de réflexion est employée dans la prochaine leçon.

Leçon de chimie

Recherche sur les modifications chimiques

Conçue par	Carolynn Scholtz
Niveau	9e année

Étape 1 – Énoncé de l'objectif et présentation de l'ensemble de données

Vers la fin de la leçon, les élèves devraient être capables de décrire, en se basant sur l'observation, les signes d'une modification chimique (par exemple : changement de coloration, production de gaz, formation d'un précipité, production de chaleur, absorption de chaleur ou production de lumière).

Je voulais que les élèves réfléchissent à ce qu'ils ont observé pendant une réaction chimique et qu'ils notent leurs observations dans un style descriptif. Pour diriger la réflexion des élèves, je leur ai demandé de faire un tableau dans leur cahier comprenant les titres suivants :

Exemples « Oui »	Contre-exemples « Non »
Description des composantes *avant* la réaction	Description des composantes *avant* la réaction
Description des composantes *après* la réaction	Description des composantes *après* la réaction
Description des composantes *pendant* la réaction	Description des composantes *pendant* la réaction

J'ai recouru à des démonstrations pour présenter l'ensemble de données aux élèves. J'ai présenté successivement les différentes paires d'exemples. Voici l'ensemble de données utilisé :

Exemples « Oui »	Contre-exemples « Non »
Allumer une allumette	De l'eau qui bout
Une boîte de conserve rouillée	Déchirer un journal
Addition de magnésium à de l'acide chlorhydrique (suivie d'une vérification des gaz)	Couper une carotte
Mélange de sulfate de cuivre et d'hydroxyde de sodium	Étirer un élastique
Un toast qui brûle	Dissoudre du sel dans de l'eau

Après la présentation des données, j'ai demandé aux élèves de revoir les observations qu'ils ont inscrites dans leur tableau. Je leur ai demandé de dresser, en se basant sur leurs observations, une liste de caractéristiques propres aux exemples « Oui ». Ils devaient le faire seuls et en silence. Une fois que tous les élèves ont eu terminé leur liste, je leur ai présenté des exemples à titre d'exercice. Je leur ai demandé de noter leurs observations au sujet de ces exemples, puis de déterminer dans quelle colonne les placer eu égard à ces observations. Ils devaient le faire seuls et en silence. Voici ces exemples :

- Exercice nᵒ 1 : Brûler du magnésium
- Exercice nᵒ 2 : Exprimer le jus des oranges

Étape 2 – Présentation de leurs hypothèses et de leurs réflexions

Pour cette partie de la leçon, j'ai demandé aux élèves de faire une activité réfléchir-partager-discuter. Je leur ai demandé de décider eux-mêmes où placer les deux exemples de l'exercice. Puis ils ont discuté avec leur partenaire de laboratoire pour décider où mettre chaque exemple. Ils devaient aussi justifier leurs choix et s'entendre sur chacun d'entre eux. Une fois leurs choix arrêtés, j'ai choisi au hasard quelques groupes pour leur demander d'énoncer leurs conclusions. Après la discussion, les élèves, toujours en groupes de deux, devaient trouver une définition qui rend compte des réactions des exemples « Oui ». S'appuyant sur leur propre recherche, ils ont pu définir ce qu'est une modification chimique.

Étape 3 – Application ou approfondissement du concept

Tous ensemble, nous avons examiné la définition officielle de la modification chimique ainsi que les signes ou les preuves qui indiquent qu'une modification chimique s'est produite. Pour approfondir le concept, les élèves ont fait, au cours suivant, du laboratoire sur les modifications chimiques et physiques. Pour ce laboratoire, j'ai préparé 10 stations où ils avaient l'occasion de faire de mini-expériences. Ils pouvaient ainsi développer les compétences pour la recherche liées à la notation d'observations dans des tableaux conçus à cette fin et à l'analyse de leurs observations. En guise de préparation pour ce laboratoire, j'ai donné une feuille de travail comme devoir aux élèves pour qu'ils s'exercent à déceler des modifications chimiques. Cela m'a permis de vérifier leur compréhension avant leur travail en laboratoire.

Mon premier essai avec l'acquisition de concepts

Je suis très satisfaite de ma première leçon faisant intervenir l'acquisition de concepts. Les élèves étaient très réceptifs et ont beaucoup apprécié la leçon. Un des élèves m'a dit : « J'ai aimé votre façon d'enseigner. On a appris quelque chose, mais on n'avait pas l'impression d'étudier. » Un autre élève a fait la remarque : « Les démonstrations étaient décontractées. J'ai aimé trouver par moi-même ce que je devais apprendre au lieu de me le faire dire. » Par les enquêtes que j'avais menées précédemment, je savais que les élèves trouvaient ennuyeux les cours où je leur demandais de prendre des notes. Comme les élèves participaient à la démarche pédagogique, ils étaient plus attentifs et plus empressés de remplir le tableau de données. J'ai su que ma leçon était un succès quand j'ai vu les élèves relever les signes indiquant qu'il y a modification chimique. Même s'ils ne savaient pas ce qu'ils étaient en train de définir, leur définition était très proche de celle que je leur aurais donnée. Quand je leur ai appris que la définition qu'ils avaient écrite dans leur cahier était celle de la modification chimique, on aurait dit qu'ils venaient de trouver la clé d'une énigme. Nous avons ensuite étudié la définition officielle, puis complété la liste des signes d'une modification chimique pour nous assurer que toutes leurs notes étaient complètes.

Les trois types de concepts selon Bruner

On distingue trois types de concepts. La compréhension de ces trois types de concepts vous aidera à concevoir et à évaluer vos leçons d'acquisition de concepts.

Plutôt que de définir ces types de concepts, procédons à une analyse inductive – puisque le chapitre traite de la réflexion inductive. Vous trouverez des exemples des trois types de concepts dans le tableau ci-dessous. Lisez le contenu de chaque colonne, puis confrontez le contenu de l'une des colonnes avec celui des deux autres. Quand vous penserez avoir une idée des attributs de la colonne, déterminez si les exemples placés au bas du tableau ont un rapport avec les termes inscrits dans la colonne que vous avez choisie. Faites de même avec les deux autres colonnes. Notez que certains exemples peuvent avoir des rapports avec plus d'une colonne.

Note

Parmi les concepts des trois colonnes, ce sont ceux de la colonne **b** que vous et vos élèves trouverez plus faciles à utiliser pour constituer un ensemble de données d'acquisition de concepts.

A	B	C
1. amour	1. auto	1. profond
2. justice	2. feuille	2. fort
3. symbolisme	3. tasse	3. rude
4. égalité	4. embrassade	4. facile

Exercice : ordinateur, immense, opposé, hypothèse, insecte, doux, préjugé, sujet à controverse, radio, démocratie, gravité, normal

Nous placerions « sujet à controverse » dans la colonne **a**; « ordinateur », « hypothèse », « radio », « démocratie », « insecte » et « gravité » dans la colonne **b**; et « immense », « opposé » et « doux » dans la colonne **c**. « Normal » et « préjugé » pourraient entrer dans toutes les colonnes.

Pourriez-vous donner d'autres exemples de chacun de ces trois types de concepts dans la matière que vous enseignez?

Les concepts disjonctifs, conjonctifs et relationnels

Notez que certains concepts peuvent entrer dans plusieurs catégories.

Note

Vous pourriez faire une activité casse-tête en groupes de trois pour étudier ces trois termes.

A. Les concepts disjonctifs (sans lien commun)

Les concepts disjonctifs sont ceux qui n'ont rien en commun. Il sera donc difficile aux élèves de leur trouver des caractéristiques communes.

Considérez ces exemples du symbolisme: un anneau d'alliance, un blouson des Hell's Angels, un autocollant de Mercedes et un drapeau. Qu'ont-ils en commun? Très peu de choses. Ces concepts sont peut-être un peu plus abstraits, aussi l'enseignant doit-il disposer d'un grand ensemble de données et s'armer de patience. Si c'est la première fois que vous utilisez l'acquisition de concepts, il est préférable de commencer avec des concepts conjonctifs.

B. Les concepts conjonctifs (ayant des liens communs)

Les concepts conjonctifs (une personnification, un polyèdre à angles droits, un sonnet, une symétrie, etc.) ont des caractéristiques communes facilement discernables. Presque tout ce que vous pouvez voir et toucher entre dans cette catégorie. Il y a toutefois quelques exceptions intéressantes, en particulier le concept de « prise » (quand on s'élance et qu'on manque la balle au baseball, par exemple).

Imaginez, **par exemple,** que vous invitez une personne à assister à une partie de baseball et qu'elle ne connaît pas les règles de ce sport. Le lanceur envoie la balle, le batteur s'élance, mais il rate la balle et l'arbitre crie: « Première prise! » Vous expliquez alors à la personne qu'il s'agit d'une prise quand le batteur s'élance et manque la balle. Au deuxième lancer, le batteur touche la balle, mais elle va en dehors de la ligne (fausse balle). L'arbitre annonce alors: « Deuxième prise! » La personne vous jette un regard interrogateur. Vous lui expliquez qu'il y a aussi prise quand la balle tombe en dehors des lignes. Au troisième lancer, la balle passe tout près du batteur, qui n'a pas bougé, et l'arbitre annonce : « Troisième prise ! » Maintenant votre ami s'efforce de trouver la signification du mot « prise », le mot pouvant référer à trois choses différentes. Comme vous le voyez, le concept de prise au baseball tend à être disjonctif.

C. Les concepts relationnels (leur compréhension dépend du contexte ou de l'expérience)

Les concepts relationnels possèdent des caractéristiques communes qui sont liées à un contexte précis. Il est facile de former des ensembles de données pour certains de ces concepts (rude, lisse, doux, froid), mais il peut être difficile de le faire pour d'autres (juste, opposé, plus que, moins que). Donc, si vous choisissez un concept pour une leçon d'acquisition de concepts, déterminez si c'est un concept relationnel. Ainsi, vous pourrez concevoir un ensemble de données approprié.

Par exemple, une enseignante a cessé d'avoir de la difficulté à constituer un ensemble de données pour le concept « opposé » après qu'elle a eu compris qu'elle avait affaire à un concept relationnel. Elle a utilisé ensuite des diagrammes et disposé des objets autour d'autres objets.

Combiner les étapes de la démarche d'acquisition de concepts

Étape 1 – Énoncé de l'objectif et présentation de l'ensemble de données

a) Quel est l'objectif ?

- Indiquez aux élèves quoi examiner ou quoi ne pas examiner.
  Par exemple, si vous voulez aider les élèves à mieux comprendre ce qui rend un paragraphe efficace, vous pourriez dire : « Concentrez-vous sur ce qui rend le paragraphe efficace, ne vous occupez pas du nombre de mots. » Puis présentez l'ensemble de données sur les paragraphes efficaces et inefficaces.

b) Comment allez-vous présenter l'ensemble de données ?

- Tous les exemples seront présentés en même temps.
- Une paire d'exemples à la fois.

c) Quel moyen utiliserez-vous pour présenter l'ensemble de données ?

- des images ;
- un rétroprojecteur ;
- un jeu de rôle ;
- des objets ;
- des mots ;
- de grandes feuilles de papier ou un tableau ;
- des textes ;
- autres.

d) Quand allez-vous présenter les exemples de l'exercice ?

e) Quand cesserez-vous de présenter des données pour passer à l'étape 2 ?

Étape 2 – Présentation par les élèves de leurs hypothèses et de leurs réflexions

a) Comment allez-vous demander aux élèves de présenter leurs hypothèses et leurs réflexions ?

- demander s'il y a des élèves prêts à le faire ;
- choisir des élèves au hasard ;
- demander aux élèves de discuter en équipes de deux, puis demander s'il y a des volontaires ou choisir vous-même des élèves ;
- demander aux élèves de discuter en équipes de trois ou quatre (faire une table ronde), puis avec toute la classe.

b) Comment allez-vous accueillir les mauvaises hypothèses ou les hypothèses partiellement bonnes ? Rappelez-vous que les élèves ont pu apercevoir des choses que vous n'avez pas vues dans votre ensemble de données ou qu'ils peuvent simplement se tromper.

Si les élèves arrivent à une hypothèse qui s'accorde avec l'ensemble de données, mais que vous n'avez pas prévue ou que les contre-exemples ne permettent pas d'écarter, vous n'avez qu'à admettre cette hypothèse et à leur demander de continuer à chercher. Une autre solution consisterait à leur présenter un exemple qui réfuterait leur hypothèse.

S'ils se trompent dans leur analyse, demandez-leur de considérer de nouveau l'ensemble de données et présentez-leur un exemple qui réfute leur hypothèse.

c) Si les élèves ont trouvé l'essence ou les attributs importants du concept, comment allez-vous aborder l'étape 3, qui correspond à l'application du concept ? C'est la partie essentielle de la démarche. Il vous faut alors retourner à la leçon principale. Rappelez-vous la leçon sur *The Revolt of Mother*, rapportée au début du chapitre : avant d'entamer la leçon, l'enseignant constitue un ensemble de données en vue de clarifier le concept de « niveau de langue familier ».

Étape 3 – Application ou approfondissement du concept

a) Comment allez-vous procéder pour rendre ce concept intéressant de façon que les élèves comprennent son importance et son utilité ?

b) Quelles questions pourriez-vous leur poser ? À quel niveau de questions de la taxonomie de Bloom correspondront-elles ? Est-il possible de combiner à votre démarche d'autres stratégies ou d'autres techniques de réflexion critique de façon à amener les élèves à approfondir leurs réflexions sur le concept ?

Enseigner l'acquisition de concepts

Tâche d'apprentissage

Donner une leçon d'acquisition de concepts pour appliquer votre compréhension actuelle de cette démarche.

Tâche collective

Réfléchir à la démarche en même temps qu'on l'exécute et définir ce que devraient être les étapes de la démarche OU, si vous connaissez bien l'acquisition de concepts, déterminer où et comment des tactiques de réflexion critique et d'autres modèles d'enseignement comme la formation de concept et l'apprentissage coopératif peuvent être intégrés à cette démarche.

Directives

1. Formez des équipes de deux. Prenez un journal – on y trouve des centaines de concepts. Choisissez un concept conjonctif ou relationnel (assurez-vous de savoir de quel type de concept il s'agit et de pouvoir expliquer pourquoi). Puis rédigez cinq exemples et autant de contre-exemples du concept. Prenez 25 minutes pour constituer votre ensemble de données et préciser votre manière de procéder.

2. Au signal, placez-vous avec deux autres équipes pour former un groupe de six. Faites part aux quatre autres personnes de ce que vous pensez être la bonne démarche d'acquisition de concepts pour le concept que vous avez choisi.

3. Une fois l'exercice terminé, discutez dans votre groupe de six de son déroulement. Quelles étapes de la stratégie a-t-on traversées? Puis discutez des stratégies pédagogiques (modèles d'enseignement) ou des aptitudes essentielles pour la réflexion critique qui pourraient être intégrées à la démarche.

4. Comparez votre analyse sur l'intégration d'autres composantes au contenu ci-dessous.

5. Maintenant, prenez un concept que vous aurez à enseigner bientôt dans une de vos leçons (débutez avec un concept simple, préférablement conjonctif) et préparez un ensemble de données pour ce concept.

L'art d'enseigner : comment intégrer d'autres modèles d'enseignement à l'acquisition de concepts

Premièrement, pour pouvoir intégrer d'autres stratégies à l'acquisition de concepts, vous devez sentir que vous maîtrisez la démarche d'acquisition de concepts. Rares sont les personnes capables de jouer de cinq instruments de musique en même temps. L'intégration de plusieurs démarches pédagogiques est aussi exigeante; il faut devenir en quelque sorte un chef d'orchestre, un artiste qui doit choisir judicieusement les méthodes pédagogiques. Vous commencez à préparer des leçons qui aident les apprenants à développer leur propre façon de comprendre les concepts. Il faut être patient. Bruce Joyce, Marsha Weil et Beverly Showers (les auteurs de *Models of Teaching*) nous ont dit qu'il faut de 15 à 20 leçons avant d'arriver à utiliser efficacement l'acquisition de concepts. Ils avaient raison. Nous continuons d'ailleurs toujours à en apprendre sur cette démarche après 15 ans d'utilisation.

Deuxièmement, vous devez comprendre la raison d'être de chaque modèle d'enseignement, c'est-à-dire la théorie à laquelle se rattache la stratégie. L'apprentissage coopératif, par exemple, est un modèle social qui relève d'une théorie sociale. L'acquisition de concepts est un modèle de traitement de l'information qui se rattache à une théorie pédagogique. En combinant ces deux stratégies, on associe une théorie sociale à une théorie pédagogique à l'intérieur d'un environnement pédagogique. Il est surtout important de pouvoir reconnaître quels sont les moments les plus propices pour l'utilisation de certains aspects de l'apprentissage coopératif à l'intérieur ou à la suite de la démarche d'acquisition de concepts.

Les composantes doivent être choisies et intégrées en fonction des besoins des apprenants et non des vôtres. Procédons comme le peintre quand il choisit des couleurs qui correspondent le plus à sa sensation de la lumière et de l'ombre. Il lui faut comprendre chacun de ces concepts s'il veut tirer le maximum de leur agencement. Alors que le peintre peut ne s'occuper que d'une seule toile, l'enseignant doit plutôt « peindre » sur 30 toiles à la fois dans chacune de ses classes. De plus, ses toiles se déplacent. Elles ont différents styles d'apprentissage, différentes intelligences, certaines peuvent ne pas avoir pris de petit déjeuner, elles peuvent être masculines ou féminines, elles peuvent provenir d'un autre pays, et ainsi de suite. Cela relève de l'« art d'enseigner ».

Troisièmement, de même que le peintre doit maîtriser diverses techniques (coups de pinceau, mélange des couleurs, agencement des couleurs, croquis et création de perspectives), de même l'enseignant doit connaître parfaitement les concepts pédagogiques, les techniques et les tactiques d'enseignement, et être capable de renforcer une stratégie. Ainsi, il doit :

- savoir quand faire une démonstration ;

- formuler les questions de façon à encourager la participation active des élèves ;

- formuler les questions de façon à solliciter chez les élèves différents niveaux conceptuels ;

- savoir comment intégrer des concepts tels que l'intérêt et la signification dans une leçon ;

- reconnaître les moments où des tactiques telles que l'entrevue en trois étapes peuvent stimuler l'échange d'idées.

Note

Les concepts, les techniques et les tactiques mentionnés ci-dessus ont été présentés dans les chapitres précédents.

Dernières réflexions

L'acquisition de concepts

Il s'agit essentiellement d'un jeu de détective. Les indices sont là et les apprenants doivent déceler le concept. La démarche est plus fructueuse quand les détectives échangent leurs opinions.

Au cours d'une leçon donnée dans une classe de première année qui avait joué avec l'acquisition de concepts en maternelle, les élèves ne voulaient pas abandonner après 23 paires d'exemples et sont parvenus à trouver les caractéristiques essentielles des concepts « vivant » et « non vivant ». L'ensemble de données était d'abord composé du nom de cinq fleurs et de celui de cinq choses non vivantes (roche, fenêtre, etc.). Puis des exemples d'arbres ont été ajoutés, ce qui les a un peu pris au dépourvu au début. Puis, après environ 10 exemples de végétaux, on a ajouté des exemples d'animaux, puis d'êtres humains. Après environ 13 exemples, ils savaient où placer les exemples de l'exercice, mais ne pouvaient expliquer leurs choix. Une fillette a demandé à l'enseignant d'enlever « ballon » de la catégorie « non vivant » parce que le caoutchouc provient d'un arbre. Pour la même raison, un garçon a demandé qu'on place « auto » dans les deux cercles (on utilisait un diagramme de Venn pour regrouper les exemples).

Rappelez-vous que les élèves doivent pouvoir observer toutes les caractéristiques du concept dans chaque exemple, ce qui explique la difficulté reliée à certains concepts comme « animal à sang chaud » ou « mammifère » : les élèves ne peuvent déceler les attributs facilement. Pour une leçon sur les animaux à sang chaud et à sang froid, il vous faudrait presque montrer les animaux en classe en expliquant aux élèves effrayés que le serpent et l'alligator correspondent au concept, mais pas l'éléphant et le lion. Il en va de même avec le concept d'oiseau qui ne vole pas. Il vous faudrait tous monter sur le toit de l'école et lancer des oiseaux dans les airs. Il va sans dire que les pingouins et les autruches apprécieraient peu d'être traités de cette manière (sans compter que vous risqueriez d'aboutir en prison).

Les centres d'acquisition de concepts sont une approche qui fonctionne bien. Ce peut être, par exemple, un centre **devinez la règle**. On y trouve un bon nombre d'objets hétéroclites ainsi qu'une table divisée en deux par un bout de ruban-cache. Les élèves constituent des ensembles de données et demandent à leurs camarades de deviner la règle dont ils ont fait usage. Il peut s'agir de « brillant », de « rude », de « rouge », de « triangles », de choses dont le nom débute par la lettre *t*, d'une image illustrant une saison, etc. Les élèves adorent ces activités.

L'important est que les élèves discutent de leurs hypothèses et décrivent la démarche de leur pensée. Il est intéressant de considérer la démarche suivie par la pensée et de voir que nous pensons tous différemment, mais cela nous aide surtout à devenir des êtres capables de réflexion critique.

Les éléments essentiels de l'acquisition de concepts

- La stratégie d'acquisition de concepts fait appel à la réflexion inductive. Au lieu de donner les réponses, elle incite les élèves à déceler eux-mêmes les caractéristiques communes d'un certain nombre de choses. Cette stratégie les aiderait ainsi à assimiler la matière.

- Dégagez les éléments essentiels d'un module. Puis déterminez si l'acquisition de concepts est la démarche qui aiderait le plus les élèves à comprendre.

- L'acquisition de concepts implique la présentation d'exemples et de contre-exemples d'un concept. Lorsque les élèves semblent avoir compris le concept, vous leur faites classer d'autres éléments pour vérifier leur compréhension.

- Débutez avec des ensembles de données amusants ou faciles pour familiariser les élèves avec la démarche.

- Tout ce qu'on peut voir, toucher, sentir, goûter, entendre, décrire ou nommer est un concept (à l'exception des êtres ou des choses uniques : « Toronto » n'est pas un concept, mais plutôt un exemple du concept « ville »).

- Rappelez-vous que vous pouvez toujours faire un petit exposé magistral pour clarifier ou approfondir les idées. Il en va de même si les élèves ne font plus de progrès.

- Vous devriez préparer au moins 10 paires d'exemples dans l'ensemble de données, en plus de 3 exemples à titre d'exercice. Plus le concept est complexe, plus les exemples doivent être nombreux.

- L'énoncé d'objectif revêt une grande importance, car il aide les élèves à analyser l'ensemble de données. En apportant beaucoup d'information, on favorise la construction d'hypothèses, mais on pousse peu les élèves à trouver des modèles. Il faut maîtriser l'art d'enseigner pour être capable de trouver l'énoncé d'objectif approprié à une situation. À cet égard, l'expérience nous enseigne.

- Comme la discussion est essentielle au développement intellectuel, il y a lieu d'utiliser des structures coopératives de groupe comme réfléchir-partager-discuter au cours de la deuxième étape.

Chapitre 8

La formation de concepts : une stratégie de pensée inductive

Questions clés

1 Nommez un objet dans la pièce où vous vous trouvez qui n'a pas été classé par induction.

2 Quels liens y a-t-il entre l'organisation de votre garde-robe et la formation des concepts ?

3 Comment l'apprentissage coopératif et l'acquisition de concepts se rattachent-ils à la formation de concepts ?

4 Dans quels cas la schématisation conceptuelle et les réseaux notionnels peuvent-ils se combiner au processus inductif ?

(*suite* ►)

Le présent chapitre comporte six objectifs liés entre eux :

- Préciser la raison d'être du chapitre.

- Présenter des exemples d'ensembles de données.

- Présenter deux exemples de leçons.

- Expliquer la formation de concepts (stratégie inductive de traitement de l'information).

- Décrire les trois étapes de la stratégie de formation de concepts.

- Expliquer les raisons de l'utilisation de la stratégie de formation de concepts.

- Présenter trois exemples de leçons (plus complexes).

- Planifier une leçon qui fait appel à la stratégie de formation de concepts.

- Résumer le chapitre et mettre en évidence certains éléments de réflexion.

Note

Le présent chapitre traite essentiellement de la formation de concepts et de la pensée inductive. Pour en savoir plus sur la stratégie inductive de l'acquisition de concepts, lisez le chapitre 7.

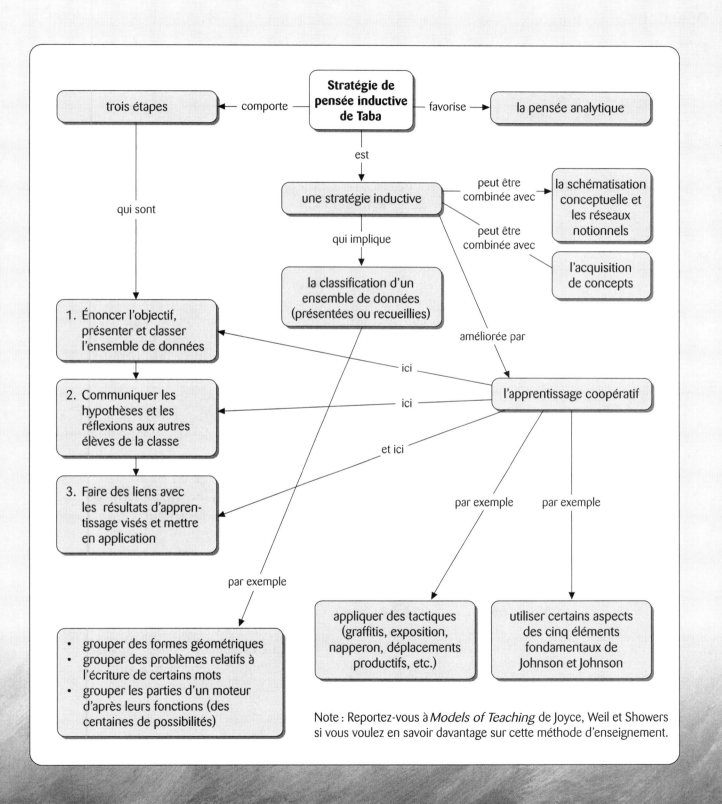

Note : Reportez-vous à *Models of Teaching* de Joyce, Weil et Showers si vous voulez en savoir davantage sur cette méthode d'enseignement.

Questions clés (suite)

5 Quel lien faites-vous entre le processus inductif et une conception constructiviste de l'enseignement et de l'apprentissage ? En quoi la pensée inductive peut-elle aider les élèves à acquérir un mode de pensée plus stimulant et plus analytique ?

Introduction

Comme l'acquisition de concepts, qui a fait l'objet du chapitre précédent, la formation de concepts est une stratégie de traitement de l'information. Elle conduit l'apprenant à traiter (trier et classer) une information de manière à lui donner un sens. Puisque tout ce qui nous entoure a été classé par le moyen d'une analyse, on peut dire sans se tromper que la formation de concepts est un processus utile.

Au début des années 1960, Hilda Taba s'est servie du processus inductif pour créer une structure donnant plus d'extension au mode de classification alors généralement utilisé en classe. Au début, on a employé cette structure dans le programme de sciences sociales. Aujourd'hui, elle est intégrée au processus d'apprentissage dans toutes les matières scolaires et dans toutes les classes.

Pensons aux classifications des règnes animal et végétal, au tableau périodique, à toutes les classifications dans les diverses formes d'art. Comment pourriez-vous amener vos élèves à étudier des peintres cubistes, réalistes, expressionnistes, impressionnistes, abstraits ou surréalistes ? Vous pourriez afficher quatre ou cinq reproductions d'œuvres et demander aux élèves de les classer selon leur style artistique. À l'aide de la méthode casse-tête, demandez ensuite aux élèves de rassembler de l'information sur un peintre associé à chacun des courants artistiques. Invitez-les ensuite à formuler des questions et à étudier en petits groupes des questions qui ont rapport avec la recherche qu'ils ont menée.

L'organisation initiale des informations à l'aide de la formation de concepts permet de communiquer des idées avec plus de précision. Elle fournit un point de départ pour approfondir la réflexion.

Le présent chapitre n'a pas pour but de traiter en profondeur la pensée inductive. Nous voulons simplement vous indiquer des moyens de l'intégrer dans d'autres processus pédagogiques. Ainsi, les élèves qui seront capables de se servir de la pensée inductive pourront utiliser plus facilement et plus efficacement la schématisation conceptuelle et les réseaux notionnels (voir le chapitre 9).

Lorsque vous commencerez à utiliser la stratégie de formation de concepts, dites-vous que nous, les auteurs du présent ouvrage, l'avons étudiée pendant 10 jours avec l'aide de Joyce, Weil et Showers et que nous l'avons très souvent appliquée au cours des 15 dernières années. Vous ne maîtriserez vraiment cette stratégie que lorsque vous l'aurez employée une vingtaine de fois. Plus vous l'appliquerez, plus elle vous semblera facile et efficace.

Raison d'être

La pensée inductive porte sur le processus de classification. Regardez autour de vous. Tout ce que vous pouvez voir ou toucher a été classé. Jetez un coup d'œil à votre garde-robe. Y a-t-il des choses qui sont classées selon des caractéristiques communes, comme la couleur, la saison, le genre de vêtement (pantalons, chemises, cravates, robes, chaussettes, etc.)? Certains d'entre vous ont peut-être coutume d'empiler, mais la majorité des gens mettent de l'ordre dans leurs affaires.

À l'instar de l'acquisition de concepts, la formation de concepts est un processus de réflexion inductive qui rend les élèves capables d'accomplir une démarche analytique. La principale différence entre ces deux stratégies est que, dans l'acquisition de concepts, l'enseignant contrôle l'ensemble des données tandis que, dans la formation de concepts, les élèves contrôlent la classification et même souvent l'origine des données. Par exemple, ils ramassent des feuilles d'arbre, puis ils les classent.

Le processus inductif peut être utilisé dans toutes les matières scolaires et dans tous les niveaux d'étude.

- Il aide les élèves à rendre significatives de grandes quantités d'information – à diviser l'information en parties qui ont un sens propre, et à établir des relations entre ces dernières.

- Il aide les élèves à comprendre l'essence même d'un concept ou à approfondir la compréhension qu'ils en ont.

- Il fournit aux enseignants une méthode d'enseignement novatrice qui leur permet de tirer parti des différents styles d'apprentissage et des forces de chaque élève (voir l'ouvrage de Howard Gardner sur les intelligences multiples).

- Il fournit aux enseignants l'occasion d'intégrer des éléments de la théorie sociale à l'aide de diverses tactiques d'apprentissage coopératif, comme l'entrevue en trois étapes, le tournoi à la ronde et la tactique du napperon.

- Il permet d'intégrer d'autres stratégies d'enseignement, comme l'acquisition de concepts, les réseaux notionnels et la schématisation conceptuelle.

- Il peut servir à l'enseignement de concepts et d'habiletés ayant rapport avec la pensée critique, la communication et la socialisation.

Dans les deux pages qui suivent, vous trouverez plusieurs exemples d'exercices que vous pouvez utiliser pour familiariser vos élèves avec la formation de concepts.

Discussion

En quoi la pensée inductive se rattache-t-elle à l'intelligence naturaliste (Gardner, 1999)?

Exemples d'exercices pouvant servir à se familiariser avec la formation de concepts

Les huit exemples qui suivent représentent des exercices qui permettent aux élèves de mettre en pratique la classification et de s'habituer à chercher des caractéristiques ou des attributs dans les choses qui les entourent. Une fois qu'ils auront compris comment chercher les caractéristiques de choses courantes, qu'ils auront mis en application leurs connaissances et partagé leurs recherches avec les autres, les élèves seront capables de travailler avec des ensembles de données plus complexes.

1. **Billes.** Demandez aux élèves de former des équipes de deux. Mettez une trentaine de billes dans un sac, et dites aux équipes de grouper les billes par catégories (dans des gobelets en plastique transparent). Ensuite, demandez aux équipes de discuter entre elles des raisons pour lesquelles elles ont fait leurs groupements.

2. **Souliers.** Demandez aux élèves de former un cercle. Demandez à chaque élève d'enlever un soulier et de le déposer au milieu du cercle. Invitez-les à réfléchir individuellement (disons pendant 30 secondes) à la manière dont ils pourraient classer les souliers, puis de partager leur réflexion avec un camarade.

3. **Pièces de casse-tête.** Remettez à chaque élève un sac contenant environ 20 pièces de vieux casse-têtes. Demandez aux élèves de classer leurs pièces, puis de discuter avec un camarade de la manière dont ils ont créé leurs ensembles de données et des raisons pour lesquelles ils ont procédé comme ils l'ont fait.

4. **Visages exprimant différents sentiments.** Vous trouverez des dessins se rapportant à cet exercice à la page 260. Remettez une photocopie de cette page à chaque paire d'élèves ou à chaque groupe de trois. Demandez-leur de découper les visages, puis de les classer selon les sentiments qui sont exprimés. Ensuite, chaque équipe expliquera sa classification à une autre équipe. Vous pourriez aussi montrer aux élèves d'autres images, leur lire une histoire ou un poème, puis leur demander de choisir parmi les 20 visages de la page 260 celui qui correspond le plus à ce qu'ils ressentent dans le moment.

5. **Annonces.** Découpez des images de magazines qui illustrent différents moyens utilisés par les publicitaires pour nous persuader d'acheter un produit. Nous vous suggérons de trouver quatre ou cinq images évoquant chacune les idées suivantes: l'amitié, la nature sauvage, la vitesse, la sensualité, le luxe, la santé, etc. Numérotez les images (par exemple, de 1 à 40) et affichez-les sur un

mur de la classe avec du ruban adhésif. Demandez aux élèves de classer les images en équipes de deux. Demandez-leur d'inscrire sur une feuille de papier les numéros correspondant aux images qui appartiennent à un même ensemble (par exemple, les numéros 2, 7, 11 et 19 sont ceux des images qui sont associées à la nature sauvage).

6. **Aliments.** Rassemblez des aliments qui peuvent être mesurés de différentes façons (selon leur poids, leur volume ou leur longueur, en milligrammes, en grammes, en décilitres, en litres, etc.), comme de la confiture, des tablettes de chocolat, du beurre d'arachide et de la viande. Inscrivez les chiffres 1, 2, 3, etc., sur des étiquettes et placez celles-ci sur les exemples. Demandez aux élèves de mesurer les produits selon l'échelle de leur convenance, puis de les classer.

7. **Moteur.** Trouvez un vieux moteur de tondeuse à gazon à essence et démontez-le. Demandez à vos élèves de classer les parties du moteur selon leurs fonctions. Vous pouvez vérifier la compréhension des élèves quant au fonctionnement du moteur. Au début de l'année scolaire, un instructeur d'atelier a démonté un moteur d'automobile et a formé des groupes d'étudiants selon leurs connaissances des moteurs. Il a noté leurs résultats. À la fin de l'année, il a évalué de nouveau les connaissances des étudiants et a remis à chacun d'eux les résultats obtenus au début de l'année à des fins de comparaison.

8. **Bandes dessinées.** Choisissez des personnages de bandes dessinées, puis demandez aux élèves de les classer selon différentes situations ou différents traits de caractère. Astérix, Tintin, Gaston Lagaffe et Achille Talon conviennent bien pour cet exercice.

Exemple d'un ensemble de données relatives à des sentiments

Voici des visages qui évoquent différents sentiments. Tentez de grouper les visages selon les sentiments qu'ils expriment. **Note:** Nous lisons souvent des histoires aux élèves et leur demandons quel sentiment anime tel personnage ou tel animal. Puisqu'il est question ici d'intelligence émotionnelle, nous devons être conscients de nos sentiments et de ceux des autres.

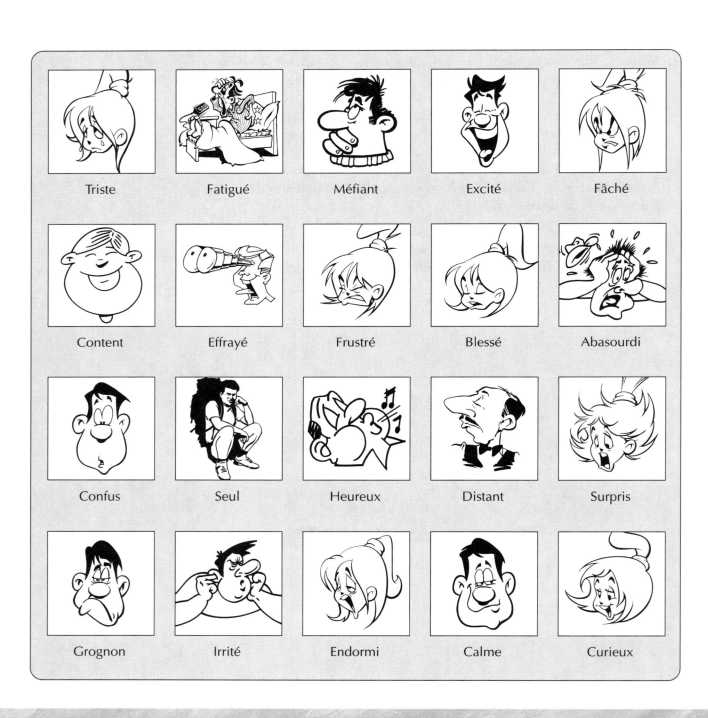

| Triste | Fatigué | Méfiant | Excité | Fâché |

| Content | Effrayé | Frustré | Blessé | Abasourdi |

| Confus | Seul | Heureux | Distant | Surpris |

| Grognon | Irrité | Endormi | Calme | Curieux |

Exemple d'un ensemble de données relatives à des formes géométriques

Voici un ensemble de données qui pourrait être utilisé dans une classe de maternelle. Demandez aux enfants de mettre différentes formes géométriques dans trois ou quatre cerceaux en fonction de leurs caractéristiques communes. Demandez-leur ensuite de discuter en équipe de deux des raisons pour lesquelles ils ont mis telle ou telle forme géométrique dans un cerceau plutôt que dans un autre. **Note :** Les cerceaux sont un excellent moyen de familiariser les élèves avec les diagrammes de Venn.

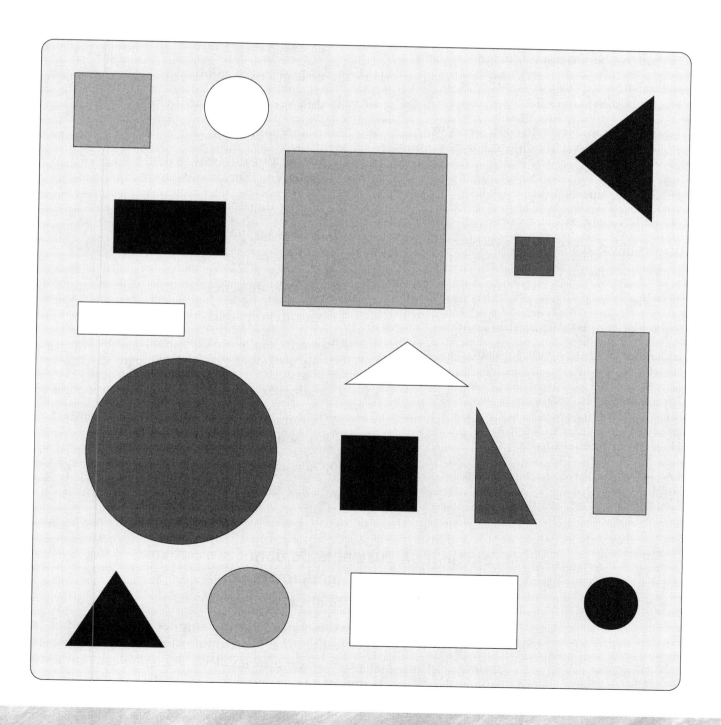

Exemple d'un ensemble de données relatives à des types de changement (physique ou chimiques)

(leçon de science du niveau secondaire)

1. de la rouille qui se forme sur une pelle

2. vaporiser du fixatif

3. solidifier un château de sable en ajoutant de l'eau

4. allumer une ampoule électrique

5. faire un bonhomme de neige

6. mélanger de l'eau de chaux avec du chlorure de carbonyle ($CoCl_2$)

7. mélanger de l'hydroxyde de calcium [$Ca(OH)_2$] avec du chlorure d'aluminium (NH_4Cl)

8. dessiner une esquisse

9. de la vapeur qui se condense

10. des pluies acides qui se forment

11. faire griller un bifteck

12. faire cuire un gâteau

13. mélanger du sable avec de l'eau

14. agiter des billes jaunes mélangées avec des bonbons en gelée rouges

15. mélanger du bicarbonate de soude avec du vinaigre

16. séparer l'huile du vinaigre

17. faire frire un œuf

18. allumer une cigarette

19. brûler du papier

20. mélanger du sucre avec du bicarbonate de soude

21. mélanger du sel avec de l'eau

22. de l'oxygène qui prend de l'expansion en chauffant

23. de la glace qui fond

24. du givre qui se forme sur une fenêtre

25. couper du pain

26. brasser une bouteille de boisson gazeuse et l'ouvrir tout de suite après

27. couper du papier

28. de la neige qui se forme

29. faire une salade

30. chauffer du verre

31. chauffer du sable

32. mettre une pièce de monnaie dans un mélange de sel et de vinaigre

33. faire cuire du pain

34. mélanger, puis chauffer du bicarbonate de soude et du sucre

35. faire exploser de la dynamite

36. concasser des cristaux de vitriol bleu

Exemple d'un ensemble de données relatives à des problèmes de mathématiques

(leçon de mathématiques du niveau élémentaire)

Voici un ensemble de problèmes mathématiques qui doivent être classés en fonction de l'opération requise pour les résoudre. Divisez votre classe en groupes de trois. Dans chaque groupe, un élève lit le problème, un autre souligne les éléments importants du problème, et un dernier classe le problème. Demandez aux élèves de changer de rôle après chaque question. Les trois étapes sont : 1) lire le problème ; 2) souligner les éléments importants ; et 3) dire si la solution consiste à faire une addition, une soustraction, une multiplication, une division, une combinaison de ces opérations ou aucune de ces opérations. Pour terminer, le problème est classé dans un des six groupes.

1. Si tu restes sous la douche pendant 15 minutes, et si tu prends 10 minutes pour t'habiller, 25 minutes pour déjeuner et que tu doives partir pour l'école au plus tard à 8 heures, à quelle heure dois-tu te lever ?

2. J'ai pris en moyenne deux kilos par année au cours des sept dernières années. Quel est mon gain de poids total ?

3. Tu as commandé 4 pizzas (32 pointes en tout, à raison de 8 pointes par pizza). Seize amis viendront à ta fête. Est-ce que chacun aura trois pointes de pizza ?

4. J'ai prêté 150 $ à mon frère pour qu'il s'achète une bicyclette. J'avais 250 $ dans mon compte de banque. Est-ce qu'il m'est resté assez d'argent pour acheter des patins de 110 $?

5. J'ai acheté une pizza à 6,99 $, une boisson gazeuse à 0,99 $ et des croustilles à 1,25 $. À combien s'est élevée la facture ?

6. J'ai acheté trois paires de chaussettes qui m'ont coûté 6,75 $. Combien m'a coûté chaque paire ?

7. J'ai passé six ans dans une école élémentaire, trois ans dans une école intermédiaire et quatre ans dans une école secondaire. Si j'ai 20 ans de scolarité, pendant combien d'années suis-je allé à l'université ?

8. Sur une période d'une année, j'ai parcouru en moyenne 60 kilomètres par jour avec mon automobile. Quelle distance approximative ai-je parcourue dans un mois de 30 jours ?

9. Si tu as perdu la somme de 10 $ que ta mère t'a donnée pour payer ton repas du midi et que ce repas coûte 5,25 $, combien dois-tu emprunter pour manger ?

10. Si ton propre boîtier de disques compacts d'une capacité de 50 disques est rempli et si le boîtier de disques compacts de l'auto, d'une capacité de 25 disques, l'est également, combien de disques compacts y a-t-il dans ces deux endroits ?

11. Supposons que tu prépares un barbecue. Chaque personne mangera probablement huit onces de bifteck. Si 12 personnes viennent à ton barbecue et que chaque bifteck pèse 6 onces, combien de biftecks dois-tu acheter ?

12. Si ta sœur, ton frère et toi voulez des planches à roulettes pour votre anniversaire et que chaque planche coûte 69,99 $, combien vous faudra-t-il d'argent pour acheter les trois planches ?

13. Tes amis et toi êtes d'accord pour laver les fenêtres d'un bâtiment à raison de 1,25 $ par fenêtre. Il y a 8 fenêtres par étage, et le bâtiment compte 24 étages. Combien demanderez-vous au propriétaire du bâtiment pour laver toutes les fenêtres ?

14. Tu as reçu 624 $ en argent de poche durant une année. Combien as-tu reçu en moyenne chaque semaine ?

15. Vous devez jouer une partie de soccer demain. Vous avez trois véhicules. Un véhicule peut recevoir 4 passagers (plus le conducteur), un autre 12 (plus le conducteur) et un autre 2 (plus le conducteur). Ton équipe de soccer compte 15 joueurs. Avez-vous besoin des trois véhicules pour transporter l'équipe ?

Exemple d'un ensemble de données relatives à des figures de style

(leçon de français du niveau secondaire)

Voici 16 exemples de figures de style – les procédés les plus complexes que les écrivains utilisent pour toucher l'imagination de leurs lecteurs. Examinez ces procédés et déterminez si certains d'entre eux ont quelque chose en commun. Préparez-vous à expliquer pourquoi vous avez groupé ces figures de style comme vous l'avez fait. Groupez-les en utilisant des chiffres. Par exemple, vous pourriez mettre 1, 7, 10 et 11 dans le même groupe. Travaillez individuellement pendant cinq minutes, puis échangez vos réflexions avec votre coéquipier. Terminez ensemble la classification des données en vous assurant que vous participez tous les deux de façon active.

1. J'aurais dû écouter mes pieds. Ils me disaient que je n'étais pas prêt à marcher aussi longtemps.

2. En riant et en dansant, l'eau coulait entre les roches.

3. Ses mains ont saisi mon bras comme un étau.

4. Le bourdonnement de la scie sonnait dans ma tête.

5. En poussant des cris comme un fantôme fou, il se faufila dans la nuit.

6. Alors que je me penchais à la fenêtre, j'ai entendu le murmure à peine voilé de l'herbe.

7. Elle peut calculer mentalement des nombres plus rapidement que le meilleur ordinateur.

8. Je suis certain que les murs ont ri de mes naïves tentatives d'évasion.

9. Son cœur était comme un coffre-fort sans combinaison.

10. Le claquement de ses dents quand elle mastiquait sa nourriture me rendait triste.

11. Si je te l'ai dit une fois, je te l'ai dit un million de fois.

12. Mes souvenirs me sont revenus, comme l'eau qui déferle aux chutes Niagara.

13. Un vent de tornade s'est échappé des narines du cheval haletant.

14. En marchant dans la rue, j'entendais le clapotement de l'eau entre mes orteils.

15. Je crois que le nez du directeur de l'école est plus gros qu'une citrouille.

16. Je me suis retourné et j'ai senti que le feu léchait mes talons, tentant d'empêcher ma fuite.

Question

Y a-t-il des figures de style qui pourraient entrer dans plus d'une catégorie ?

Dans quelle catégorie mettriez-vous la figure de style suivante ?

Le tic-tac de l'horloge, aussi funeste qu'une tombe, annonçait mon destin à l'examen.

Exemple d'un ensemble de données

Matière	Science
Description	Leçon sur des expériences scientifiques et les six étapes de la méthode scientifique
Conçue par	Connie Tindall
Niveau	Secondaire

Cette leçon est reliée à des expériences scientifiques et aux six étapes de la méthode scientifique :

- Énoncer le problème
- Prédire la cause du problème (formuler une hypothèse)
- Recueillir l'information
- Vérifier l'hypothèse
- Donner une explication
- Confirmer ou infirmer l'hypothèse

Présentez aux élèves un ensemble de données concernant un certain nombre de problèmes. Ils devront les classer en suivant les étapes de la méthode scientifique. Voici un exemple de données concernant trois problèmes.

Un ensemble de données pour trois problèmes

1. Mon auto ne démarrait pas.
2. J'ai pensé fermer l'ordinateur et le faire redémarrer.
3. Peut-être que cela provenait de chez elle.
4. J'ai regardé sur le tableau de bord et sous le capot.
5. L'écran de l'ordinateur a soudainement « gelé ».
6. Sa supposition était bonne : la radiation venait de chez elle.

(suite ►)

7. Le détecteur indiquait que sa maison était envahie par le radon.

8. Peut-être que j'utilisais trop de logiciels en même temps.

9. J'ai mis de l'essence, et le moteur a démarré.

10. Le réservoir devait être vide.

11. L'ordinateur a bien fonctionné après que je l'ai eu fait redémarrer.

12. Il a découvert qu'elle était radioactive le matin.

13. Le moteur tourne rondement, c'est donc qu'il n'y avait plus d'essence dans le réservoir.

14. J'ai utilisé beaucoup trop de logiciels en même temps.

15. La radiation devait provenir d'un endroit autre que le lieu de travail.

16. Il devrait démarrer si j'ajoute de l'essence.

17. L'ingénieure est radioactive chaque jour après le travail.

18. J'ai fermé l'ordinateur et je l'ai fait redémarrer pour voir ce qui se passerait.

Leçon 1

Mathématiques – La classification de triangles

Niveau	4e année
Objectifs	1. Les élèves classeront des triangles d'après la mesure de leurs angles et la longueur de leurs côtés en reconnaissant, énonçant et appliquant les propriétés des triangles. Ils feront l'exercice en faisant usage de procédés inductifs. 2. Les élèves manifesteront leurs aptitudes à la participation active durant le processus de classification et l'échange de leurs réflexions.

Mise en situation

« Hier, nous avons discuté des sortes d'angles et des qualificatifs qui leur sont attribués. Faites un tournoi à la ronde dans votre groupe en commençant par l'élève dont la date de naissance est la plus proche du premier janvier. Voyez si vous pouvez employer tous les adjectifs servant à désigner les angles et si vous savez ce que chacun signifie. Par la suite, je demanderai à un élève de chaque groupe de répondre à au moins une question. »

Objectif partagé

« Aujourd'hui, nous allons classer des triangles. Je veux que vous concentriez votre attention sur les angles et la longueur des côtés. Soyez prêts à expliquer votre classification aux membres d'un autre groupe. Je demanderai à un élève de chaque groupe de rester à son pupitre et de faire part de son analyse à un autre groupe, qui viendra ensuite la vérifier. Les autres membres de votre groupe iront visiter un autre groupe. Nous allons tous essayer d'approfondir notre connaissance des triangles. »

Suggestions

« Je m'adresse à tous les groupes. Pouvez-vous vous attribuer des lettres ? (Attendez 10 ou 15 secondes.) Tous les élèves A, levez la main. Venez ici et prenez une enveloppe. »

Modélisation

En vous servant d'un rétroprojecteur, montrez rapidement aux élèves ce que chaque enveloppe contient.

Chaque groupe a une enveloppe qui contient trois ou quatre exemples de chaque sorte de triangle. Assurez-vous que les exemples sont sur des transparents de couleur. Ainsi, en plaçant ces exemples sur le rétroprojecteur, vous pourrez expliquer les raisons pour lesquelles un groupe a classé les triangles comme il l'a fait. Par la suite, les groupes pourront vérifier leur analyse en se reportant à la description des différentes sortes de triangles que vous leur aurez remise.

Vérification de la compréhension

« Tous les élèves B, dites aux autres membres de votre groupe ce que vous allez faire. »

Pratique

Maintenant, les élèves classent leurs données dans des ensembles pendant environ 10 minutes. Demandez-leur ensuite de vérifier leur compréhension afin de s'assurer que tous les membres de leur groupe peuvent nommer et définir les différentes sortes de triangles. Rappelez-leur que vous leur avez déjà expliqué en quoi consiste la vérification de la compréhension. Enfin, demandez à l'élève C de chaque groupe de rester à son pupitre et d'expliquer à un autre groupe la classification qu'a faite son groupe.

Retour sur la leçon

Après qu'ils ont échangé leurs réflexions, demandez aux élèves d'expliquer au reste de la classe leurs classifications en se servant du rétroprojecteur.

Leçon 2

Les arts du langage et la communication

Niveau	6e année
Conçue par	Rhonda Safont
Matière	Communication/messages

Objectif

Les élèves rechercheront, compareront et opposeront différents moyens d'envoyer des messages. Ils auront aussi à démontrer leur aptitude à réagir dans diverses situations de communication.

Étape 1 – Recueillir des données

Regardez avec vos élèves un extrait du film *Star Trek IV : Retour sur Terre*. Les scènes portent sur la question de l'extinction des baleines. Elles montrent une sonde qui contacte la Terre et essaie de communiquer avec une baleine à bosse qui a émis des signaux. Demandez aux élèves de regarder de nouveau l'extrait du film et de noter des faits ou des événements qui montrent comment les messages sont transmis ou comment la communication s'effectue (types de communication).

Ensemble de données créé par les élèves en se basant sur des extraits de *Star Trek IV : Retour sur Terre*

- signaux radio envoyés par des extraterrestres vers la Terre
- communication entre les ordinateurs et les humains (voix et transcriptions écrites)
- signaux de détresse interplanétaires
- communication entre la Fédération et le capitaine Kirk (radio et écran)
- transmission vers la Terre (signaux de détresse)
- signaux consistant en mots et en notes de musique
- contact visuel entre Spock et McCoy
- communication des baleines entre elles
- ordres donnés aux subalternes
- messages transmis sous l'eau à l'aide de microphones
- ordres du capitaine du baleinier
- jets des baleines qui indiquent leur présence
- fusion des esprits des Vulcains

- questions posées
- devinettes de Spock
- désaccord de McCoy, ses sarcasmes
- message envoyé par Kirk pour indiquer qu'il veut offrir de l'aide
- prières de McCoy adressées à Dieu
- informations données par le docteur en cétologie
- mots et ton de la voix
- craintes exprimées concernant leur survie
- radio
- télé
- regards (contact visuel)
- mouvements du corps
- toucher
- sons
- gestes
- lecture de pensées

Étape 2 – Grouper les données

Demandez à vos élèves de classer les données ou les énoncés selon la manière dont les messages sont communiqués. Dites-leur qu'il n'y a ni bons ni mauvais nombres de groupes. Assurez-vous que chaque élève sait qu'il doit être prêt à expliquer le classement établi par son groupe (concept de responsabilité individuelle de Johnson et Johnson).

Rappelez à vos élèves l'inconvénient qui est attaché au fait de nommer les groupes trop tôt. S'ils définissent d'avance les catégories, ils ne mettent pas en œuvre le processus de pensée inductive décrit par Taba. Expliquez-leur qu'il faut d'abord choisir une donnée (dans l'exemple de l'étape 1, un type de communication) et essayer d'en trouver une autre qui a un trait en commun avec la précédente. Quand il ne reste plus de données à inclure dans un groupe, les élèves choisissent une autre donnée ou un autre énoncé et établissent une deuxième catégorie, et ainsi de suite. Une fois le travail terminé, ils reviennent en arrière et donnent le nom approprié à chaque groupe.

Groupes créés par les élèves de Rhonda Safont :

1. langage corporel ;
2. communication électronique ;
3. mots ou langage ;
4. voix ;
5. sentiments ; et
6. directives.

Durant l'étape 2, les élèves peuvent créer un schéma conceptuel ou un réseau notionnel pour organiser les données et commencer à établir des rapports entre les catégories.

Étape 3 – Mettre en application les concepts de l'étape 2

Commencez par demander aux élèves de faire des prédictions et des inférences concernant les différentes façons de communiquer. Demandez-leur de chercher des situations qui se prêtent à diverses formes de communication.

Par exemple, demandez aux élèves d'imaginer ce que serait la communication verbale sans langage gestuel. Est-il possible de dire verbalement une chose et en même temps le contraire avec les gestes ? Lequel du goût ou de l'odorat capte et interprète le mieux les messages ? Les scientifiques disent que c'est l'odorat. Profitez de l'occasion pour avoir une discussion avec vos élèves ; ceux-ci pourraient alors exprimer différentes opinions. Donnez-leur des exemples de situations de communication et demandez-leur quelle catégorie serait la plus importante dans telle ou telle situation.

Exemples de situations :

- Une enseignante ou un enseignant avec ses élèves
- Une mère ou un père avec son enfant
- Deux personnes qui se disputent
- Un présentateur de nouvelles à la télévision comparé avec un annonceur à la radio

Une explication de la pensée inductive

Les informations qui suivent proviennent des travaux que Hilda Taba a présentés dans *Teacher's Handbook for Elementary Social Studies* (1967).

Qu'est-ce que la stratégie de la pensée inductive? *Grosso modo,* la pensée inductive a pour but d'apprendre aux élèves à communiquer leurs idées clairement et en temps opportun en leur faisant faire des regroupements. Les élèves dégagent les caractéristiques ou les attributs essentiels d'un concept, ce qui leur permet de faire des généralisations, des distinctions, des comparaisons, des oppositions, des évaluations et des créations, puisqu'ils s'approprient le concept.

La pensée inductive est le processus qui amène les élèves à organiser l'information en groupant des objets, des mots, des images, des formules ou des processus selon les caractéristiques communes (ou attributs communs). Ces caractéristiques peuvent servir à distinguer les exemples d'un concept d'avec les exemples qui ne s'accordent pas avec ce concept. Presque tout ce qui nous entoure a été organisé ou catégorisé par induction. On ne peut pas y échapper.

Par exemple, il nous est tous arrivé d'avoir un placard sens dessus dessous. Pour y mettre un peu d'ordre, on peut ranger les pantalons avec les pantalons, les chemises avec les chemises, etc. On se base alors sur les concepts de « pantalon », de « chemise », etc. Mais on peut aussi faire des regroupements en se basant sur d'autres concepts, tel celui de la couleur, de telle sorte qu'on a un nombre presque infini de regroupements possibles. Une fois qu'on a compris le concept de « bleu » ou de « robe », tout nouvel objet peut être classifié dans une catégorie puisqu'on a appris à faire des généralisations et des discriminations.

Hilda Taba a appliqué le processus de la pensée analytique à ce qui peut se produire dans les classes. Elle est partie d'un ensemble de croyances relatives à la pensée, et en particulier de celles-ci :

1. La pensée est une transaction entre un individu et des données.

2. Le processus de la pensée obéit à des lois.

Au fond, Taba soutient que les opérations mentales ne peuvent être enseignées ou transmises directement de l'enseignant à l'élève et que ce type d'opérations ne correspond pas à celui qui consiste à nourrir un jeune enfant à la cuillère. L'enseignant doit plutôt créer un milieu ou un processus qui amène l'élève à exécuter une suite d'opérations mentales de plus en plus complexes. Taba distingue trois étapes dans la stratégie de la pensée inductive :

1. la formation de concepts

2. l'interprétation des données

3. l'application des principes

Ces trois étapes de la pensée inductive sont décrites à la page suivante.

Les trois étapes de la stratégie de la pensée inductive de Taba

La stratégie de la pensée inductive élaborée par Hilda Taba comporte trois étapes. Vous pouvez en utiliser une, deux ou utiliser les trois. Plus vous pousserez loin la démarche, plus vous favoriserez la pensée critique.

1. La formation de concepts

    - Énumérer des données
    - Grouper des données
    - Donner un nom à chaque groupe (ou catégoriser)

2. L'interprétation des données

    - Rechercher des relations entre les groupes
    - Définir ces relations
    - Faire des inférences

3. L'application des principes

    - Prédire les conséquences, expliquer les phénomènes, formuler des hypothèses
    - Expliquer ou renforcer les prédictions ou les hypothèses
    - Vérifier les hypothèses

Note

La formation de concepts s'apparente à l'acquisition de concepts, à cette exception près que les élèves exercent un plus grand contrôle sur le processus et les concepts formés. Donc, rappelez-vous que, dans les étapes 2 et 3, les élèves mettent en application des stratégies de pensée critique pour faire émerger les concepts. (Voir le chapitre 10.)

Comme vous le verrez au chapitre 9, les réseaux notionnels et les schémas conceptuels, quand ils sont faits avec soin, constituent de puissantes stratégies de la pensée inductive.

Description des trois étapes

1. La formation de concepts

Les élèves dressent une liste de données (ou énumèrent des données). Dans la première étape du processus, on présente aux élèves une liste de données ou ils en produisent une.

Par exemple, une liste pourrait être produite à partir de questions telles que celles-ci: « Quelles sont les différentes sources d'énergie ? » ou:

« Quelles sont les différentes façons dont nous polluons l'environnement ? » Dans une classe de mathématiques où il est question de mesures, un enseignant pourrait disposer çà et là des objets qui ont été mesurés en grammes, en litres ou en mètres (comme des tablettes de chocolat, du lait, des chaînes, etc.). Dans une classe d'anglais ou de français, un enseignant pourrait distribuer des poèmes à ses élèves. Une enseignante a remis à ses élèves de première année des produits d'épicerie, puis elle leur a demandé de les grouper selon l'endroit où ils se trouvent dans le marché d'alimentation. Par la suite, elle a organisé une sortie scolaire pour que les élèves puissent aller vérifier sur place si leurs classifications étaient bonnes. Mentionnons que les élèves ont mis le pain, le beurre, la viande, la confiture et le beurre d'arachide dans le « groupe des sandwichs » et ont été surpris de voir que ces produits ne se trouvaient pas au même endroit dans le supermarché !

Les élèves groupent des données. Une fois que les élèves disposent de données (qui leur ont été remises ou qu'ils ont eux-mêmes créées), ils les classent par catégories en indiquant leurs caractéristiques communes ou les critères qui permettent de les classer. Abstenez-vous de suggérer aux élèves des noms pour leurs catégories afin de ne pas nuire à l'aspect créatif de cette activité.

Par exemple, si vous enseignez à de jeunes enfants qui connaissent un peu les groupes alimentaires, ils classeront immédiatement les aliments d'après ce qu'ils savent déjà et non pas d'après un ensemble de critères. Si vous leur demandez pourquoi ils ne mettent pas la saucisse dans le groupe des fruits, ils vous répondront : « Parce que de la saucisse, c'est de la viande. » Si vous leur demandez ce qu'est la viande, ils ne sauront quoi répondre. De même, si vous demandez à des adultes pourquoi ils ne mettent pas les carottes dans le groupe des fruits, ils vous répondront : « Parce que la carotte est un légume. » Si vous leur posez la question : « Qu'est-ce qu'un légume ? », ils seront embêtés de vous répondre. Il y a des fruits, des tubercules, des noix, des graines, des tiges, des feuilles… Mais que sont les légumes ?

Les élèves donnent des noms à leurs groupes. Par des questions et des discussions, les élèves sont amenés à donner un nom à chacun de leurs groupes. Portez une attention spéciale à des noms tels que « exemples de préjugés ». Ici, vous pourriez demander aux élèves : « Qu'est-ce qu'un préjugé ? » Souvent, les élèves ont un nom pour un groupe, mais ils ne comprennent pas la nature du concept (rappelez-vous les quatre questions de Perkins énoncées au chapitre 7). Consultez les pages 274-275 pour avoir une vue d'ensemble de la stratégie.

Note

À ce stade-ci, les élèves peuvent commencer à mettre en application certaines des tactiques et des stratégies étudiées au chapitre 10.

2. L'interprétation des données

Rechercher des relations entre des groupes. Dans cette deuxième phase de la stratégie de la pensée inductive, Hilda Taba amène l'élève à s'engager dans les opérations mentales de l'interprétation. L'enseignant ou d'autres élèves peuvent demander aux élèves ce qu'ils ont noté concernant les données dégagées à l'intérieur de leurs groupes, par exemple : « En quoi les données se ressemblent-elles ? » ou « Pourquoi avez-vous mis ces données dans tel groupe plutôt que dans tel autre ? » Vous pouvez créer un milieu qui encourage les élèves à expliquer leurs choix ou les raisons pour lesquelles ils ont introduit telle ou telle chose dans une catégorie déterminée.

> *Par exemple, supposons que vous demandez aux élèves de grouper ensemble des choses requérant l'utilisation de machines simples. Les élèves pourraient placer les pyramides dans le groupe des choses « dont la construction requiert un plan incliné ». Vous pourriez alors leur poser la question suivante : « En quoi la forme d'une pyramide exige-t-elle l'utilisation d'un plan incliné ? »*

Décrire ces relations. Ici, les élèves sont invités à explorer les relations entre les groupes en se fondant sur les liens de cause à effet.

> *Par exemple, supposons que les élèves ont nommé un groupe « pollution » et un autre « industrie primaire ». Vous pourriez leur poser les questions suivantes : « Quels effets la pollution a-t-elle sur l'industrie primaire ? » « La pollution concerne-t-elle surtout l'industrie primaire, secondaire ou tertiaire ? »*

Faire des inférences. Les élèves sont maintenant amenés à aller au-delà des informations données directement, ce que Perkins et Salomon appellent « prendre la grande route ».

> *Par exemple, si nous prenons le problème de la pollution, vous pourriez poser à vos élèves des questions comme celles-ci : « Étant donné les effets de la pollution causée par les véhicules automobiles sur la santé et la qualité de vie dans des villes comme Londres, San Francisco et Toronto, le gouvernement fédéral a-t-il le droit d'intervenir dans une province ou un État dont les résidants refusent tout changement qui entraînerait une hausse de leurs impôts ? » « Le Canada a-t-il le droit d'interdire aux États-Unis de polluer parce que les pluies acides causées par leur pollution industrielle sont en train de détruire les forêts canadiennes ? »*

3. L'application des principes

Dans la troisième et dernière étape, il s'agit de reprendre les questions examinées dans l'étape précédente et d'appliquer les principes. C'est le moment approprié pour intégrer d'autres modèles d'enseignement, comme la recherche en groupe (*group investigation*) et l'enquête jurisprudentielle (voir *Models of Teaching* de Joyce, Weil et Showers).

Note

Ici aussi, les élèves peuvent mettre en application les habiletés de pensée critique étudiées au chapitre 10.

Prédire les conséquences, expliquer les phénomènes, formuler des hypothèses. Les élèves analysent plus en profondeur les questions ou les éléments discutés dans les deux premières étapes. Ils pourraient former des groupes, examiner des questions importantes et formuler des hypothèses ou des prédictions susceptibles d'approfondir le sujet.

> *Par exemple, vous pourriez poser aux élèves une question comme celle-ci : « Qu'arriverait-il si le Canada disait aux États-Unis qu'il ne fera plus de commerce avec eux tant qu'ils n'auront pas résolu le problème des pluies acides ? »*

Expliquer ou renforcer les prédictions ou les hypothèses. Ici, les élèves tentent de renforcer ou de valider leurs hypothèses en répondant à des questions telles que la suivante : « Pourquoi pensez-vous que cela se produirait ? »

> *Par exemple, ils pourraient rechercher d'autres informations, rédiger des rapports, mener des débats, inviter des conférenciers, présenter des films, etc., en vue de confirmer, d'infirmer, d'améliorer ou d'aller au-delà de leurs hypothèses.*

Vérifier les prédictions. À la suite de leurs discussions, les élèves évaluent l'information, ses forces et ses faiblesses ou sa logique. Ils pourraient apprécier les arguments et les efforts accomplis.

> *Par exemple, supposons que les élèves ont recueilli des données sur des axes de transport. Ils ont appelé une de leurs catégories « canaux construits par l'homme ». Vous leur demandez de vérifier leur hypothèse selon laquelle la construction du canal de Panama « a valu la peine ». Après avoir lu un bref historique du canal de Panama, les élèves doivent justifier leur hypothèse. La construction du canal se justifiait-elle, si l'on tient compte des nombreuses pertes de vie, mais également de la croissance économique du Panama et des sommes économisées par les pays qui l'utilisent ?*

Nous justifions ci-dessous l'emploi de cette stratégie par un certain nombre d'arguments.

Pourquoi utiliser la stratégie de la pensée inductive de Taba ?

Pourquoi l'utiliser : Un des rôles de l'enseignant est d'amener ses élèves à se livrer à une réflexion portant sur des concepts. Sans une compréhension des concepts de base (le fondement de la connaissance), il est difficile de décrire des faits, d'élaborer des principes, de comprendre des théorèmes, etc.

Prenons un énoncé aussi simple que celui-ci :

> *Si un enseignant intègre des taxonomies de la pensée dans la formulation de ses questions, alors l'utilisation du temps de réflexion devient plus efficace.*

L'énoncé qui précède contient un certain nombre de concepts :

- enseignement – enseignant
- intégration
- taxonomies – pensée
- formulation des questions – temps de réflexion
- efficacité

Plus il y a de concepts que vous ne comprenez pas, plus vous risquez de ne pas comprendre la signification de l'énoncé. Bien sûr, certains concepts sont plus importants que d'autres. Le rôle de l'enseignant est de déterminer quels concepts doivent être compris pour que la réflexion soit possible.

La stratégie de la pensée inductive est du ressort de la **science de l'enseignement**. Mais le choix du moment et de la manière d'appliquer cette stratégie, suivant le temps dont vous disposez et les capacités de vos élèves, relève de **l'art d'enseigner**. Au départ, vous pouvez mettre en application la stratégie en adoptant une attitude plus contrôlante, mais ce n'est pas là ce qui rend la stratégie efficace pour l'apprentissage des élèves. Il est beaucoup plus facile de mettre en application la stratégie de la pensée inductive en se plaçant dans une perspective constructiviste.

C'est ici que les travaux de David Perkins sur le design de la **connaissance** par opposition à la **connaissance comme information**, travaux dont nous avons fait état au chapitre 7, éclairent le processus. Comme nous l'avons vu, Perkins affirme que, quand ils apprennent des concepts, les élèves doivent pouvoir répondre à quatre questions relatives à la nature du concept :

1. Quelles sont les caractéristiques essentielles de ce concept ?

2. Quels sont les buts de ce concept ?

3. Quels sont les modèles du concept ?

4. Quels sont les arguments justifiant l'apprentissage de ce concept ?

Lorsqu'ils ont à franchir les trois étapes de la formation de concepts, vos élèves doivent répondre à ces quatre questions.

> Dans les pages qui suivent, nous vous présentons trois leçons inductives plus complexes.

Trois leçons complexes de pensée inductive

Leçon 1

Préparation en vue d'une sortie scolaire dans un magasin d'alimentation

Niveau	1re année
Aperçu général	Les élèves ont décrit les groupes alimentaires et ont classé des aliments dans ces derniers. Cette leçon a consisté à approfondir la matière. Elle a préparé les élèves à la visite d'un grand magasin d'alimentation local. Des élèves répartis en équipes de quatre ont travaillé avec l'enseignante autour d'une table au fond de la classe. D'autres élèves se sont livrés à une autre activité reliée à la sortie scolaire.
Tâche d'apprentissage	Les élèves devaient classer les aliments dans des catégories en fonction des endroits où ils les auraient placés dans le supermarché, s'ils en avaient été le directeur.
Tâche collective	Tous les élèves devaient avoir la possibilité de s'exprimer.

Directives

Étape 1

Sur la table, au fond de la classe, l'enseignante avait déposé divers aliments (du pain, du beurre, de la confiture, de la viande, des fruits, des légumes, des céréales, des friandises, des boîtes de conserve, etc.). Elle a demandé aux élèves de regarder les aliments, puis de déterminer une façon de les classer en fonction des endroits où, selon eux, ils devaient être regroupés dans le magasin d'alimentation.

Étape 2

Les élèves devaient expliquer pourquoi ils plaçaient tel ou tel aliment dans un groupe déterminé. Ils savaient qu'ils avaient à expliquer leurs raisons au directeur du magasin.

Ils ont placé dans le même groupe le pain, le beurre, la confiture et la viande, parce que, selon eux, ils servaient tous à faire des sandwichs.

Les élèves ont dessiné sur une feuille de papier les aliments qu'ils avaient regroupés. Une fois leurs dessins terminés, ils se sont tous assis en cercle et ont discuté de leurs classifications.

Étape 3

Les élèves sont allés au supermarché en compagnie de leur enseignante et ont échangé leurs idées avec un employé. Ils ont comparé les réflexions qu'ils avaient faites en classe avec ce qu'ils ont constaté en se promenant dans les allées. Puis ils ont discuté des raisons pour lesquelles certains aliments étaient groupés autrement qu'ils le pensaient. Par exemple, ils ont compris que la réfrigération nécessaire de certains aliments détermine leur emplacement, de même que les raisons pour lesquelles les savons et les détergents ne sont pas placés à proximité des aliments périssables.

Leçon 2

Module sur des structures d'immeubles

Matière	Leçon de science sur les structures d'immeubles
Conçue par	Brooke O'Brian
Niveau	Élémentaire

Note

L'enseignant commence avec la stratégie inductive d'acquisition de concepts de Bruner et passe ensuite à la stratégie de la pensée inductive de Taba.

Objectif

Les élèves approfondiront leur compréhension de structures d'immeubles spécifiques (leurs fonctions, les matériaux, leur taille, leur forme, leur emplacement géographique, etc.) en appliquant les stratégies d'acquisition de concepts et de formation de concepts et en travaillant dans des groupes coopératifs qui leur fourniront l'occasion de développer l'habileté sociale qu'est la participation active.

Mise en situation/partage de l'objectif

Faites asseoir les élèves et revoyez rapidement avec eux leurs observations de la veille sur les structures d'immeubles. Dites-leur ensuite : « Aujourd'hui, nous en apprendrons davantage sur les structures qui s'appliquent aux bâtiments. Nous commencerons notre étude des immeubles avec le jeu des exemples et des contre-exemples. Puis vous formerez des groupes et travaillerez en coopé-ration pour classer les immeubles dans des catégories (par exemple, selon les matériaux qui les composent, leur taille, leur forme, etc.). Ensuite, vous vous promènerez dans la classe pour voir comment les autres groupes ont classé leurs immeubles. Quand vous aurez terminé, je choisirai au hasard un élève dans chaque groupe et lui demanderai de présenter les idées de son groupe devant la classe. »

Suggestions/modélisation

Étape 1

Commencez par le jeu des exemples et des contre-exemples. Ayez 16 fiches montrant des images de différents immeubles (8 exemples et 8 contre-exemples). Collez les fiches au tableau avec une substance adhésive – les fiches d'exemples à gauche et les fiches de contre-exemples à droite. Expliquez le jeu aux élèves. Assurez-vous qu'ils comprennent bien qu'ils tenteront de déterminer ce que les fiches d'exemples (du côté gauche) ont et que les fiches de contre-exemples (du côté droit) n'ont pas. Dites-leur qu'ils doivent garder pour eux leurs réflexions jusqu'à la fin du jeu, de manière à ne pas gâcher le plaisir et l'apprentissage des autres élèves (**5 minutes**). Commencez par mon-trer une fiche à la fois de chaque côté, en disant chaque fois que le côté gauche a quelque chose que le côté droit n'a pas. Par exemple, les fiches sur le côté gauche montrent des immeubles dans lesquels nous habitons, alors que celles du côté droit montrent des immeubles où nous travaillons ou que nous visitons, mais dans lesquels nous n'habitons pas. Après que toutes les fiches ont été montrées, pour vous assurer que les élèves comprennent bien les règles du jeu, utilisez des « fiches d'exercice » (trois de chaque côté) qui présentent un degré de difficulté plus élevé que les fiches déjà montrées. Demandez aux élèves de placer chaque fiche d'exercice dans la catégorie qui convient selon eux, c'est-à-dire sur le côté gauche ou le côté droit (**10 mi-nutes**). Assurez-vous que les élèves comprennent bien les règles (levez le pouce en signe d'encouragement). Demandez aux élèves d'utiliser la tactique réfléchir-partager-discuter pour comparer leurs réflexions. Enfin, choisissez au hasard des élèves qui viendront expliquer les règles devant la classe (**5 minutes**).

Étape 2 : Stratégie de la pensée inductive

Divisez votre classe en groupes hétérogènes de quatre ou cinq en fonction des capacités des élèves en science. Cela permettra aux les élèves les plus forts d'aider ceux qui sont plus faibles. Remettez à chaque groupe une enveloppe contenant 22 images d'immeubles. Les groupes doivent classer ces immeubles dans des catégories qui leur semblent logiques. Toutefois, ils n'ont pas le droit de les classer de la manière que l'on vient de décrire (ceux que l'on habite, ceux que l'on habite pas). Cela signifie qu'ils doivent regrouper les immeubles selon les sujets déjà étudiés dans les leçons précédentes (par exemple, selon les matériaux utilisés, la forme des immeubles, etc.). Rappelez aux élèves qu'ils doivent developper la compétence sociale de la participation active de tous dans cette leçon. Expliquez-leur en quoi consiste cette compétence.

Chaque élève doit :

1. participer pleinement au choix des catégories ;
2. placer les immeubles dans les catégories appropriées ;
3. amener les autres membres de son groupe à participer ;
4. vérifier si toutes les catégories correspondent aux immeubles (**10 minutes**).

Quand ils auront terminé leur exercice de classification, utilisez la tactique du déplacement productif : les groupes se déplaceront dans la classe pour voir comment les autres groupes ont constitué leurs catégories (**2 minutes**). Enfin, choisissez au hasard un élève dans chaque groupe qui viendra présenter les catégories de son groupe devant la classe (suite de l'étape 2 – partager leurs réflexions) (**10 minutes**).

Vérification de la compréhension

Dans le segment de la leçon portant sur l'acquisition de concepts, vérifiez la compréhension que les élèves ont du concept servant d'exemple (les immeubles que nous habitons) avec les fiches d'exercice, puis demandez à des élèves de justifier leurs réponses. Dans le segment de la leçon qui porte sur la classification, vérifiez la compréhension des élèves en leur demandant de revoir les données dans leurs groupes avant de commencer et, plus tard, en les invitant à aller voir comment les autres groupes ont classé leurs immeubles (tactique du déplacement productif).

Tous les élèves doivent savoir comment ils ont classifié les immeubles parce que vous en choisirez un au hasard qui viendra présenter les catégories de son groupe devant la classe.

Pratique

Le segment de l'acquisition de concepts fournit aux élèves l'occasion de s'exercer en prévision du travail qu'ils feront dans la tâche de classification (stratégie de la pensée inductive). Dans cette tâche, les élèves ont à faire preuve de leurs compétences à faire des catégorisations et de leurs compétences sociales consistant principalement en la participation active de tous.

Retour sur la leçon

Après la tactique du déplacement productif, choisissez au hasard un élève dans chaque groupe qui présentera devant la classe les catégories d'immeubles que son groupe a choisies et qui expliquera les choix qui ont été effectués. Une fois les présentations terminées, discutez avec les élèves de leur compétence à travailler en groupe en mettant en application la compétence sociale de la participation active (**3 minutes**). Enfin, demandez aux groupes de se réunir de nouveau. Demandez aussi aux membres de chaque groupe de se remercier les uns les autres, puis d'indiquer un élément positif qui ressort de leur participation et une chose qu'ils pourraient améliorer (**5 minutes**).

Leçon 3

Les sophismes de la pensée inductive

Matière	Leçon pour un module de pensée critique
Niveau	Secondaire
Tâche d'apprentissage	Faire l'expérience du processus de la pensée inductive en organisant des concepts ; approfondir la compréhension des sophismes de la pensée critique qui sont liés à la pensée inductive.
Tâche collective	Contester de façon aimable ou accepter et approfondir la pensée des autres.

Mise en situation

« Nous avons déjà discuté des deux principales composantes de la pensée : la pensée inductive et la pensée déductive. Vous savez déjà que l'une mène souvent à l'autre. Cela dit, les gens essaient souvent d'argumenter à partir d'un point de vue inductif pour prouver quelque chose. Le résultat, c'est que leur opinion ne repose pas toujours sur une base logique. Considérez, par exemple, l'énoncé suivant : "80 % des hommes au Canada désapprouvent la politique du gouvernement en matière d'armes à feu." Demandez-vous : quelles erreurs de logique peuvent être à l'origine de cette opinion ? » Choisissez au hasard des élèves, puis demandez-leur ce qu'ils en pensent.

Directives

À la page suivante, vous trouverez des exemples de sophismes de la pensée inductive.

1. Formez des équipes de deux ou, si vous le préférez, travaillez individuellement.

2. Lisez l'ensemble de données deux fois.

3. Choisissez un exemple pour commencer et recherchez en quoi cette forme de pensée est fallacieuse ou est sujette à la critique.

4. Parcourez ensuite l'ensemble de données et trouvez d'autres exemples qui contiennent le même genre de sophisme. Si vous n'êtes pas d'accord avec votre camarade, dites-le-lui aimablement ou approfondissez ensemble vos réflexions.

5. Quand vous aurez placé le plus d'exemples possible dans un groupe, choisissez un autre sophisme qui ne convient pas à ce groupe et poursuivez le processus jusqu'à ce que vous ayez classé dans des groupes tous les exemples contenus dans l'ensemble de données.

6. Une fois que vous aurez terminé votre classification, comparez-la avec celle d'au moins un autre élève ou un autre groupe.

Feuille de données sur les sophismes du raisonnement inductif

1. J'ai attendu pendant une heure et demie qu'il ait fini de s'habiller. Les hommes sont plus vaniteux que les femmes.

2. Quand vous voyez une personne d'un autre pays venir vers vous dans la rue, est-ce que vous vous empressez de la remercier d'être venue dans notre pays ou traversez-vous de l'autre côté de la rue?

3. Seulement 106 des 895 cas présumés de viols qui se sont produits à Toronto l'année dernière ont été rapportés.

4. Toutes les personnes à qui j'ai parlé dans mon voisinage m'ont dit avoir des armes. Toute la ville est armée.

5. Bien sûr, je ne peux pas accepter que des perturbateurs interrompent les discours de mon adversaire. Cependant, je dirai aussi que, dans une démocratie, ils ont autant que les orateurs le droit d'être entendus.

6. Appuyez-vous un premier ministre qui a eu un geste disgracieux et a envoyé promener les citoyens?

7. L'univers est comme une horloge; les deux sont des systèmes composés de parties en mouvement. Les horloges sont produites par des fabricants. Il est donc possible que l'univers soit aussi produit par un fabricant.

8. La corruption des jeunes en Amérique du Nord est due aux modèles de rôles fournis par des chanteurs qui les ont encouragés à consommer de la drogue et à vivre dans la promiscuité.

9. Si vous donnez aux gens de l'assurance-emploi, ils deviendront paresseux et s'attendront à ce que le gouvernement les aide durant toute leur vie.

10. C'est un fait établi que les gens utilisent seulement 10 % de leur potentiel.

11. Agissez-vous parfois avec passion ou êtes-vous toujours aussi apathique?

12. La plupart des pauvres qui vivent dans les villes sont contre les riches. C'est parce que leurs propriétaires sont trop riches.

13. J'aime le genre humain, mais je ne peux tout simplement pas supporter les gens.

14. Êtes-vous en train de dire que vous pourriez aimer une personne en sachant qu'elle a tué quelqu'un?

15. Il n'existe pas de preuves convaincantes qui montrent que fumer la cigarette est nuisible. Trop de n'importe quoi est nuisible. Trop de sauce aux pommes est nuisible.

16. Les Canadiens achètent des automobiles, des caméras et des chaînes stéréophoniques fabriquées au Japon parce qu'ils ne sont pas patriotiques. Une campagne publicitaire faisant appel à leur patriotisme pourrait renverser cette tendance.

17. L'éducation sexuelle dans les écoles conduit à la promiscuité, à des grossesses non désirées et à des mariages forcés.

18. Les élèves des classes où les enseignants utilisent la méthode globale ont des notes plus basses aux tests standardisés. Nous devrions bannir la méthode globale.

19. Dans les politiques de confrontation, on applique les règles du poker. Si vous avez commencé à bluffer, ne montrez ensuite aucun signe d'hésitation.

20. Tous les auteurs que j'ai lus affirment que l'apprentissage basé sur les activités est le meilleur moyen d'apprendre pour les enfants. Les enseignants devraient utiliser tout le temps des activités.

21. Si vous enseigniez la pensée critique dans une université en Inde, les jeunes poseraient des questions à leurs parents et leur désobéiraient. Leurs familles se disputeraient et éclateraient. Les gens s'opposeraient à leurs patrons, et ainsi de suite. À la fin, c'est tout le pays qui s'effondrerait.

22. Avez-vous déjà cherché à vous faire des amis ou restez-vous seul à la maison ?

23. Dans les tests nationaux, les enfants de la grande ville arrivent loin derrière, et nous devons fournir plus de fonds aux écoles de la grande ville. Mais n'oubliez pas que nous essayons de traiter chaque école de manière égale.

24. Ou bien vous utilisez des techniques d'apprentissage coopératif et avez des groupes efficaces, ou bien vous n'en utilisez pas et avez des groupes d'enfants qui ne fonctionneront jamais efficacement en travail d'équipe.

25. Même si l'enfant m'a dit que ma leçon était ennuyeuse, que ma classe ressemblait à une prison et que j'étais une nullité, êtes-vous en train de me dire que vous ne le suspendrez pas ?

26. Un enseignement humaniste ne montre pas aux élèves à s'opposer à l'autorité. Sinon, ils deviennent indisciplinés, irrespectueux à l'égard de leurs amis, de leurs enseignants, de leurs parents et, par la suite, de leur pays en dépendant de l'aide sociale.

27. Si le jugement Roe contre Wade reste en vigueur au cours des prochaines années, notre pays perdra 40 millions de citoyens et, de ce nombre, environ 8 millions d'hommes en âge de servir dans l'armée.

28. Oui, je crois que les enseignants devraient pouvoir choisir ce qu'ils enseignent et la manière de le faire. Cependant, puisque nous vivons dans une démocratie, ils doivent enseigner ce dont les élèves ont besoin pour survivre dans une démocratie.

29. Même si vous avez trois beaux enfants, vous seriez prête à vous déclarer en faveur du droit des femmes à l'avortement ?

30. Les mères des jeunes enfants mènent une carrière ou restent à la maison. Mais elles ne peuvent pas à la fois mener une carrière et rester à la maison.

31. Dans la vie comme au basket-ball, vous trichez si vous le pouvez. Vous avez ainsi de meilleures chances de gagner.

32. Les enseignants dynamiques passent entre 0,95 % et 3,5 % de leur temps à s'occuper de problèmes comportementaux dans leurs classes.

33. Puisque le gros-porteur Boeing qui survolait la Corée était pourvu d'une technologie de l'ère spatiale, son écrasement n'a pu être dû qu'à l'intervention d'une puissance occidentale.

Vérification de la compréhension/pratique

Demandez aux élèves de se promener dans la classe pour voir comment les autres groupes ont classé les données (tactique du **déplacement productif**). Ensuite, choisissez au hasard un élève dans chaque groupe qui viendra expliquer devant la classe les raisons pour lesquelles les membres de son groupe ont catégorisé certains exemples ou pensé que ces exemples représentaient un type particulier de réflexions fallacieuses.

Répartissez les élèves dans des groupes de trois et utilisez la méthode casse-tête pour explorer les différents sophismes de la pensée inductive, comme la généralisation hâtive, la statistique invérifiable, la fausse analogie, etc. Vous pouvez vous inspirer de la liste présentée dans la colonne de droite sur cette page et la précédente. Demandez aux élèves de revenir à leurs données et de voir s'ils peuvent les classer différemment, en essayant de trouver des exemples de chacun des différents sophismes de la pensée inductive. S'il n'y a pas de contre-exemples de certains sophismes, les élèves pourraient devoir créer les leurs.

Approfondissement

Remettez aux élèves des journaux et donnez-leur 15 minutes pour trouver chacun individuellement des exemples de sophismes de la pensée inductive. S'ils ont de la difficulté, ils peuvent travailler avec un camarade. Ayez un exemple sous la main pour pouvoir leur demander, au besoin, d'y trouver un sophisme. Vous pourriez aussi mettre des exemples dans une enveloppe et inviter les élèves à faire un tournoi à la ronde, durant lequel chaque élève aurait deux ou trois exemples à analyser. Les élèves pourraient ensuite discuter de leurs exemples.

Huit sophismes courants dans le raisonnement inductif

- **Généralisation hâtive** : elle consiste à passer d'un jugement sur un ou plusieurs cas particuliers à un jugement général fondé sur des données limitées.

- **Faux dilemme** : il consiste à penser que le choix est à faire entre deux possibilités, alors qu'il en existe plusieurs.

- **Statistique invérifiable** : elle consiste à affirmer quelque chose en se fondant sur une statistique irréaliste ou impossible à vérifier.

- **Incohérence et contradiction** : on défend une opinion et on se contredit dans ses affirmations ou on agit à l'encontre.

- **Question fermée** : elle consiste à poser une question qui ne permet qu'une seule réponse, celle que la personne qui la pose souhaite obtenir.

- **Lien causal douteux** : consiste à voir dans une simple corrélation accidentelle ou une coïncidence une relation de cause à effet.

- **Fausse analogie** : consiste à faire une comparaison qui n'est pas précise.

- **Pente fatale (ou effet domino)** : consiste à dire que, si une chose arrive, elle aura des conséquences catastrophiques en raison d'un enchaînement causal.

> Nous vous présentons ci-dessous des directives pour planifier une leçon de pensée inductive.

Planifier une leçon qui incorpore la formation de concepts

Tâche d'apprentissage

Élaborer et planifier le processus d'une leçon qui intègre la pensée inductive ; ce processus devra inclure les trois étapes ou les trois stratégies de la formation de concepts selon le modèle d'enseignement élaboré par Hilda Taba.

Tâche collective

Maintenir l'intégrité du modèle, des techniques et des tactiques d'enseignement qui doivent être intégrés à la leçon pour renforcer la stratégie inductive et ainsi avoir un plus grand «pouvoir d'apprentissage».

Directives

1. Individuellement ou avec un collègue, élaborez un ensemble de données relatives à des concepts que vous enseignez, ou déterminez les objets qui pourraient faire partie de votre ensemble de données.

   Par exemple, si vous enseignez en études commerciales, vous pouvez élaborer un ensemble de données de quatre ou cinq exemples de différents types de lettres d'affaires que les étudiants pourraient classer. Si vous enseignez dans une classe d'ébénisterie, vous pouvez demander à vos élèves de classer des morceaux de différents types de bois selon leur grain et d'indiquer des façons de les utiliser. Si vous enseignez dans une classe de français, vous pouvez prélever des exemples dans un roman et demander à vos étudiants ou à vos élèves de les classer. Si vous enseignez la physique, dès le début de l'année scolaire, vous pouvez mettre dans une enveloppe des exemples de différents types de problèmes que vos élèves auront à résoudre tout au long de l'année. Au fur et à mesure, ils pourront associer des formules aux différentes catégories qu'ils auront créées.

2. Prédisez les types de catégories que les élèves créeront, puis formulez des questions qui seront utilisées dans les étapes 2 et 3. Voyez si vous avez été fidèle au processus de Taba.

Note

Dans votre classe, si vos élèves ne vous donnent pas les groupes dont vous avez besoin pour poursuivre la leçon, comment pourriez-vous utiliser la stratégie d'acquisition de concepts de Bruner pour obtenir les groupes que vous voulez? Conseil: Présentez trois exemples aux élèves et dites-leur qu'ils ont quelque chose en commun. Demandez-leur de trouver d'abord un ou deux exemples de plus, puis un groupe additionnel.

3. Lorsque vous aurez terminé, présentez aux élèves votre ensemble de données et le processus que vous utiliserez pour qu'ils puissent traverser les trois étapes avec un autre groupe.

Maintenant, allez à la page suivante et lisez attentivement une leçon axée sur la manière dont nous affrontons nos peurs dans la vie. Voyez comment la pensée inductive (la formation de concepts) pourrait s'intégrer à cette leçon.

Comment pourriez-vous intégrer la formation de concepts à une leçon?

Note

Mark était un enseignant stagiaire qui s'était donné pour tâche de créer une leçon en rapport avec les travaux de David et Roger Johnson (voir le chapitre 6). Il a conçu cette leçon d'apprentissage coopératif après avoir constaté que ses élèves acceptaient mal l'idée de partager leurs idées, parce qu'ils avaient peur d'être l'objet de moqueries et de taquineries. Bien que Mark n'ait pas tenté d'utiliser la stratégie de la pensée inductive de Hilda Taba, vous verrez comment sa leçon se prête au processus inductif du fait que les élèves sont invités à grouper différents types de peurs. Les élèves peuvent appliquer la méthode casse-tête pour explorer ensemble les types de peurs et discuter de la manière dont les gens affrontent leurs peurs et les surmontent.

Cette leçon a pour but de montrer que la plupart d'entre nous ont déjà des leçons qui peuvent être adaptées pour s'intégrer à la stratégie de formation de concepts.

Leçon d'apprentissage coopératif : la littérature pour enfants (sixième année)

L'art d'enseigner est l'art d'aider les autres à faire des découvertes.

MARK VAN DORAN

Introduction

Durant mon dernier stage, j'ai dirigé une leçon en sciences sociales sur l'aptitude à surmonter ses peurs. J'ai choisi ce sujet particulier pour ma leçon, parce que j'avais observé dans la classe (de sixième année) des élèves qui me semblaient abandonner certaines choses parce qu'ils avaient peur d'échouer. En présentant ce sujet, j'avais l'intention de communiquer à la classe l'idée que le fait de tenter quelque chose est en soi un accomplissement dont on peut être fier.

Du mieux que j'ai pu, j'ai essayé de montrer que l'accomplissement était plus important que le résultat final (pointage ou note). Un des exemples que j'ai donnés aux élèves pour illustrer l'importance du processus par rapport au résultat est une histoire personnelle. Lorsque j'étais en neuvième année, je devais réaliser un projet en arts plastiques. J'avais consacré beaucoup de temps à ce dernier et j'avais pris du plaisir à rassembler les éléments de cette création. J'avais fait mon dessin sans aide et j'étais fier de mon travail.

Malheureusement, mon professeur a peu apprécié mon génie artistique (en toute modestie) et m'a donné un C. Au début, comme je l'ai dit aux élèves, j'étais plutôt déçu de la note que j'avais reçue. J'avais le sentiment qu'elle s'accordait mal avec tout le travail que j'avais fait. Puis je me suis dit : « C'est mon dessin, je l'aime, et c'est tout ce qui compte ». Dans cette optique, j'ai considéré mon dessin comme un succès et non comme un échec, parce que j'avais apprécié le processus de création. J'ai cessé de suivre des cours d'arts plastiques au secondaire pendant quelques années parce que j'aimais beaucoup dessiner et peindre et que le fait de voir mon travail noté gâtait une grande partie de mon plaisir.

La leçon

J'ai commencé ma leçon en lisant à la classe l'histoire de la courageuse Molly, un personnage des *Fairy Tales* (1981) de Terry Jones. Voici un résumé de l'histoire. Prise dans un orage, une fillette prénommée Molly aperçoit une cabane sur une colline et s'y rend en toute hâte. La porte de la cabane est grande ouverte. Elle se réfugie à l'intérieur pour échapper à la pluie. Molly sent une présence. Un éclair lui fait voir la forme d'un terrible monstre. Aussitôt le monstre lui demande si elle a peur, et elle répond par l'affirmative. Il lui dit qu'il mange des jeunes filles pour souper. C'est alors que Molly, horrifiée, se dit à elle-même : « S'il dit qu'il va me manger, il le fera. Il ne me sert à rien d'avoir peur. » Soudainement, Molly cesse d'avoir peur, se saisit de son sac à main et en assène un coup au monstre, directement sur le nez. Une remarquable transformation commence alors à s'opérer. Le monstre devient vert, puis noir et, finalement, rose pâle. Un bouquet de fleurs pousse subitement sur sa tête, et un ruban apparaît autour de sa taille. Molly saisit le ruban et le tire à elle, ce qui fait sortir le monstre de sa coquille. C'est à ce moment qu'un petit lapin surgit de son ventre. Effrayé, il dit à Molly : « Oh ! s'il te plaît ! ne me mets pas dans un ragoût. » Molly lui répond : « Je ne te mettrai pas dans un ragoût cette fois, mais n'effraie plus les enfants à l'avenir. » Le lapin promet de ne plus recommencer et s'enfuit rapidement en sautillant. L'orage ayant cessé, Molly retourne sagement à la maison.

En lisant la prochaine section, vous constaterez que c'est ici que l'étape 1 (la classification de l'ensemble de données) pourrait commencer.

Après avoir lu cette histoire, j'ai commencé à explorer avec les élèves les thèmes qu'elle contient. Ce sont eux qui les ont mentionnés : la peur, la bravoure et les apparences trompeuses. J'ai d'abord voulu explorer l'idée de la peur en posant aux élèves les questions suivantes : « **De quoi avez-vous peur ou de quoi ont peur certaines personnes que vous connaissez ? Vous est-il déjà arrivé d'avoir peur de quelque chose, puis de constater, après avoir essayé des choses, que cette peur avait disparu ?** » J'ai inscrit les réponses des élèves sur un papier de grande dimension que j'avais collé au tableau. Après quelques minutes, notre liste comptait une vingtaine de sortes de peurs. Ensuite, sur un autre papier de grande dimension, j'ai écrit une peur et demandé aux élèves de quelle manière on pourrait atténuer ou même éliminer cette peur (j'ai choisi la peur des chiens comme exemple). Au cours de la discussion qui a suivi, les élèves ont proposé différentes façons de diminuer cette peur. J'ai alors dit aux élèves que j'allais regrouper ces façons dans des catégories en fonction des similitudes entre les peurs ou de ce qu'elles ont en commun. J'ai donc établi six catégories groupant des peurs ayant des traits communs (par exemple, la peur de certains animaux). J'ai invité les élèves à former des groupes afin d'explorer ces thèmes en fonction de ce qui les intéressait. Chaque élève a donc rejoint le groupe qui explorait le thème qu'il voulait étudier. **Comment l'étape 2 pourrait-elle être utilisée pour que les élèves comprennent les différents types de peurs? Vous pourriez aborder la question des phobies dans un court exposé oral ou à l'aide de la méthode casse-tête.**

La mission

> En lisant la prochaine section, vous constaterez que l'étape 3 (l'application des principes) pourrait être utilisée ici.

J'ai indiqué aux élèves ce qu'ils devaient faire dans leur groupe. J'ai remis à chaque groupe une feuille de grande dimension et des marqueurs de couleur. J'ai attribué des nombres aux membres de chaque groupe (de 1 à 4), ainsi que la tâche d'écrire aux élèves portant le n° 1 et celle de choisir la couleur des marqueurs aux élèves portant le n° 3.

J'ai dit aux élèves que j'allais alterner les responsabilités toutes les cinq minutes, de manière à ce que chaque élève puisse avoir la possibilité d'écrire et de choisir la couleur des marqueurs. J'ai ensuite expliqué aux élèves leur mission, à savoir explorer ensemble des idées pour atténuer ou éliminer le type de peur que leur groupe doit étudier. «Vous devez proposer le plus d'idées possible pour aider des personnes à surmonter le type de peur que vous étudiez. À la fin de l'activité, chaque élève sera évalué en fonction de sa participation dans son groupe, et chaque groupe sera évalué en fonction du travail d'équipe. Vous avez 20 minutes pour exécuter votre mission. Ensuite, à tour de rôle, les groupes viendront présenter leurs résultats devant la classe. Ainsi, chaque membre de chaque groupe doit comprendre le processus et y participer activement. »

La réflexion de Mark

Cette leçon d'apprentissage coopératif s'est très bien passée. En fait, j'ai été un peu surpris de son bon déroulement. Pendant que je lisais l'histoire de la «courageuse Molly », la classe était attentive. Lorsque j'ai commencé à parler des thèmes de l'histoire, les élèves ont participé. Quand j'ai commencé à inscrire le nom des types de peurs au tableau, les élèves ont bien voulu exprimer ouvertement certaines de leurs peurs. Il s'est avéré que la peur d'un des élèves était partagée par cinq élèves ou plus dans la classe. Après notre excellente discussion, les élèves ont formé des groupes. Dans chaque groupe, les élèves ont exploré une peur en particulier, en réfléchissant à des façons de l'atténuer ou de la vaincre. Durant les 20 minutes de leur remue-méninges en groupe, les élèves ont travaillé en collaboration et en se respectant. Parce que j'ai présenté cette leçon au milieu de mon stage, les élèves me connaissaient bien et ont réagi de manière positive. Je crois que le fait d'avoir eu d'excellents rapports avec la classe a beaucoup contribué au succès de la leçon. Après 20 minutes de remue-méninges, chaque groupe a présenté devant la classe ses résultats durant 2 ou 3 minutes. Les présentations ont été bien faites, et les élèves les ont écoutées attentivement. Je n'ai eu aucune difficulté à commencer la leçon, ni aucun problème à résoudre durant le travail en groupe. Tout s'est passé en douceur. Après les présentations, ce fut la récréation. Par la suite, j'ai invité chaque élève à évaluer sa participation et le travail de son groupe. J'ai recueilli ces évaluations et les ai ajoutées aux miennes. Tous ont très bien réussi.

Le lendemain, j'ai fait un suivi de cette leçon d'apprentissage coopératif lors d'une discussion en classe sur la pression des camarades et la peur d'être rejeté. Le fait d'avoir abordé le thème de la peur, la veille, m'a vraiment aidé à amorcer cette discussion avec les élèves sur la pression exercée par les autres. J'ai aussi constaté des effets positifs durant la dernière semaine et demie de mon stage. Les élèves semblaient plus enclins à s'affirmer devant leurs camarades et à participer à ce qui leur était proposé. Nul doute que cette attitude positive n'est pas étrangère à la leçon sur la peur.

Source de l'histoire citée et adaptée : Terry Jones, *Fairy Tales*, Puffin Books, Royaume-Uni, 1981.

Commentaires d'enseignants sur l'intégration de certains aspects de l'apprentissage coopératif à la pensée inductive

Les commentaires qui suivent proviennent d'enseignants de la maternelle à la douzième année qui ont mis en œuvre cette stratégie dans leurs classes.

- Les aspects de l'apprentissage coopératif sont essentiels à ce processus. Ne présumez pas que les élèves ont les compétences nécessaires pour travailler en petits groupes et partager des informations. Ils doivent acquérir les compétences qui leur permettent de travailler ensemble pour arriver à des consensus et s'assurer que la voix de chaque participant est entendue et appréciée tout au long du processus.

- Vous devez prendre le temps d'« enseigner » l'aspect social – par exemple, comment faire face à différentes opinions (exprimer son désaccord de façon courtoise, s'assurer que chacun a la possibilité de s'exprimer, apprendre à différer son jugement).

- Laissez à vos élèves le temps de voir comment les autres groupes ont classé leurs données. Ici, vous pouvez utiliser les structures coopératives de la tactique du déplacement productif. Assurez-vous que vous accordez aux élèves suffisamment de temps pour échanger leurs réflexions en petits groupes.
- Prenez le temps de vous promener dans la classe et de vous assurer que tous les élèves participent au travail de groupe, qu'un ou plusieurs élèves ne prennent pas toute la place dans la discussion et ne font pas tout le travail. Vous pourrez par le fait même observer la manière dont les élèves interagissent socialement.
- Si vos élèves travaillent dans de petits groupes coopératifs, assurez-vous qu'ils sont assez petits pour que tous les élèves puissent participer à la classification des données.
- Il est important de recourir à la méthode des têtes numérotées pour renforcer la responsabilité.
- Si vous utilisez la tactique des têtes numérotées, n'attribuez pas à des élèves le rôle du représentant avant que tous les groupes aient terminé leurs classifications.

Résumé de la formation de concepts

- Déterminez bien la taille de l'ensemble de données, en particulier si les élèves font des catégories pour la première fois ou si l'ensemble de données est complexe (par exemple, s'il nécessite une longue lecture).
- Présentez aux élèves des ensembles de données ouverts qu'ils peuvent interpréter, sans qu'il y ait de bonnes ou de mauvaises réponses, un bon ou un mauvais nombre de groupes (dans la mesure où ils peuvent expliquer les raisons pour lesquelles ils ont classé les données de telle ou telle manière). Ainsi, les élèves seront plus motivés et encouragés à prendre plus de risques.
- Pour que leur réflexion ne soit pas entravée, rappelez aux élèves avant et pendant l'activité de ne pas nommer d'abord des groupes et d'essayer ensuite de trouver des exemples.
- Si vous utilisez la stratégie de la formation de concepts pour la première fois, prenez quelques minutes pour l'expliquer aux élèves et leur dire pourquoi vous voulez qu'ils participent activement à l'exercice. Prenez aussi le temps de leur demander ce qu'ils en pensent.
- Autant que possible, créez des ensembles de données que les élèves peuvent manipuler physiquement. L'utilisation d'autocollants permet aux élèves de reprendre leur travail le lendemain.
- Assurez-vous que les élèves lisent les données avant de commencer à les classer.
- L'aspect concret des données est important. Si vous utilisez des images, assurez-vous qu'elles sont appropriées. Si possible, utilisez la couleur.
- Si c'est la première fois que les élèves font une leçon portant sur la pensée inductive, demandez-leur de s'exercer avec des ensembles de données amusants et plus simples pour qu'ils puissent se familiariser un peu avec la classification de données.

Chapitre 9

Les organisateurs complexes : réseaux notionnels et schémas conceptuels

Questions clés

1 Si l'on se réfère aux intelligences multiples décrites par Howard Gardner, combien d'intelligences sont à l'œuvre quand des élèves travaillent en petits groupes coopératifs à mettre en place un réseau notionnel ou un schéma conceptuel ?

2 Est-ce que la recherche sur le cerveau humain justifie l'utilisation de ces deux organisateurs ?

3 Les réseaux notionnels et les schémas conceptuels visent-ils les mêmes résultats ou des résultats différents ?

(suite ►)

Le présent chapitre vise les objectifs suivants :

- Énoncer la raison d'être du chapitre.
- Insérer des ensembles de données relatives à l'acquisition de concepts dans des réseaux notionnels et des schémas conceptuels.
- Donner deux exemples de leçons.
- Expliquer la façon de mettre en place des réseaux notionnels.
- Fournir un exemple d'évaluation d'un réseau notionnel.
- Donner un court aperçu des toiles de mots.
- Expliquer en quoi consiste la schématisation conceptuelle.
- Fournir un exemple d'évaluation d'un schéma conceptuel.
- Explorer les rapports entre des mots à l'aide de schémas conceptuels.
- Présenter des exemples de leçons.
- Résumer la matière.

Rappelez-vous que le présent ouvrage a pour but non pas de mener une analyse en profondeur de ces deux stratégies, mais plutôt de montrer comment elles peuvent être combinées avec d'autres processus pédagogiques pour répondre aux divers besoins de l'apprenant. Si vous voulez étudier de façon approfondie les deux stratégies, lisez les deux ouvrages suivants :

- *The Mind Map Book : Radiant Thinking* de Tony Buzan
- *Learning, Creating, and Using Knowledge* de Joseph Novak

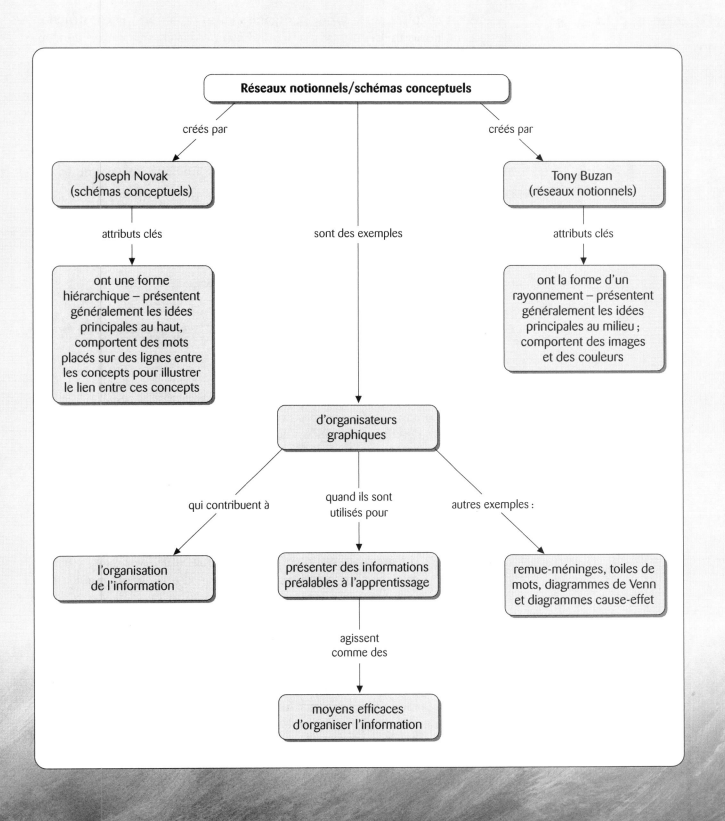

Questions clés *(suite)*

4 Que dit la recherche sur la création des réseaux notionnels et la schématisation conceptuelle ?

Introduction et raison d'être du chapitre

Le présent chapitre porte sur deux organisateurs graphiques : la construction de réseaux notionnels, conçue par Tony Buzan, et la schématisation conceptuelle, élaborée par Joseph Novak.

Ces deux stratégies d'enseignement peuvent être utilisées comme outils permettant l'organisation d'informations (*advance organizers*). Ils proviennent des travaux de David Ausubel (1968), liés à la théorie de l'assimilation et au développement intellectuel. Ces outils contribuent à la fabrication du sens : ils aident l'apprenant à établir des liens entre des connaissances acquises et de nouvelles connaissances ; en somme, à rendre la connaissance dynamique.

Au niveau le plus élémentaire, les organisateurs constituent des façons d'aider l'apprenant à organiser l'information, à établir des liens. À un niveau plus élevé, ils peuvent être considérés comme des outils servant à illustrer ou à représenter des cadres de travail permettant de classer des concepts et des relations entre ces concepts.

Note

En lisant le présent chapitre, voyez comment certains organisateurs graphiques, comme les diagrammes de Venn, les diagrammes cause-effet, les échelles de classement, etc., peuvent être intégrés ou combinés les uns aux autres pour renforcer les processus de création de réseaux notionnels et de schémas conceptuels.

Après avoir énoncé la raison d'être du chapitre, nous présenterons un organisateur graphique (organigramme). Vous pourrez revenir ultérieurement à cette partie-ci du chapitre pour vous assurer que vous avez bien compris pourquoi on parle ici d'un organigramme et non d'un schéma conceptuel. Nous présenterons ensuite un processus d'acquisition de concepts qui fait intervenir quatre réseaux notionnels et quatre schémas conceptuels. Vous serez à même de déterminer les caractéristiques essentielles de chacun. Suivront deux leçons qui incorporent ces deux organisateurs graphiques, l'une pour le niveau primaire, et l'autre pour le niveau secondaire. Enfin, revenant en arrière, nous expliquerons brièvement la schématisation conceptuelle, la construction des réseaux notionnels et les toiles de mots. Dans les sections portant sur la construction de réseaux notionnels et la schématisation conceptuelle, nous fournirons des exemples qui s'appliquent à des classes de différents niveaux.

Raison d'être du chapitre 9

Le présent ouvrage vise à permettre l'élaboration et l'intégration d'un répertoire pédagogique étendu. Il est donc important de clarifier le langage pédagogique. Nous avons découvert qu'il existe une grande confusion concernant les organisateurs graphiques que sont les toiles de mots, les schémas conceptuels et les réseaux notionnels. Ces organisateurs diffèrent entre eux. Nous ignorons qui a « inventé » la toile de mots, le plus simple et le moins efficient des trois organisateurs. En revanche, nous savons que Tony Buzan a inventé la formule « construction de réseaux notionnels » (*mind mapping*), souvent associée à la formule « construction d'arbres conceptuels ». De même, on attribue généralement la paternité de l'expression « schématisation conceptuelle » (*concept mapping*) à Joseph Novak.

En ce qui concerne l'intégration pédagogique, nous estimons qu'on ne peut intégrer quelque chose qu'on ne comprend pas parfaitement. Nous trouvons réjouissant le fait que les deux créateurs de la construction de réseaux notionnels et de la schématisation conceptuelle établissent des liens avec la recherche sur le cerveau et la valeur du travail en petits groupes dans l'application des deux stratégies. C'est dire à quel point ils reconnaissent les vertus de l'intégration pédagogique, le thème central de cet ouvrage.

Dans notre étude des processus d'enseignement et d'apprentissage, nous tentons de cerner ceux qui se montrent les plus efficaces. En mesurant l'efficacité, nous devons nous assurer que nous choisissons le bon outil pour la bonne fin. Il ne serait guère intelligent de retourner un marteau à la quincaillerie parce qu'il ne coupe pas le bois.

On peut avancer que le réseau notionnel est un organisateur graphique très performant parce qu'il aide à la mémorisation. Cependant, n'est-il pas aussi très complexe ? Cela se pourrait bien. Selon certains, la construction de réseaux notionnels permet d'intégrer d'autres stratégies et tactiques d'enseignement, tels les schémas conceptuels, les diagrammes de Venn, les échelles de classement, les schémas chronologiques et les organigrammes.

Mais, selon d'autres, la schématisation conceptuelle fournirait une image plus précise de ce que l'élève comprend vraiment. Elle serait un outil d'évaluation plus efficace parce que l'élève doit exprimer les relations entre les concepts. Chose certaine, la schématisation conceptuelle a été plus abondamment traitée dans les recherches consacrées à l'apprentissage que la construction de réseaux notionnels. Nous appuyant sur notre expérience, nous formulons l'hypothèse suivante : la schématisation conceptuelle renforce les stratégies d'acquisition et de formation de concepts et, pour cette raison, elle favorise davantage la réflexion. Cette idée rejoint celles émises dans les travaux de Jerome Bruner et de Hilda Taba, dont nous avons parlé aux chapitres 7 et 8. D'un autre côté, la construction de réseaux notionnels semble plus efficace en ce qui concerne la mémorisation puisqu'elle fait appel aux couleurs et aux images. La construction de réseaux notionnels est-elle meilleure pour la mémoire, et la schématisation

Mise en garde

Attendez, pour mesurer les effets de ces deux stratégies, que vos élèves et vous-même les maîtrisiez parfaitement. Nous vous suggérons de lire les deux livres mentionnés au bas de la page 290 pour avoir une compréhension approfondie des deux stratégies.

conceptuelle constitue-t-elle un meilleur outil d'évaluation de l'apprentissage ? Un élève peut-il combiner intelligemment ces deux processus ? Ce sont là des questions qui pourraient faire l'objet d'une étude détaillée.

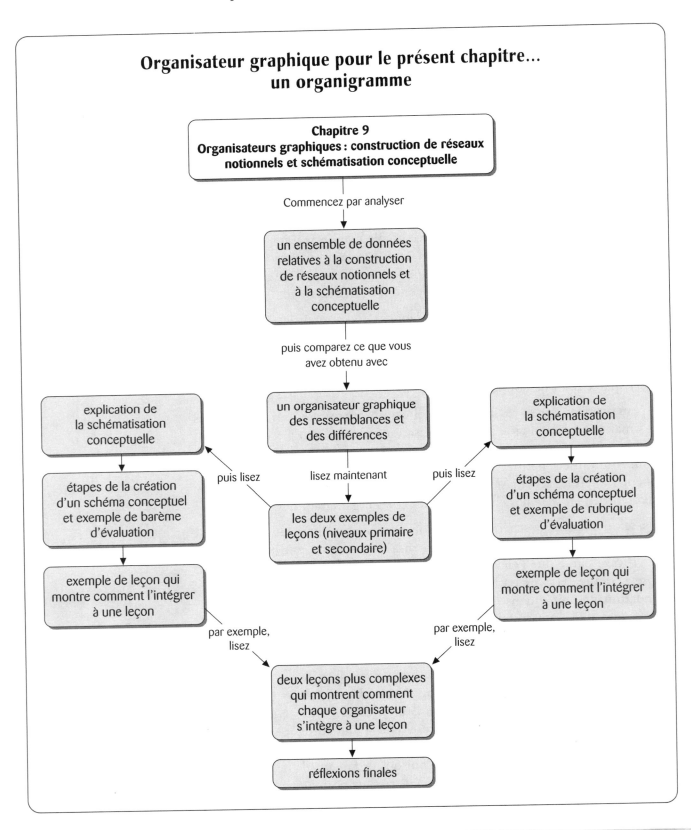

**Organisateur graphique pour le présent chapitre…
un organigramme**

Chapitre 9
Organisateurs graphiques : construction de réseaux
notionnels et schématisation conceptuelle

Commencez par analyser

un ensemble de données
relatives à la construction
de réseaux notionnels et
à la schématisation
conceptuelle

puis comparez ce que vous
avez obtenu avec

explication de
la schématisation
conceptuelle

un organisateur graphique
des ressemblances et
des différences

explication de
la schématisation
conceptuelle

étapes de la création
d'un schéma conceptuel
et exemple de barème
d'évaluation

puis lisez   lisez maintenant   puis lisez

les deux exemples de
leçons (niveaux primaire
et secondaire)

étapes de la création
d'un schéma conceptuel
et exemple de rubrique
d'évaluation

exemple de leçon qui
montre comment l'intégrer
à une leçon

exemple de leçon qui
montre comment l'intégrer
à une leçon

par exemple,
lisez

par exemple,
lisez

deux leçons plus complexes
qui montrent comment
chaque organisateur
s'intègre à une leçon

réflexions finales

Le processus d'acquisition de concepts : réseaux notionnels et schémas conceptuels

Cette page présente deux exemples de réseaux notionnels. La page qui les suit donne deux exemples de schémas conceptuels. Comparez et opposez ces exemples. Essayez de dégager les caractéristiques essentielles des réseaux notionnels et des schémas conceptuels. Vous pourrez ensuite vous reporter aux sections qui décrivent chacun des processus et comparer vos réflexions avec celles de Tony Buzan (construction de réseaux notionnels) et de Joseph Novak (schématisation conceptuelle).

Premier réseau notionnel d'un étudiant portant sur des questions relatives à l'écologie de l'eau

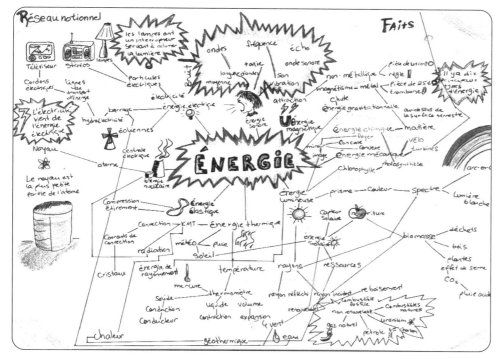

Deuxième réseau notionnel d'un étudiant

Schémas conceptuels

Premier schéma conceptuel d'un élève de quatrième année

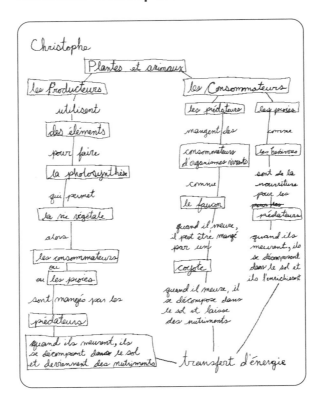

Premier schéma conceptuel d'un étudiant

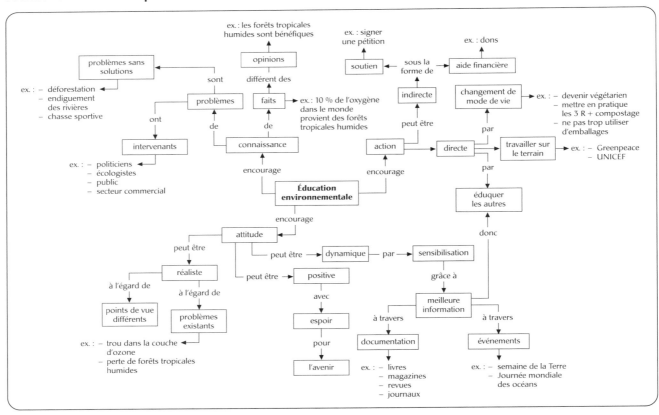

Nous vous présentons ci-dessous un organisateur qui n'est ni un schéma conceptuel ni un réseau notionnel. Il s'agit simplement d'un organisateur graphique qui fait ressortir les ressemblances et les différences entre les réseaux notionnels et les schémas conceptuels.

Note au sujet des toiles de mots

Voici une toile de mots créée par un élève de neuvième année. Il a utilisé le logiciel graphique Inspiration pour la réaliser. Les toiles de mots sont plus faciles à créer que les réseaux notionnels et les schémas conceptuels. Il conviendrait d'inviter vos élèves à réaliser des toiles de mots, puis des réseaux notionnels et ensuite une schématisation conceptuelle.

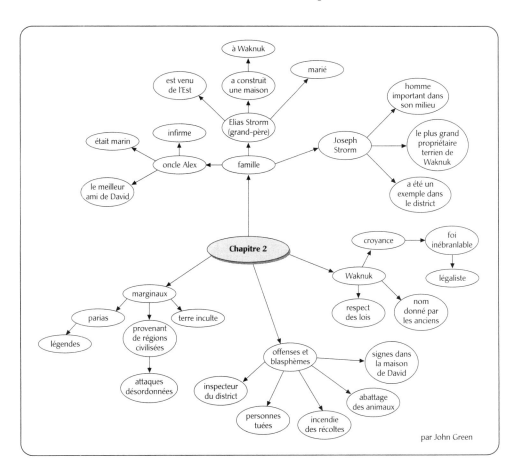

par John Green

Est-il possible d'intégrer des toiles de mots, des réseaux notionnels, des schémas conceptuels, des diagrammes de Venn, des diagrammes cause-effet, des organigrammes, etc., dans le même organisateur graphique pour résumer un module d'études ? Nous pensons que oui !

Les réseaux notionnels et les schémas conceptuels : ressemblances et différences

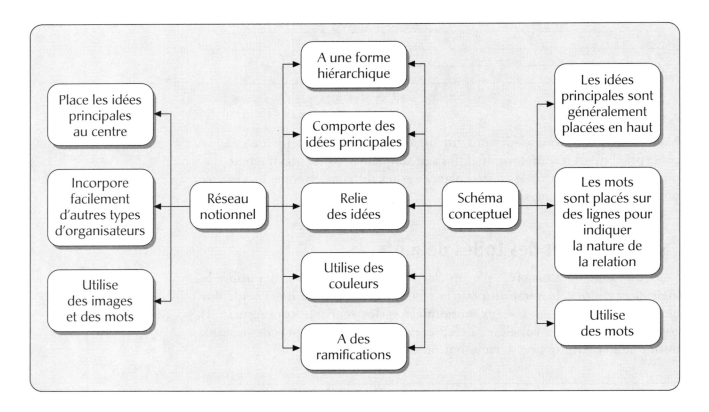

Les trois prochaines pages présentent deux leçons qui incorporent ces processus. Vous verrez non pas le résultat, mais la manière dont le processus est intégré dans la leçon.

Leçon 1

L'écriture d'un scénario

Matière	Anglais
Niveau	11e année
Description	Écriture d'un scénario
Mise en situation	Liens avec les expériences

Dites aux élèves : « Prenez quelques instants pour réfléchir. Quelles sont les choses qui sont mises dans un scénario, mais que nous ne voyons pas dans l'œuvre achevée ? » Les élèves réfléchissent individuellement, partagent leurs idées avec leur camarade et en discutent avec le reste de la classe. Inscrivez leurs idées sur des feuilles de papier de grande dimension.

But et objectifs

«Aujourd'hui, vous montrerez quelle est votre compréhension du concept d'écriture de scénarios en concevant un scénario.» Établissez des liens entre les idées des élèves et discutez avec eux de la façon dont les scénarios sont utilisés non seulement pour les films, mais aussi pour des messages publicitaires à la radio et à la télévision. «Le but de ce module d'études est de vous familiariser avec l'écriture de scénarios. On facilite l'écriture de scénarios en établissant des rapports entre les idées au moyen d'organisateurs. Nous travaillerons aussi avec divers organisateurs conceptuels.»

Suggestions : Partie 1

Utilisez l'analyse en équipe (voir le chapitre 10). Divisez votre classe en groupes de quatre élèves. Numérotez les groupes (de 1 à 7) et attribuez une lettre aux élèves de chaque groupe (A, B, C et D).

Chaque élève lit trois fois les pages d'un court texte proposé se rapportant à l'écriture d'un scénario. Il est important de lire ces pages trois fois pour bien les comprendre.

«Maintenant que vous avez lu ces informations trois fois, votre groupe dispose de quatre minutes pour dégager ce qui lui paraît être les caractéristiques essentielles de l'écriture de scénarios. Qu'est-ce qui doit être présent pour qu'un scénario soit efficace?» Une fois l'analyse en équipe terminée, passez à la création de réseaux notionnels.

Construction de réseaux notionnels. Créez un grand réseau notionnel des principales caractéristiques d'un scénario sur un tableau blanc. Choisissez au hasard des élèves qui rendront compte des réflexions de leur groupe. Utilisez différentes couleurs et dessinez des images.

Suggestions : Partie 2

Simulation de l'apprentissage coopératif. Divisez votre classe en équipes de deux élèves (A et B) et numérotez les équipes (1, 2, 3, etc.).

«Vous créez une compagnie de production télévisuelle. Vous cherchez un nom pour votre compagnie. Vous avez une minute.» Une fois la minute écoulée, demandez à chaque groupe de dire le nom de sa compagnie.

Directives : «Votre soumission pour la rédaction du scénario d'une émission de télévision présentant des *sketchs* a été acceptée. Votre tâche consiste à adapter un poème pour en faire un scénario de *sketch*. Le scénario doit avoir une ou deux scènes. Vous avez jusqu'à la fin de la période de demain pour le terminer. Vous devez faire usage des techniques de présentation dont nous avons déjà parlé.»

Leçon 2

Biographies et autobiographies

Niveau	5e année
Sujet	Introduction aux biographies et aux autobiographies

Aperçu

L'enseignante désirait familiariser, tout au long de l'année scolaire, les élèves de sa classe de cinquième année avec les biographies et les autobiographies. Dans la deuxième semaine de classe, elle s'est servie des biographies et des autobiographies comme d'un moyen pour amener les élèves à se connaître et à créer une communauté d'apprenants.

Objectif

Les élèves acquerront une compréhension des biographies et des autobiographies en créant et en partageant un schéma conceptuel présentant des informations sur ce qu'ils sont. De plus, les élèves utiliseront des schémas conceptuels pour élargir leur compréhension des autres élèves de la classe.

J'ai d'abord montré aux élèves 10 exemples de schémas conceptuels et 10 exemples d'organisateurs conçus par des élèves de l'année précédente. J'ai affiché ces schémas à divers endroits dans la classe. À côté de chaque schéma conceptuel, j'ai placé un organisateur. Ces organisateurs étaient des contre-exemples : trois réseaux notionnels, deux organisateurs visuels, un schéma chronologique, un diagramme de Venn, une échelle de classement et un diagramme cause-effet. J'ai demandé aux élèves de former des équipes de deux et de trouver ce que tous les schémas conceptuels avaient en commun.

Vérification de la compréhension

J'ai mis un transparent sur le rétroprojecteur, puis j'ai demandé aux élèves de comparer leurs réflexions avec ce qui était écrit sur le transparent.

Pratique

Les élèves ont ensuite fait un schéma conceptuel. Chaque équipe de deux avait une feuille de papier de grande dimension pliée en deux ; chaque élève avait une moitié de la feuille et disposait de 20 minutes pour réaliser son schéma conceptuel sur lui-même. Les élèves ont utilisé leur classification initiale pour dégager les idées les plus importantes. L'élève A et l'élève B se sont montré ensuite l'un à l'autre leurs schémas (autobiographie). Puis les élèves ont coupé la feuille le long du pli et se sont échangé leurs schémas. Chaque élève devait trouver ensuite trois autres élèves à qui il décrirait son camarade.

Retour sur la leçon

J'ai remis à chaque dyade une feuille expliquant ce qu'est une biographie et ce qu'est une autobiographie. Chaque élève a lu la feuille et a rencontré un élève d'une autre équipe pour discuter des principales idées contenues dans la feuille (méthode casse-tête). Ensuite, les élèves sont retournés auprès de leur camarade et ont discuté des idées principales. J'ai choisi des équipes au hasard qui ont fait part de leurs réflexions au reste de la classe. Enfin, les élèves ont employé un diagramme de Venn (ils avaient déjà eu l'occasion de l'utiliser) pour montrer les ressemblances et les différences entre une biographie et une autobiographie.

La création d'un réseau notionnel

Nous vous recommandons fortement de lire *The Mind Map Book: Radiant Thinking* de Tony Buzan (1993). Cet excellent ouvrage vous aidera à mieux comprendre le processus de la création d'un réseau notionnel. Outre qu'il donne de nombreux exemples de réseaux notionnels, Buzan établit des liens avec différentes études portant sur le cerveau et l'apprentissage. Il considère que la création de réseaux notionnels est une fonction naturelle du cerveau humain.

Mapping Inner Space de Nancy Margulies est également un livre utile (1991). Il fournit des indications pratiques sur la manière d'entamer le processus de création de réseaux notionnels. Les idées présentées dans ces deux livres sont essentielles : l'ouvrage de Buzan explique le processus en détail, alors que celui de Margulies indique la façon de le mettre en pratique.

La **création de réseaux notionnels** est un processus analytique qui implique l'intégration créative d'une combinaison de couleurs, de codes, de mots et de relations. Elle peut servir pour la prise de notes, l'étude en vue d'un examen, un remue-méninges ou l'établissement de liens entre des idées. Elle peut être une solution de rechange au modèle de réflexion inductive de Hilda Taba (voir le chapitre 8). De nombreux enseignants du niveau secondaire exigent de leurs élèves qu'ils emploient les réseaux notionnels pour préparer et présenter leurs arguments dans le processus de controverse créative (voir le chapitre 10).

Selon Buzan, les réseaux notionnels ont quatre caractéristiques essentielles et diverses caractéristiques secondaires.

Caractéristiques essentielles

1. une image centrale qui représente le sujet schématisé ;

2. des thèmes principaux qui sont comme des ramifications de cette image centrale ;

3. ces ramifications ont une image clé ou un mot clé écrit sur une ligne associée ;

4. les ramifications ont une structure qui les relie.

Caractéristiques secondaires

1. les couleurs;

2. les codes.

Raison d'être

Les réseaux notionnels renforcent la capacité du cerveau à stocker et à mémoriser des informations. Comme ils utilisent des images et des couleurs, ils constituent une façon nouvelle et intéressante de donner du sens aux choses que les élèves apprennent. Les réseaux notionnels peuvent être un moyen stimulant pour les élèves de résumer un module, un vendredi après-midi, lorsque les minutes s'écoulent lentement et qu'un tonifiant se révèle nécessaire. Il pourrait être opportun d'intégrer le processus d'apprentissage de Johnson et Johnson (décrit au chapitre 6) au processus de la création de réseaux notionnels, en demandant à de petits groupes d'élèves de créer un réseau notionnel. La leçon sur les héros présentée plus loin dans ce chapitre montre comment faire cette intégration.

En outre, les élèves peuvent utiliser des structures d'apprentissage coopératif comme la visite d'une exposition ou l'entrevue en trois étapes pour expliquer les principaux messages contenus dans leur réseau notionnel.

Les étapes de la construction d'un réseau notionnel de base

Matériaux

Chaque élève ou groupe d'élèves a besoin d'une feuille de papier et de crayons de couleur. La taille de la feuille dépend du sujet, du temps accordé, des connaissances des élèves et de ce que vous comptez faire avec les réseaux notionnels. Vous pouvez également demander aux élèves de couper et de coller des images de magazines pour remplacer les dessins ou les ajouter à ceux-ci.

Taille

La taille de la feuille variera également selon que le réseau notionnel doit être une affiche ou être placé dans le portfolio de l'élève. Nous avons déjà vu un réseau notionnel qui occupait tout un mur de la classe et qui a évolué au cours de l'année scolaire. Il servait à rendre compte de l'apprentissage des élèves dans une classe intermédiaire d'anglais.

Les étapes suivantes sont seulement des suggestions. Sentez-vous libre de les adapter, d'en ajouter d'autres, etc., de manière à répondre aux besoins de vos élèves. Rappelez-vous que, lorsque les élèves travaillent avec un camarade, cinq des huit intelligences multiples de Howard Gardner peuvent être mises à contribution. C'est une excellente occasion de les inciter à créer des modèles et de solliciter leur besoin de s'exprimer oralement.

Choisir un sujet (par exemple, le cœur, la factorisation, la poésie ou la démocratie)

• Choisissez une image qui représente bien le sujet, placez-la au centre de la feuille de papier et utilisez des couleurs qui vous aideront à vous rappeler l'idée que vous avez eue. Par exemple, les élèves d'une classe de maternelle ont créé un réseau conceptuel basé sur l'histoire *Les trois petits cochons*. Ils ont mis une image du loup au milieu.

Rechercher les idées principales se rapportant au sujet

• Notez toutes les idées qui vous viennent à l'esprit. Elles peuvent venir d'une réflexion personnelle ou d'un remue-méninges en groupe. Vous pouvez choisir seulement les idées qui se ramifieront ou que vous pourrez classer dans des catégories. Donnez un nom à chacune des catégories ; celles-ci seront alors les premières idées principales.

• Dessinez une image ou tracez un symbole qui représente chacune des idées principales. Disposez les diverses images autour de l'image que vous avez placée au centre du réseau. Inscrivez les mots clés et reliez-les au sujet par une ligne ou des bulles.

• Faites rayonner des idées secondaires à partir de chaque idée maîtresse. Choisissez des images qui représentent chaque idée secondaire et disposez-les d'une manière qui a du sens pour vous. Inscrivez les mots clés et reliez-les aux idées par une ligne ou des bulles.

• Continuez ainsi jusqu'à ce que vous ayez épuisé le sujet, rempli tout l'espace de la feuille ou utilisé tout le temps accordé, ou encore jusqu'à ce que vous désiriez mettre fin à cette activité.

Réfléchir avec un camarade, en petits groupes ou avec toute la classe ; envisager la visite d'une exposition ou l'entrevue en trois étapes

• Individuellement ou avec un camarade, pensez à la démarche mentale que comportait la conceptualisation des idées principales se rapportant au sujet. Établissez des relations entre les différents éléments du réseau.

Exemple d'évaluation d'un réseau notionnel

Niveaux de réussite d'un réseau notionnel

Critères	Indicateurs de réussite (Indices observables du respect d'un critère)			
	Niveau 1	**Niveau 2**	**Niveau 3**	**Niveau 4**
Image centrale	Pas claire, difficile de la distinguer des autres informations.	Présente, mais ne capte pas l'attention.	Image claire se rapportant à l'idée principale.	Se distingue ; illustre parfaitement l'idée principale en faisant appel à la métaphore ou à l'humour.
Idées qui rayonnent à partir de l'image centrale et des idées principales (des plus complexes aux plus simples)	Peu ou pas d'indications que les idées se rapportent à l'image centrale ou qu'elles rayonnent à partir de cette dernière, les plus complexes placées devant les plus simples.	Les idées rayonnent à partir de l'image centrale, mais il y a une certaine confusion dans l'ordonnance des idées en fonction de leur complexité.	Les idées se rapportent clairement à l'image centrale ; on suit assez bien les idées, qui vont des plus complexes aux plus simples.	Les idées sont clairement reliées à l'image centrale ; on suit les idées avec cohérence et précision, des plus complexes aux plus simples.
Idées auxquelles sont associées des images clés ou des mots clés	Peu ou pas d'images, mais il peut y avoir quelques mots clés.	Les images et les mots clés sont présents, mais ils sont trop peu nombreux ou imprécis.	Les images et les mots clés montrent clairement une compréhension du contenu.	Utilisation dynamique des images et des mots clés, qui se rapportent clairement à l'image centrale ; usage de la métaphore et de l'humour, emploi de coupures de magazines, de « cliparts », etc.

(suite ►)

Niveaux de réussite d'un réseau notionnel (*suite*)

Critères	Indicateurs de réussite (Indices observables du respect d'un critère)			
	Niveau 1	Niveau 2	Niveau 3	Niveau 4
Couleurs, codes ou liens utilisés pour illustrer les relations entre les idées	Peu ou pas de couleurs, de codes ou de traits utilisés pour illustrer les relations entre les idées.	Les couleurs, les codes ou les traits sont utilisés pour améliorer la clarté et la mémorisation, mais il y a une certaine confusion.	Pour la plupart des éléments du réseau notionnel, utilisation claire des couleurs, des codes et des traits pour indiquer les relations et faciliter la mémorisation.	Pour la plupart des éléments du réseau notionnel, utilisation des couleurs, des codes et des traits qui permet de discerner toutes les relations et qui facilite la mémorisation.
Profondeur des idées	Couverture insuffisante de la matière.	Une certaine couverture des idées principales, mais les idées sont peu approfondies.	Montre une solide compréhension de la plus grande partie du contenu et la plupart des idées principales sont approfondies.	Montre une bonne connaissance du contenu ; les ramifications des idées principales témoignent d'une compréhension étendue du contenu.

Note

Le tableau ci-dessus est présenté simplement à titre de suggestion.
Sentez-vous libre de l'adapter ou de créer le vôtre.

Une explication de la schématisation conceptuelle

Bien que nous expliquions dans cette section en quoi consiste la schématisation conceptuelle, nous vous recommandons encore une fois de lire *Learning How to Learn* de Novak et Gowin (1984). Un certain nombre d'articles vous aideront également à mieux comprendre le processus de la schématisation conceptuelle. Le chapitre 2 de *Probing for Understanding* de Richard White et Richard Gunstone (1992) donne une explication détaillée du processus ainsi que des exemples de schémas conceptuels faits par des élèves.

Explication

Un schéma conceptuel est une représentation visuelle qui montre les relations entre des concepts. Ces concepts peuvent être une combinaison de choses, de personnes, d'idées, d'arguments, de solutions, de lieux, etc. La schématisation conceptuelle aide un apprenant à passer de la simple mémorisation de faits à l'établissement de relations entre ces faits. Elle permet d'arriver à une réflexion plus complexe et plus féconde. Voici les caractéristiques essentielles et secondaires d'un schéma conceptuel.

Caractéristiques essentielles

1. Commencer avec une idée essentielle, les idées secondaires étant ensuite ordonnées hiérarchiquement ou disposées en rayons autour de l'idée principale. On commence habituellement un schéma conceptuel au haut d'une feuille.

2. Aller d'une idée complexe à une idée simple, ou d'une idée principale à une idée secondaire.

3. Relier les concepts par des traits.

4. Placer les mots de liaison sur les lignes qui présentent les relations entre les concepts.

5. Croiser les liens entre un segment de la hiérarchie ou de la classification de concepts et un autre segment.

Caractéristiques secondaires

1. Utiliser des couleurs pour clarifier les segments ou mettre en évidence les liens entre les idées.

2. Fournir des exemples du concept présenté. Les exemples ajoutent une signification, ils indiquent que l'élève comprend le concept et ils l'aident à mémoriser l'information.

Qui peut faire des schémas conceptuels ?

Comme les réseaux notionnels, les schémas conceptuels peuvent être utilisés par des personnes de tous âges (des élèves de la maternelle jusqu'aux adultes), bien que les plus jeunes aient souvent besoin d'une aide soutenue. Pour en savoir plus sur l'utilisation des schémas conceptuels par les plus jeunes élèves, consultez Stice (1987). Cet éducateur a examiné les possibilités de réalisation de schémas conceptuels chez les élèves de la maternelle à la cinquième année. Avec les élèves plus vieux, les enseignants privilégient les schémas conceptuels.

Comme les réseaux notionnels, les schémas conceptuels (appelés souvent « cartes sémantiques ») développent la capacité à structurer et à exprimer la pensée. À l'origine, la schématisation conceptuelle était surtout associée à la métacognition et à la science. Elle a été appliquée par la suite à l'apprentissage de la lecture, car elle amène l'apprenant à se servir des connaissances déjà acquises. Dans une de nos classes d'étudiants au doctorat (où il était question de la recherche actuelle sur le cerveau), on a tracé de grands schémas conceptuels en vue d'aider à la synthèse des différents ouvrages et d'établir des rapports entre ces derniers.

Dans un article consacré à la schématisation conceptuelle, Jeni Wilson (1987) affirme que, même si les schémas conceptuels sont personnels, la discussion aide grandement à vérifier, à clarifier et à approfondir la représentation graphique.

Les étapes de la création d'un schéma conceptuel de base

Les étapes de la création d'un schéma conceptuel de base sont semblables à celles de la construction d'un réseau notionnel de base. Avant de décrire ces étapes, voyons en quoi les réseaux notionnels et les schémas conceptuels diffèrent entre eux.

Premièrement, les schémas conceptuels présentent généralement les idées principales au haut, mais ils peuvent commencer au bas, sur les côtés ou au milieu, alors que les réseaux notionnels présentent les idées principales au milieu.

Deuxièmement, les schémas conceptuels utilisent des mots placés sur des lignes entre les concepts pour marquer les rapports entre ceux-ci, ce qui n'est pas le cas des réseaux notionnels.

Troisièmement, les schémas conceptuels font rarement usage des couleurs, alors que les réseaux notionnels les utilisent dans la plupart des cas.

Quatrièmement, à la différence des réseaux notionnels, les schémas conceptuels emploient rarement des images.

Comme vous le voyez, ces deux processus peuvent facilement être combinés.

Matériaux

Chaque élève ou groupe d'élèves a besoin d'une feuille de papier et de crayons de couleur. La taille de la feuille dépend du sujet, du temps accordé, des connaissances des élèves et de ce que vous comptez faire avec les schémas conceptuels.

Taille

La taille de la feuille varie également selon qu'il s'agit d'un schéma conceptuel destiné à être affiché ou d'un schéma conceptuel qui doit être inséré dans le portfolio de l'élève. Les étapes suivantes sont seulement des suggestions. Sentez-vous libre de les adapter et d'en ajouter d'autres pour répondre aux besoins de vos élèves. Rappelez-vous que, lorsque les élèves travaillent avec un camarade, cinq des huit intelligences multiples de Howard Gardner peuvent être mises à contribution. Ce contexte favorise également les occasions de créer des modèles et suscite le besoin de s'exprimer oralement.

Les étapes de la création d'un schéma conceptuel de base

1. Recherchez les idées principales individuellement ou en groupe. Par exemple, si vous étudiez l'énergie, vous pourriez, lorsque vous présentez le module aux élèves, tracer le schéma conceptuel de leur compréhension actuelle de l'énergie. Un grand nombre de concepts pourraient être présentés : énergie solaire, énergie nucléaire, énergie électrique, déchets nucléaires, réchauffement de la planète, soleil, chauffage solaire, gaz naturel, pétrole, pollution, combustibles fossiles, etc.

2. Les élèves écrivent des idées sur des fiches ou des papillons adhésifs. (Les élèves aiment manipuler des données.) Ensuite, ils peuvent commencer à trier et à classer les fiches, en établissant des relations entre les idées. S'ils travaillent individuellement, accordez-leur quelques minutes, puis demandez-leur de circuler dans la classe pour voir comment les autres ont trié leurs fiches.

3. Les élèves peuvent alors coller ou transcrire les idées sur une feuille de papier. Ils relient par des traits les concepts et placent des mots sur les lignes pour indiquer leur manière de voir les relations entre les concepts. Ils décident si le schéma conceptuel prendra l'aspect d'une hiérarchie ou d'un rayonnement (dans ce dernier cas, il ressemblera à un réseau notionnel).

4. Les élèves établissent aussi des liens transversaux entre les différents concepts.

Nous présentons ci-dessous un exemple d'évaluation d'un schéma conceptuel.

Exemple d'évaluation d'un schéma conceptuel

Niveaux de réussite

Indicateurs de réussite	Niveau 1	Niveau 2	Niveau 3	Niveau 4
Concepts	• Le nombre de concepts se rapportant au sujet est insuffisant. • La manière dont les concepts sont disposés dénote une absence de compréhension des relations conceptuelles.	• Le nombre de concepts est tout juste suffisant, et quelques-uns d'entre eux se rapportent au sujet. • La manière dont les concepts sont disposés dénote une compréhension simple des relations conceptuelles subordonnées.	• La plupart des concepts choisis se rapportent au sujet. • La manière dont les concepts sont disposés dénote une bonne compréhension des relations conceptuelles subordonnées.	• La majorité des concepts et tous les concepts importants se rapportent clairement au sujet. • La manière dont les concepts sont disposés dénote une parfaite compréhension des relations conceptuelles subordonnées.

(suite ►)

Niveaux de réussite (*suite*)

Indicateurs de réussite	Niveau 1	Niveau 2	Niveau 3	Niveau 4
Structure hiérarchique	• Les concepts sont présentés dans une séquence linéaire. La structure hiérarchique est inexistante ou presque.	• La structure hiérarchique utilisée est limitée.	• Les concepts sont hiérarchisés.	• Les concepts sont hiérarchisés en fonction de leur degré de précision.
Relations	• Certains rapports essentiels sont indiqués par des traits. • Les mots de liaison sont simples et répétitifs.	• Certaines relations directes sont indiquées par des mots de liaison. • Les mots de liaison sont assez variés.	• La plupart des relations sont indiquées à l'aide d'un trait et précisées par des mots de liaison. • Les mots de liaison sont précis et variés.	• Toutes les relations sont indiquées au moyen d'un trait et désignées avec précision à l'aide de mots de liaison. • Les mots de liaison sont expressifs et employés de façon judicieuse.
Liens transversaux	• Aucun lien transversal n'est utilisé.	• Certains liens transversaux sont utilisés pour indiquer des liaisons minimales.	• Les liens transversaux sont utilisés pour marquer des liaisons directes.	• Les liens transversaux montrent des relations complexes entre deux ou plusieurs parties du schéma conceptuel.

Exemple de barème d'évaluation conçu par Shirley Smith et Bev Elaschuk

Note

Sentez-vous libre d'adapter ce barème d'évaluation ou de créer le vôtre.

Schémas conceptuels : passer à un niveau plus élevé et étudier les mots de liaison

Une fois que vos élèves sauront assez bien comment créer des schémas conceptuels, vous pourrez les amener à réfléchir en utilisant des mots de liaison. Les pages qui suivent ont pour but de vous aider à montrer aux élèves comment choisir leurs mots de liaison avec plus de précision. Mais dites-leur d'abord ce qui suit :

« L'encadré qui suit contient une liste de mots de liaison. Pourriez-vous les classer selon la manière dont ils définissent la nature des relations ? » (Note : Il s'agit ici de l'étape 1 de la stratégie de la pensée inductive de Hilda Taba, dont il a été question au chapitre 8.)

• est	• exclu de	• incorporé à
• partie de	• exemple	• conduit à
• peut être	• pareil à	• digéré par
• précède	• mangé par	• relie
• est comme	• détruit par	• a besoin
• semblable à	• cause	• produit
• inclut	• influence	• ont
• est absorbé par	• est plus grand que	

« Une fois que vous avez déterminé deux ou plusieurs groupes, comparez votre analyse avec les données présentées à la page suivante.

« À la page suivante, nous présentons un groupe d'exemples (ovales blancs et ovales bleus). Chaque exemple contient un mot de liaison qui est placé sur la ligne réunissant les ovales. » Cet ensemble de données est le début d'une stratégie d'acquisition de concepts (voir à ce sujet le chapitre 7.) « Vous pouvez travailler avec un partenaire. Dans ce cas, l'exercice met en jeu certains aspects de la théorie sociale de l'apprentissage coopératif et il faut veiller à ce que chacun de vous ait la possibilité de communiquer oralement les résultats de sa réflexion.

« Quand vous aurez fini d'échanger vos réflexions, réfléchissez au " voyage " que votre esprit a fait en explorant les données.

« Lorsque vous analyserez les deux ensembles de données de la page suivante, rappelez-vous que les mots de liaison entre les ovales blancs ont quelque chose en commun. Il en est de même des mots de liaison entre les ovales bleus. Tentez de déterminer par vous-même en quoi les mots de liaison entre les deux ensembles de données sont différents. »

Acquisition de concepts : explorer les mots de liaison

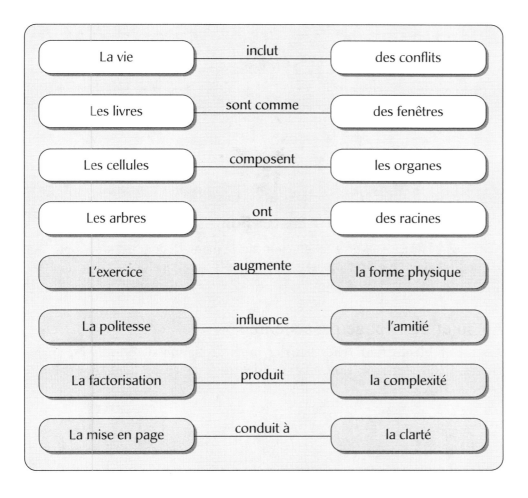

La vie	inclut	des conflits
Les livres	sont comme	des fenêtres
Les cellules	composent	les organes
Les arbres	ont	des racines
L'exercice	augmente	la forme physique
La politesse	influence	l'amitié
La factorisation	produit	la complexité
La mise en page	conduit à	la clarté

Exercice

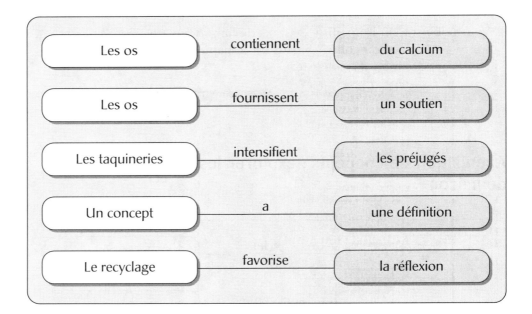

Discussion

Partage tes hypothèses et ta réflexion sur la manière dont tes idées ont surgi pendant que tu comparais les différents exemples.

Au sujet de la page précédente

Les ovales blancs sont reliés par des mots de liaison descriptifs ou analogiques. Les ovales bleus sont reliés par des mots de liaison dynamiques ou de cause à effet.

Mettre sa compréhension en application

Demandez aux élèves de s'exercer à utiliser des mots de liaison. Ils doivent trouver différentes façons d'utiliser des mots pour illustrer différents types de relations. Demandez-leur d'insérer un mot dans chaque ovale et de trouver un mot de liaison qui indique la relation entre les deux mots.

Leçon 3

Schématisation conceptuelle : disséquer des pelotes de régurgitation de hiboux

Niveau	Niveau multiple de 4e et 5e année
Description	Combiner la schématisation conceptuelle et l'apprentissage coopératif

Objectif

Les élèves approfondissent leur compréhension de l'interdépendance des organismes vivants dans un écosystème en analysant des pelotes de régurgitation de hiboux et en schématisant leurs conclusions pour rendre compte de cette interdépendance. Les élèves mettent en application leur compréhension des schémas conceptuels comme stratégie pour classer des informations, en particulier comme technique d'étude.

Note

Les élèves travaillent dans un module sur l'interdépendance des organismes vivants. Ils ont vu récemment une vidéo qui portait en partie sur les pelotes de régurgitation des hiboux.

Mise en situation

Au début de la leçon, demandez aux élèves de se rappeler une occasion où ils ont eu mal au ventre. Demandez-leur de dire ce qui, selon eux, a causé ce mal de ventre. Accordez-leur 15 secondes de réflexion et demandez-leur d'échanger leurs idées. Demandez ensuite aux élèves de se rappeler le film qu'ils ont vu et la discussion que vous avez eue avec eux sur les pelotes de régurgitation des hiboux. Durant cette discussion, il a été question des ressemblances entre les êtres humains qui vomissent pour éliminer quelque chose qui n'a pu être digéré et les hiboux qui régurgitent des débris alimentaires (comme des poils, des plumes ou des os) sous la forme de pelotes, parce qu'ils ne peuvent pas les digérer.

But et raison d'être de l'exercice

Dites aux élèves qu'ils auront à disséquer en petits groupes des pelotes de régurgitation de hiboux. Ils représenteront graphiquement les os qu'ils trouveront et les classeront en fonction des animaux auxquels ils appartiennent (souris, musaraigne, campagnol, oiseau, etc.). Une fois qu'ils auront terminé leur analyse, les élèves transcriront leurs idées dans un schéma conceptuel visant à décrire les relations existant entre les organismes vivants. Ils y incluront les autres domaines déjà étudiés.

Modélisation

Pour commencer, modélisez la dissection d'une pelote de régurgitation de hibou. En portant des gants de chirurgie, montrez aux élèves comment utiliser les aiguilles et les pinces à dissection. Revoyez avec eux la marche à suivre et montrez-leur un graphique qui présente des os. Affichez un grand tableau au mur et demandez aux élèves de discuter de leurs rôles.

Suggestions

Demandez aux élèves de former des groupes coopératifs de trois ou quatre. Ils se relaient à tour de rôle toutes les quatre minutes. Les élèves manipulent une pelote de régurgitation, trouvent différents os et les classent selon leurs caractères communs. Prenant des images d'animaux et d'os comme éléments de référence, ils collent les os, les becs, etc., sur du papier de bricolage noir, puis ils les classent dans des groupes d'animaux et tracent un graphique.

Vérification de la compréhension

Tout au long de la leçon, interagissez avec vos élèves, notamment en leur posant des questions sur leurs conclusions. Chaque élève vous remettra un graphique individuel représentant les os trouvés au cours de la dissection de la pelote de régurgitation, ainsi que les réponses aux cinq questions que vous leur aurez posées sur la leçon (responsabilité individuelle).

Pratique

Il s'agit maintenant pour les élèves de mettre en application leur compréhension de la schématisation conceptuelle. Ils doivent interpréter les informations recueillies au cours de l'analyse de la pelote de régurgitation et les mettre en rapport avec d'autres informations présentées dans le module sur l'interdépendance des organismes vivants. Ici, le but est d'amener les élèves à améliorer leur capacité à classer des informations à l'aide de schémas conceptuels.

Retour sur la leçon

Une fois qu'ils ont terminé leur dissection et noté leurs résultats, les élèves s'asseoient par terre et échangent leurs réflexions. Ils discutent des os d'animaux qu'ils ont trouvés dans leur pelote de régurgitation. Revoyez avec eux la chaîne alimentaire qu'ils ont étudiée antérieurement dans le module. Considérez avec eux le fait que le hibou dépend d'autres animaux pour survivre. Épinglez sur un tableau d'affichage toutes les analyses des groupes d'élèves.

Réflexions

Cette leçon donnée dans une classe à niveau multiple de quatrième et cinquième année constituait la dernière activité d'apprentissage d'un module sur les hiboux. Durant la leçon, j'ai utilisé les quatre premiers niveaux de la taxonomie de Bloom. J'ai demandé aux élèves de se rappeler les informations. À l'étape des suggestions, leur compréhension et sa mise en application ont été sollicitées. Les élèves ont disséqué une pelote de régurgitation de hibou et ont classé les os trouvés selon leurs caractères communs. Ils ont aussi classé et représenté graphiquement les os en fonction de leur provenance. À la fin de la leçon, les élèves ont analysé les informations recueillies et identifié les animaux que le hibou avait mangés, puis ils ont discuté de la dépendance du hibou à l'égard d'autres organismes vivants.

Les élèves étaient très excités à l'idée de faire cette activité, en grande partie à cause de ce qui avait été fait sur ce sujet la semaine précédente. Il est vrai que les élèves avaient appris des choses sur les hiboux dans les leçons antérieures, ayant eu l'occasion de regarder des livres et de voir un film. Je savais que je devais leur demander d'adopter une attitude particulière au cours de cette leçon d'apprentissage coopératif. J'ai réfléchi là-dessus pendant plusieurs jours. Je savais que cette attitude devait représenter quelque chose pour les élèves, qu'elle devait stimuler leur intérêt. C'est alors que cette idée de la régurgitation m'est venue. Je savais qu'elle était peu ragoûtante, mais comme elle a bien fonctionné ! J'ai ainsi pu capter toute l'attention des élèves et, malgré bien des «beurk!» et des «pouah!», ils étaient attentifs pendant les discussions et ont pu établir des rapports entre les vomissements chez les êtres humains et les pelotes de régurgitation des hiboux.

Tout cela m'a fait comprendre l'importance de donner des explications précises aux élèves et de modéliser les étapes et les règles à suivre pour faire de cette leçon une réussite.

Leçon 4

Leçon complexe combinant cinq éléments

Niveau	10e année
Description	Leçon complexe combinant la construction de réseaux notionnels, la conception d'une leçon, cinq éléments de l'apprentissage coopératif en petits groupes, la méthode réfléchir-partager-discuter et le tournoi à la ronde

Objectif

Les élèves auront à élargir leur compréhension du concept de «héros» en étudiant les caractéristiques de héros grecs classiques. Pour ce faire, ils liront d'abord l'histoire de Persée, puis discuteront du concept de héros en examinant s'il s'applique au personnage de l'histoire. Pour résumer les idées principales, ils travailleront dans des groupes de trois ou quatre pour représenter les qualités de héros de Persée sous la forme d'un réseau notionnel.

Mise en situation

Avant l'arrivée des élèves en classe, j'ai écrit au tableau les lettres S-É-H-O-R. Afin de créer un suspense, j'ai placé une feuille de papier sur ces lettres – qui, mises dans le bon ordre, forment le mot «héros». Bien sûr, les élèves ont voulu savoir ce qu'il y avait sous la feuille et pourquoi elle était sur le tableau.

Une fois que tous les élèves se sont assis, je leur ai montré des photos de Babe Ruth, de Martin Luther King, de Mère Teresa, du Mahatma Gandhi et de Winston Churchill. J'ai demandé aux élèves de trouver une qualité commune à toutes ces personnes, puis d'en discuter avec un camarade (méthode réfléchir-partager-discuter).

Rapidement, les élèves ont dit que ces personnes ont été des héros modernes. À ce moment, j'ai enlevé la feuille de papier qui recouvrait les lettres inscrites au tableau, puis j'ai écrit le mot «héros». Si les élèves avaient eu de la difficulté à désigner ces personnes comme des héros modernes, je leur aurais montré le mot que j'avais caché et je le leur aurais donné comme indice.

Ensuite, j'ai fourni aux élèves l'occasion de discuter de ce qu'ils savaient au sujet de ces personnes célèbres et de ce qui fait d'elles des héros.

J'ai également demandé à mes élèves de nommer certains de leurs héros et de dire pourquoi ils les considéraient comme tels. À la fin de cette brève préparation, j'ai présenté aux élèves l'objectif de la leçon.

Suggestions

J'ai remis à chaque élève une photocopie de l'histoire de Persée que j'ai lue en classe. De temps à autre, j'interrompais ma lecture pour demander aux élèves de dire la signification de certains mots. Je leur ai demandé d'écrire la signification de chaque mot dans la marge et vis-à-vis du texte où il figurait. De plus, comme les élèves s'étaient un peu familiarisés avec la mythologie grecque en neuvième année, j'ai pu les intéresser à l'histoire de Persée, notamment en leur posant des questions qui les obligeaient à se rappeler ce qu'ils avaient appris l'année précédente. (Par exemple, Persée avait pris l'œil que se partageaient les trois Grées à corps de cygne et leur avait demandé, comme condition de la restitution, de dire où était le repaire de Méduse, l'une des trois Gorgones. J'ai posé cette question aux élèves : « Quels autres êtres mythologiques avaient aussi un seul œil ? » Réponse : les Cyclopes.)

J'ai choisi ce texte parce que je trouvais qu'il convenait à une classe de dixième année. Malheureusement, il ne contenait pas d'images. J'avais donc apporté des images que j'avais trouvées dans un autre livre. Je tenais à stimuler le plus de sens possible et à faciliter l'apprentissage auditif et visuel des élèves. Ci-dessous, je résume brièvement ce que les élèves et moi avons fait.

Ce que j'ai fait	Ce que les élèves ont fait
• J'ai fourni aux élèves des documents à lire et représenté sous la forme d'un réseau notionnel les habiletés coopératives requises dans un groupe de travail. • J'ai permis aux élèves de former leurs groupes de trois ou de quatre. Je les ai observés pour m'assurer qu'ils accomplissaient leurs tâches et qu'ils mettaient en pratique les habiletés coopératives requises. • J'ai choisi au hasard un élève dans chaque groupe pour présenter devant la classe, le lendemain, le réseau notionnel de son groupe. • Toutes les 10 minutes, j'ai demandé aux élèves d'échanger leurs rôles.	• Les élèves ont formé leurs groupes et se sont attribué eux-mêmes des numéros : Numéro 1 = chronométreur Numéro 2 = responsable du matériel Numéro 3 = dessinateur • Dans les groupes de quatre, le quatrième membre encourageait les autres à accomplir leurs tâches. • Les élèves ont représenté sous la forme d'un réseau notionnel ce qui leur apparaissait comme les traits caractéristiques des héros classiques et ont présenté ce réseau devant la classe, le lendemain. • Les élèves se sont évalués eux-mêmes et ont évalué leur groupe quant à l'accomplissement des tâches de manière égale.

Les cinq éléments de l'apprentissage coopératif en petits groupes

1. **Interdépendance positive** – Les membres de chaque groupe disposaient de 30 minutes pour exécuter ensemble les tâches. Comme ils n'avaient pas assez de temps pour faire seuls tout le travail, les élèves avaient chacun une responsabilité. Pour que l'équipe réussisse la tâche, il était nécessaire que chaque élève s'acquitte de sa responsabilité. De plus, sachant qu'ils auraient tous la même note, les élèves se sentaient obligés de participer, de se concentrer sur leurs tâches et de faire un bon travail. Parce qu'ils ne voulaient pas avoir une mauvaise note, les bons élèves ont poussé les élèves moyens à fournir leur part du travail.

2. **Responsabilité individuelle** – Étant donné que les élèves savaient que, le lendemain, je demanderais au hasard à un élève dans chaque groupe de présenter devant la classe le réseau notionnel de son groupe et qu'une note serait attribuée pour cette présentation, les élèves se sont sentis obligés de bien connaître ce réseau notionnel.

3. **Interaction face à face** – Les pupitres étaient groupés pour faciliter le travail d'équipe et l'apprentissage coopératif.

4. **Habiletés coopératives** – Les élèves connaissaient les deux habiletés sociales ou coopératives que je voulais qu'ils mettent en pratique : 1) exprimer son désaccord de manière courtoise ; et 2) aider les autres sans faire de taquineries.

5. **Analyse de la dynamique de groupe** – Les élèves avaient une feuille d'évaluation pour s'évaluer eux-mêmes et pour évaluer leur groupe sur la question du partage égal des tâches. Ils utilisaient cette feuille pour dire ce qu'ils avaient aimé ou moins aimé dans la construction d'un réseau notionnel en collaboration.

Modélisation

Comme aucun de mes élèves ne connaissait la construction de réseaux notionnels, j'ai dû recourir à la modélisation. Mon intention était de leur enseigner deux habiletés coopératives, à savoir exprimer son désaccord de manière courtoise et aider les autres sans faire de taquineries. J'ai donc représenté sous la forme d'un réseau notionnel ces deux habiletés qu'on peut observer chez un groupe qui travaille efficacement. Voici maintenant une courte leçon que j'ai utilisée pour enseigner les deux habiletés à mes élèves.

Courte leçon sur les habiletés coopératives

Mise en situation

J'ai commencé par poser la question suivante à mes élèves : « Quelle est la principale raison pour laquelle une personne se fait congédier ? » Je leur ai donné une minute pour en discuter dans un tournoi à la ronde. Réponse des élèves : l'incapacité de respecter ses collègues et de travailler en collaboration avec eux.

« La semaine dernière, j'ai entendu des commentaires qui m'amènent à croire qu'un certain nombre d'élèves de cette classe n'ont pas les habiletés coopératives requises pour travailler dans la vraie vie ou doivent les développer. J'ai entendu des commentaires comme ceux-ci :

"Tais-toi."

"Quelle question stupide!"

"Tu cours après les ennuis!"

"Tu vas voir après l'école."

« Puisque vous travaillerez en petits groupes aujourd'hui, j'ai pensé qu'il serait bon que nous examinions certaines choses que j'aimerais voir et entendre dans des groupes qui travaillent bien ensemble. »

Suggestions/modélisation

J'ai demandé aux élèves de nommer les habiletés coopératives mises en pratique dans un groupe qui travaille efficacement, puis j'ai représenté ces dernières sous forme d'un réseau notionnel au tableau.

J'ai indiqué aux élèves qu'il serait très difficile de mettre en pratique toutes ces habiletés à la fois et que nous nous limiterions à deux aujourd'hui : l'expression du désaccord de manière courtoise et l'aide aux autres sans taquineries.

J'ai également précisé qu'il s'agissait d'un réseau notionnel et j'ai revu les caractéristiques de ce dernier avec eux.

Vérification de la compréhension

J'ai demandé à des élèves choisis au hasard de dire à la classe ce qu'ils étaient censés faire pendant le reste de la période, d'expliquer comment construire un réseau notionnel et d'indiquer quelles étaient les responsabilités du chronométreur, du responsable du matériel et du dessinateur dans leur groupe.

Une courte leçon sur les habiletés coopératives a été ainsi insérée dans le cadre de travail d'un plan de leçon plus complexe.

Même si les élèves oubliaient certains détails ou donnaient une mauvaise réponse, je ne les reprenais pas. Je demandais à un élève pris au hasard de corriger la réponse qui venait d'être donnée. Ainsi, tous les élèves sont restés alertes.

Retour sur la leçon

Durant les 10 dernières minutes de la période, les élèves ont fait leur auto-évaluation et ont évalué leur groupe quant à la manière dont les membres ont mis en pratique les deux habiletés coopératives.

J'ai conclu la leçon en demandant aux élèves d'appliquer à une situation différente ce qu'ils avaient appris au sujet des héros grecs classiques. « Après avoir représenté sous la forme d'un réseau notionnel les traits caractéristiques d'un héros grec, nous savons maintenant ce qu'il faut pour être un héros ou une héroïne. Laissez-moi vous proposer une réflexion : comment estimez-vous qu'un héros ou une héroïne de votre choix réagirait en voyant les caractéristiques que vous avez énumérées aujourd'hui ? Vous n'avez pas à me répondre maintenant. Mais pensez-y chez vous ce soir, car nous en discuterons demain. » En terminant la leçon de cette façon, j'ai voulu inciter les élèves à approfondir leur réflexion et à établir des rapports avec ce que je leur ai demandé d'apprendre le lendemain.

Commentaires

Choses qui ont particulièrement bien fonctionné

Tout a très bien marché ! Les élèves ont vraiment aimé construire un réseau notionnel. Ils ont bien accueilli cet outil d'apprentissage. Voici quelques commentaires que les élèves ont écrits sur les feuilles d'évaluation concernant ce qu'ils ont particulièrement apprécié dans leur travail en groupe.

« Nous avons appris à nous connaître. »

« Je n'avais pas à trouver toutes les réponses seul ; j'avais de l'aide. »

« Le travail s'est fait plus rapidement. »

« Quand nous avions de la difficulté à comprendre quelque chose, nous pouvions en parler. »

« Nous avons échangé nos idées. »

Le seul commentaire négatif que j'ai lu est que je n'ai pas laissé aux élèves assez de temps pour se détendre et goûter vraiment le côté amusant de l'activité. Dans l'ensemble, les élèves se sont sentis pressés.

Choses que je ferais différemment la prochaine fois

Si j'avais la chance de refaire la même leçon avec une autre classe, j'apporterais deux changements :

1. Le jour précédant celui où les élèves auraient à représenter sous la forme d'un réseau notionnel les caractéristiques d'un héros ou d'une héroïne, je leur montrerais comment construire des réseaux notionnels en utilisant les habiletés coopératives requises pour travailler en groupe. Cela leur donnerait plus de temps pour accomplir leurs tâches le lendemain.

2. Je demanderais aux élèves de pratiquer une seule habileté par leçon. Je me suis aperçu que les habiletés d'apprentissage coopératif ne sont pas faciles à acquérir. Comme plusieurs élèves avaient déjà de la difficulté à exercer une seule habileté coopérative, il leur aurait été impossible d'en pratiquer deux.

Dernières réflexions

Des deux processus, la construction de réseaux notionnels et la schématisation conceptuelle, c'est le second qui a été le plus abondamment étudié. Dans une recherche menée auprès de l'Educational Research Information Center (ERIC), nous avons trouvé deux méta-analyses sur la schématisation conceptuelle, mais nous n'avons découvert aucun sommaire de recherche sur la construction de réseaux notionnels.

Un autre aspect à considérer est la question de savoir quand il faut utiliser une approche plutôt que l'autre. Par exemple, une petite recherche-action conduite auprès de 15 étudiants stagiaires a permis de comparer les effets de l'utilisation des réseaux notionnels et de la méthode EJT (*équipes-jeux-tournois*) au moment de la révision précédant un examen de sciences. Les questions relevaient surtout de la mémorisation. Les étudiants qui ont utilisé la méthode EJT obtenaient en moyenne des scores de 50 % à 66 % plus élevés (une ampleur de l'effet de 0,46). Dans ses commentaires, la formatrice a affirmé que, lorsqu'on évalue des étudiants par des examens en utilisant des questions faisant appel à la mémoire (questions à choix multiples), la méthode EJT est alors plus efficace. En revanche, lorsque l'examen implique l'établissement de relations entre des concepts, c'est la construction de réseaux notionnels qui est le plus efficace. La conclusion est que nous devons, en tant qu'éducateurs, peser avec soin les décisions relatives à la création de milieux d'apprentissage.

Chapitre 10

La controverse créative et l'analyse en équipe

Questions clés

1 Quel rapport y a-t-il entre les théories sociologiques et la recherche de la vérité ?

2 Les élèves peuvent-ils se livrer à l'exercice de la pensée critique s'ils sont incapables de travailler ensemble efficacement, c'est-à-dire s'ils ne possèdent pas les compétences sociales et communicationnelles appropriées ?

3 Quelle relation dynamique peut-on établir entre les compétences sociales, les compétences communicationnelles et les habiletés de pensée critique ?

Combiner théorie sociologique et pensée critique

Le présent chapitre touche à la fois aux domaines des émotions et de l'esprit. On y traite de l'emploi des stratégies complexes d'apprentissage coopératif que sont la controverse créative et l'analyse en équipe, lesquelles constituent le point d'intersection entre la théorie sociologique et la théorie de la pensée critique. La controverse créative favorise l'exercice de la pensée dialectique, c'est-à-dire l'aptitude à considérer des points de vue opposés. La controverse créative a été mise au point par David et Roger Johnson. Ils expliquent en détail cette stratégie basée sur une recherche poussée dans *Creative Controversy* (1992).

L'analyse en équipe aide à rendre la pensée plus claire. Cette stratégie a été conçue par Richard Elson, professeur d'anglais au secondaire à la commission scolaire de Coquitlam, en Colombie-Britannique. C'est le seul travail portant sur cette stratégie qu'il ait publié.

Pour pouvoir appliquer correctement la controverse créative et l'analyse en équipe, il est très important de comprendre qu'elles dépendent des compétences sociales des élèves, de leurs acquis en matière de communication et de pensée critique, et aussi de la capacité de l'enseignant à structurer efficacement le travail de groupe. Il faut avoir les reins solides pour employer ces deux stratégies !

Le présent chapitre se divise comme suit :

1. L'introduction et l'explication de la raison d'être du chapitre ;

2. Une explication de la controverse créative suivie d'un exemple de leçon ;

3. Une explication de l'analyse en équipe suivie d'un exemple de leçon complexe ;

4. Une introduction à la pensée critique.

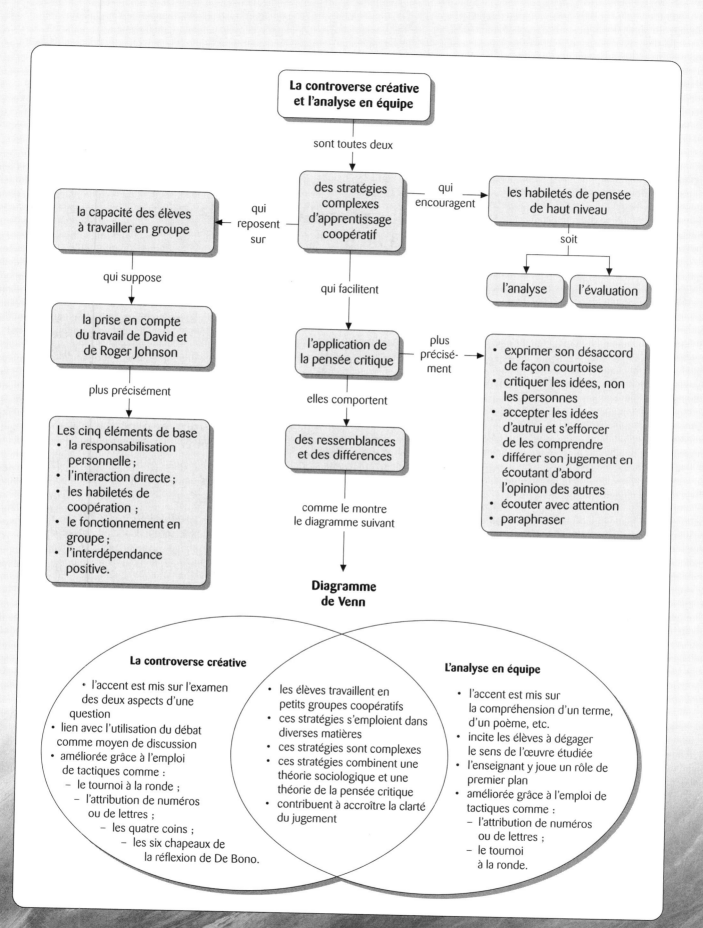

La controverse créative et l'analyse en équipe

sont toutes deux

des stratégies complexes d'apprentissage coopératif

qui reposent sur → **la capacité des élèves à travailler en groupe**

qui encouragent → **les habiletés de pensée de haut niveau**

soit → **l'analyse** **l'évaluation**

qui suppose

la prise en compte du travail de David et de Roger Johnson

plus précisément

Les cinq éléments de base
- la responsabilisation personnelle ;
- l'interaction directe ;
- les habiletés de coopération ;
- le fonctionnement en groupe ;
- l'interdépendance positive.

qui facilitent

l'application de la pensée critique

plus précisé-ment →

- exprimer son désaccord de façon courtoise
- critiquer les idées, non les personnes
- accepter les idées d'autrui et s'efforcer de les comprendre
- différer son jugement en écoutant d'abord l'opinion des autres
- écouter avec attention
- paraphraser

elles comportent

des ressemblances et des différences

comme le montre le diagramme suivant

Diagramme de Venn

La controverse créative
- l'accent est mis sur l'examen des deux aspects d'une question
- lien avec l'utilisation du débat comme moyen de discussion
- améliorée grâce à l'emploi de tactiques comme :
  - le tournoi à la ronde ;
  - l'attribution de numéros ou de lettres ;
  - les quatre coins ;
  - les six chapeaux de la réflexion de De Bono.

(intersection)
- les élèves travaillent en petits groupes coopératifs
- ces stratégies s'emploient dans diverses matières
- ces stratégies sont complexes
- ces stratégies combinent une théorie sociologique et une théorie de la pensée critique
- contribuent à accroître la clarté du jugement

L'analyse en équipe
- l'accent est mis sur la compréhension d'un terme, d'un poème, etc.
- incite les élèves à dégager le sens de l'œuvre étudiée
- l'enseignant y joue un rôle de premier plan
- améliorée grâce à l'emploi de tactiques comme :
  - l'attribution de numéros ou de lettres ;
  - le tournoi à la ronde.

5. Une introduction aux six chapeaux de la réflexion de De Bono ;

6. L'intégration de la pensée critique à l'analyse en équipe et à la controverse créative ;

7. Des leçons d'acquisition de concepts sur deux compétences communicationnelles qui facilitent l'analyse en équipe et la controverse créative ;

8. Le résumé du chapitre.

Introduction et explication de la raison d'être du chapitre

La recherche de solutions pour rendre notre monde meilleur est une juste cause. L'approfondissement de nos connaissances concernant des questions importantes et l'éclaircissement de ces dernières font partie de cette recherche. Il s'ensuit que ces questions peuvent être envisagées sous divers points de vue. Pour améliorer ce qui se passe dans la classe, dans la société et dans le monde, il faut que les personnes concernées par certains problèmes puissent les examiner avec une attitude d'humilité et le désir sincère de chercher la vérité. Il faut aussi qu'elles aient acquis des compétences sociales, qu'elles possèdent des habiletés de pensée critique et soient ouvertes à la communication avec autrui. Ce n'est pas dans tous les pays, dans toutes les communautés et dans toutes les classes que l'on encourage ce type d'exploration. Un enseignant nous a confié il y a quelque temps que l'un de ses élèves lui avait demandé d'ériger en règle dans la classe le « droit d'être en désaccord ». L'enseignant lui a répondu qu'il était d'accord à condition que le moment, le lieu et la manière d'exprimer le désaccord n'étouffent pas la discussion et que cela se fasse dans le respect des autres. La demande de cet élève vaut la peine d'être considérée. Quelle serait la valeur de la démocratie si des questions importantes ne pouvaient être débattues et s'il était impossible d'exprimer son désaccord ? Comment pourrions-nous résoudre un problème s'il nous était impossible de manifester notre désaccord à tel ou tel moment ?

Quel est le niveau de la démocratie dans votre classe, votre école et votre commission scolaire ? Y a-t-il des signes qui vous indiquent que les gens autour de vous défendent des principes démocratiques ? Selon nous, ces questions ont rapport à l'acquisition de comportements intelligents, un sujet développé par David Perkins dans *Outsmarting IQ: The Emerging Science of Learnable Intelligence*.

Dans ce livre, Perkins avance que le cerveau est un chercheur et un créateur de modèles, un organe qui met en action trois formes d'intelligence : 1) la puissance des neurones ; 2) les connaissances tirées de l'expérience ; et 3) l'action réfléchie (l'emploi judicieux de stratégies). L'analyse en équipe et la controverse créative permettent aux élèves de combiner ces intelligences et, ainsi, d'avoir des comportements intelligents.

Ces deux stratégies permettent aussi de voir comment se relient l'apprentissage coopératif (une théorie sociologique) et la pensée critique.

Les six chapeaux de la réflexion de De Bono représentent une tactique intéressante pour appuyer ces stratégies. Cette tactique présente aux élèves les approches mentales que l'on peut adopter pour explorer une question – ainsi, on peut prendre en compte les travaux récents de Joseph LeDoux et de Daniel Goleman sur la partie de notre cerveau qui régit les émotions.

Dans ce chapitre, nous présentons d'abord une vue d'ensemble des deux stratégies en question ainsi que des exemples d'utilisation de celles-ci. Suivront de brèves considérations sur la pensée critique et une description des six chapeaux de la réflexion. Nous présenterons ensuite une leçon qui montre comment il est possible de combiner les six chapeaux de la réflexion avec la controverse créative. Nous fournirons pour terminer un certain nombre d'ensembles de données. L'un de ceux-ci est lié à une leçon complète montrant comment favoriser le développement des compétences sociales, communicationnelles et de pensée critique essentielles à la réussite de l'application des deux stratégies.

Discussion

Avant de lire l'exposé sur la controverse créative et l'analyse en équipe, recherchez en faisant un remue-méninges quelles sont les compétences que les élèves devraient maîtriser pour pouvoir appliquer correctement les deux stratégies.

Comparez ensuite vos réponses à celles que des enseignants nous ont données (voir la page suivante).

L'essence de la controverse créative

Avant d'expérimenter la controverse créative, les élèves doivent être capables d'accomplir des activités simples de groupe, telles que les activités réfléchir-partager-discuter, les napperons et l'entrevue en trois étapes (voir les chapitres 5 et 6). De plus, les élèves doivent démontrer qu'ils peuvent :

- échanger les rôles ;
- éviter de rabaisser les autres ;
- différer leur jugement en écoutant d'abord les opinions ;
- écouter attentivement ;
- utiliser la paraphrase ;
- exprimer leur désaccord de façon courtoise* ;
- accepter les idées des autres et essayer de les comprendre*.
  (* Voir les exemples de leçons à la fin du chapitre.)

De plus, avant d'utiliser la controverse créative, les élèves doivent avoir une certaine connaissance du sujet à explorer à l'aide de cette stratégie.

Une explication de la controverse créative

Pour employer la controverse créative, les élèves doivent s'asseoir en petits groupes (de six, préférablement). On divise ensuite les groupes en deux de façon que deux points de vue opposés sur la question à examiner puissent être défendus. La manière de procéder ressemble à celle qui est suivie dans les débats. Ils doivent maîtriser des compétences sociales communication-nelles de pensée critique nécessaires pour argumenter et formuler leur opi-nion. La controverse créative peut être considérée comme une des structures de coopération les plus complexes.

Il est important que les élèves aient les aptitudes nécessaires pour travailler à l'intérieur de structures d'apprentissage coopératif simples, sans quoi ils ne pourront profiter des avantages que comportent les structures complexes. Nous pensons, quant à nous, que la controverse créative est plus difficile à appliquer que l'analyse en équipe, car les élèves doivent présenter de plus grandes compétences sociales, communicationnelles et de pensée critique. L'analyse en équipe peut être réalisée dans la plupart des matières et dans diverses situations. Du point de vue de la recherche, la controverse créative a fait l'objet de nombreuses études à caractère scientifique (voir *Creative Controversy : Intellectual Challenge in the Classroom* de Johnson et Johnson, paru en 1992). Cette stratégie doit être appliquée avant celle des débats. Nous suggérons de commencer par l'analyse en équipe, ce qui permettra aux élèves d'acquérir les aptitudes nécessaires à la controverse créative. Cela dépend, bien sûr, des compétences de vos élèves et de la relation que vous avez avec eux.

Nous donnons, ci-dessous, une description des huit étapes de la controverse créative.

$\mathcal{D}$ escription des huit étapes de la controverse créative

1. **La présentation de la controverse**

   Il faut employer une tournure affirmative pour présenter la controverse, par exemple : « Il s'agit de savoir si tous les véhicules doivent être de couleur ROUGE. » Quand les élèves commencent à jouer avec cette stra-tégie, ils sont souvent déçus de ne pas pouvoir défendre le point de vue qui est le leur. Pour vaincre leurs réticences, vous pourriez leur expliquer qu'ils vont envisager la question sous deux points de vue opposés et qu'ils n'ont donc pas à se soucier de celui qu'ils doivent défendre en premier.

2. **La formation de groupes de quatre ou de six ; l'attribution des lettres AA/BB, puis des positions pour/contre**

   Placez les élèves en groupes et attribuez-leur des lettres. Les élèves A doivent s'asseoir d'un côté, en face des élèves B. Les élèves A sont POUR et les B sont CONTRE.

Portez attention à la composition des groupes. Ainsi, il est peut-être mal avisé de placer des amis ensemble, surtout si les élèves ont peu d'expérience du travail en groupe. Nous vous suggérons d'attribuer les codes A1, A2, B1 et B2 aux élèves. Vous pourrez ainsi augmenter leur degré de responsabilité et de participation. Par exemple, à l'étape de la planification, vous pourriez leur dire qu'ils devront tous exprimer leurs idées. Vous leur demanderez par la suite de le faire selon leur code.

3. **La période de planification**

Vous pouvez allouer le temps que vous voulez pour la rédaction du plan. Il faut évidemment tenir compte de la complexité du sujet. Si c'est la première fois que vous employez cette stratégie, choisissez un sujet de controverse simple tel que celui-ci : « Devrait-on obliger tous les restaurants à servir des aliments bons pour la santé ? » Cinq minutes suffiront dans ce cas-ci.

4. **La période de discussion en groupe**

Ici aussi, le temps alloué dépendra de la complexité du sujet et des compétences des élèves. Nous vous suggérons de limiter le temps de réflexion et de le faire respecter rigoureusement. Ainsi, les élèves apprendront à concevoir leurs idées rapidement et à les énoncer clairement. Souvent, nous chronométrons le groupe chargé de formuler des idées pour que la durée de la réflexion n'excède pas 60 ou 90 secondes. Pendant ce temps, les autres groupes doivent prendre des notes et montrer qu'ils écoutent attentivement. Personne ne doit interrompre le groupe qui parle. L'utilisation de codes pour désigner les élèves qui prennent part au débat a pour effet de les responsabiliser davantage.

5. **La planification de la contre-argumentation**

Les élèves discutent à l'écart des failles qu'ils croient percevoir dans le point de vue adverse. D'où la nécessité d'écouter avec attention les autres groupes.

6. **La présentation de la contre-argumentation**

Ici, ce sont les élèves B qui commencent, suivis des A. Utilisez les codes pour déterminer quels élèves vont parler d'abord. Habituellement, on accorde de 60 à 90 secondes pour la présentation. La durée peut varier selon le degré de complexité du sujet et les compétences des élèves.

7. **L'inversion des rôles et la répétition des étapes 3 à 6**

Nous vous suggérons de demander à vos élèves de se lever et d'échanger leurs places pour marquer le changement de rôles.

8. **Conclusion à l'aide d'un tournoi à la ronde**

Ici, les élèves expriment leur opinion personnelle sur le sujet.

À la page suivante se trouve une version simplifiée de ces étapes que vous pouvez distribuer aux élèves.

La controverse créative (exemplaire de l'élève)

1. Formation des groupes de quatre ou six

2. Attribution les lettres A ou B

3. Plan des premiers arguments

4. Exposition des premiers arguments

5. Échange et rédaction d'un plan au sujet des désaccords

6. Formulation courtoise des désaccords

7. Changement de point de vue

8. Faire le plan des premiers arguments (de nouvelles idées ou l'approfondissement des premières idées)

9. Exposition des premiers arguments

10. Échange et rédaction d'un plan au sujet des désaccords

11. Formulation courtoise des désaccords

12. Tournoi à la ronde sur votre opinion personnelle

13. Tentative de consensus

14. Présentation de la réflexion de votre groupe

Commentaires généraux sur la controverse créative

Il vaut mieux ne pas appliquer la stratégie de la controverse créative si vos élèves n'ont pas beaucoup d'expérience du travail en groupe (à moins d'avoir une classe excellente et peu de problèmes de gestion de classe). Nous vous suggérons de vous assurer que vos élèves sont capables d'utiliser plusieurs tactiques d'apprentissage coopératif simples (les activités réfléchir-partager-discuter, les napperons et les quatre coins, entre autres) avant de leur demander d'employer la controverse créative, car celle-ci est une technique très complexe.

Vous pourriez aussi faire précéder la controverse créative d'une technique plus simple, telle que la ligne des valeurs. Dans ce type d'activité, on place, d'un bout à l'autre de la pièce, un bout de ruban-cache sur lequel est indiqué une échelle dont les extrémités représentent les positions opposées. On laisse alors aux élèves du temps pour réfléchir au sujet discuté. Puis on leur demande de se placer à l'endroit de l'échelle qui correspond à leur opinion (voir la leçon du primaire qui suit cette section). Chaque élève peut alors écrire son nom sur le ruban et discuter avec l'élève près de lui des raisons qui motivent son opinion. Les élèves passent ensuite au débat, font le tournoi à la ronde de l'étape 8, puis retournent sur le ruban pour écrire leur nom de nouveau. Ils peuvent ainsi « mesurer » l'évolution de leur opinion. On peut utiliser ce type d'activités dans les leçons de mathématiques pour faire des diagrammes, des moyennes, du traitement de données, etc.

Nous avons constaté que la simulation d'un tribunal facilite la controverse créative. L'enseignant joue le rôle du juge (qui mesure le temps et veille au bon déroulement des discussions) et les élèves font office d'avocats (qui doivent écouter attentivement les arguments de la partie adverse). Ainsi, les élèves auront moins tendance à s'emporter lorsqu'ils auront à faire leur présentation et à écouter les autres.

Prenant en considération les théories et les recherches sociologiques sur l'apprentissage coopératif (surtout les travaux de David et de Roger Johnson), nous vous encourageons fortement à favoriser les compétences communicationnelles qui consistent à écouter les autres avec attention, à accepter leurs idées et à s'efforcer de les comprendre, et à exprimer son désaccord de façon courtoise. Il faut que les élèves comprennent l'importance de ces compétences et les acquièrent pour pouvoir tirer pleinement profit de la controverse créative.

Vous trouverez, à la page suivante, un modèle de feuille que les élèves peuvent utiliser pour noter leurs arguments. Une grille d'évaluation du travail de groupe est fournie à la page 331.

Note

Au lieu d'employer la ligne des valeurs, vous pouvez utiliser une activité des quatre coins. Dans ce cas, la question est présentée aux élèves, qui doivent ensuite se déplacer à un des quatre coins de la classe pour exprimer leur opinion :

1. Tout à fait d'accord
2. D'accord
3. En désaccord
4. Tout à fait en désaccord

Ils doivent ensuite discuter avec un camarade de leur choix, puis retourner à leur place et utiliser la controverse créative.

Notes concernant la controverse créative

Noms : _____

Controverse

_____

_____

_____

_____

Arguments pour

1. _____
2. _____
3. _____
4. _____
5. _____
6. _____
7. _____
8. _____

Arguments contre

1. _____
2. _____
3. _____
4. _____
5. _____
6. _____
7. _____
8. _____

Consensus

_____

_____

_____

_____

_____

Évaluation du travail de groupe

Répondez en groupe aux questions suivantes

	Non	Oui

1. Tous les membres du groupe ont-ils
   formulé des idées? · 1 2 3 4 5

2. Tous les membres du groupe ont-ils écouté
   attentivement les idées des autres membres
   du groupe? · 1 2 3 4 5

3. Tous les membres du groupe ont-ils encouragé
   tous les autres membres à exprimer leur opinion? · 1 2 3 4 5

4. Voici trois choses que nous avons faites pour nous entraider
   à apprendre la matière:

   _____

   _____

   _____

5. a) Voici une difficulté que le groupe a éprouvée (expliquez
      en détail):

   _____

   _____

   _____

   b) Pour résoudre cette difficulté, nous pourrions:

   _____

   _____

   _____

Signatures des membres du groupe:

_____   _____

_____   _____

_____   _____

Leçon 1

La controverse créative : Leçon d'un module sur l'énergie nucléaire

Niveau	9ᵉ année
Remarque	Ces élèves sont en train de faire un module sur les sources d'énergie et ont déjà participé à plusieurs activités de controverse créative.

Ta communauté et le nucléaire

Objectif

Les élèves doivent employer leurs connaissances relatives à la controverse créative pour peser le pour et le contre de l'établissement d'une centrale nucléaire dans leur communauté. Pour ce faire, il leur faut comprendre quels sont les caractères essentiels de l'argumentation efficace.

Analyse des tâches

1. Les élèves peuvent-ils employer efficacement le débat comme formule pour émettre leur idée ?

2. Les élèves peuvent-ils critiquer les idées et non les personnes ?

3. Les élèves sont-ils suffisamment renseignés sur l'utilisation de l'énergie nucléaire ?

Mise en situation

« Passez en revue les étapes de la controverse créative en groupe de quatre. Je vais ensuite choisir, au hasard, une personne de votre groupe et lui demander de présenter quelques-unes des idées retenues. »

Introduction aux compétences communicationnelles

Suivez la démarche de l'acquisition de concepts pour introduire la compétence communicationnelle à « critiquer les idées et non les gens ».

« J'aimerais vous parler d'une compétence communicationnelle qui me paraît essentielle dans la controverse créative. Lorsque nous avons examiné ensemble la manière d'exprimer son désaccord de façon courtoise, j'ai remarqué que certains d'entre vous auraient avantage à développer une autre compétence. Je ne vais pas vous dire laquelle. Je vais plutôt vous présenter des exemples et des contre-exemples de celle-ci. Contentez-vous d'écouter pendant que je donne les quatre premières paires d'exemples et de contre-exemples. Vous ferez part ensuite de votre hypothèse et de vos réflexions à un camarade. » (J'ai utilisé un transparent pour rétroprojecteur pour présenter les données de la page suivante.) Les numéros impairs représentent les exemples, et les numéros pairs les contre-exemples.

1. Je comprends ton argument, Éva, mais les statistiques que tu utilises sont des généralisations.

2. Ta vision du réchauffement planétaire est ridicule, Jean-Sébastien. Regarde les faits.

3. Je n'avais pas réfléchi à cela, Valisa. Mais cet argument ne règle pas le problème.

4. Pas vraiment! Je n'ai pas envie de me rabaisser à ton niveau en croyant cela.

5. Hum! je crois que tu devrais relire les résultats. Les calculs sont incorrects.

6. Laurence, jamais je ne t'aurais pensé si borné.

7. D'accord, c'est coûteux, mais l'idée que les choses bon marché sont meilleures est fausse.

8. D'où sors-tu? N'as-tu donc jamais entendu parler de la problématique homme-femme?

« Je vous laisse une minute pour discuter de ce qu'ont en commun les exemples impairs ». Assurez-vous que tout le monde a le temps de parler. Après une minute: « Maintenant, en vous appuyant sur les conclusions de votre discussion de groupe, placez chacun des énoncés de l'exercice (A, B, C et D) dans la catégorie qui convient. Les membres de votre groupe doivent prendre chacun un énoncé, le ranger dans une catégorie et dire aux autres de quelle catégorie il s'agit. Votre groupe doit alors arriver à un consensus sur la catégorie de chaque énoncé. Je vais ensuite choisir au hasard une personne de chaque groupe et lui demander d'exprimer les idées de son groupe. »

Exercice

A. Enfin, un bon argument. Tu es plus intelligent que je ne le pensais.

B. C'est une bonne chose pour l'entrepreneur, mais les propriétaires de maisons doivent endurer le bruit.

C. Ce n'est pas l'analyse qui fait problème. Il faut plutôt regarder les effets à long terme.

D. Selon moi, tu n'as pas assez réfléchi.

Demandez à des élèves d'exprimer leurs hypothèses. Puis discutez de l'importance, dans les débats, de critiquer les idées et non pas les personnes.

Énoncés des objectifs

« Dans une société démocratique, les gens ont le droit d'exprimer leurs opinions – de se déclarer en faveur ou contre quelque chose. Il n'est pas facile de le faire de façon objective et rationnelle. C'est la raison pour laquelle nous avons appliqué la stratégie d'acquisition de concepts à propos de la compétence consistant à critiquer les idées et non pas les personnes. Aujourd'hui, nous allons nous servir de ce que nous avons appris dans nos lectures et dans nos discussions, entre autres, pour développer cette compétence communicationnelle. Je vais vous demander de prendre position sur une question d'ordre environnemental liée à la production d'énergie. L'accent est donc mis sur votre capacité d'organiser et de présenter de l'information, et de discuter sans critiquer les personnes. »

Suggestions

« Voici la situation. La centrale nucléaire est à ce point délabrée qu'il est impossible de la réparer. Il en coûterait moins cher d'en construire une nouvelle dans votre ville. Les élèves A seront les représentants de la commission de l'énergie nucléaire qui ont choisi l'emplacement. Les élèves B représenteront des membres de la communauté. Les A sont en faveur (pour) de l'énoncé suivant, tandis que les B sont contre : **Puisque l'énergie nucléaire permet de préserver la qualité de vie, la construction d'une nouvelle centrale nucléaire profitera à l'ensemble de la communauté.** »

A1 = ingénieur spécialiste de l'énergie nucléaire

A2 = directeur de la centrale nucléaire

B1 = responsable du parc industriel

B2 = maire

Directives

1. Allouez 15 minutes de planification.

2. Les élèves B prennent des notes pendant que les A présentent leurs arguments. On inverse ensuite les rôles. Allouez trois minutes par présentation.

3. Allouez également trois minutes pour découvrir les failles des arguments.

4. Les élèves B ont une minute pour présenter leurs contre-arguments. C'est ensuite le tour des A.

5. INVERSION DES RÔLES et RÉPÉTITION de l'exercice. Il faut alors trouver de nouvelles idées ou approfondir celles qui ont déjà été émises. Il ne faut pas se contenter de les répéter.

6. Une fois les étapes 1 à 4 terminées (les deux points de vue opposés ont été examinés), les élèves font un tournoi à la ronde sur la position de leur groupe à l'égard de la question. Ils doivent tenter d'arriver à un consensus. Demandez au hasard à une personne de chaque groupe de présenter les idées de son groupe.

Rappelez aux élèves de veiller à ce que tous puissent s'exprimer également pendant l'activité de controverse créative.

Retour sur la leçon

Demandez à des élèves choisis au hasard d'exprimer les idées de leur groupe. Puis demandez aux élèves de réfléchir à leur compétence à critiquer seulement les idées.

Une explication de l'analyse en équipe

Ce qui intéressait Richard Elson en tant qu'éducateur était la combinaison des écrits sur la théorie sociologique et sur la pensée critique. Il pensait que le fait de combiner ces deux domaines aiderait les élèves à avoir une réflexion plus approfondie et plus sérieuse. Une bonne partie de la recherche de Elson sur l'apprentissage coopératif se base sur les études de Robert Slavin.

Au cours d'une rencontre avec Elson, nous lui avons demandé de nous expliquer en quoi consiste l'analyse en équipe. Depuis, nous avons utilisé sa méthode avec des élèves de presque tous les niveaux. Ce chapitre lui rend hommage.

La stratégie de Elson permet d'employer des techniques d'apprentissage coopératif et de pensée critique et en même temps d'amener les élèves à participer activement.

Pour vous familiariser un peu avec sa méthode, nous vous présentons le contenu de l'atelier qu'il avait préparé pour nous.

L'atelier sur l'analyse en équipe

Elson a commencé l'atelier en nous demandant de nous lever pour chanter bien fort les hymnes nationaux du Canada et des États-Unis. Il nous a ensuite placés en groupes de quatre, il a distribué les paroles des deux hymnes et demandé de lire en silence, quatre fois, les paroles des hymnes. Puis, il nous a laissé quatre minutes pour discuter en groupe de ce qui nous apparaissait être les données les plus importantes sur chaque pays à en juger par les paroles des hymnes. Il s'est ensuite déplacé dans la pièce et a demandé au hasard à une personne de présenter les idées de son groupe. Quand ce fut le tour de notre groupe, nous avons dit que nous comprenions maintenant pourquoi des gens brûlent le drapeau des États-Unis en guise de protestation, car leur hymne parle avec passion de leur drapeau. Il a ensuite donné à notre groupe une note (de 1 à 4) selon le degré de concordance entre les idées que nous avions émises et celles qui étaient véhiculées dans les hymnes ainsi que le niveau conceptuel qu'il voulait que nous employions. Il a demandé ensuite à un autre groupe de manifester son désaccord d'une façon courtoise ou d'accepter l'argument et d'approfondir la réflexion du premier groupe. Puis il a donné une note au deuxième groupe.

Après que trois groupes eurent exprimé leurs idées, il nous a donné environ deux minutes pour repenser à notre première idée. Notre objectif était de réexaminer notre idée de manière à la rapprocher de celle des auteurs ou de l'enseignant. Nous pouvions, bien sûr, contester la note et montrer que nous jugions que l'intention des auteurs ou celle de l'enseignant était autre que celle qui nous avait été indiquée. Il nous fallait cependant expliquer rationnellement pourquoi nous contestions la note.

Note

Une description des cinq étapes de l'analyse en équipe est présentée dans les prochaines pages.

Description des cinq étapes de l'analyse en équipe

Étape 1

La prélecture et la réflexion sur la problématique

Les élèves font une prélecture sur le sujet, y réfléchissent, puis en discutent en groupe de trois ou quatre pendant quatre ou cinq minutes. Il est très important que les élèves puissent lire et réfléchir seuls. Richard Elson recommande de se servir du journal de réactions pour amener les élèves à lier la problématique à leur vie.

Note

La prélecture et la réflexion individuelles peuvent être faites la journée qui précède l'analyse en équipe ou être données en devoir. Elles peuvent aussi faire partie du même cours. La durée du cours, la complexité ou la nouveauté de la matière et les compétences des élèves à travailler en groupe sont des facteurs à considérer au moment de prendre la décision.

L'enseignant n'indique pas quel est le critère d'évaluation des élèves à l'étape 2. Ils doivent déterminer ce critère en se basant sur les notes que l'enseignant leur attribue. Ainsi, on les incite à écouter les réponses des autres.

Étape 2

La présentation de la problématique

Disposez les groupes en demi-cercle. Cela n'est pas essentiel, mais permet aux élèves de mieux écouter ce que les autres groupes disent. L'enseignant s'assoit au centre du demi-cercle. On demande à un élève de présenter les idées de son groupe. On peut soit procéder au hasard à l'aide de chiffres (les membres de chaque équipe prennent chacun un chiffre de 1 à 4) ou demander si un élève est prêt à exprimer les idées de son groupe. D'une façon ou d'une autre, tous les élèves vont faire une présentation à tour de rôle (selon la structure coopérative de Kagan du tournoi à la ronde). Le présentateur peut demander des précisions aux autres membres de son groupe pendant la présentation. Il est aussi possible de demander à deux ou trois groupes de faire la présentation initiale d'idées.

Pendant la présentation, les autres groupes prennent des notes pour pouvoir se rappeler ce qui a été dit. Ces notes peuvent servir aux étudiants à faire une synthèse de la problématique. Si c'est la première fois que la stratégie est utilisée ou si on a affaire à de très jeunes élèves, il est préférable de réunir les réponses des élèves au tableau ou sur une grande feuille de papier et de résumer leurs propos sous forme de schéma. Le fait de noter leurs réponses les aide à voir quels sont les propos qui deviennent des arguments.

Étape 3
La réaction à la présentation

Rappelez-vous que c'est pendant cette étape que les élèves doivent montrer leur compétence à exprimer leur désaccord de façon courtoise, à accepter et à approfondir les idées des autres. Après chaque présentation, les autres équipes ont de trois à cinq minutes pour préparer une réponse. Ensuite, on demande à un groupe de faire la critique de la présentation ou de commenter les propos émis. L'élève désigné pour exprimer le point de vue de son groupe se met debout. Notez qu'il peut arriver, bien que ce soit rare, qu'il n'y ait pas de réaction à la présentation. Dans ce cas, vous recommencez la démarche avec la problématique qui vient ensuite.

Étape 4
La réaction de l'enseignant

Une fois que tous les groupes ont fait la présentation initiale, l'enseignant dit tout haut la note de 0 à 4 qu'il donne à chaque équipe et la justifie en fonction de la qualité du travail. Les élèves peuvent participer à la notation, mais en général, c'est à l'enseignant d'utiliser son jugement et d'expliquer la raison qui motive l'attribution de la note – les élèves peuvent toujours contester cette note. L'enseignant se base sur les critères suivants pour justifier celle-ci.

a) la justesse de la réponse ;

b) la complexité de la réponse ;

c) l'originalité des précisions.

Étape 5
La réaction des autres groupes

À tour de rôle (du côté gauche du demi-cercle au côté droit), chaque groupe ajoute ses idées à la discussion collective de la problématique. Quand toutes les équipes se sont exprimées, on commence un deuxième tour. Un autre groupe fera la présentation initiale et un autre élève répondra à la présentation. Répétez l'exercice jusqu'à ce que le niveau conceptuel voulu soit atteint ou que les élèves soient à court d'idées. Elson précise que tous les élèves doivent avoir émis un premier commentaire avant qu'un élève soit autorisé à en formuler un deuxième.

Adaptation : Pendant l'étape 2, demandez à plusieurs groupes de faire la présentation initiale et attribuez-leur des notes (étape 4) après leur présentation. Passez à l'étape 3 et laissez du temps à tous les groupes pour qu'ils reformulent leur réponse. Passez ensuite à l'étape 5 et demandez aux groupes de faire leur présentation. Attribuez de nouveau des notes. Passez ainsi de l'une à l'autre des trois dernières étapes.

L'analyse en équipe (exemplaire de l'élève)

Étape 1

La prélecture et la réflexion sur la problématique

Il faut lire le texte et réfléchir individuellement, puis discuter brièvement en groupe (pendant quatre ou cinq minutes) de la problématique étudiée.

Étape 2

Les présentations sur la problématique

On demande à un élève de chaque groupe de présenter les idées du groupe.

Cet élève peut demander des précisions aux autres membres du groupe pendant la présentation.

Les membres des autres groupes prennent des notes pour mieux se souvenir de ce qui a été dit pendant la présentation.

Étape 3

La réaction à la présentation

Les groupes ont de trois à cinq minutes pour préparer une réponse à la présentation. À ce moment, on demande à un groupe de critiquer ou de commenter la présentation. Rappelez-vous qu'il faut utiliser les compétences communicationnelles permettant de manifester son désaccord de façon courtoise, d'accepter et d'approfondir les idées des autres.

Étape 4

La réaction de l'enseignant

L'enseignant attribue une note à chaque équipe en fonction de la qualité de la présentation.

Étape 5

Les réactions des autres équipes

Chaque groupe ajoute à tour de rôle des idées à l'interprétation. Quand toutes les équipes ont répondu à la présentation, que la problématique ou le sujet est éclairci et que le critère d'évaluation a été présenté, on entame le deuxième tour (sur un autre sujet, une autre problématique, un poème, etc.). On recommence à l'étape 1 avec un groupe différent pour faire la présentation et un élève différent pour répondre à la présentation. Le cycle se répète. Tous les élèves doivent s'être exprimés une première fois avant qu'un élève puisse être autorisé à parler une deuxième fois.

Commentaires généraux sur l'analyse en équipe

- Comme enseignant, vous devez décider si les élèves que vous choisirez au hasard pour répondre auront le droit de passer leur tour ou non. Au début, nous leur laissons la possibilité de passer leur tour, mais une fois qu'ils ont de l'expérience et montrent de l'aisance dans le travail en groupe, ils n'ont plus cette possibilité. Le droit de passer son tour est l'une des quatre normes établies dans le programme *Tribes* de Gibbs. Les autres normes sont l'écoute active, les énoncés d'appréciation et le respect mutuel.

- L'enseignant note les élèves et peut accepter de modifier leur note pendant l'analyse en équipe. L'appréciation d'une idée est une partie importante de la démarche d'analyse et d'évaluation. Nous avons dérogé à la méthode de Elson et décidé de mettre moins l'accent sur les notes. Selon nous, les notes ne servent qu'à indiquer aux élèves où leurs idées se situent par rapport à celles des autres équipes et par rapport aux critères de l'enseignant.

  Elson fait ressortir l'importance de maintenir un climat de confiance dans la classe pour que l'analyse en équipe soit fructueuse.

À retenir

Rappelez-vous les trois concepts sous-jacents de l'apprentissage en équipe :

- la responsabilisation individuelle ;
- la motivation de l'équipe ;
- les chances égales de réussite.

Nous vous suggérons de peser le pour et le contre de l'emploi du système de notation quand les élèves apprennent la démarche d'analyse en équipe. Vous pouvez attendre que les élèves maîtrisent certaines compétences et se sentent à l'aise pour travailler ensemble et réaliser la démarche.

Vous trouverez, à la page suivante, un exemple de leçon portant sur l'analyse en équipe.

Leçon 2

L'analyse en équipe : l'écriture de scénarios

Matière	Français/média
Niveau	11e année
Note	Cette leçon est également reliée aux réseaux notionnels, à l'apprentissage coopératif et à la simulation.

Mise en situation

« Prenez un instant pour réfléchir aux éléments d'un scénario, mais qu'on voit peu ou pas dans le produit final (attendre 15 secondes). Discutez en équipe en utilisant la structure de la table ronde. Débutez par la personne qui porte le plus de bleu, puis continuez dans le sens des aiguilles d'une montre. Si aucune idée ne vous vient à l'esprit, vous pouvez passer votre tour. »

Objectifs et but

« Aujourd'hui nous allons approfondir un peu plus l'idée d'écriture de scénarios. Vous allez créer un scénario pour comprendre la démarche nécessaire à l'écriture de ce type de texte et l'appliquer. »

Suggestions/modélisation

Partie 1 : l'analyse en équipe

Les élèves sont placés en équipes de quatre. Une équipe est formée de trois élèves. Les groupes sont numérotés et on a attribué une lettre à chaque élève (A, B, C ou D). Chaque élève lit les deux pages d'un scénario trois fois. Il est important qu'il le fasse trois fois.

« Vous avez maintenant quatre minutes pour dégager, en équipe, ce que vous pensez être les caractéristiques essentielles de l'écriture de scénarios. »

J'ai alors nommé un nombre et une lettre (par exemple : équipe 2, personne C) et demandé à l'élève ainsi désigné de dire quelles étaient ces caractéristiques. Je donne ensuite une note entre 1 et 4 à l'équipe. Je continue ainsi jusqu'à ce que trois équipes aient exprimé leurs idées. Les élèves discutent de nouveau pour rectifier leurs idées. Ensuite, je demande à d'autres équipes de présenter leurs idées et j'incite aussi des équipes qui ont déjà parlé à le faire afin de montrer aux élèves qu'ils doivent continuer à travailler même après avoir déjà exprimé leurs idées (responsabilisation).

Suggestions/vérification de la compréhension

Partie 2 : les réseaux notionnels

Je leur laisse 15 minutes pour qu'ils travaillent en équipes afin de créer un réseau notionnel des idées exprimées. Ils savent comment s'y prendre puisqu'ils ont déjà fait ce genre de travail. Une fois le travail terminé, ils font une exposition qui leur permet de voir ce que les autres groupes ont fait (ils sont fiers que je montre leur travail publiquement). Je leur rappelle qu'il leur faut s'assurer que tous les membres de leur équipe participent également et qu'une personne de leur groupe devra rester près de leur réalisation pour expliquer son contenu. Ils ne savent pas à l'avance qui sera cette personne. Ainsi, ils doivent tous être prêts à jouer ce rôle.

Suggestions/exercice

Partie 3 : la simulation/l'apprentissage coopératif

Les élèves forment des équipes de deux. Il peut y avoir certains groupes de trois.

« Vous êtes une maison de production. Il vous faut trouver un nom d'entreprise. Vous devez créer un nom qui comprend deux ou trois lettres du nom ou du prénom de chaque personne de votre équipe. » Au bout de deux minutes, je leur demande de dire quel est le nom qu'ils ont trouvé.

« Vous avez un contrat pour produire le scénario d'une émission de télévision qui s'inspire d'une œuvre d'un poète célèbre. Votre travail consiste à faire un court scénario basé sur le poème "Soir d'hiver". Il doit y avoir au moins 2 scènes correspondant à 2 périodes de 70 minutes. Ce scénario doit être remis à la fin du cours de demain. Vous devez appliquer les techniques de mise en page dont on a parlé au cours précédent et tenir compte des caractères propres au scénario. »

Avant qu'ils ne commencent à lire le poème trois fois et dégagent les idées principales pour écrire les deux scènes, dites aux élèves qu'ils ont le reste du cours et tout le prochain cours pour travailler. Les 10 dernières minutes du cours seront occupées par une exposition qui permettra aux élèves de voir le travail de leurs camarades.

« Chaque maison de production a un budget de 10 000 $. Vous pouvez l'utiliser pour demander de l'aide à un consultant. Il peut s'agir de moi ou d'une personne d'une autre équipe. Chaque demande coûte 500 $. » Vous pouvez distribuer de l'argent fictif.

Vérification de la compréhension

Pendant la première séance de travail, demandez aux élèves de prendre une pause d'une minute et de regarder en silence ce que les autres ont fait. Ils se livrent ainsi à une sorte d'exploration. L'enseignant doit circuler dans la classe et poser des questions aux élèves dans le but de les guider et de les encourager à travailler.

Retour sur la leçon

Pendant les 10 dernières minutes du dernier cours, les élèves exposent ce qu'ils ont fait. L'un des deux membres de l'équipe reste près du scénario exposé pour l'expliquer, tandis que l'autre va voir ce qu'une autre « maison de production » a fait.

La pensée critique et les six chapeaux de la réflexion de De Bono : leur relation avec la controverse créative et l'analyse en équipe

Un des buts essentiels de l'enseignement de la pensée critique est de faire travailler les élèves sur un sujet intéressant. Cet enseignement vise aussi à amener les élèves à acquérir les compétences et les attitudes qui permettent d'exercer la pensée critique de manière à considérer de multiples points de vue.

Dans la présente section, vous trouverez une introduction aux ouvrages sur la pensée critique. Nous allons montrer en quoi les travaux de Richard Paul et de ses collaborateurs (du Center for Critical Thinking and Morale Critique) et ceux de Edward de Bono peuvent aider à développer la pensée critique et favoriser l'adoption d'une attitude mentale appropriée. Les compétences dont il sera question sont essentielles à l'application de stratégies comme la controverse créative et l'analyse en équipe. Remarquez qu'il existe beaucoup d'ouvrages sur ces sujets. Citons *Philosophy for Children* de Lipman et le travail de Goleman sur l'intelligence émotionnelle.

Notez que nous n'examinons pas en profondeur les domaines de la pensée critique. Comme nous venons de le dire, nous nous contentons de montrer comment les écrits sur la pensée critique et les attitudes peuvent être intégrés dans des démarches pédagogiques complexes. En ce qui concerne la pensée critique, nous vous recommandons de lire *Critical Thinking Handbook : K-3 : A Guide for Remodelling Lesson Plans in Language Arts, Social Studies, and Science* (1987) de Richard Paul, A.J.A. Binker et Marla Charbonneau.

Ces auteurs ont aussi écrit deux autres ouvrages du même genre, l'un pour les classes de la quatrième à la sixième année et l'autre pour l'école secondaire. En ce qui touche les compétences, nous vous suggérons de lire *Six Thinking Hats* (1985) de Edward de Bono. Vous trouverez aussi au chapitre 5 des titres d'ouvrages de Edward de Bono traitant des habiletés liées à la pensée critique. Il s'agit du programme CoRT, qui comporte 60 habiletés liées à ce domaine. Nous l'utilisons souvent dans notre programme de formation des enseignants.

Selon les spécialistes de la pensée critique, la combinaison de l'enseignement de la pensée critique et de la matière facilite l'apprentissage de ces deux éléments ; elle a un effet synergique. On peut également intégrer les habiletés de pensée critique à la stratégie d'analyse en équipe (une stratégie complexe d'apprentissage coopératif). L'efficacité de l'analyse en équipe dépend du degré d'objectivité et de rationalité de la réflexion de l'élève ainsi que du degré de raisonnement. Nous constatons, ici encore, l'avantage de la combinaison de compétences et de stratégies.

Le mot « critique » vient du grec *kritikos,* qui signifie « juger ». Le but du sens critique est d'aider à prendre de sages décisions. Selon notre interprétation de la documentation sur la pensée critique, le but de la pensée critique est la

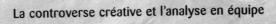

recherche de la vérité. Elle nous aide à trouver des failles dans notre raisonnement et nos actions et dans ceux des autres. Elle nous aide également à planifier des lignes d'action efficaces. Des livres comme *With Good Reason* (1990) de S. Morris Engel fournissent des exemples précis de failles de raisonnement, telles que la généralisation à outrance, le sophisme génétique, le faux dilemme et la proposition bidon.

Thinking and Learning Skills de Susan Chipman, Judith Segal et Robert Glaser présente une synthèse approfondie des textes traitant des habiletés de pensée et de l'apprentissage.

Une troisième source de renseignements, et peut-être la plus facile d'accès, est le programme CoRT de Edward de Bono. Ce programme offre aux enseignants une quantité importante de renseignements sur la planification de leçons qui intègrent une des 60 habiletés de raisonnement.

Il est loin d'être facile de développer la pensée critique chez les élèves. Selon notre expérience, les enseignants doivent utiliser de puissants outils pédagogiques pour favoriser un tel développement, sans quoi celui-ci restera embryonnaire. La controverse créative et l'analyse en équipe vont en ce sens. La simulation, la recherche collective et le modèle d'enseignement de la jurisprudence (non étudiés dans le présent ouvrage) sont d'autres stratégies qui favorisent aussi le développement de ce genre de compétence. Une autre façon d'envisager la pensée critique consiste à examiner l'attitude d'esprit des gens qui veulent nous convaincre de réfléchir ou de penser d'une certaine façon. On peut, par exemple, examiner les trois concepts au centre du dialogue socratique : les mots *ethos, pathos* et *logos,* qui réfèrent à l'éthique, aux émotions et à la logique. Quand on se dispute avec quelqu'un, on met en jeu au moins un de ces trois concepts.

Il est raisonnable de penser que l'on ne résoudra pas un problème si on fait valoir son point de vue en faisant uniquement appel aux émotions, surtout si l'autre personne fait de même.

Quand nous discutons de la façon de commencer les leçons, souvent, des enseignants nous disent qu'ils emploient la méthode socratique. Malheureusement, ils engagent généralement non pas un dialogue socratique, mais plutôt un monologue (soit : je parle, vous écoutez ; je vais poser quelques questions et certains d'entre vous vont essayer d'y répondre). Le fait de parler aux élèves et de leur poser des questions ne constitue pas un dialogue socratique. Il est rare de voir des démarches socratiques efficaces dans les classes. À la page suivante, vous trouverez une définition de ce qu'est véritablement le dialogue socratique.

Au haut de la page se trouve une liste partielle d'habiletés rattachées à la pensée critique qu'il est possible d'appliquer dans la recherche de la vérité. Certaines sont plus complexes que d'autres. Nous pouvons sélectionner celles qui nous conviennent, comme enseignant, pour accroître la capacité des élèves à participer d'une façon efficace à l'apprentissage (voir R. Paul, *et al., Critical Thinking Handbook : High School.*).

Les 15 dimensions de la pensée critique

1. faire preuve d'autonomie de pensée

2. se garder de l'égocentrisme ou du sociocentrisme

3. être objectif

4. découvrir les pensées qui se cachent derrière les sentiments et les sentiments qui se cachent derrière les pensées

5. faire preuve de modestie dans le domaine intellectuel et être capable de différer son jugement pour permettre aux autres de s'exprimer

6. clarifier les enjeux, les conclusions ou les croyances

7. clarifier et analyser le sens des mots et des énoncés

8. élaborer des critères d'évaluation : clarifier les valeurs et les normes

9. évaluer la crédibilité des sources de renseignements

10. analyser ou évaluer des arguments, des interprétations, des croyances ou des théories

11. écouter d'une façon critique : l'art du dialogue silencieux

12. dégager les différences et les ressemblances significatives

13. distinguer entre les faits pertinents et ceux qui ne le sont pas

14. faire des déductions, des prédictions ou des interprétations plausibles

15. évaluer des faits et des hypothèses

Le défi se résume ainsi :

Comment enseigner et employer ces habiletés ?

Une définition du dialogue socratique

Une discussion philosophique sérieuse entre deux ou plusieurs personnes a toujours plus de chances d'atteindre la vérité qu'une recherche menée par une seule personne.

Richard Paul et ses collaborateurs affirment en faisant allusion aux dialogues socratiques : «le rôle de l'enseignant est de questionner plutôt que de prêcher» (1990, p. 37). Le dialogue socratique exige de la part de l'enseignant qu'il pose des questions qui sondent, clarifient et approfondissent des connaissances. L'enseignant doit apprendre à poser des questions qui favorisent l'émergence d'hypothèses et qui amènent à raisonner. L'enseignant et les élèves doivent être capables de tenir des raisonnements inductifs et déductifs.

Les dialogues socratiques permettent aux élèves de rendre explicite leur réflexion, de la manifester clairement et de défendre leur position. Ils amènent ceux-ci à réévaluer leur raisonnement, à approfondir leur réflexion et à corriger leur point de vue. Le but de Socrate était d'amener les autres à chercher leur propre vérité. Pour lui, savoir clairement ce que l'on fait est étroitement lié à la moralité.

Richard Paul et ses collaborateurs (1990) distinguent trois types de dialogues socratiques : le dialogue spontané, le dialogue exploratoire et le dialogue ciblé.

- **Le dialogue spontané :** Un événement, une question ou une affirmation nous incitent immédiatement à nous interroger sur la façon dont nous pourrions nous y prendre pour prouver ou réfuter quelque chose, ou encore pour trouver le sens de ce quelque chose et la façon de le trouver. Pendant une discussion, par exemple, quelqu'un pourrait dire : « Les femmes dirigent mieux les écoles que les hommes. » Quel est le sens de cette affirmation ? Cela veut-il dire que seulement des femmes devraient pouvoir occuper les postes de direction d'école ?

  Il n'y a pas de planification ou de préparation pour la forme spontanée.

- **Le dialogue exploratoire :** L'enseignant ou une autre personne désirent savoir ce que les élèves comprennent d'une problématique, d'un sujet ou d'une remarque ou quelles sont leurs opinions concernant ces derniers. Ce type de dialogue peut servir à apprécier leurs idées sur la problématique ou le sujet. Il sert souvent à introduire un module, à revoir des connaissances ou à vérifier la compréhension. Souvent, on demande aux élèves d'exprimer leurs opinions sur une problématique ou un sujet qui est traité, ou de former des groupes pour discuter d'une problématique ou d'un sujet.

  Ce type de dialogue demande une certaine préparation, puisqu'il s'emploie pour examiner une grande problématique très large, où les sujets et les concepts sont liés les uns aux autres.

Note

Le dialogue exploratoire est le type de dialogue que nous combinons avec l'analyse en équipe.

- **Le dialogue ciblé :** Ce type de dialogue sert à examiner un sujet en détail. La discussion est à la fois plus approfondie que dans les autres types de dialogues : les élèves doivent ordonner, classer, analyser et apprécier des idées et des points de vue, distinguer le connu de l'inconnu, faire une synthèse, etc. Les élèves examinent les prémisses des raisonnements qui sont tenus ainsi que leurs conséquences les plus éloignées. Ce type de dialogue s'accorde bien avec des stratégies comme la controverse créative et l'analyse en équipe.

  On pourrait, par exemple, dans un programme d'études ou une recherche collective, utiliser le dialogue ciblé pour examiner des problématiques liées à l'équité, à l'environnement ou à des événements comme la chute du mur de Berlin.

Les six chapeaux de la réflexion de De Bono

Au lieu de vous expliquer immédiatement ce que sont les six chapeaux de la réflexion, nous allons utiliser la stratégie de réflexion inductive de Hilda Taba pour vous aider à comprendre les différentes attitudes qu'il est possible d'adopter quand on reçoit ou transmet de l'information. Lisez seul les éléments de l'ensemble de données qui suit. Puis, classifiez, avec un collègue, ces éléments selon le type de raisonnement utilisé ou favorisé. Une fois l'exercice terminé, comparez vos idées à la description des chapeaux de la réflexion qui se trouve sur la page suivante. Notez qu'il n'y a pas de bon ou de mauvais nombre de catégories. Soyez prêt à justifier votre classification et à expliquer les raisons pour lesquelles on utilise ces types de raisonnement dans une classe qui fonctionne sous des principes démocratiques.

1. Chaque fois que je pense aux mathématiques, je deviens nerveux.

2. Le titre du poème est « Soir d'hiver ».

3. Nous devons nous assurer que nous prenons en compte à la fois la vision masculine et la vision féminine.

4. Nous avons peut-être besoin de visiter un autre groupe pour trouver d'autres idées.

5. Combien de temps t'a-t-il fallu pour répondre à la question ?

6. Cette solution va fonctionner parce qu'elle est peu coûteuse et qu'elle règle le problème.

7. Je ne sais pas. Je n'aime pas cette idée. Je me sens anxieuse.

8. Établissons ce que nous savons du problème.

9. Nous ne disposons pas d'assez de preuves pour prendre cette décision.

10. Que cherche-t-on à faire ? Élaborons un plan d'action.

11. Nous pourrions prendre cette idée et la décomposer en parties plus simples.

12. Quel était l'âge de cette personne au moment de la découverte de cette idée ?

13. Et si on reliait ces trois idées ? Serait-ce possible ?

14. J'apprécie les contributions de tous. Mais j'ai des papillons dans l'estomac quand je songe à la réaction des parents.

15. Je sens que cette situation va provoquer la colère de certaines personnes.

16. Les raisons pour lesquelles nous prenons cette décision ne seront pas payantes à long terme.

17. J'ai apprécié les idées que vous avez présentées. Cela montre la force de la collaboration.

18. Énumérons les avantages qu'il y a à travailler à tour de rôle.

19. As-tu pensé qu'il est possible que le poids réduise la stabilité ?

20. Supposons que nous ayons commis une erreur à la deuxième étape. Cela peut-il expliquer le blocage actuel ?

Note

Dans la stratégie de Taba, on ne précise pas le nombre de catégories. Dans le cas présent, cette stratégie est simplifiée, car on sait à l'avance qu'il y a six catégories.

Les six chapeaux de la réflexion de De Bono :

Six attitudes possibles

Vous trouverez ci-dessous une courte explication de chaque chapeau. Il va de soi que chacun de ces chapeaux représente un raisonnement qui est beaucoup plus complexe que celui qui est décrit ici. Nous vous recommandons de lire un des ouvrages de Edward de Bono sur ces chapeaux et de l'utiliser dans votre enseignement. Nous désirons ici simplement montrer qu'il est possible d'intégrer ces chapeaux dans l'enseignement et dans la démarche d'apprentissage.

- **Chapeau blanc :** Ce chapeau représente l'information (le blanc évoque une feuille de papier). Il s'applique au raisonnement qui touche les données qui sont présentes et celles qui manquent. Présenter des statistiques, exposer des idées ou poser des questions sont des exemples typiques de l'utilisation de ce chapeau.

- **Chapeau rouge :** Ce chapeau est lié aux sentiments, aux intuitions et aux émotions (le rouge évoque le feu et la chaleur). Il permet de parler de ses sentiments et de ses intuitions sans avoir à les justifier.

- **Chapeau noir :** Ce chapeau sert à la mise en garde (le noir évoque la couleur de la toge du juge). Il nous demande d'arrêter une action parce qu'elle peut être mauvaise, dangereuse, trop coûteuse, etc. Il nous montre les risques, les dangers et les obstacles. Il nous montre les raisons pour lesquelles une chose ne fonctionne pas. Il nous montre les faiblesses et sert à évaluer des choses.

- **Chapeau vert :** Ce chapeau est lié à la croissance, à l'énergie et à la vie (le vert évoque la végétation, la croissance). Il sert à proposer des idées, à faire des propositions et à examiner des solutions de rechange. Il permet de regarder plus loin pour trouver de belles solutions. Avec ce chapeau, on parle de choses à ajouter ou de modifications à faire. Ce chapeau permet aux gens d'être créatifs.

- **Chapeau bleu:** Ce chapeau est au centre du processus de raisonnement (le bleu évoque le ciel – au-dessus de tout: la pensée sur la pensée). On l'utilise pour établir l'ordre dans lequel se produisent des événements. On s'en sert souvent au début ou à la fin d'une discussion ou quand les choses sont embrouillées. Il peut servir à déterminer la séquence d'emploi des chapeaux, le moment où changer de chapeau ou la façon de résumer des informations.

- **Chapeau jaune:** Ce chapeau sert à déterminer la valeur ou les avantages d'une idée ou d'une action – chercher les bons côtés (le jaune évoque la lumière du soleil et l'optimisme). Il nous permet de voir les bons côtés même si nous n'aimons pas l'idée générale.

Classement des énoncés des pages 346-347

- Rouge: 1, 7, 14, 15;
- Noir: 9, 16, 19;
- Vert: 4, 11, 13, 20;
- Blanc: 2, 5, 12;
- Jaune: 6, 17, 18;
- Bleu: 3, 8, 10.

Note

Certains énoncés peuvent se trouver à la fois dans plusieurs catégories parce que les chapeaux peuvent représenter plusieurs habiletés de raisonnement.

Vous trouverez ci-dessous deux ensembles de données qui illustrent des manières d'employer la stratégie d'acquisition de concepts en vue d'aider les élèves à comprendre le rôle des six chapeaux (deux à la fois). Le premier ensemble présente les chapeaux rouge et blanc, et le second, les chapeaux vert et noir.

Ensemble de données sur le chapeau rouge et le chapeau blanc

L'acquisition de concepts est une stratégie qui permet de faire comprendre aux élèves le rôle des six chapeaux de la réflexion. Ici, nous présentons l'exemple des chapeaux rouge et blanc. Dites aux élèves: « Trouvez ce qui distingue les énoncés IMPAIRS (chapeau rouge) des énoncés PAIRS (chapeau blanc). Quand vous pensez avoir trouvé la réponse, parlez de votre hypothèse avec un camarade. Puis, déterminez à tour de rôle si chaque énoncé de l'exercice représente le chapeau rouge ou le blanc. »

1. Je crois que cela me rend triste.

2. Peux-tu m'indiquer le temps que nous allons économiser?

3. Tes idées me font rire.

4. Pourquoi devrait-on faire du recyclage ?

5. Ta solution au problème rendrait beaucoup de gens heureux.

6. Je crois que plusieurs raisons expliquent la mauvaise situation dans laquelle le garçon s'est mis.

7. Ces agissements me mettent en colère !

8. Nous recyclons aussi pour économiser de l'argent.

Exercice

a) On doit arroser certaines plantes chaque jour.

b) Je suis désolée, mais c'est ridicule.

c) J'adore cela. Ça me fait sentir plus intelligente !

d) Cela a fondu trop vite. C'est pourquoi cela n'a pas fonctionné.

Ensemble de données sur le chapeau vert et le chapeau noir

Les énoncés IMPAIRS représentent ici le chapeau vert, et les énoncés PAIRS, le chapeau noir.

1. Essayons de trouver deux autres raisons avant de décider.

2. Si tu continues à bavarder ainsi, tu vas avoir des problèmes.

3. Quelqu'un a-t-il une autre solution ?

4. Si tu t'en sers de cette manière, tu risques de blesser quelqu'un.

5. Ces idées sont merveilleuses ! En avez-vous d'autres ?

6. Tu n'as pas réussi l'examen parce que tu n'as pas étudié.

7. C'est un bon début. Qui peut aller un peu plus loin ?

8. Peut-on se rencontrer pour discuter de ce qui ne va pas ?

Exercice

a) Prenons quelques minutes de plus et faisons un remue-méninges pour trouver d'autres idées.

b) Ce chiot peut avoir des crocs acérés. Qu'en pensez-vous ?

c) On a oublié de débrancher le fer à repasser. Il est peut-être trop chaud pour qu'on puisse l'utiliser maintenant.

d) Nous pourrions prendre un peu de temps pour approfondir notre réflexion sur le sujet.

À la page suivante se trouve un exemple de leçon de controverse créative qui emploie les six chapeaux de la réflexion.

Leçon

La controverse créative et les six chapeaux de la réflexion

Niveau	Élémentaire
Sujet	Programme des six chapeaux de la réflexion de De Bono

Contexte

Les élèves de la classe de quatrième année étaient en train d'étudier le concept et le processus de la quarantaine. Pendant cette leçon, ils devaient appliquer le concept de la quarantaine à l'intégration d'élèves sidatiques dans leur école. Les élèves de cette classe avaient déjà beaucoup travaillé avec le programme des six chapeaux de la réflexion de De Bono.

Objectif

Amener les élèves à approfondir le concept de quarantaine au moyen de la stratégie de la controverse créative. L'accent est mis sur leurs sentiments et leurs idées relatifs à la difficulté d'un élève sidatique à s'intégrer dans une école à cause de sa maladie. L'idée à examiner est que le rejet est une forme de quarantaine.

Mise en situation

Le sujet a été présenté aux élèves. On leur a ensuite demandé de prendre une décision. Les élèves se sont placés sur une ligne des valeurs (qui ressemble à un continuum), où ceux qui étaient près d'un mur étaient d'opinion que l'élève sidatique ne devait pas être admis à l'école, tandis que ceux qui étaient près du mur opposé soutenaient le contraire. Ils ont ensuite inscrit leur nom sur le ruban-cache à l'endroit où ils se tenaient debout pour indiquer leur position du moment relativement à cette problématique.

Directives

Les élèves se mettent en équipes de quatre pour examiner les deux termes d'une alternative (EDA) et dégager les éléments plus/moins/intéressants (PMI) de la problématique (EDA et PMI font partie du programme CoRT de Edward de Bono).

- On attribue des codes aux élèves (A1, A2, B1 et B2).
- On leur dit que les élèves A sont pour et que les B sont contre l'admission de l'élève.
- Ils ont cinq minutes pour préparer leurs arguments.
- Ils reviennent ensemble (comme des avocats).
- Les B prennent des notes pendant que les A portent des chapeaux verts et rouges pour présenter leur plaidoirie (deux minutes).
- Les A prennent des notes pendant que les B portent des chapeaux verts et rouges pour présenter leur plaidoirie (deux minutes).

- Les élèves préparent la contre-argumentation ayant rapport avec ce que les élèves d'opinion contraire ont dit (à l'aide des chapeaux noirs et blancs).

- Les élèves se rassemblent à nouveau et on assiste à la présentation de la contre-argumentation. Ils doivent mettre en pratique ce qu'ils savent déjà sur la façon d'exprimer son désaccord de façon courtoise, et sur l'importance de critiquer les idées et non les gens.

- Ils se lèvent et changent de place pour inverser les rôles. Maintenant les A sont contre et les B sont pour l'admission de l'élève.

- Répétez l'exercice.

- Une fois l'exercice terminé, chaque groupe tente d'arriver à un consensus. On choisit au hasard une personne dans chaque groupe et on lui demande de présenter la réponse du groupe.

- On refait l'exercice de la ligne des valeurs pour voir le cheminement de leur idée. Les élèves écrivent dans leur journal de réactions.

Dans les trois prochaines pages, deux leçons sont présentées : l'une sur la façon d'accepter et d'approfondir des idées et l'autre, sur la façon d'exprimer son désaccord de façon courtoise.

Accepter et approfondir les idées des autres

Objectif : « Dans chacun des ensembles de données ci-dessous, examinez l'effet de chaque énoncé sur l'interaction sociale. Les énoncés à gauche représentent une compétence communicationnelle, contrairement à ceux qui sont placés à droite. Cela ne signifie pas que les énoncés de droite sont mauvais, mais seulement qu'ils ne représentent pas la compétence recherchée. Quand vous croyez savoir de quoi il s'agit, essayez de classer les énoncés de l'exercice. »

Note

Il est ici question d'augmenter la capacité des élèves à appliquer efficacement la controverse créative et l'analyse en équipe.

Compétence communicationnelle		
Oui	**Non**	**Exercice**
1. Nous pourrions aller plus loin en faisant…	1. Bon, passons à l'autre problème.	1. C'est une bonne idée !
2. Pour aller dans le sens de ton idée, nous pourrions…	2. C'est ridicule, ça ne fonctionnera pas.	2. Peux-tu trouver une autre idée que l'on pourrait ajouter à celle-ci ?
3. On pourrait utiliser cette idée.	3. Nous avons perdu assez de temps, passons à…	3. Se rattachant à cela, il y a l'idée de…
4. De même, on pourrait dire…	4. Je suis désolée, mais je ne suis pas d'accord. Tu n'as pas…	4. Je crois que ce que nous avons fait est parfait.

À la page suivante, vous trouverez un autre ensemble de données. Cette fois, il est question de la compétence communicationnelle à exprimer son désaccord de façon courtoise.

Exemples de leçons sur les habiletés sociales : Comment exprimer son désaccord de façon courtoise

 Cette leçon combine les démarches de design pédagogique (voir chapitre 5), d'acquisition de concepts et d'apprentissage coopératif.

Le design pédagogique : Donne la structure générale de la leçon.

L'acquisition de concepts : Permet de développer le concept.

L'apprentissage coopératif : Favorise la discussion.

Objectif

Les élèves vont comprendre le sens de l'expression « exprimer son désaccord de façon courtoise » et l'utilité de cette habileté pour résoudre des conflits.

Mise en situation

Placez les élèves en groupes de deux, de trois ou de quatre (selon ce qui convient le mieux à votre classe). Demandez aux élèves de se souvenir d'une situation conflictuelle ou d'un désaccord dont ils ont été témoins ou auquel ils ont été mêlés. Demandez-leur de parler de cet événement dans leur groupe (rappelez-leur d'employer une situation qu'ils ne prennent pas trop à cœur). Puis demandez-leur de trouver ce que les personnes faisaient pour empêcher le règlement du conflit (par leurs paroles, leur manière de parler ou d'agir, etc.). Ensuite, demandez-leur de dire ce que ces personnes ont fait pour résoudre le conflit ou le désaccord. Ici encore, recueillez certaines de leurs réponses après qu'ils ont discuté en groupe pendant une période de temps suffisamment longue.

Énoncés des objectifs et du but

Dites : « Pour la prochaine demi-heure environ, j'aimerais que vous arriviez à une bonne compréhension d'une aptitude que nous pouvons tous utiliser pour résoudre des conflits ou des désaccords plus rapidement. »

Suggestions (à l'aide de l'acquisition de concepts)

Directives : À la page suivante, vous trouverez un ensemble de données. Comparez chacun de votre côté les énoncés IMPAIRS aux énoncés PAIRS. Faites les 10 premiers exemples seuls, même si vous êtes en groupe. Puis examinez avec un camarade ce que les énoncés IMPAIRS ont en commun et ce qui les distingue des énoncés PAIRS. Associez ensuite ensemble les énoncés d'exercice du bas de la page avec les énoncés PAIRS ou IMPAIRS. Soyez prêt à présenter vos hypothèses ou vos réponses devant la classe – car vous pourriez être choisi pour le faire.

Modélisation (l'ensemble de données)

1. Je ne crois pas que je suis d'accord avec toi. Peux-tu m'expliquer de nouveau pour que je sois certaine d'avoir bien compris?

2. Je ne peux pas croire que tu penses avoir raison : l'idée est ridicule!

3. Tu regardes la question selon ton point de vue à toi. Mais je crois que tu devrais inclure le point de vue des autres élèves de la classe.

4. Non, j'en ai assez de tenir compte des solutions de rechange des autres. Nous avons assez perdu de temps à discuter ; passons aux choses qui sont vraiment importantes.

5. C'est une bonne raison, Omar, mais tu as oublié une chose qu'il te faudrait peut-être examiner, une chose qui pourrait te faire changer d'avis.

6. Amanda, tu as tort. Tu n'as pas pris assez de temps pour le faire correctement.

7. Vous avez présenté d'excellents arguments. Mais je crois que certains d'entre eux sont fragiles.

8. Va au lit maintenant! J'en ai assez que tu me dises que tous tes amis ont le droit de regarder la télévision tard le soir.

9. Non, je ne crois pas que ton idée soit ridicule. Je pense cependant qu'il y a une meilleure façon de régler le problème.

10. Va faire tes devoirs! Ça m'est égal que tu aies déjà fait ou non ce genre de problèmes. Si ton enseignant te les a donnés en devoir, c'est qu'il a de bonnes raisons de le faire.

Exercice

a) Tu vas chercher cette idée bien loin. Elle ne fonctionnera jamais dans la réalité.

b) C'est une bonne idée, mais j'ai bien peur qu'elle ne fonctionne pas. Laisse-moi t'expliquer pourquoi, puis nous verrons ce que tu en penses.

c) D'accord, je comprends que tu puisses croire que c'est la bonne manière de régler le problème. Puis-je quand même t'expliquer pourquoi tu peux avoir tort?

d) Je ne dis pas que tu as tort. Je dis seulement que tu ne vois pas les choses du point de vue des autres – tu es centré sur toi-même.

Suggestions/vérification de la compréhension

Quand les élèves ont eu l'occasion de parler de leur hypothèse avec leur camarade, choisissez des élèves au hasard pour discuter de ce qu'ils croient être le point commun des énoncés IMPAIRS et de la chose qui distingue ces énoncés des énoncés PAIRS. (Note : les énoncés b et c font partie des IMPAIRS.)

Retour sur la leçon et approfondissement

Laissez trois ou quatre minutes aux élèves pour qu'ils décrivent par écrit les effets sur le climat de la classe de la compétence à exprimer ses désaccords de façon courtoise. Demandez-leur si une telle façon de faire peut aider à diminuer les conflits. Demandez-leur également de décrire une situation où il n'y a pas de conflit.

Dernières réflexions

- Il existe environ 200 structures d'apprentissage coopératif.

- Certaines de ces structures sont faciles à appliquer, tandis que d'autres sont d'application difficile.

- La controverse créative et l'analyse en équipe sont deux des structures les plus complexes.

- Le modèle d'apprentissage coopératif de Johnson (les cinq éléments de base), présenté au chapitre 6, améliore l'emploi de toutes les structures d'apprentissage coopératif.

- Si vos élèves ont de la difficulté à employer les structures réfléchir-partager-discuter et du tournoi à la ronde (les plus simples), ils ne sont pas encore prêts à employer l'entrevue en trois étapes et les quatre coins (de difficulté moyenne). S'ils ont de la difficulté avec n'importe quelle des structures précédentes, ils ne profiteront pas des avantages de la controverse créative et de l'analyse en équipe.

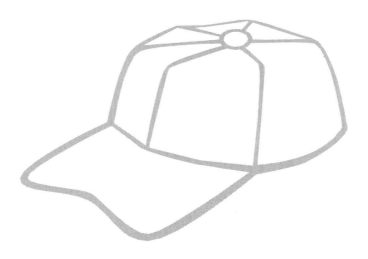

Qu'avons-nous appris jusqu'à maintenant?

Il s'agissait du dernier chapitre consacré particulièrement aux démarches pédagogiques. L'accent a été mis sur la controverse créative et l'analyse en équipe – 2 des structures les plus complexes parmi plus de 200 structures d'apprentissage coopératif. Nous considérons ces structures comme des stratégies à cause de leur complexité, de leur emploi de théories et de leurs résultats liés à la théorie. Les chercheurs continuent d'étudier les effets de la controverse créative sur l'apprentissage des élèves. L'analyse en équipe a été conçue par un enseignant à partir de ses recherches sur l'apprentissage coopératif et la pensée critique. Actuellement, on n'a pas de données concernant l'effet de l'analyse en équipe sur l'apprentissage des élèves. Mais nous connaissons les avantages de l'analyse en équipe.

Il vous est maintenant possible de voir comment d'autres concepts, techniques et stratégies peuvent être combinés à ces deux stratégies pour les rendre plus efficaces.

Parmi les possibilités, on trouve:

- les concepts de participation active, de responsabilisation, de prise de risque et de réussite;

- les techniques de formulation de questions, de temps d'attente, de réaction aux réponses des élèves et de vérification de la compréhension;

- les tactiques des six chapeaux de la réflexion (De Bono), de CoRT (De Bono) et de la ligne des valeurs;

- les stratégies des cinq éléments de Johnson, des réseaux notionnels (Buzan), du design pédagogique (Hunter) et de l'acquisition de concepts;

- les modèles théoriques de la recherche sur le cerveau, de la pensée critique et des intelligences multiples.

Dans le douzième et dernier chapitre, nous nous écarterons de la description de démarches pédagogiques précises pour examiner les modèles théoriques servant de fondement à ce livre. Ces modèles théoriques sont les intelligences multiples, le cerveau humain, l'intelligence émotionnelle, les styles d'apprentissage, les élèves à risque et les particularités des garçons et des filles.

Chapitre 11

Quelques modèles théoriques

Questions clés

1 Qu'est-ce que les six énoncés du premier encadré ont en commun ?

2 En quoi ces deux listes diffèrent-elles l'une de l'autre ?

3 Surtout, quelles relations voyez-vous entre ces deux listes ?

L e présent ouvrage est axé sur l'intelligence pédagogique et, plus particulièrement, sur la manière dont les enseignants doivent s'y prendre pour devenir des experts dans la création de milieux d'apprentissage efficaces. Dans ce chapitre, nous délaisserons les processus pédagogiques pour concentrer notre attention sur les connaissances générées par la recherche. Ces connaissances aident en effet à prendre des décisions éclairées relativement à la création de milieux d'apprentissage efficaces.

Comme nous l'avons vu tout au long de cet ouvrage, personne ne sait quelle est la meilleure façon d'enseigner. En fait, l'enseignant évalue la diversité des besoins de ses apprenants, et les décisions sont prises le plus souvent dans l'instant présent. Enfin, les possibilités d'intervention pédagogique sont tellement nombreuses qu'un enseignant peut être efficace en utilisant seulement quelques-uns des outils que nous proposons.

Nous décrivons brièvement quelques modèles théoriques qui nous paraissent être utiles. Une vie suffirait à peine pour étudier à fond chacun de ces modèles. Nous voulons simplement montrer comment ceux-ci influent sur certaines décisions d'ordre pédagogique.

1. Intelligences multiples
2. Intelligence émotionnelle
3. Styles d'apprentissage
4. Recherche sur le cerveau
5. Élèves à risque
6. Particularités des garçons et des filles

- Succès
- Construction de réseaux notionnels
- Acquisition de concepts
- Jeu de rôle
- Controverse créative
- Entrevue en trois étapes
- Temps d'attente

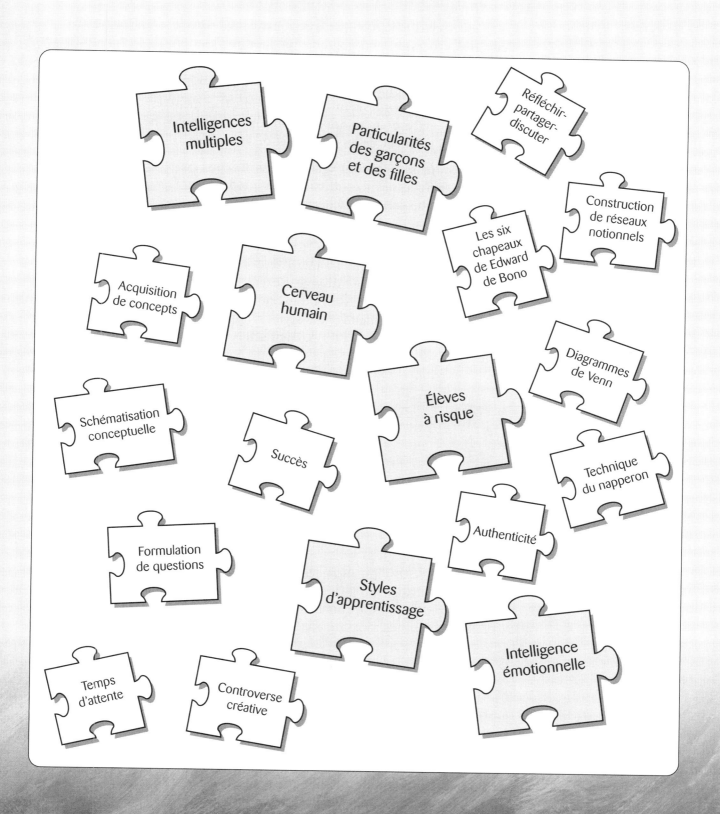

Quelques modèles théoriques

Ce chapitre clarifie le rôle que la recherche joue dans le choix éclairé et judicieux des processus pédagogiques et leur intégration. Tentez maintenant d'établir des relations entre les deux listes figurant à la page 356.

Les énoncés de la première liste font référence à des connaissances qui permettent aux enseignants de mieux comprendre comment les élèves apprennent et, partant de là, à prendre des décisions quant aux outils pédagogiques à privilégier et au moment de les intégrer et de les utiliser.

D'autres connaissances sont également utiles, par exemple celles qui découlent des recherches sur les difficultés d'apprentissage, l'origine ethnique et la culture ainsi que celles rattachées au développement de l'enfant.

Gardez à l'esprit que ces six domaines sont encore très mal connus. La théorie des **intelligences multiples** permet d'expliquer et d'évaluer différentes façons de penser et d'agir. La manière dont elles influent sur les processus d'enseignement et d'apprentissage n'a été l'objet que de très peu d'études (Goodnough, 2001). Il en est de même de la **recherche sur le cerveau,** de l'**intelligence émotionnelle** et des **styles d'apprentissage**. La recherche sur les **élèves à risque** et celle sur les **particularités des garçons et des filles** a été davantage approfondie.

Questions essentielles

1. Quel rôle les modèles théoriques jouent-ils dans les processus d'enseignement et d'apprentissage ?

2. Qu'arrive-t-il généralement si un enseignant connaît un ou plusieurs de ces modèles ?

3. Qu'arrive-t-il si un enseignant connaît bien les styles d'apprentissage ou les intelligences multiples mais n'en tient pas compte dans le choix de son répertoire pédagogique ?

La théorie des intelligences multiples

La documentation sur les intelligences multiples renvoie constamment à la pensée de Howard Gardner. C'est dans les années 1960 que Gardner a commencé à s'intéresser à ce domaine en constatant les limites des théories sur l'intelligence qui avaient cours à l'époque. Ses travaux ont abouti à la formulation d'une théorie qui représente une nouvelle façon d'envisager les processus d'enseignement et d'apprentissage. Gardner nous invite à user de prudence dans notre interprétation de sa théorie des intelligences multiples et dans notre manière de la raccorder aux processus d'enseignement et d'apprentissage (Gardner et Hatch, 1989). C'est pourquoi Klein (1997) nous demande d'être circonspects dans notre application de la théorie de Gardner en classe. Nous recommandons à cet égard de lire *Multiple Intelligences in the Classroom* de Armstrong (2000), qui constitue une excellente introduction aux travaux de Gardner.

La théorie des intelligences multiples rappelle aux enseignants que les élèves ont des forces particulières qui peuvent ou non être mises en évidence lors des situations d'apprentissage. On remarque d'ailleurs que de nombreux enseignants ont tendance à privilégier l'intelligence logico-mathématique et l'intelligence linguistique (parfois appelée «verbo-linguistique») en salle de classe. Étant donné les défis de tous les jours que pose la vie scolaire et les pressions exercées pour leur faire couvrir les programmes d'études, les enseignants sont amenés à ne pas tenir compte de cette réalité pourtant incontournable: les élèves ont différentes forces en matière de créativité et de résolution de problèmes.

La question que vous devez vous poser comme enseignant est celle-ci: «Quels sont les processus pédagogiques qui me servent de base pour répondre à la diversité des besoins des élèves de ma classe?» Les administrateurs et les formateurs, quant à eux, peuvent se poser la question suivante: «Comment pouvons-nous offrir aux enseignants l'appui nécessaire pour faire face à cette diversité?»

Ne pas tenir compte des indices que fournissent les élèves relativement à leur façon d'apprendre, c'est agir comme un conducteur qui fait fi des conditions routières. Nous savons qu'une des forces du cerveau humain réside dans sa capacité à chercher et à interpréter des modèles. La documentation sur les intelligences multiples fournit aux enseignants et aux élèves des outils pour interpréter les modèles.

Rappelez-vous que Howard Gardner ne soutient pas que ces intelligences constituent une liste unique. Il considère plutôt qu'elles représentent des habiletés retrouvées dans différentes cultures. Chaque individu possède ces intelligences à divers degrés et peut développer chacune d'elles. Les intelligences travaillent ensemble de manière complexe, et chaque intelligence permet aux individus d'être intelligents de différentes façons.

- linguistique
- logico-mathématique
- kinesthésique
- intrapersonnelle
- musicale
- spatiale
- interpersonnelle
- naturaliste

Tenir compte de ces types d'intelligences amène à améliorer l'habileté à résoudre des problèmes et à inventer de nouvelles façons de faire en plus de trouver des solutions originales aux difficultés éprouvées. Une telle démarche permet de tracer des voies pour l'apprentissage continu.

Les pages suivantes présentent une introduction rapide aux sept intelligences que Gardner a résumées dans *Frames of Mind*, publié en 1983. Nous avons aussi inclus l'intelligence naturaliste, qu'il a ajoutée plus tard à sa liste.

Les huit intelligences résumées en une seule page

Dans *Multiple Intelligences: The Theory In Practice*, Gardner (1993) pose la question suivante : « Quel genre d'esprit peut faire émerger une multitude de possibilités d'actions utiles à la société ? » Sa recherche a conduit à regrouper les possibilités sous huit qualificatifs.

Intelligence	Professions	Composantes
logico-mathématique	programmeurs mathématiciens vérificateurs fiscaux	Habileté à discerner des modèles numériques, à penser efficacement avec des nombres, à classer des informations et à faire des déductions
linguistique	écrivains orthophonistes politiciens	Habileté à employer efficacement les mots, tant à l'oral qu'à l'écrit ; sensibilité au pouvoir, à la signification et à l'enchaînement des mots
musicale	compositeurs accordeurs de pianos professeurs de musique	Habileté à apprécier la musique, à jouer avec des rythmes, des tons et des timbres musicaux ; habileté à reconnaître des modèles musicaux, à les mémoriser, à en créer
spatiale	architectes chorégraphes athlètes	Habileté à avoir une représentation spatiale du monde, à visualiser des points de repère, à s'orienter dans un espace
kinesthésique	athlètes danseurs physiothérapeutes	Habileté à utiliser son corps ou une partie de son corps pour exprimer une idée ou un sentiment, pour réaliser une activité ou pour créer
interpersonnelle	comédiens enseignants travailleurs sociaux	Habileté à agir et à réagir avec les autres de façon correcte ; habileté à constater les différences de tempérament, de caractère et de comportement entre les individus
intrapersonnelle	psychologues conseillers moines/religieuses	Habileté à définir ses sentiments, à se comprendre soi-même, à discerner ses forces et ses faiblesses, à tenir compte de tout cela dans sa conduite
naturaliste	biologistes gardes forestiers naturalistes	Habileté à comprendre les complexités de la nature, à classifier les différents aspects de l'environnement naturel, à établir des rapports entre ceux-ci

L'intelligence linguistique

L'intelligence linguistique réfère à l'habileté à utiliser les mots tant à l'oral qu'à l'écrit. De toutes les intelligences, l'intelligence linguistique est celle qui est la plus étudiée, principalement en raison de la recherche sur les effets des lésions cérébrales sur le langage.

Pensez aux différentes circonstances qui permettent de la solliciter : le travail sur la prose et la poésie, les exposés oraux, les audiocassettes, les vidéocassettes, les jeux de mots, les marionnettes, les réseaux notionnels, les schémas conceptuels, les diagrammes de Venn, la pensée inductive, l'acquisition de concepts, l'apprentissage coopératif, les débats, etc. Notez par écrit les façons dont vous sollicitez cette intelligence dans votre classe.

Gardner distingue quatre aspects de la connaissance linguistique qui sont importants dans la société :

1. l'habileté à convaincre d'autres personnes d'adopter un plan d'action (par exemple, les grands orateurs, les avocats et les enseignants) ;

2. le potentiel mnémonique qui aide à retenir des informations ;

3. le rôle du langage dans l'explication (enseigner, employer des vers, etc.) ;

4. l'habileté à utiliser le langage pour réfléchir sur son processus (l'analyse métalinguistique).

Gardner soutient que la syntaxe et la phonologie sont étroitement liées au noyau de l'intelligence linguistique, alors que la sémantique et la pragmatique incluent des données provenant d'autres intelligences, comme les intelligences logico-mathématique et interpersonnelle.

Signalons que Gardner affirme aussi que la poésie est la forme la plus élevée de l'intelligence linguistique. Avez-vous déjà pensé à utiliser la controverse créative avec vos élèves pour déterminer si c'est la prose ou la poésie qui est la forme la plus élevée de l'intelligence linguistique ?

L'intelligence linguistique : implications sur le plan pédagogique

Peu d'enseignants s'interrogent sur le rôle crucial que joue cette intelligence dans les processus d'enseignement et d'apprentissage. Fondamentalement, cette intelligence concerne la parole, la lecture et l'écriture. Quand on consulte la documentation sur le développement du comportement intelligent, on constate que la réflexion est cruciale pour démontrer un comportement intelligent. La réflexion est l'essence de la lecture et de l'écriture. Nous savons que réfléchir sans agir et agir sans réfléchir sont des attitudes non souhaitables.

L'information sur l'intelligence linguistique nous dit que les livres, les audiocassettes, les vidéocassettes, les portfolios, les carnets, les discussions, les débats, les exposés oraux, les histoires racontées, etc., revêtent une grande importance. Nous pourrions ajouter à la liste l'application des nombreux processus pédagogiques décrits dans le présent ouvrage, comme les tactiques d'enseignement (l'entrevue en trois étapes, la méthode réfléchir-partager-discuter, le tournoi à la ronde et la technique du napperon) et les stratégies d'enseignement (la controverse créative, l'analyse en équipe, la pensée inductive et l'acquisition de concepts). Bien sûr, la stimulation de l'intelligence linguistique dépend de la compétence de l'enseignant à poser des questions qui interpellent tous les élèves, et non pas seulement les quelques élèves qui se portent toujours volontaires ou qui sont constamment choisis pour répondre aux questions. À cela, il faut ajouter l'idée que les élèves doivent se sentir à l'aise de s'exprimer et avoir l'assurance que leurs points de vue seront respectés. Que valent les portfolios et les entretiens si les élèves ne se sentent pas à l'aise ou sont peu enclins à prendre des risques?

Le cerveau dirige les informations vers différents circuits de la mémoire. Un de ces circuits est la mémoire sémantique, qui est différente de la mémoire procédurale, de la mémoire émotionnelle et de la mémoire épisodique. La mémoire sémantique est associée aux mots ou aux symboles et permet de se rappeler des dates, des poèmes et des chansons. Comprendre un exposé oral sollicite également la mémoire sémantique.

Prenons l'exemple suivant: pour se souvenir d'un poème, la plupart d'entre nous doivent travailler fort. Au contraire, avec quelle facilité nous pouvons nous souvenir d'un moment ou d'un visage mémorable, alors qu'aucune répétition n'est en cause! Une simple odeur de moisi… et des images de la semaine que vous avez passée à Bali surgissent aussitôt dans votre esprit – sans pratique ni répétition! Cela met en évidence que pour retenir une information, le cerveau doit trouver des modèles et établir une signification. Il importe donc que les enseignants utilisent des démarches pédagogiques qui aident l'apprenant à trouver des modèles et à établir ainsi une telle signification avec les informations données. Lorsque nous pouvons relier les émotions et le mouvement à des mots, nous augmentons les chances que l'information que nous communiquons soit retenue.

En vous appuyant sur les considérations qui précèdent et sur votre propre expérience, indiquez les moyens à prendre pour développer l'intelligence linguistique chez vos élèves et quels en seraient les effets.

L'intelligence musicale

Cette intelligence est reliée à la capacité de percevoir, de distinguer, de transformer et d'exprimer des formes musicales. De tous les dons naturels, aucun ne se manifeste plus tôt que le talent musical. Et ce qui est intéressant, c'est qu'il se manifeste de diverses manières. Une élève peut être une violoniste exemplaire qui a appris la méthode Suzuki et qui, par une pratique intensive, maîtrise déjà l'essentiel de la technique de cet instrument à cordes à son entrée à l'école. Un autre élève peut être autiste, communiquer à peine et être très défavorisé dans les sphères affective et cognitive. Et pourtant, cet enfant peut chanter sans se tromper une pièce musicale qu'il a entendue une seule fois. Un autre enfant qui grandit dans une famille de musiciens peut reproduire dès son jeune âge des mélodies de façon autonome – comme Mozart.

Mais alors, comment classer la musique ? De nombreux compositeurs affirment que composer est, pour eux, aussi vital que manger et dormir. Ils ont des mélodies dans leur tête. À leurs yeux, composer ne relève pas d'une vertu spéciale. Wagner disait qu'il composait comme une vache donne du lait. Saint-Saëns aimait se comparer à un pommier qui donne des pommes. Cependant, pour de nombreux musiciens, le talent musical a été le résultat d'études intensives.

Vous pourriez lire *The Mozart Effect* de Don Campbell (1997), un ouvrage qui traite d'intelligence musicale. Soulignons qu'une étude du centre de neurobiologie de l'Université de Californie (Rauscher et Shaw, 1993) a révélé que les étudiants qui écoutaient la musique de Mozart subissaient des changements importants dans leur raisonnement spatio-temporel.

À retenir

Les composantes de l'intelligence musicale : la hauteur, le rythme et le timbre musical.

La hauteur (la sensation auditive d'un son perçu comme plus ou moins aigu ou grave) et le rythme sont les aspects les plus importants de la musique. Dans certaines cultures, notamment dans celles d'Orient, la hauteur joue un rôle prépondérant. Dans d'autres cultures, comme les sociétés de l'Afrique subsaharienne, c'est le rythme qui prédomine. Le timbre représente la qualité particulière des sons produits par un instrument. Ces trois éléments constituent le cœur de la musique. Il y a lieu de mentionner que l'organisation rythmique de la musique peut exister séparément de l'ouïe, comme l'ont démontré des sourds qui utilisent le rythme comme point d'entrée de la musique. Des compositeurs comme Scriabine ont souligné qu'il est important de s'imaginer la musique comme étant jouée par un orchestre ou exécutée par une troupe de danse. Stravinsky considérait aussi que la musique devait être « vue » pour être bien assimilée. Ces grands compositeurs établissaient un lien entre la musique et le langage corporel ou gestuel. C'est pourquoi il est presque impossible pour des élèves d'écouter de la musique sans exécuter certains mouvements corporels.

Autre fait intéressant à noter : Stravinsky estimait que la musique est plus proche des mathématiques que de la littérature.

L'intelligence musicale : implications sur le plan pédagogique

Est-ce que vos élèves emploient la musique (danser le rap, jouer d'un instrument, chanter) pour interpréter des poèmes, communiquer une signification ou des émotions, ou interpréter l'humeur comme toile de fond d'une histoire ? La musique peut-elle être utilisée pour aider les élèves à se rappeler des informations, c'est-à-dire comme procédé mnémotechnique ? Est-ce que vos élèves étudient la musique pour mieux comprendre l'histoire, par exemple pour comparer les chansons de la Première Guerre mondiale (comme *Over*

There, en 1917) avec des chansons de la guerre du Vietnam (comme *Eve of Destruction,* en 1965)? Pourriez-vous utiliser la stratégie d'acquisition de concepts pour les aider à comprendre ce qu'est la musique baroque, en quoi Mozart est différent de Beethoven, ou en quoi le blues est différent de la musique *bluegrass*? Gardner soutient que la musique est l'exploration enjouée des autres modes d'intelligence.

Comment pouvez-vous encourager vos élèves à choisir la musique pour résoudre des problèmes et à étudier la musique pour approfondir leur compréhension des autres domaines d'études? À quelles stratégies pourriez-vous recourir?

Les implications émotionnelles et sociales de la musique sont fascinantes. La musique peut nous faire rire, pleurer, méditer, détester, aimer... Quel effet a-t-elle sur le cerveau? Comment contribue-t-elle à développer la mémoire? Pensez à la manière dont le rythme aide la mémoire. Comment avez-vous appris l'alphabet?

Sur le plan linguistique, nous pouvons maîtriser plusieurs niveaux de langage, depuis un niveau phonologique de base, en passant par une sensibilité plus ou moins prononcée à l'ordre et à la signification des mots, jusqu'à la capacité d'apprécier de plus grandes entités, comme des histoires. Il en va de même dans le monde de la musique. On peut examiner la sensibilité à des tons particuliers ou à des phrases musicales et la manière dont ils s'inscrivent dans de plus grandes structures musicales qui possèdent leurs propres règles d'organisation.

Avez-vous vu le film *L'opus de M. Holland*? Il montre certaines tentatives intéressantes et improvisées d'un enseignant visant à encourager ses élèves à développer leurs habiletés musicales. La lecture de *The Mozart Effect* l'aurait-elle aidé? De même, aurait-il été utile à ce professeur d'avoir d'autres techniques, tactiques et stratégies d'enseignement? Qu'arrive-t-il aux élèves quand nous ne tenons pas compte de l'intelligence musicale? Voici un extrait de *Frames of Mind.*

«Des gens comme moi sont conscients de leur soi-disant génie vers l'âge de 10, 9 ou 8 ans. Je me suis toujours demandé: "Pourquoi personne ne m'a-t-il découvert? À l'école, ne s'est-on pas aperçu que j'étais plus intelligent que les autres élèves? Les professeurs étaient-ils stupides à ce point? Tout ce qu'ils avaient à m'offrir, c'étaient des informations dont je n'avais pas besoin. Cela me paraissait évident. Pourquoi ne m'ont-ils pas mis dans une école d'art? Pourquoi ne m'ont-ils pas formé? J'étais différent. J'ai toujours été différent. Pourquoi personne ne m'a-t-il remarqué?"»

John Lennon (traduction libre, p. 115)

En vous appuyant sur les considérations qui précèdent et sur votre propre expérience, indiquez les moyens à prendre pour développer l'intelligence musicale chez vos élèves et quels en seraient les effets.

L'intelligence logico-mathématique

Alors que l'intelligence linguistique est généralement associée à un emploi efficace des mots, l'intelligence logico-mathématique implique une utilisation efficace des nombres. L'intelligence logico-mathématique est associée à des modèles et à des relations. Elle permet de formuler des hypothèses et des prédictions, ou d'analyser les causes et les effets d'un phénomène. Les processus pédagogiques qui font intervenir la classification, l'établissement de généralisations, la catégorisation ou la formulation d'hypothèses relèvent de cette intelligence. Dès lors, on comprend aisément que la construction de réseaux notionnels, la schématisation conceptuelle, les diagrammes de Venn, les diagrammes cause-effet et l'acquisition de concepts favorisent la pensée logico-mathématique.

Gardner affirme que ce qui caractérise les personnes douées pour les mathématiques est que leur talent inné dépasse rarement les limites de cette discipline. Les mathématiciens sont rarement doués pour la finance ou le droit. Ce qui caractérise les mathématiciens, c'est leur passion pour l'abstraction. Comme le dit Hardy (cité par Gardner dans *Frames of Mind,* p. 139) :

« Il est indéniable qu'un don pour les mathématiques est très exclusif et que les mathématiciens, dans l'ensemble, ne sont pas particulièrement reconnus pour leur habileté générale ou leur polyvalence… Si un homme est un vrai mathématicien, il y a 100 chances contre une que ses mathématiques soient, et de loin, ce qu'il sait faire de mieux… et qu'il serait stupide d'abandonner un domaine où il peut exercer son talent pour un autre où il accomplirait un travail médiocre. »

Les progrès de la science ont été associés aux découvertes en mathématiques. Presque toutes les inventions mathématiques se sont révélées utiles pour la communauté scientifique. Par exemple, la géométrie différentielle de George Friedrich Riemann a ouvert la voie à la théorie de la relativité. En fait, les progrès de la science en Occident depuis le XVIIe siècle sont, dans une large mesure, dus à l'invention du calcul différentiel et intégral. Piaget a souligné que l'évolution de la science présente certains parallèles fascinants avec le développement de la pensée logico-mathématique chez les élèves.

Bien que nous trouvions des corrélations entre la science et les mathématiques, nous connaissons bien peu de choses au sujet de l'organisation de la pensée logico-mathématique dans le cerveau, comparativement aux intelligences linguistique et musicale. Nous savons que c'est la plus solitaire des intelligences et que la force du don qui lui est associée tend à diminuer à la fin de la vingtaine et au début de la trentaine.

Gardner affirme que la vie d'un mathématicien est une vie recluse. Le besoin de se concentrer durant de longues heures et de cesser momentanément d'être en contact avec d'autres individus est important. Il ajoute que le langage n'est pas d'une grande utilité durant cette période de concentration vécue dans l'isolement.

L'intelligence logico-mathématique : implications sur le plan pédagogique

Dans cette section, nous étudierons les processus pédagogiques qui favorisent le développement de la pensée logico-mathématique – classifier, faire des inférences et établir des liens de cause à effet – au lieu de nous en tenir purement et simplement à la pensée mathématique. Nous jetterons donc un regard sur les deux aspects de la pensée critique : la pensée inductive (par exemple, classer toutes les plantes vivant dans la jungle) et la pensée déductive (par exemple, déterminer les raisons pour lesquelles une espèce animale a disparu). Bien qu'elles puissent sembler différentes, la pensée inductive et la pensée déductive se rejoignent souvent. Une fois qu'on a réfléchi à des choses de manière inductive (classé des informations, établi des relations, etc.), on se retrouve souvent dans une position pour penser de manière déductive, comme dans la méthode scientifique, pour formuler et vérifier des hypothèses, rechercher des rapports de cause à effet.

Le processus d'acquisition de concepts de Bruner est un processus inductif efficace pour explorer la logique dans un ensemble de données. Pour les inciter à chercher des modèles et à établir des relations, vous pourriez montrer aux élèves des données (par exemple, 10 problèmes de multiplication et 10 problèmes d'addition), puis leur demander de comparer les deux ensembles de problèmes afin de déterminer leurs ressemblances et leurs différences.

Un autre processus inductif efficace est la classification des informations (par exemple, la stratégie de pensée inductive de Taba). Comme la stratégie d'acquisition de concepts, cette stratégie de pensée incite l'élève à regrouper des données en fonction de leurs attributs communs. La seule différence est qu'avec l'acquisition de concepts, les exemples sont habituellement classés d'avance et présentés par l'enseignant.

Ce qui rend les stratégies d'acquisition de concepts et de pensée inductive si efficaces, c'est le fait qu'on peut intégrer les autres intelligences, en changeant l'ensemble de données pour des images, de la musique, des actions, etc. Par exemple, si vous demandez à vos élèves de former des équipes de deux, de réfléchir à une question (comme la pollution), de classer les informations et de créer un réseau notionnel ou un schéma conceptuel, alors vous stimulez cinq intelligences, soit les intelligences logico-mathématique, linguistique, interpersonnelle, intrapersonnelle et spatiale. Bien sûr, les élèves peuvent mimer les idées principales contenues dans leur réseau notionnel ou leur schéma conceptuel, ou créer une chanson ou un rap qui les aidera à les interpréter. Viennent alors s'ajouter les intelligences kinesthésique et musicale.

Du côté des élèves autistes, nous constatons que l'analyse des données (la formation de concepts) leur permet de donner une signification aux informations dans leur monde. Bien qu'à certains moments, ils semblent mémoriser uniquement des informations, généralement par la suite, ils commencent à les classer dans des catégories. Souvent, le mot est compris seulement lorsqu'une image est créée à l'aide de cette catégorisation. Plus nous, les enseignants, comprenons les schémas de pensée des élèves autistes, plus nous pouvons concevoir avec précision un milieu d'apprentissage qui leur convient. Voici deux livres fort intéressants sur les élèves autistes : *Autism : The Facts* de Simon Baron-Cohen et Patrick Bolton, et *Thinking in Pictures and Other Reports From My Life With Autism* de Temple Grandin.

Nous vous présentons ci-dessous une leçon sur la musique baroque qui utilise le processus d'acquisition de concepts. Elle montre comment intégrer la pensée logico-mathématique à votre programme d'études.

Leçon

Acquisition de concepts – Ensemble de données sur la musique baroque

Niveaux	Intermédiaire et secondaire
Conçue par	John Mazurek

Mise en situation

Pendant que les élèves entrent dans la classe, faites jouer de courts extraits de pièces de différents styles de musique : du jazz, de la musique populaire, de la musique indienne, de la musique western, etc.

« Levez la main si vous pouvez dire à quoi ressemble la musique classique. Vous qui levez la main, tournez-vous vers la personne à côté de vous et essayez de fredonner ce qui vous est venu à l'esprit lorsque j'ai dit les mots "musique classique". Quand je fredonnerai à mon tour, j'aurai besoin de toute votre attention. Merci. »

Fredonnez ensuite une mélodie « classique » (baroque), comme *Come Ye Sons of Art* de Purcell.

Objectif et raison d'être

« Quand les gens disent "musique classique", ils font habituellement référence à différents styles de musique qui étaient joués en Europe il y a quelques siècles. Dans cette classe, vous allez avoir une meilleure compréhension d'un de ces styles : la musique baroque. Ainsi, vous pourrez mieux l'apprécier lorsque vous en écouterez ou en jouerez. À la fin de cette leçon, vous serez capables de dire si la musique que j'aurai fredonnée un peu plus tôt est baroque ou non et pourquoi. »

Énoncé de l'objectif

« Dans un moment, je vais faire jouer quelques courts extraits de différentes pièces de musique. Chaque extrait durera entre 30 secondes et une minute. Vous entendrez différentes combinaisons : voix solo et orchestre, violon et piano, piano solo, etc. Ces différences ne sont PAS ce sur quoi vous devez concentrer votre attention. Vous devez plutôt vous concentrer sur le style de musique. Certaines pièces sont du style baroque ; d'autres sont d'un autre style. Votre tâche est de définir ce qu'est le style "baroque", c'est-à-dire de préciser les éléments uniques de ce style, ses caractéristiques, que l'on appelle "attributs". »

Directives

« Les 10 premiers extraits que vous entendrez sont tirés aussi bien de pièces de musique baroque que de pièces de musique qui ne sont pas baroques. Il y aura alternance. Ainsi, le premier extrait pourrait être de la musique baroque ; le second extrait pourrait ne pas être de la musique baroque ; le troisième extrait pourrait être de la musique baroque, etc. Le disque s'arrêtera après chaque extrait. Vous aurez ainsi le temps de réfléchir, de comparer et d'opposer les pièces de musique baroque et les pièces de musique qui ne sont pas baroques. Une fois que les 10 extraits auront été joués, chacun de vous fera équipe avec un autre élève. Vous échangerez alors vos réflexions sur les caractéristiques du style baroque. »

Ensemble de données initial

Les nombres impairs sont des exemples de musique baroque.

1. Händel, Georg Friedrich. *Tanti strali al sen mi scocchi.* (Duo vocal)

2. Prokofiev, Sergei. *Sonate pour violon et piano, opus 94* – Moderato.

3. Bach, Johann Sebastian. *Concerto italien* – Presto. (Piano solo)

4. Ravel, Maurice. *Jeux d'eau.* (Piano solo)

5. Monteverdi, Claudio. *Non si levav'ancor l'alba novella.* (Madrigal à cinq voix)

6. Tallis, Thomas. *Salvator mundi.* (Motet à cinq voix)

7. Corelli, Arcangelo. *Concerto n⁰ 6 en fa majeur* – Allegro.

8. Beethoven, Ludwig van. *Quatuor à cordes en mi mineur, opus 59, n⁰ 2* – Allegro.

9. Bach, Johann Sebastian. *Concerto pour deux violons, cordes et basse continue en ré mineur, BWV 1043* – Largo.

10. Schubert, Franz. *Octuor en fa majeur, 6ᵉ mouvement* – Allegro.

« Selon vous, qu'est-ce qui rend la musique baroque si différente des autres styles de musique ? »

Exercice

« Vous allez entendre une douzaine d'extraits de pièces musicales. Encore une fois, le disque s'arrêtera après chaque extrait. Vous aurez le temps de réfléchir et de discuter. En dyade, vous examinerez vos hypothèses et déterminerez quels extraits représentent ou non de la musique baroque. Soyez prêts à vous exprimer verbalement, car je choisirai au hasard un élève et lui demanderai de faire part des réflexions de son équipe au reste de la classe. »

Ensemble de données pour l'exercice

N'annoncez pas le nom du compositeur ou le titre de chaque pièce. Surveillez les réponses en utilisant les pouces en l'air et les pouces vers le bas.

(O) Händel, Georg Friedrich. *Sonate en trio en sol majeur, opus 5 n° 4.*

(O) Bach, Johann Sebastian. *Uns ist ein Kind geboren, BWV 142.* (Cantate)

(N) Beethoven, Ludwig van. *Bagatelle, opus 33 n° 1.*

(O) Vivaldi, Antonio. *Les quatre saisons, n° 3, automne.*

(O) Gabrieli, Giovanni. *Buccinate in Neomenia.* (Chœur et cuivres)

(N) Mozart, Wolfgang Amadeus. *Sonate pour piano en do majeur, K. 279 –* Allegro.

(O et N) Milan, Luis. *Pavana IV del septimo y octavo tono.* (Luth solo)

Résumé

Posez ensuite cette question à vos élèves : « Alors, qu'est-ce qui rend la musique baroque si différente des autres styles de musique ? » Demandez aux élèves d'employer la méthode réfléchir-partager-discuter, puis de revenir dans leurs groupes du début. Faites jouer une pièce d'un des exemples de musique baroque (O), pendant que les élèves répondent à la question en utilisant la méthode du napperon. Ensuite, discutez avec eux pour déterminer la meilleure hypothèse possible et inscrivez-la sur le tableau au-dessous de la question. Cette liste pourrait contenir les idées suivantes :

Attributs essentiels de la musique baroque

- une « basse continue » sous-jacente qui parcourt toute la musique (des instruments différents peuvent être utilisés à cette fin) ;

- un rythme très régulier – qui ne change pas beaucoup à l'intérieur d'une même section ; le rythme d'une section peut être presque uniformément rapide, alors que celui d'une autre section peut être uniformément lent ;

- des changements d'accords réguliers et prévisibles ;

- la dynamique (la force) de la musique ne change pas beaucoup à l'intérieur d'une même section ; la dynamique d'une section peut être presque uniformément douce, alors que celle d'une autre section peut être uniformément sonore ;

- la majeure partie de la musique contient des mélodies complexes au-dessus des changements d'accords plus simples dans la basse continue – l'harmonie s'enrichit par l'importance donnée aux ornements ;

- la mélodie transporte la même idée à travers différents niveaux successifs de hauteur ;

- les émotions sont exagérées (dans la musique vocale).

Approfondissement

Le lendemain, demandez aux élèves de revoir le tableau des hypothèses. Pendant qu'ils écoutent un extrait plus long d'un des exemples de musique baroque (O), demandez-leur de rechercher les traits caractéristiques de ce type de musique. Faites-leur ensuite écouter un extrait de musique qui n'est pas baroque (par exemple, un extrait d'une pièce de Schubert), sans leur dire qu'elle n'est pas baroque, et demandez-leur de trouver une des caractéristiques énumérées dans les hypothèses. Demandez aux élèves d'utiliser alors la méthode réfléchir-partager-discuter, puis choisissez au hasard un élève qui s'adressera au reste de la classe. Quand vous leur aurez dit que la pièce n'est pas de la musique baroque, laissez les élèves déterminer si l'hypothèse doit être révisée.

Faites jouer maintenant un extrait de musique baroque pendant deux ou trois minutes. Demandez ensuite à chaque groupe de quatre de créer un mouvement ou une gestuelle pour représenter chacune des caractéristiques énumérées dans les hypothèses. Faites rejouer l'extrait et invitez les élèves à « tracer » leurs mouvements ou leurs gestes sur la musique. Les élèves doivent utiliser des mouvements et des signes numériques (qui correspondent aux points numérotés sur le tableau des hypothèses) pour indiquer les caractéristiques baroques. S'ils le désirent, ils peuvent exécuter leur chorégraphie devant la classe.

Répétez l'exercice, mais demandez à chaque groupe de choisir sa propre pièce de musique baroque.

L'intelligence spatiale

L'intelligence spatiale concerne les formes, les lignes, les couleurs, l'espace, etc., ainsi que leur interaction. Nous viennent immédiatement à l'esprit les artistes, les architectes, les décorateurs, les inventeurs, les navigateurs, qui peuvent se représenter mentalement la disposition des éléments. Aussi, la facilité avec laquelle Michael Jordan s'orientait sur les terrains de basket-ball en exécutant des mouvements et la manière dont un grand maître des échecs déplace ses pièces sur un échiquier illustrent l'intelligence spatiale. Comme c'est le cas avec les autres intelligences, cette intelligence se manifeste de nombreuses façons.

Une manière de se représenter l'intelligence spatiale est de tenter d'exécuter les tâches qui lui sont associées. Regardez bien la figure présentée à la page suivante et choisissez la forme identique à la cible.

Au cœur de l'intelligence spatiale se trouve la capacité pour un individu de percevoir le monde de manière précise, de transformer ou de modifier ses perceptions initiales, de récréer les aspects de son expérience visuelle, même en l'absence de stimuli physiques pertinents. L'opération la plus élémentaire, sur laquelle reposent les autres aspects de l'intelligence spatiale, est la capacité de percevoir une forme ou un objet. Bien qu'elle soit étroitement liée à l'observation du monde visuel, l'intelligence spatiale peut se développer aussi chez des personnes aveugles.

La perspective culturelle

L'acuité spatiale des Inuits est légendaire, tant chez les hommes que chez les femmes. Cela laisse sous-entendre que la « différence spatiale » rapportée parmi les cultures occidentales peut être comblée dans certaines cultures ou que les préjugés véhiculés dans nos cultures produisent des déficits spatiaux apparents chez les femmes. En ce qui concerne l'habileté spatiale, au moins 60 % des plus jeunes Inuits obtiennent un pointage aussi élevé que seulement 10 % des élèves de race blanche. On en arrive à la même constatation avec des tests visant à mesurer l'habileté à percevoir des détails visuels.

L'intelligence spatiale comporte un certain nombre d'habiletés reliées entre elles :

1. reconnaître des exemples d'un même élément ;

2. transformer un élément ou reconnaître la transformation d'un élément parmi d'autres ;

3. évoquer des images mentales et les transformer par la suite ;

4. produire la ressemblance graphique d'informations spatiales.

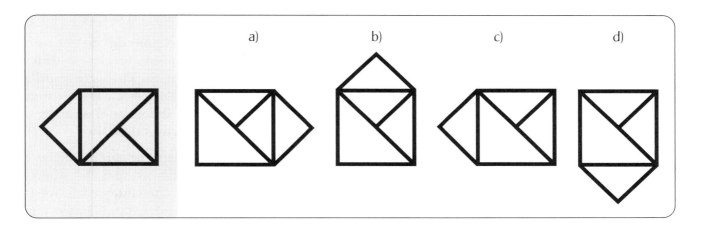

L'intelligence spatiale : implications sur le plan pédagogique

Selon Rudolf Arnheim, à moins d'évoquer une image d'un certain processus ou concept, nous ne pouvons pas y penser clairement. Un consensus existe autour de cette idée : les facultés spatiales et linguistiques semblent procéder d'une manière relativement indépendante, mais complémentaire. À cet égard, vous pourriez lire *Thinking in Pictures and Other Reports from my Life with Autism* de Temple Grandin (1995). Pour elle, durant les années de son autisme, les mots étaient dénués de sens jusqu'au moment où elle pouvait se les représenter en images. Détentrice d'un doctorat, Grandin a participé à la restructuration de nombreuses industries. Ses habiletés spatiales sont fascinantes, et ses histoires à la fois réconfortantes et instructives.

Du point de vue des implications pédagogiques, comment aidez-vous au développement de cette intelligence dans votre classe ? Pensez à des organisateurs visuels comme la **construction de réseaux notionnels** – où les couleurs, les lignes et les formes interagissent pour organiser l'information. Qu'en est-il de l'utilisation d'organisateurs graphiques comme les **diagrammes cause-effet,** les **diagrammes de Venn** et les **échelles de classement** ? Que dire de l'emploi d'images, de la photographie, des vidéos, des diapositives, des casse-tête, des collages, de la peinture, ou de l'utilisation de télescopes, de microscopes, de logiciels et de calculatrices graphiques ? Comment la **stratégie d'acquisition de concepts** peut-elle être utilisée à l'aide d'images pour acquérir ou approfondir un concept, comme l'architecture ionique, les lignes de symétrie, le pointillisme ou les émotions ? Qu'en est-il de l'intégration des connaissances relatives à l'usage d'une boussole et d'une carte topographique pour compléter une course d'orientation ?

Que nous apprend la recherche actuelle sur le cerveau au sujet de l'intelligence spatiale ? D'une part, il est clair que le cerveau a une plasticité : les connexions dendritiques peuvent s'accroître tout au long de la vie. Nous détestons faire appel à la recherche sur les rats, mais il faut noter que les rats élevés dans des milieux stimulants ont un cortex cérébral plus épais (ou un cerveau où il y a plus de connexions neurales) que les rats élevés dans des milieux non enrichis. Alors, nous pourrions penser à ce qui arrive lorsque l'intelligence logico-mathématique est stimulée en même temps que l'intelligence spatiale. Y a-t-il des maths dans l'art ? Y a-t-il de l'art dans les maths ?

Par ailleurs, certains types de démence détruisent les régions du cerveau associées au langage et dévoilent un talent artistique. Souvent, les élèves autistes obtiennent de bons résultats à des examens portant sur l'habileté visuelle et spatiale, notamment en faisant des casse-tête. Le dessin est un des trois domaines où les élèves autistes démontrent une habileté au-dessus de la moyenne, les deux autres étant la musique et les calculs calendaires.

Les adultes ayant une grande habileté spatiale estiment que leur intelligence reste plus vigoureuse avec l'âge. Comme nous l'avons souligné, les adultes ayant une grande intelligence logico-mathématique contatent que leur intelligence devient de plus en plus fragile en vieillissant, contrairement aux artistes, qui font certaines de leurs plus grandes œuvres à un âge avancé. Le sculpteur Henry Moore a déjà affirmé qu'il en est ainsi parce que les arts visuels sont plus reliés à l'expérience humaine réelle. Selon lui, la peinture et la sculpture ont davantage à voir avec le monde extérieur et sont éternelles.

> En vous appuyant sur les considérations qui précèdent et sur votre propre expérience, indiquez les moyens à prendre pour développer l'intelligence spatiale chez vos élèves et quels en seraient les effets.

L'intelligence kinesthésique

Quand nous utilisons notre corps pour exprimer nos pensées et nos émotions, nous déployons notre intelligence corporelle-kinesthésique (communément appelée « intelligence kinesthésique »). Aujourd'hui octogénaire, Marcel Marceau en a été un exemple éloquent durant toute sa vie. À travers le mime, il a pu dépeindre l'apparence d'un objet, une personne ou une action. Cela requiert un sens aigu de la caricature, ainsi qu'une exagération des mouvements et des réactions, comme le font les marionnettistes.

La principale caractéristique de cette intelligence est l'habileté à utiliser le corps de manière fortement différenciée et adroite avec ou sans objet, en déployant une motricité globale et une motricité fine remarquables. Gardner soutient que la maîtrise du corps et l'utilisation habile d'objets se trouvent au cœur même de cette intelligence – que démontrent notamment les nageurs, les danseurs, les golfeurs, les acteurs et les inventeurs. Norman Mailer a écrit que la boxe est un dialogue entre deux corps… un débat rapide entre deux intelligences. Certains pourraient ne pas être d'accord avec cet énoncé.

Gardner soutient que, dans notre culture, il y a un écart entre le mental et le physique. Cela va de pair avec la croyance selon laquelle ce que nous faisons avec notre corps est en quelque sorte moins privilégié, moins spécial, que les problèmes que nous résolvons surtout à travers l'utilisation du langage, de la logique ou d'un autre système symbolique relativement abstrait. Une distinction aussi prononcée n'existe pas dans de nombreuses autres cultures. Des psychologues ont établi des liens solides entre l'utilisation du corps et celle d'autres intelligences. Fait intéressant à souligner, des neurologues ont découvert que les individus en bonne forme physique peuvent soutenir davantage une activité cérébrale. Des études récentes ont révélé que leurs capillaires sont jusqu'à 40 % plus efficaces pour fournir de l'oxygène au sang et éliminer les substances toxiques. Cela signifie que les personnes en bonne forme physique se fatiguent moins et peuvent maintenir leur concentration plus longtemps.

Bien que nous puissions facilement apprécier l'histoire et l'importance de la danse et du jeu dramatique, nous oublions souvent, comme enseignants, le talent potentiel des bouffons dans nos classes. De nombreux comédiens qui ont eu un grand succès dans leur vie ont affirmé que leurs premières tentatives visant à imiter leurs professeurs se sont manifestées à la suite des difficultés qu'ils avaient eues à comprendre l'essentiel des leçons qu'ils devaient maîtriser. Ces individus ont atteint leur but en traçant les traits superficiels d'un personnage, en concevant différentes situations dans lesquelles celui-ci se trouvait habituellement, de même qu'en abordant les habiletés et les faiblesses de ce personnage particulier. C'est peut-être à travers un processus semblable que les grands clowns silencieux du passé, tels que Charlie Chaplin et Buster Keaton, et les grands comiques d'aujourd'hui, comme Lily Tomlin et Seinfeld, ont affiné leur talent.

L'intelligence kinesthésique : implications sur le plan pédagogique

Nous pourrions amorcer une discussion sur l'intelligence kinesthésique de nombreuses façons. Nous choisissons de partir de ce que nous connaissons au sujet de la mémoire – et qui est relié à ce que nous savons sur le cerveau humain. Encore une fois, nous devons tenir compte des liens qui existent entre la documentation sur le cerveau et celle sur les intelligences multiples. Quand nous pensons à la mémoire, nous considérons deux aspects : les informations qui entrent et celles qui sortent. Ce qui est le plus intéressant, cependant, c'est de savoir comment et à quel moment la mémoire absorbe et stocke des informations et comment nous, en tant qu'enseignants, nous pouvons encourager la mémoire de nos élèves à extraire et partager ces informations. À cet égard, nous vous conseillons de consulter *Learning and Memory : The Brain in Action* de Marilee Sprenger (1999) pour avoir un aperçu facile à lire de la mémoire, de l'enseignement et de l'apprentissage.

Voici un exemple. Qu'est-ce que vous vous rappelez avoir fait le 31 août 1998 et le 22 novembre 1963 ? Qu'est-ce que vous vous rappelez avoir fait lorsque vous avez appris la mort accidentelle de la princesse Diana ou l'assassinat de John F. Kennedy ? Quelle est la différence ? Il semble que nous ayons cinq mémoires :

- sémantique
- automatique
- épisodique
- émotionnelle
- procédurale

Voici deux colonnes qui représentent deux des cinq façons dont nous retenons l'information. Qu'ont en commun les exemples dans chaque colonne ?

La colonne 1 concerne la mémoire sémantique ; la colonne 2, la mémoire procédurale.

Colonne 1	Colonne 2
• Diagrammes de Venn • Diagrammes cause-effet • Schématisation conceptuelle • Toiles de mots • Remue-méninges • Lignes du temps • Échelles de classement	• Simuler par un jeu de rôle la division de deux nombres ou une équation • Pratiquer un processus pour en avoir la maîtrise • Exprimer l'interprétation d'un poème en dansant • Faire des jeux (comme le jeu de quilles) pour apprendre l'addition • Faire une sortie scolaire ou simplement marcher et parler dans un corridor • Faire quelque chose de nouveau en apprenant une idée (par exemple, se promener avec une chaussure sur la tête en récitant quelque chose)

Ainsi, comme enseignants, nous pouvons être perspicaces ou non dans la manière dont nous amenons nos élèves à retenir des informations et dont nous évaluons leur habileté à s'en servir. Le jeu de rôle, qui a des effets considérables sur l'apprentissage, est une des approches pédagogiques les plus documentées. Votre style d'enseignement ou le style d'apprentissage que vous privilégiez pourrait vous amener à parler plus qu'il ne faut pour répondre aux besoins de vos élèves, ou vous inciter à demander aux élèves de parler en groupes au-delà de ce dont ils ont besoin. Peut-être ressentiez-vous une certaine fragilité lorsque vos professeurs vous demandaient de montrer avec des gestes des choses que vous aviez apprises. Pourtant, certains élèves ont besoin d'une telle façon de démontrer leurs apprentissages, car leurs forces sont associées au mouvement. La documentation sur les élèves ayant des difficultés d'apprentissage montre que leur Q.I. moteur est nettement plus grand que leur Q.I. verbal.

En vous appuyant sur les considérations qui précèdent et sur votre propre expérience, indiquez les moyens à prendre pour développer l'intelligence kinesthésique chez vos élèves et quels en seraient les effets.

Les intelligences interpersonnelle et intrapersonnelle

Connaître les autres et se connaître soi-même sont les mots clés des intelligences **interpersonnelle** et **intrapersonnelle**. Pensez à la capacité de reconnaître et d'interpréter des sentiments ou des humeurs, d'utiliser l'humour, de rire, de discuter. L'intelligence qui permet de revenir à l'intérieur de soi est intrapersonnelle. L'intelligence intrapersonnelle est également l'habileté à faire de l'introspection, à se connaître soi-même. L'intelligence qui permet d'agir et de réagir avec les autres est interpersonnelle.

La plupart des offres d'emploi publiées dans les journaux mettent l'accent sur les habiletés interpersonnelles ou de communication et l'habileté à travailler en équipe. Nous n'avons jamais vu une annonce demandant une personne capable de s'asseoir dans un coin, sans parler, prête à lever la main et à attendre que le patron vienne répondre à la question.

Freud a été l'un des premiers grands psychologues à explorer la sphère intrapersonnelle, le siège du « soi » tel qu'il existe dans la connaissance qu'une personne a d'elle-même. James, un psychologue plus âgé qui avait voyagé pour rencontrer des universitaires autrichiens, avait dit à Freud : « L'avenir de la psychologie dépend de vos travaux. Il n'y a pas de moment plus déterminant dans l'histoire intellectuelle de notre époque. » James se réclamait d'une autre philosophie. Il avait choisi une forme de psychologie orientée vers la sphère interpersonnelle ou l'importance des relations avec les autres.

L'intelligence intrapersonnelle est axée sur l'analyse de ses propres émotions, l'habileté à établir immédiatement des distinctions entre ses sentiments et à les nommer, à recourir à ses sentiments pour comprendre et orienter son comportement. On retrouve cette forme d'intelligence chez les aînés qui font appel à leurs vastes expériences personnelles pour conseiller les membres de leur communauté (par exemple, le chef Dan George). Cette intelligence est abordée plus spécifiquement et en profondeur dans la documentation relative à l'intelligence émotionnelle (voir Goleman, 1997). Pour une recherche et une perspective différentes, consultez *The Emotional Brain* de Joseph LeDoux.

L'intelligence interpersonnelle est tournée vers l'extérieur de soi, vers les autres. C'est l'habileté à établir des distinctions entre les individus et, en particulier, saisir leurs humeurs, leurs motivations ou leurs intentions. Dans sa forme la plus élémentaire, l'intelligence interpersonnelle se traduit par la capacité du jeune enfant à distinguer les personnes qui l'entourent et à reconnaître leurs humeurs. Dans une forme plus avancée, elle permet à un adulte de déceler les intentions et les désirs des autres et, potentiellement, de se servir efficacement de cette connaissance. On peut constater des formes très développées d'intelligence interpersonnelle chez des chefs religieux (par exemple, Mahatma Gandhi), des enseignants compétents et d'autres individus exerçant des professions qui les amènent à venir en aide aux autres.

Chez les élèves et les adultes autistes, nous voyons des exemples qui montrent que cette intelligence fonctionne moins bien. L'incapacité d'établir des rapports sociaux est l'un des signes qu'un enfant est autiste (Baron-Cohen et Bolton, 1993). L'autisme est non pas une anomalie sociale, mais plutôt un ensemble d'anomalies sociales. De même, les personnes chez qui l'intelligence interpersonnelle est marquée ont un ensemble d'habiletés qui leur permettent de s'adapter efficacement à de nombreuses situations impliquant différents types de personnalités (par exemple, les politiciens et les comédiens). Dans nos classes, ces individus sont habituellement les élèves les plus populaires.

Les intelligences interpersonnelle et intrapersonnelle : implications sur le plan pédagogique

Comment ces intelligences se manifestent-elles dans nos classes? Comment les enseignants favorisent-ils l'habileté de leurs élèves à se comprendre et à comprendre les autres? Notons que plus de 65 % des énoncés de vision dans nos organisations scolaires reflètent l'importance de ces deux intelligences. Et, pourtant, ce n'est pas ce que nous constatons dans la pratique. La réalité révèle plutôt un accent mis sur les intelligences linguistique et logico-mathématique. Malheureusement, les élèves dont les forces se trouvent dans d'autres sphères sont souvent défavorisés.

On peut concevoir sans peine que l'apprentissage coopératif et ses nombreuses variantes représentent un outil puissant pour exploiter ces deux formes d'intelligence. On sait que l'intelligence interpersonnelle est un des plus grands facteurs de succès des individus dans toutes les cultures étudiées par Gardner. On pourrait aisément en conclure qu'il est nécessaire de recourir à des pratiques qui encouragent les interactions entre les élèves et parmi les groupes d'élèves.

En consultant la documentation sur l'apprentissage coopératif, nous avons trouvé plus de 300 activités de groupes qui appuient le développement des intelligences interpersonnelle et intrapersonnelle, comme la controverse créative, l'analyse en équipe, la méthode EJT (équipes-jeux-tournois), l'enquête en groupe (*group investigation*), l'entrevue en trois étapes, le jeu de rôle, la simulation, etc. Il va de soi que les enseignants doivent amener progressivement leurs élèves à développer des habiletés sociales, de communication et de pensée critique. Par exemple, si les élèves ne peuvent pas être sensibles à l'idée de laisser à chacun la chance de s'exprimer, il y a de fortes chances qu'ils ne puissent pas utiliser des habiletés de communication comme l'écoute active et la vérification de la compréhension, et des habiletés de pensée critique comme lorsqu'il s'agit de différer son jugement après l'examen des différents aspects d'une question. Aussi, sans ces habiletés, il y a peu de chances que les élèves emploient efficacement une tactique comme l'entrevue en trois étapes ou une stratégie comme la controverse créative.

L'essence de l'intelligence intrapersonnelle est la réflexion sur soi, ou la métacognition. Les portfolios, les autoévaluations et les jeux de rôle sont trois moyens parmi d'autres qui aident les élèves à réfléchir sur eux-mêmes et à mieux se comprendre. Bien sûr, quand ils réfléchissent et construisent des organisateurs graphiques comme des réseaux notionnels et des schémas conceptuels, les élèves montrent aussi ce qu'ils ont à l'esprit.

À notre avis, il convient que des mesures collectives soient prises à l'école pour favoriser le développement des intelligences interpersonnelle et intrapersonnelle. Ensemble, les enseignants pourraient cibler des compétences particulières à développer à chaque niveau scolaire, puis les réviser l'année suivante. Ainsi, les élèves pourraient disposer d'un répertoire de compétences qui leur permettrait de réagir à ce qui les entoure de manière plus responsable et plus significative. En somme, le développement des intelligences interpersonnelle et intrapersonnelle doit être valorisé aussi bien par les enseignants que par les élèves.

En vous référant aux offres d'emploi présentées à la page suivante, dites quels seraient les moyens à prendre pour développer les intelligences interpersonnelle et intrapersonnelle chez vos élèves et quels en seraient les effets.

Petites annonces

Voici des énoncés concernant ce que des employeurs attendent des employés potentiels. Quelles sont les implications de ces énoncés pour nous, enseignants, quant à notre façon de concevoir nos milieux d'apprentissage ?

Vous pourriez recueillir des offres d'emploi publiées dans votre journal local ou des journaux internationaux, puis remettre à chaque groupe de 3 ou 4 élèves de 9 à 12 offres – de manière à ce que chaque élève en ait 3 ou 4. Vous pourriez recourir à la méthode du napperon (décrite dans le chapitre 6) et demander aux élèves d'indiquer les attentes les plus courantes qu'ils ont décelées dans leurs offres d'emploi. Ensuite, les élèves pourraient participer à un tournoi à la ronde et en arriver à un consensus au sujet des habiletés que les employeurs recherchent le plus.

Conseiller scolaire (au niveau secondaire)

Vous devez posséder une maîtrise en service social ou en counseling, avoir une expérience de cinq ans en counseling direct auprès des groupes d'âge cibles, ainsi que des habiletés de leadership. Ayant un solide esprit d'équipe, vous excellez dans les milieux multidisciplinaires et vous vous intéressez à la pratique scolaire généraliste.

Programmeur-analyste

Qualités requises : ... connaissance pratique des techniques de programmation générale ; excellentes habiletés analytiques et de résolution de problèmes ; habileté à préparer des estimations et à accomplir de multiples tâches en même temps ; habileté à offrir un excellent service à la clientèle, excellentes habiletés interpersonnelles, de communication et de consultation.

Services chirurgicaux : formateur clinicien en chirurgie générale

Vous vous joindrez à une équipe multidisciplinaire dynamique, vouée à la promotion de l'excellence des soins fournis dans nos 2 unités de 27 lits qui se spécialisent dans les chirurgies suivantes : thoracique, abdominale, vasculaire, oto-rhino-laryngologique, urologique et plastique. Communicateur hors pair possédant d'excellentes habiletés interpersonnelles, vous apporterez à notre équipe chirurgicale un solide leadership, ainsi que des habiletés d'évaluation clinique et de facilitation.

Gestionnaire de l'environnement (eaux souterraines en milieu rural)

... capacités manifestes dans le transfert des technologies, et spécialement dans les techniques de formation dans le secteur agricole ; expérience dans l'évaluation et la planification de programmes, la gestion de projets et la supervision d'équipes ; très grandes habiletés interpersonnelles et de négociation pour établir des relations efficaces avec les clients, les experts provinciaux et internationaux ; fortes habiletés de communication ; habileté à utiliser des applications informatiques ; permis de conduire valide.

Traducteur

Le candidat ou la candidate doit posséder une maîtrise parfaite des deux langues officielles. Autres atouts très importants : de solides habiletés interpersonnelles et de communication, une grande motivation personnelle, une habileté à travailler en équipe dans un milieu multiculturel.

L'intelligence naturaliste

Cette intelligence fait référence à l'habileté à résoudre des problèmes qui reposent sur une connaissance et une compréhension de la nature. Par exemple, les autochtones australiens, les Inuits du Canada et les Amérindiens d'Amérique du Nord ont une connaissance approfondie de la nature qui les entoure. Ils ont la capacité de vivre en harmonie avec la nature. Charles Darwin était aussi pourvu de l'intelligence naturaliste, comme le sont de nombreuses personnes que l'éducation ou la formation amène à vivre au grand air. Avec optimisme, on pourrait s'attendre à ce que tous ceux et celles qui aspirent à devenir ministres de l'Environnement aient, eux aussi, cette intelligence!

Quand nous pensons aux élèves qui vivent en milieu urbain ou suburbain, et qui vont rarement ou qui ne vont jamais à la campagne, nous devons nous interroger sur ce qu'ils pensent de l'environnement. Que savent-ils au sujet des étangs, des lacs, des cours d'eau, des montagnes, des falaises, des vallées, des pluies acides, de la coupe à blanc, des déversements accidentels de pétrole, de la surpêche? Pouvons-nous vraiment sensibiliser nos élèves à la science en les laissant enfermés entre les quatre murs de nos classes? On pense tout de suite au film *Bienvenue Mister Chance* (*Being There*), dans lequel Peter Sellers incarne un homme dont la vie se résume à ce qu'il voit à la télévision. Soudainement, sa vie change: il doit quitter ce milieu cloîtré et vivre dans le monde réel.

Quand nous pensons à la manière dont nos actions influencent les écosystèmes, nous constatons que nous devons avoir une compréhension approfondie de ceux-ci et non pas seulement un simple diagramme annoté qui illustre le cycle de l'eau. Par exemple, avoir une vue d'ensemble des personnes concernées par la pollution de l'eau et des effets de celle-ci. Cela signifie comprendre que, quand l'eau est polluée, les poissons se font rares, leurs prix montent en flèche, les restaurants augmentent leurs prix, les plombiers qui les fréquentent font de même, l'industrie de la pêche paie plus cher pour recourir aux services des plombiers qui viennent faire des réparations sur les bateaux, et ainsi de suite. Nous voyons bien l'effet d'entraînement.

L'intelligence naturaliste concerne également la question du recyclage. Pourquoi les verres et les matières plastiques ne sont-ils pas recyclés dans la plupart des aéroports internationaux? Même s'ils ont des bacs à recyclage, pourquoi les gens continuent-ils de mettre leurs contenants de jus dans des sacs à ordures destinés à l'enfouissement? Parmi eux, ironiquement, il s'en trouve beaucoup qui consomment des boissons santé (intelligence kinesthésique), mais qui ne pensent pas à la santé quand vient le temps de résoudre des problèmes concernant la nature.

L'intelligence naturaliste : implications sur le plan pédagogique

Dans cette section, nous vous proposons quelques histoires. Vous avez probablement la vôtre.

Premier cycle du niveau secondaire : Je me demande combien d'enseignants affirmeraient que dame Nature est la meilleure des enseignantes. Je sais qu'il y en a un certain nombre. Un des auteurs du présent ouvrage a enseigné un programme d'éducation spécialisée où les élèves faisaient de nombreuses sorties. L'enseignement en plein air était une approche clé dans la création de milieux d'apprentissage. Il reposait sur une étude qui avait été menée au début des années 1960 en France, où, dans certaines écoles, le temps d'enseignement avait été réduit de moitié au profit d'un programme intensif d'enseignement en plein air. Au bout de 10 ans, les élèves inscrits au programme d'enseignement régulier combiné à un enseignement en plein air ont réussi autant, sinon mieux, les examens que les élèves qui avaient suivi un programme de formation générale plus intensif. De plus, les élèves inscrits au programme d'enseignement à la fois régulier et en plein air ont eu de meilleurs résultats sur les plans sociométrique (intelligence interpersonnelle) et de la forme physique (intelligence kinesthésique). L'un des deux auteurs du présent livre, qui a enseigné un programme axé sur l'enseignement en plein air à des élèves du premier cycle du niveau secondaire alors qu'il était au service des Écoles publiques d'Edmonton (Alberta), a participé à cette époque à une recherche (Haug, Bennett, Jamieson et Krause, 1977). Il apparaît que, dans ce programme axé sur l'enseignement en plein air, le programme d'études avait été couvert avant le temps habituellement requis. Autre fait intéressant à souligner, le taux de présence des élèves est passé de 78 % à 95 %.

Niveau primaire : Plusieurs années plus tard, le programme dont nous venons de parler a été adapté à une école primaire. Les élèves de cette école ont passé tout le mois d'octobre à l'extérieur, dans des piscines, sur des fermes, ou sur des sites d'enfouissement à étudier des problèmes liés à la pollution et au recyclage. Sur les bords d'étangs, ils ont pu étudier des comportements animaux à l'aide de périscopes faits à la main et concevoir des projets d'art en utilisant des quenouilles qu'ils avaient recueillies près des étangs. Quel a été le résultat final ? Treize des 15 élèves ayant des besoins spéciaux n'ont eu aucune absence, et la plupart des élèves ont pu intégrer en partie ou totalement la classe ordinaire durant l'année scolaire.

Camps de survie : Pendant 5 jours au cours de l'année scolaire, des élèves ont fait une excursion en milieu mi-sauvage avec leurs enseignants, alors que la température oscillait entre −10 °C et −30 °C. Ils ont construit des abris simples, préparé des repas et fait des explorations. Pour avoir le droit de participer à ce programme, les élèves ont dû lire en totalité un manuel qui portait sur l'identification des animaux, leurs pistes et leurs habitudes, et démontrer une compréhension des problèmes environnementaux.

Camps de rencontres : Durant le dernier mois de l'année scolaire, six garçons et filles du secondaire ont passé une semaine avec une soixantaine d'élèves autochtones au Stoney Wilderness Centre, près de Banff, en Alberta. Ils ont vécu dans de vrais tipis et, pendant deux jours, ils ont fait une randonnée pédestre dans les montagnes Rocheuses. Les élèves autochtones ont montré aux «citadins» comment attraper et seller un cheval. Les élèves des milieux urbains ont fabriqué à la main leurs pagaies avec des rondins d'épinette. Ils ont suivi des cours de survie. À la suite de cette expérience, les élèves des milieux urbains ont pleuré quand est venu le temps de retourner chez eux. Ils se sont fait de bons amis – les élèves autochtones, bien sûr, mais aussi la nature!

En vous appuyant sur les considérations qui précèdent et sur votre propre expérience, indiquez les moyens à prendre pour développer l'intelligence naturaliste chez vos élèves et quels en seraient les effets.

L'intelligence émotionnelle

La présente section gravite autour des travaux de Joseph LeDoux (*The Emotional Brain: The Mysterious Underpinnings of Emotional Life,* 1996), de Debra Niehoff (*The Biology of Violence,* 1999) et de Daniel Goleman (*L'intelligence émotionnelle,* 1997). Goleman explique de manière exhaustive les différents aspects des émotions et de l'intelligence. Il approfondit les travaux de Gardner dans les sphères de l'intelligence interpersonnelle et de l'intelligence intrapersonnelle, en plus de fournir des conseils pratiques. Goleman soutient que l'intelligence émotionnelle pourrait être plus importante que toutes les autres intelligences. D'ailleurs, les neurologues soutiennent que notre cerveau contient plus de neurones situés dans la zone associée aux émotions et reliés au cortex cérébral. Évidemment, une question se pose d'elle-même: quelles sont les dimensions de l'intelligence émotionnelle et comment pourrions-nous favoriser son développement dans nos classes?

Goleman a cerné les domaines suivants:

- la reconnaissance de ses émotions – la conscience de soi
- la gestion de ses humeurs – le contrôle de soi
- la motivation
- l'empathie
- les habiletés sociales

Une des choses importantes pour nous, enseignants, c'est de déterminer comment l'intelligence émotionnelle est liée à la motivation et au stress. Notons que les émotions peuvent parfois avoir des conséquences utiles et qu'à d'autres moments, elles sont associées à des états pathologiques. La peur est utile, mais pas quand elle devient de l'anxiété. Le plaisir est agréable et utile tant qu'il ne crée pas une dépendance. L'amour bâtit des relations, mais pas quand il devient une obsession. L'insatisfaction nous permet de faire des choix éclairés; quand elle n'est pas gérée efficacement, elle peut se transformer en colère et en haine.

Les anciens Grecs employaient les mots *ethos* (éthique), *logos* (logique) et *pathos*. Le terme *pathos* était associé aux émotions. Ces trois termes sont étroitement liés à la communication. Nous savons que les émotions surgissent involontairement et que, hors de notre contrôle, la balle des émotions commence à rouler. Mais une fois qu'elle est partie et que nous en sommes conscients, nous la contrôlons : nous pouvons décider de la frapper ou non. Il est sage de comprendre nos émotions afin d'accroître notre habileté à les interpréter et à agir sur elles. Cela implique que nos ressources cognitives soient reliées à ces informations émotionnelles. Comme le souligne Le Doux, « la survie n'est pas seulement quelque chose que nous faisons en présence d'une bête sauvage. Les situations sociales sont également des situations de survie ». Les adolescents confirment certainement cet énoncé : pour eux, les amis sont « tout ».

L'intelligence émotionnelle : implications sur le plan pédagogique

Pensez à un élève qui a des échecs répétés à l'école. Non seulement le processus d'apprentissage et l'enseignant deviennent associés à ces échecs (conditionnement), mais la classe elle-même devient pour cet élève un stimulus entraînant l'échec. Le fait que cet élève entre dans cette classe, qui lui apparaît comme une boîte associée à des émotions négatives, diminue ses possibilités d'apprentissage. Maintenant, ajoutons à cette « boîte » le stress de vivre dans la pauvreté, d'être témoin d'actes de violence, d'être négligé, d'être agressé physiquement ou sexuellement, de consommer de l'alcool ou des drogues. De tels événements stressants peuvent influer sur l'hippocampe, une structure complexe du cortex cérébral qui est essentielle à la mémoire à long terme, et par conséquent avoir des conséquences directes sur l'apprentissage. Si le stress se prolonge (par exemple, chez des élèves victimes d'une violence répétée), les lésions à l'hippocampe peuvent devenir permanentes.

En conséquence, nous devons créer des classes où les élèves se sentent à la fois stimulés et en sécurité. Nous devons aussi être conscients que l'idée d'une classe stimulante et sécuritaire n'a pas la même signification pour tous les élèves. Ce qui est stimulant et sécuritaire pour un élève confiant et brillant peut ne pas l'être pour un élève brillant qui n'a pas confiance en lui. L'image de soi (la compréhension qu'on a de soi-même) et l'estime de soi (la valeur qu'on associe à son image de soi) jouent un rôle dans la définition de ce qui est stimulant et de ce qui est sécuritaire.

Un programme qui gagne sans cesse en popularité est le programme *Tribes* de Jeanne Gibbs – qui vise à créer une classe où règne le respect mutuel, où les élèves se sentent à l'aise pour partager leurs réflexions et leurs émotions.

Dans leurs travaux sur l'apprentissage coopératif qui s'inscrivent dans une perspective théorique, David et Roger Johnson ont souligné l'importance d'enseigner des habiletés sociales, de communication et de pensée critique. À cet égard, il vous serait utile de consulter leur ouvrage intitulé *Cooperation and Competition : Theory and Research in Cooperative Learning* (1989). Selon eux, ces habiletés doivent être développées. Quand nous réfléchissons à des réunions que nous avons avec des collègues de travail ou à nos relations avec les membres de notre famille et nos amis, nous sommes à même de constater nos lacunes dans la sphère de l'intelligence interpersonnelle.

Il existe tout de même des moyens facilitant la création d'un milieu favorable à l'apprentissage. Pensez à la manière dont vous formulez vos questions et au temps que vous accordez à vos élèves pour réfléchir. Trop d'enseignants ne savent pas comment formuler des questions. Demandent-ils à leurs élèves de réfléchir, par exemple durant sept secondes, avant d'échanger leurs réflexions avec un camarade? En outre, comme enseignants, nous n'arrivons pas toujours à comprendre pourquoi un élève n'a pas répondu à une question ou nous a donné une réponse farfelue, une réponse partiellement bonne, une supposition ou une réponse bonne. Comment réagissez-vous en voyant le visage d'un élève qui semble vouloir vous dire «Sauvez-moi!» ou «Permettez-moi de sauver la face»? Quelles habiletés relatives à la façon de penser et d'agir souhaitez-vous partager avec vos élèves quand ils répondent à vos questions?

Somme toute, l'intelligence émotionnelle est une question importante et les enseignants sont en bonne position pour favoriser son développement.

Question

Remontez dans le temps et pensez à deux enseignants que vous avez eus : un enseignant efficace et un autre qui ne l'était pas. Quelles caractéristiques décrivent ces deux enseignants? Ces enseignants avaient-ils une intelligence émotionnelle développée?

Les styles d'apprentissage

Liste de vérification

Lorsque vous apprenez, que préférez-vous?	
du bruit	le silence
de la musique	pas de musique
un travail en groupe	un exposé magistral
une lumière de faible intensité	une lumière de forte intensité
travailler le matin	travailler la nuit
lire des informations	agir après avoir reçu une information
écouter	parler

Les styles d'apprentissage servent à mieux saisir la manière dont chaque élève apprend. Ils ne font pas référence à l'intelligence ou à la capacité de résoudre des problèmes (contrairement aux intelligences multiples). En fait, les styles d'apprentissage ne constituent d'aucune manière une stratégie particulière visant à résoudre des problèmes. Ils offrent plutôt un modèle théorique qui informe l'enseignant et l'élève sur les différences entre les individus et sur leur façon d'apprendre.

Les recherches portant sur les styles d'apprentissage nous renseignent sur la façon dont les élèves apprennent et permettent ainsi de constituer un répertoire d'outils pédagogiques appropriés. Ces recherches alimentent notre réflexion sur les processus que nous devons intégrer pour créer des milieux d'apprentissage significatifs et efficaces. Elles augmentent notre flexibilité conceptuelle en nous incitant à apprendre, à réfléchir et à relier des informations entre elles pour répondre aux besoins diversifiés des élèves. Nous croyons que les recherches sur les styles d'apprentissage favorisent le développement de notre pensée critique, puisqu'elles incitent à voir l'apprentissage sous de multiples perspectives. Ainsi, pour approfondir votre connaissance des styles d'apprentissage, il est nécessaire que vous établissiez des liens avec vos pratiques pédagogiques.

Bernice McCarthy et Rita Dunn ont produit divers écrits relatifs au développement des styles d'apprentissage dans le contexte de l'enseignement en salle de classe. D'autres auteurs traitent également des styles d'apprentissage, comme Anthony Gregoric, Pat Guild et Ned Hermann.

Dans cette section, nous présenterons brièvement les travaux de Bernice McCarthy et de Rita Dunn sur les styles d'apprentissage sans prétendre les exposer en profondeur.

Bernice McCarthy

Son plus récent ouvrage, *About Learning*, fournit une intéressante incursion dans les différences qui existent entre les individus et leurs répercussions sur l'apprentissage. Sa présentation des styles d'apprentissage est appelée le « système 4MAT ». McCarthy affirme que ce système est fondé sur ses observations de nombreux apprenants qui ont eu de la difficulté à donner un sens à l'apprentissage, ainsi que sur les travaux de Lewin, Vygotsky, Dewey, Piaget, Bruner et Kolb. Pensez à un cercle ayant quatre quadrants.

Quadrant 1. Combiner l'expérience concrète et l'observation réfléchie

Quadrant 2. Combiner l'observation réfléchie et la conceptualisation abstraite

Quadrant 3. Combiner la conceptualisation abstraite et l'expérimentation active

Quadrant 4. Combiner l'expérimentation active et l'expérience concrète

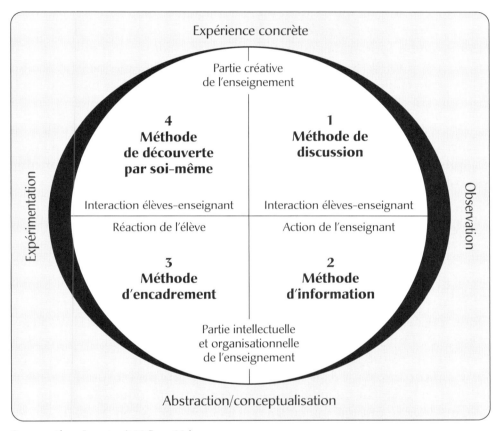

Source : *About Learning* (1996), p. 224.

Ce qui saute aux yeux quand nous lisons *About Learning,* c'est que le système 4MAT a sa propre logique. Il invite les enseignants à être en contact avec l'expérience et le sentiment de l'apprenant – c'est-à-dire à rendre intéressant, authentique et significatif ce que les élèves apprennent. Le passage à la résolution de problèmes est alors facile, puisque l'apprenant comprend les concepts ou les idées. La transformation ou l'intégration des idées est l'aboutissement logique : la mosaïque prend forme par elle-même. Bien sûr, il y a l'envers de la médaille : si nous choisissons de ne pas prêter attention à ces quatre sphères, nous devons nous demander pourquoi les élèves seraient intéressés à venir dans nos classes. Nous savons comme professionnels que, lorsque nous assistons à une conférence qui manque d'intérêt, ou qui ne cadre pas avec les buts que nous poursuivons et les efforts que nous déployons, il y a de fortes chances que nous quittions la salle. Bien entendu, les élèves ne peuvent pas se payer ce luxe. Cela dit, certains élèves persévèrent parce qu'ils doivent le faire ou parce qu'ils s'y sentent forcés. Ou encore parce qu'ils veulent aller à l'université et que votre classe est un passage obligé. C'est pourquoi certains élèves font ce qui leur est demandé tandis que d'autres abandonnent, se conduisent mal ou font tout cela à la fois.

Rita Dunn

Dans cette section, nous jetterons un regard sur certaines idées de Rita Dunn relatives à la mise en œuvre d'un programme respectant les styles d'apprentissage. Dans *How to Implement and Supervise a Learning Styles Program* (1996), Dunn fournit des informations clés. La notion de « style » est rattachée à de nombreux éléments comme un milieu tranquille ou bruyant, un éclairage de faible ou de forte intensité, la position assise, des modes de perception (visuelle, auditive, tactile, kinesthésique), et ainsi de suite.

La façon dont les styles d'apprentissage se développent. Dunn étudie l'influence de la génétique et de l'environnement sur le développement du style d'apprentissage préféré. Elle mentionne également que le style d'apprentissage varie à l'intérieur d'une même famille.

Selon elle, les élèves doués préfèrent l'apprentissage kinesthésique (expérimental et actif) et l'apprentissage tactile, mais ils peuvent tout aussi bien apprendre de manière auditive ou visuelle. Les élèves qui ont un rendement peu élevé préfèrent, eux aussi, les apprentissages kinesthésique et tactile, mais ils ne peuvent maîtriser des informations difficiles qu'à l'aide de ces deux modes.

Dunn a également constaté que les élèves doués veulent apprendre avec leurs camarades. Dans *Creating Minds*, Gardner mentionne que Picasso, Freud et Graham ont réalisé leurs meilleurs travaux en interagissant avec les autres. Évidemment, être doué dans un domaine ne signifie pas être doué dans tous les domaines. Le fait qu'un élève est fort en mathématiques ne signifie pas qu'il est doué en musique ou qu'il a une habileté à entrer en relation avec ses camarades. La corrélation entre le quotient intellectuel et le comportement intelligent tourne autour de 0,7 %.

Franchir les premières étapes. Rita Dunn indique le processus conduisant à la découverte des styles d'apprentissage des élèves. Elle fournit des informations sur les répertoires de styles d'apprentissage et la recherche qui les soutient. En outre, elle souligne quelques idées permettant de présenter les styles d'apprentissage au personnel scolaire et aux parents. Elle ajoute qu'il faut être prudent lorsque vient le temps de mettre en œuvre un programme axé sur les styles d'apprentissage. Selon elle, les enseignants doivent bien comprendre la recherche qui soutient les styles d'apprentissage pour mieux saisir les changements pédagogiques impliqués lorsque vient le temps d'en faire l'expérience. Dunn invite les enseignants à intervenir dans leurs classes et à personnaliser l'apprentissage. Elle présente des idées pratiques et des ressources liées à des façons de prêter attention aux différents styles d'apprentissage.

Implications sur le plan pédagogique

Commencez par observer vos élèves au moment où ils entrent dans la classe. Jetez un coup d'œil sur la leçon que vous avez préparée. Posez-vous ces questions : ma leçon est-elle significative ? Les élèves participent-ils au processus pédagogique que je leur soumets et sont-ils incités à réfléchir sur le processus ? Agissent-ils sur ce qu'ils connaissent ? Transfèrent-ils cet apprentissage dans la réalité et l'intègrent-ils à ce qu'ils connaissent ? Si vous répondez non à ces questions, McCarthy pourrait vous demander : « Quelle est la solution de rechange ? Quel est le problème ? Une absence de signification, de compréhension conceptuelle, de réflexion, de lien, d'authenticité, de transfert ? »

Quels processus pédagogiques pouvons-nous mettre en œuvre pour que les quatre styles d'apprentissage de McCarthy prennent vie ? Quand pouvons-nous utiliser le jeu de rôle, la construction de réseaux notionnels, la controverse créative, l'apprentissage coopératif, la stratégie de pensée inductive, l'exposé magistral ? Quand pouvons-nous utiliser l'un ou l'autre des quelque 1000 processus pédagogiques répertoriés ? Les styles d'apprentissage fournissent un modèle pour tenter d'expliquer le monde compliqué de la motivation et les processus pédagogiques à privilégier. Les enseignants s'évertuent sans cesse à trouver des façons de motiver les élèves. Or ce qui est intéressant pour un élève ne l'est pas nécessairement pour un autre. Un élève voudrait travailler en équipe ; un autre préfère travailler individuellement. Un élève recherche la tranquillité ; un autre a besoin de parler. Un élève veut apprendre des choses en s'exerçant ; un autre veut d'abord bien connaître les consignes.

L'élève doué qui préfère travailler individuellement dira « Je ne veux travailler avec personne ! » Pourtant, les petites annonces demandent des employés capables de travailler en équipe, ayant de solides habiletés interpersonnelles et intrapersonnelles. La question que les enseignants se posent à longueur de journée est : « Que faire ? » La recherche portant sur les styles d'apprentissage aide à comprendre l'apprenant de manière plus précise et plus approfondie.

Quand nous prenons le temps de discuter avec chaque élève de son style d'apprentissage et de ceux de ses camarades, nous développons l'empathie et le respect des autres et de soi-même. Les élèves apprennent à exprimer leurs besoins et à reconnaître l'importance de travailler en dehors des domaines où ils excellent. Le comportement intelligent est précisément l'habileté à intégrer de multiples domaines de connaissances, à reconnaître des modèles et à avoir un répertoire de réponses associé à ces modèles. Comprendre les styles d'apprentissage en plus de bien saisir les retombées des recherches sur les intelligences multiples, les particularités des garçons et des filles ainsi que le multiculturalisme permet à l'enseignant d'amener les élèves à devenir des citoyens responsables.

Les enseignants doivent sans cesse développer leur répertoire pédagogique à la lumière des connaissances qu'ils acquièrent. Ainsi, s'attendre à ce que la documentation sur les styles d'apprentissage améliore l'apprentissage des élèves sans se questionner sur les processus pédagogiques à privilégier, c'est comme s'imaginer qu'il n'y a nul besoin d'avoir autre chose qu'un plan d'architecte détaillé pour construire une maison! La connaissance de l'apprenant et le répertoire pédagogique **interagissent**: ils sont **interdépendants**.

La mise en œuvre des processus pédagogiques liés aux styles d'apprentissage

La documentation relative aux styles d'apprentissage est un des premiers champs d'études qui ont encouragé les enseignants à reconnaître les différences entre les élèves quant à leur façon d'apprendre. Ce qui occupe surtout notre attention, c'est le fait que souvent, les processus pédagogiques respectant les styles d'apprentissage ne sont pas mis en œuvre efficacement. Cette préoccupation a deux composantes: 1) l'incapacité des enseignants à élaborer la base de connaissances associées aux styles d'apprentissage; et 2) le manque de lien entre la recherche sur les styles d'apprentissage et les principes pédagogiques.

La **première préoccupation** est reliée à l'idée que les enseignants ne comprennent pas bien le rôle que les styles d'apprentissage jouent dans les processus d'enseignement et d'apprentissage. On les entend souvent dire que les styles d'apprentissage comme tels ne peuvent favoriser l'apprentissage des élèves parce qu'ils ne sont ni des tactiques, ni des techniques, ni des stratégies d'enseignement. Soulignons que nous voyons une différence dans l'apprentissage des élèves lorsque nous faisons quelque chose en rapport avec ce que nous connaissons sur ce sujet. Ainsi donc, la recherche sur les styles d'apprentissage accroît notre flexibilité conceptuelle quant à notre manière de réagir aux différentes façons dont les élèves apprennent. Elle amène à se questionner sur l'efficacité d'un milieu d'apprentissage particulier, sur la façon de présenter des informations, de faire participer les apprenants, etc. Offrir aux enseignants un perfectionnement professionnel axé sur les styles d'apprentissage sans établir les liens correspondant avec leur manière d'enseigner et d'évaluer leurs élèves, c'est comme construire des routes sans fabriquer d'automobiles ou sans permettre à des gens d'apprendre à conduire.

La **deuxième préoccupation** est l'incapacité de nombreux chercheurs dans le domaine des styles d'apprentissage à avoir une vision plus large du phénomène. Cette préoccupation comporte deux volets: 1) l'incapacité à aider les enseignants à comprendre les différentes perspectives (par exemple, vous ne verrez pas McCarthy souligner la pertinence de la recherche menée par Dunn, pas plus que vous ne verrez Dunn parler avec éloquence des travaux de McCarthy); 2) l'incapacité à référer le lecteur, de manière cohérente et explicative, à des approches pédagogiques efficaces, pourtant essentielles quand on évoque avec sagesse les styles d'apprentissage.

La recherche sur le cerveau

La recherche sur le cerveau est un des domaines cruciaux du perfectionnement professionnel. La documentation est riche et approfondie. Elle nous conseille et nous guide dans nos actions et nos réflexions.

Nous vous présentons des idées maîtresses formulées par un certain nombre de chercheurs, suivies d'une brève discussion sur les répercussions de celles-ci sur le travail des enseignants. Notre but est d'illustrer comment les connaissances dans ce domaine peuvent nous aider à prendre de meilleures décisions relativement à la façon de créer des milieux d'apprentissage significatifs et efficaces pour nos élèves.

Que nous dit la recherche sur le cerveau par rapport à l'enseignement et à l'apprentissage?

1. **Le but du cerveau est la survie.**

   Implication : Le cerveau n'aime pas être menacé. Il fonctionne plus efficacement dans un milieu stimulant et sécuritaire. Cela a directement rapport avec l'intelligence interpersonnelle et l'intelligence émotionnelle. Les enseignants doivent favoriser la création de milieux qui fournissent aux élèves des possibilités d'apprendre à exprimer leurs désaccords de façon courtoise, à faire des choses à tour de rôle, à apprécier l'égalité des voix et à ne pas dénigrer ou taquiner les autres. Si tous ces éléments ne font pas partie intégrante des normes en vigueur dans la classe et à l'école, alors le cerveau incite l'élève à se replier sur lui-même. Quand il devient assez vieux, l'élève fuit… et abandonne les études.

   > Gardez à l'esprit que la partie émotionnelle du cerveau peut très rapidement prendre le dessus sur la partie rationnelle du cerveau.

2. **Les émotions sont directement liées à la pensée.**

   Implication : Les émotions font partie intégrante des processus d'enseignement et d'apprentissage. Quand ils s'engagent sur le plan émotionnel, les élèves ont plus de chances d'enregistrer les connaissances dans leur mémoire à long terme. Bien sûr, nous nous engageons davantage sur le plan affectif lorsque nous avons du succès et que nous nous intéressons à ce que nous faisons. L'apprentissage doit être quelque chose de significatif, qui fait appel à la nouveauté et qui stimule par la variété des moyens employés. Donner des cours magistraux, demander aux élèves de rester assis à leur pupitre et de ne pas interagir, leur présenter des sujets moches, ce ne sont pas là des façons efficaces d'éveiller leurs émotions et leur capacité de réflexion.

3. **Le cerveau a besoin d'établir des liens.**

   Implication: Le cerveau a un besoin vital d'établir des relations et d'analyser. Il est en quête de modèles. C'est pourquoi les diagrammes de Venn, les réseaux notionnels, les schémas conceptuels, les toiles de mots, les lignes du temps, etc., sont si précieux.

4. **Le cerveau a besoin de vivre des expériences particulières.**

   Implication: Si ces expériences ne surviennent pas durant certains moments bien précis, alors les « câbles » qui les relient au cerveau se rompent. Fournir un milieu riche en expériences permet de créer les opportunités nécessaires aux apprentissages souhaités.

5. **Le cerveau est « holistique » : bien que certaines zones aient des attributions particulières, elles sont interdépendantes.**

   Implication: Nous n'enseignons pas uniquement en fonction d'un hémisphère ou d'une zone du cerveau en particulier. Des lésions dans une zone qui est reliée à une autre zone peuvent nuire au fonctionnement de celle-ci. Les neurologues ne favorisent pas la structuration d'activités visant à alimenter uniquement l'hémisphère gauche ou l'hémisphère droit du cerveau.

6. **Le cerveau retient ce qui est important.**

   Implication: Si l'apprentissage n'est pas pertinent et authentique, le cerveau s'en débarrassera. En quoi cela est-il relié aux intelligences multiples et aux styles d'apprentissage ?

7. **L'intelligence est soutenue et améliorée par les situations sociales.**

   Implication: Le cerveau a besoin de situations où il est permis de s'exprimer oralement. Tous les aspects de l'apprentissage coopératif vont dans ce sens :

   - méthode réfléchir-partager-discuter
   - cercles intérieur et extérieur
   - tournoi à la ronde
   - entrevue en trois étapes
   - méthode EJT (équipes-jeux-tournois)
   - méthode casse-tête
   - controverse créative
   - analyse en équipe

8. **Le cerveau humain utilise 25 % de l'énergie métabolique disponible au repos ; il a besoin d'oxygène sur demande ; les personnes physiquement actives augmentent l'apport sanguin dans le cerveau.**

   Implication: Ne soyons pas paresseux et faisons de l'exercice ! L'exercice physique n'augmente pas les connexions entre les cellules cérébrales, mais seulement la circulation sanguine dans le cerveau. Ici, l'intelligence kinesthésique est de mise.

9. Selon des recherches menées sur des rats, les cerveaux qui évoluent dans des milieux stimulants ont environ 40 % plus de connexions neurales que ceux qui se trouvent dans des milieux non stimulants.

   Implication : Nous pouvons supposer que des milieux stimulants et socialement attrayants sont susceptibles d'influer positivement sur les connexions neurales de nos élèves.

10. Des milieux ennuyants peuvent entraîner la perte de connexions dendritiques ; leurs dommages sont plus déterminants que les apports au développement du cerveau dus aux milieux enrichis.

   Implication : Les élèves ont besoin de participer activement et de manière significative à des tâches.

Les élèves à risque

Dans cette section, nous nous servirons de certaines recherches canadiennes sur les élèves à risque et du livre intitulé *Reclaiming Youth at Risk : Our Hope, our Future* de Larry Brendtro, Martin Brokenleg et Steve Van Bockern.

Au Canada, on estime qu'un élève sur cinq vit dans un milieu où est présente au moins une des situations suivantes :

- violence physique
- violence sexuelle
- violence psychologique
- négligence
- alcool et drogues
- milieu de violence
- pauvreté, monoparentalité, aide sociale, habitation à loyer modique
- divorce (parfois plusieurs)

La question que nous nous posons comme enseignants est la suivante : que faisons-nous quand ces élèves se retrouvent dans nos classes ? La recherche souligne quelques moyens d'augmenter les chances de créer un milieu scolaire favorable pour ces élèves. Elle nous indique ce qu'il faut faire pour restaurer un climat social propice à l'apprentissage de ces élèves.

Reclaiming Youth at Risk...

Un des aspects les plus utiles de cet ouvrage est l'attention que prêtent les auteurs à l'importance de relier la connaissance à une foule de domaines, comme ceux-ci :

- les émotions
- les particularités des garçons et des filles
- la culture
- la recherche sur le cerveau
- l'apprentissage coopératif

Ce livre constitue un effort louable visant à offrir une panoplie de possibilités qui favorisent le développement des élèves. Les idées proposées conviennent à tous les élèves. Les auteurs affirment clairement qu'elles permettent de récupérer certains jeunes à risque. Ces jeunes vivent dans des milieux qui incitent au découragement, à des relations destructrices, à des climats de futilité, à l'absence d'objectifs et à l'irresponsabilité. Étant donné que ces élèves sont présents dans nos classes et que nous nous attendons à ce qu'ils démontrent des comportements appropriés, que devrions-nous faire pour élargir leur apprentissage et accroître leurs chances dans la vie?

Idées maîtresses pour les écoles

- Le contenu des leçons doit être intégré et intéressant plutôt que fragmenté et non authentique.
- Le personnel scolaire doit être sensible au désir naturel d'apprendre des élèves, plutôt que d'être uniquement centré sur la matière à couvrir ou de chercher à évaluer les élèves d'une manière qui ne convient pas à leurs intérêts.
- Le personnel scolaire doit reconnaître les différences culturelles et individuelles et en tenir compte dans les interventions à privilégier.

Idées maîtresses pour les enseignants

- Les enseignants doivent amener les élèves à vivre du succès et leur apprendre à surmonter les échecs.
- Il importe de placer l'élève devant des défis significatifs et réalistes.
- Les élèves doivent avoir des occasions de vivre des expériences pratiques où l'interaction sociale est valorisée.

Besoins fondamentaux des élèves

- Engager leur cerveau dans des expériences significatives et utiles.
- Maîtriser leur univers social, physique et émotionnel.
- Exercer leur motivation naturelle à apprendre.

Interprétation et implications de ces travaux

Le texte de Brendtro et ses collègues sur les enfants à risque renferme des concepts clés auxquels nous devons tous prêter attention:

- **Affection**: L'intérêt véritable manifesté par des adultes. Le plaisir et l'affection peuvent accroître le rendement des élèves.
- **Attentes**: Des attentes peu élevées et un excès d'indulgence diminuent le rendement, alors que des défis réalistes qui font connaître aux élèves un taux élevé de réussite augmentent la motivation.

Ces idées sont importantes. Mais quelles actions pédagogiques impliquent-elles?

Ces auteurs n'hésitent pas à conseiller aux enseignants de recourir à l'apprentissage coopératif dans leurs classes. Toutefois, le problème auquel font face de nombreux enseignants qui lisent cet ouvrage ainsi que d'autres écrits comme ceux portant sur les intelligences multiples, les styles d'apprentissage et l'intelligence émotionnelle, c'est que ces écrits montrent rarement la façon d'utiliser efficacement dans les classes les outils pédagogiques qu'ils proposent. Le mot important, ici, est « efficacement ». Peu d'écrits présentent un mode d'emploi intentionnellement intégrateur qui incorpore de multiples processus pédagogiques et, surtout, peu d'entre eux illustrent la manière de les mettre en œuvre dans nos classes.

La question que se posent les enseignants est celle-ci : comment allons-nous agir pour répondre aux besoins de ces élèves à risque ?

Les commentaires que nous venons de faire ne visent pas à déprécier la valeur de tous ces écrits. En fait, nous les avons même utilisés dans nos programmes d'études universitaires. Nous tenons seulement à rappeler le fait que, comme enseignants, nous devons trouver des techniques, des tactiques et des stratégies d'enseignement qui permettront à ces concepts pédagogiques de prendre forme efficacement.

Les particularités des garçons et des filles

Pour l'étude des particularités des garçons et des filles, nous explorerons deux livres, *Women's Ways of Knowing* et *Boys and Literacy*. Ils nous aideront à comprendre les messages et les implications qui émergent en ce qui concerne les processus d'enseignement et d'apprentissage.

Le fait de prêter attention aux particularités des garçons et des filles nous invite à considérer ce que Frances Maher appelle la « méthodologie de la position » dans *Learning in the Dark : How Assumptions of Whiteness Shape Classroom Knowledge*. Vous vous demandez en quoi votre répertoire pédagogique est relié davantage à la façon d'apprendre des garçons ou à celle des filles ? Pensez seulement à la manière dont se fait l'enseignement, depuis la maternelle jusqu'à l'université.

Cette section présente des informations permettant de mieux comprendre comment répondre efficacement aux besoins des élèves, aussi bien les garçons que les filles.

Women's Ways of Knowing

Dans cette section, nous présentons des informations provenant de *Women's Ways of Knowing : The Development of Self, Voice and Mind* (Belenky, Clinchy, Goldberger et Tarule, 1986). Il s'agit d'un rapport sur la manière dont les femmes perçoivent la réalité et tirent des conclusions au sujet de la vérité, de la connaissance et de l'autorité. Nous avons choisi cet ouvrage écrit depuis de nombreuses années parce qu'il fournit une avenue intéressante pour entreprendre l'exploration de ce domaine.

Les hommes ont fondé la plupart des établissements d'enseignement supérieur au Canada. Bien que nous assistions à des changements, la plupart sont encore dirigés par des hommes. Ces dernières années, des enseignantes et des universitaires féministes ont commencé à remettre en question la structure, les programmes d'études et les pratiques pédagogiques de ces établissements. Du même souffle, elles ont proposé des changements.

Les auteurs de cette étude menée auprès de 135 femmes ont résumé plus de 5000 pages de données. Les idées de ces femmes sur leurs rapports avec la connaissance ont été regroupées en cinq catégories. À la lecture des points énumérés ci-dessous, pensez à la manière dont vous enseignez, dont vos élèves vous perçoivent et dont vous pourriez vous positionner (en tant qu'homme ou en tant que femme).

1. **Silence**: une position dans laquelle l'apprenante se perçoit comme stupide, sans voix et soumise aux caprices d'une autorité externe.

   Implication: Que pouvons-nous faire pour accroître les chances que les élèves cessent de se sentir stupides et sans voix (ou impuissants)? Nul doute qu'il est crucial de les écouter avec attention. La recherche sur le cerveau affirme que la parole et la socialisation sont essentielles au développement intellectuel. De plus, il est contraire à l'éthique de créer un milieu d'apprentissage qui, paradoxalement, n'incite pas les élèves à apprendre. Qu'est-ce que cela nous apprend sur l'apprentissage coopératif, sur la création d'une classe favorable à la prise de risque, sur le besoin d'accorder du temps aux élèves pour réfléchir et échanger leurs réflexions avec un camarade avant de s'adresser à toute la classe? Qu'est-ce que cela nous apprend sur la manière dont nous réagissons aux efforts de nos élèves? Si nous ne pouvons pas fournir à l'élève une porte de sortie pour lui permettre de sauver la face en temps opportun, sommes-nous coupables de le réduire au silence? Tout cela est-il relié à la recherche sur le cerveau ou sur les émotions?

2. **Connaissance reçue**: une perspective à partir de laquelle les femmes se perçoivent comme capables de recevoir et même de reproduire des connaissances provenant d'une autorité externe, mais incapables de créer un savoir par elles-mêmes.

   Implication: Cette catégorie est liée aux travaux de Dale et Raths (1945) et de Goodlad (1986). Dale et Raths ont découvert que le premier mode d'enseignement était le cours magistral. Quarante ans plus tard, Goodlad écrivait que les choses avaient peu changé depuis 1945. Quelle est la valeur de l'apprentissage s'il n'est pas transférable? Si l'apprenant ne comprend pas la nature d'un concept, d'un principe ou d'une idée, il ne peut pas se l'approprier. Or si nous ne pouvons pas nous approprier une idée, nous la reproduisons peut-être mais l'oublions par la suite. Nous ne transférons et ne construisons rien. Par exemple, combien parmi nous «possèdent» le concept de nombre entier négatif? Pouvons-nous fournir un exemple concret de résolution d'un problème qui implique la multiplication de deux nombres négatifs? Des exemples semblables, il y en a beaucoup. Et pourtant, il est intéressant de noter que la plupart d'entre nous n'en ont aucune idée, y compris de nombreux professeurs de mathématiques!

Presque 80 % des questions posées dans nos classes se situent au niveau de la mémorisation de la taxonomie de Bloom. Fait intéressant, la plupart des élèves détestent les questions de mémorisation, leur préférant la synthèse et l'évaluation, suivies de l'analyse et de l'application. Il est donc crucial que notre enseignement serve à créer des connaissances chez nos élèves.

3. **Connaissance subjective**: une perspective à partir de laquelle la vérité et la connaissance sont perçues comme personnelles, privées, subjectivement ou intuitivement acquises.

   Implication: Les élèves apprécient l'apprentissage dans la mesure où il se rattache à leurs expériences personnelles, mais ils n'apprécient pas l'apprentissage quand il n'est relié qu'à l'expérience des autres. Nous sommes d'accord pour dire que le milieu d'apprentissage doit encourager la réflexion et la métacognition. Toutefois, sans interaction avec les autres, nous empêchons l'acquisition d'un comportement intelligent. Cette idée est présentée dans *Outsmarting IQ* de David Perkins et dans *Surpassing Ourselves* de Carl Bereiter et de Marlene Scardamalia. Ces auteurs soulignent l'importance de la connaissance subjective et de la réflexion, mais aussi l'importance d'intégrer des idées provenant de multiples domaines et d'être à l'écoute de l'apprentissage des autres, tout en étant critique.

4. **Connaissance procédurale**: une position dans laquelle les femmes s'engagent dans l'apprentissage et appliquent des procédures objectives afin d'acquérir et de communiquer un savoir.

   Implication: Les apprenantes sont plus portées à acquérir et à communiquer des connaissances, en particulier des connaissances objectives. Elles ont de la difficulté à voir comment le contexte, le temps et le lieu, par exemple, peuvent faire perdre de vue l'objectif. Elles ne sont pas aussi flexibles pour examiner les deux côtés d'un argument fondé sur des valeurs opposées (comme la coupe à blanc dans les forêts ou l'utilisation des pesticides). L'utilisation de processus comme la controverse créative, l'analyse en équipe, l'enquête en groupe ou l'entrevue en trois étapes, ou encore l'incorporation dans la pensée critique de tactiques issues du programme CoRT de Edward de Bono, telles que l'examen des deux aspects d'un argument, tout cela permet d'en arriver à une vision plus complète de la situation.

5. **Connaissance construite**: une position dans laquelle les femmes s'engagent dans l'apprentissage et appliquent des procédures objectives afin d'acquérir et de communiquer un savoir mis en contexte; elles font l'expérience d'être des créatrices de connaissances. Les femmes interviewées ont parlé de connaissances construites. Elles ont mis en valeur personnellement d'importantes connaissances et les ont intégrées à ce qu'elles ont appris d'autres personnes. Elles ont parlé d'intégration de la pensée rationnelle et des émotions.

Implication : La notion de connaissance construite encourage-t-elle les élèves à écouter bien sagement les exposés magistraux de leurs enseignants ? Cette notion est-elle compatible avec l'idée de rester assis en rangées et de discuter rarement avec les autres ? N'implique-t-elle pas plutôt l'utilisation de divers processus pédagogiques comme l'enquête en groupe, le jeu de rôle, la controverse créative, l'analyse en équipe, la construction de réseaux notionnels, la schématisation conceptuelle, la stratégie de pensée inductive et la stratégie d'acquisition de concepts ? Cette notion a-t-elle un lien avec la classe ou l'école inclusive ? Croyez-vous qu'elle peut également se traduire par des excursions scolaires, l'invitation de conférenciers, la présentation de films ou de vidéos, de spectacles de marionnettes, etc. ? Si nous n'enrichissons pas notre répertoire pédagogique pour créer des milieux d'apprentissage qui encouragent et stimulent nos élèves, alors comment pouvons-nous changer notre orientation pour atteindre ce niveau ? Ces questions s'adressent à tous les enseignants, y compris les professeurs d'université qui forment les futurs enseignants.

Les garçons et la littératie

Cette section présente des conclusions et leurs implications à partir de travaux de recherche réalisés par des enseignants australiens à l'occasion du *Boys and Literacy Project*. Lorsque vous lirez ces conclusions, examinez comment elles pourraient influer sur vos décisions et vos actions au moment de créer des milieux d'apprentissage.

1. **Comprendre la masculinité et la littératie**

   Nous ne pouvons pas comprendre les problèmes de littératie des garçons sans d'abord comprendre comment ils développent leur masculinité et comment la littératie cadre dans ce contexte.

   Les programmes de littératie qui s'adressent spécifiquement aux garçons doivent leur fournir plus que des habiletés de littératie fonctionnelle. Ils doivent aussi encourager la participation des garçons aux activités de littératie et ainsi influencer positivement leur rendement. Les programmes d'intervention qui ne prennent pas en compte les effets de la masculinité sur l'apprentissage de la littératie sont souvent inadéquats. Le désir des garçons d'actualiser leur masculinité pourrait ne pas être compatible avec la manière dont la littératie est enseignée et apprise à l'école.

2. **Développer une vision plus large de la littératie**

   Les programmes de littératie protégeant les intérêts des garçons et axés sur leur participation pourraient facilement marginaliser les intérêts et la participation des filles. « Les stratégies d'enseignement doivent mettre l'accent sur la construction à la fois de la masculinité et de la féminité et sur la manière dont les constructions du genre influent sur l'apprentissage de la littératie. » Les garçons ont des problèmes de littératie à cause d'une interaction complexe entre la masculinité et la littératie, notamment en raison de la façon dont la littératie a été construite à l'école.

3. Mettre au premier plan les pratiques dans l'enseignement et l'apprentissage

Nous devons observer davantage les pratiques d'enseignement et d'évaluation de la littératie qui ont cours dans les classes, de manière à déterminer comment elles désavantagent certains groupes par rapport à d'autres.

Le travail en classe et les pratiques d'évaluation qui accentuent et mettent en valeur la divulgation de choses de nature personnelle et émotionnelle pourraient désavantager les garçons, parce qu'un tel dévoilement est généralement en opposition avec leurs traits dominants. En outre, le travail en classe et les pratiques d'évaluation qui ne mettent pas au premier plan certains aspects sociaux, comme les rapports de pouvoir, désavantagent à la fois les garçons et les filles.

Nous avons besoin d'en connaître davantage sur la manière dont les garçons apprennent mais nous savons que les stratégies de littératie où l'on s'attend à ce que les garçons écrivent des choses personnelles en réaction à des textes, qu'ils dévoilent leur monde intérieur et affectif, de même que leurs peurs, qu'ils aient de la compassion pour les personnages fictifs ou qu'ils participent à des exposés oraux en classe en réagissant de manière sensible et émotionnelle sont en opposition avec les traits associés à la masculinité.

4. Approfondir la recherche

Nous avons besoin de plus d'informations et d'études sur les particularités des garçons et des filles dans le contexte de l'apprentissage de la littératie, surtout en ce qui concerne les liens entre la masculinité et la littératie. Il faut également examiner les répercussions que les approches de la littératie critique ont sur l'amélioration de la participation et du rendement à la fois des garçons et des filles dans les classes de langue.

Il faut pousser les recherches sur :

1) les textes qui intéressent les garçons, en particulier les textes impliquant le multimédia ;

2) la compétence des garçons en littératie à l'extérieur de l'école, particulièrement en ce qui concerne la manière dont ils utilisent le langage pour construire leur identité et bâtir leurs relations avec les autres ;

3) les différences entre les garçons, particulièrement l'influence de l'origine ethnique et des différentes classes socioéconomiques ;

4) les perceptions qu'ont les garçons et les filles des pratiques en littératie critique – ces pratiques sont-elles plus attrayantes pour les deux groupes parce qu'ils travaillent avec de vrais textes, de manière concrète, qui tienne pour acquis que tous les élèves, sans distinction, sont des apprenants actifs et déterminés ?

Conclusions générales

Les garçons ont plus de chances de s'engager dans des activités de littératie à l'école si celles-ci n'entrent pas en conflit avec leur masculinité et s'ils voient comment ces travaux sont pertinents et utiles pour :

- comprendre leur vie ;
- enrichir leur vie ;
- leur offrir des façons nouvelles et différentes de refaire leur vie.

Les classes de littératie qui ont du succès fournissent une telle compréhension et de telles possibilités à tous les élèves. Dans de telles classes, les élèves, tout comme les enseignants, prennent part aux décisions. Cela permet aux élèves d'être reconnus et appréciés, et les incite à développer leurs connaissances et habiletés car ils se sentent respectés. Cela est important pour tous les élèves, mais, étant donné les particularités de la masculinité, ce pourrait être critique pour les garçons.

Implications pédagogiques

Une des implications les plus évidentes est que nous avons tous besoin de nous informer des particularités des garçons et des filles et de nous questionner sur leurs impacts quant aux interventions pédagogiques à privilégier.

Rappelez-vous que le but de ce chapitre est d'encourager une analyse plus fouillée dans chaque domaine présenté. À cet égard, *Boys and Literacy: Professional Development Units* fournit une des listes de références les plus complètes dans ce genre. Il présente des leçons spécifiques qui montrent comment utiliser la recherche actuelle pour inciter les élèves à accroître leur littératie critique en tenant compte des particularités des garçons.

Quels que soient les programmes ou les textes que vous explorerez, c'est en vous aidant de votre répertoire pédagogique que vous pourrez mettre en application les connaissances acquises. Par exemple, en ce qui concerne les stratégies d'enseignement comme celles qu'on trouve dans la documentation sur l'apprentissage coopératif (la méthode casse-tête, la controverse créative, l'enquête en groupe, etc.), nous devons être sensibles aux particularités des garçons et des filles lorsque nous formons des groupes. Comment les filles et les garçons peuvent-ils se comprendre et s'apprécier s'ils n'interagissent jamais ? Cela signifie qu'il faut prendre le temps nécessaire pour leur parler de leurs particularités et de la façon dont elles se manifestent dans divers domaines, notamment dans la littérature pour la jeunesse. D'emblée, l'utilisation de tactiques d'enseignement, comme l'entrevue en trois étapes, les cercles intérieur et extérieur, le tournoi à la ronde ou encore la méthode réfléchir-partager-discuter, fournit des structures qui facilitent les discussions. Bien évidemment, cela implique que nous prenions le temps de mettre en place l'utilisation d'habiletés sociales (par exemple, faire des choses à tour de rôle et ne pas dénigrer les autres), d'habiletés de communication (par exemple, exprimer son désaccord de façon courtoise, en acceptant et en approfondissant les idées des autres) et de pensée critique (par exemple, examiner les deux côtés d'un argument ou différer son jugement).

En employant des techniques d'enseignement, comme formuler des questions, accorder aux élèves un temps de réflexion, réagir de diverses façons à leurs réponses, etc., nous laissons clairement savoir aux élèves que nous veillons à ce qu'ils se sentent à l'aise, stimulés et engagés dans leurs interactions avec les autres.

Notre message se résume ainsi : saisir les particularités des garçons et des filles est une chose ; avoir un répertoire pédagogique qui tient compte de celles-ci en est une autre. Bien sûr, ce message s'applique également aux écrits sur les élèves à risque, les intelligences multiples, les difficultés d'apprentissage, la recherche sur le cerveau, etc.

Aspects à considérer

Un des auteurs a demandé à sa nièce (qui était en neuvième année) comment elle appréciait le fait de fréquenter une école publique réservée aux filles. Elle a dit qu'elle aimait ça. Quand il lui a demandé pourquoi, elle a dit que c'était parce qu'elle se sentait à l'aise de s'exprimer.

En fait, il s'agissait d'une élève très douée, au rendement supérieur, sportive et capitaine de son équipe de ringuette. Elle avait également des parents responsables qui la soutenaient. Vous demandez-vous comment les autres filles se sentaient par rapport à elle ?

Une autre question, plus importante, s'impose : si les filles et les garçons fréquentent des écoles séparées, comment arriveront-ils à se comprendre et à s'apprécier ?

De toute évidence, il s'agit là d'une question complexe.

Dernières réflexions

Encore une fois, nous apprécions la complexité des processus d'enseignement et d'apprentissage. Nous comprenons également l'importance des modèles théoriques quand nous considérons le comportement intelligent sous l'angle des travaux de David Perkins (*Outsmarting IQ: The Art of Learnable Intelligence*) et de ceux de Bereiter et Scardamalia (*Surpassing ourselves*).

Pour Perkins, les facteurs clés rattachés au développement d'une expertise sont les suivants :

- le comportement intelligent dépend plus de la connaissance que du quotient intellectuel ;

- le comportement expert est rattaché à des habiletés complexes acquises ;

- les effets d'une pratique réfléchie et approfondie et d'une réflexion intentionnelle sont essentiels ;

- au fil des expériences, le cerveau s'habitue à des modèles qui peuvent être utilisés avec efficacité.

Selon Perkins, si vous enrichissez votre répertoire de modèles par l'expérience, vous augmentez du même coup votre habileté intuitive à choisir des stratégies qui vous amènent à démontrer un comportement intelligent. Pour que cela se produise, toutefois, la pratique réflexive (qui suppose la réflexion sur soi) est requise. Perkins affirme : « Nous n'apprenons pas toujours et automatiquement de l'expérience, et même de l'expérience étendue. Par exemple, les gens jouent aux échecs ou au bridge pendant des années sans s'améliorer pour autant » (p. 109). L'intelligence réflexive fonctionne comme si elle était à l'avant-garde de l'intelligence expérimentale.

Pour Bereiter et Scardamalia, les facteurs clés rattachés au développement d'une expertise sont les suivants :

- une connaissance qui peut être adaptée aux exigences de la tâche ;

- une réflexion axée surtout sur ses propres actions ;

- l'habileté à reconnaître efficacement des configurations et des modèles ;

- l'acquisition d'une certaine sagesse ;

- la résolution progressive des problèmes.

Les deux auteurs affirment que ces facteurs nous permettent de réduire la complexité du fait de la modélisation et de l'automaticité. Ces habiletés automatisées deviennent les éléments de base de nouvelles habiletés non encore automatisées. À mesure que nous apprenons davantage, nous pouvons relever de nouveaux défis.

Revenez sur les informations précédemment fournies dans le présent chapitre et reliez-les aux conclusions de l'étude de Rosenholtz sur les enseignants qui abandonnent la profession (de 20 à 30 % après une année, et de 20 à

30 % de plus au bout de 5 ans). Quand Rosenholtz a demandé à ces enseignants pourquoi ils sont partis, la principale raison fournie par ces derniers était qu'ils avaient le sentiment d'être inefficaces dans leur manière d'enseigner (et non pas ce qu'ils enseignaient), qu'ils faisaient face à des problèmes de gestion de classe qu'ils ne pouvaient pas résoudre et qu'ils se sentaient isolés dans la culture préconisée par l'école.

Une des composantes du comportement expert est la connaissance ou la sagesse acquises à la suite de l'intégration de modèles théoriques, combinées à la capacité d'intégrer un répertoire pédagogique sans cesse croissant.

Notre point de vue sur les modèles théoriques

En terminant, il faut garder en tête que nous pouvons agir sur l'apprentissage de nos élèves et que nous devons chercher la manière d'intervenir la plus efficace qui soit. Gardez à l'esprit que les parents et les élèves s'attendent à ce que notre réflexion et notre comportement soient ceux d'un expert et à ce que nous agissions collectivement à l'intérieur de nos écoles et de nos conseils scolaires. Trop souvent, on nous propose des activités qui prétendent intégrer les styles d'apprentissage, la recherche sur le cerveau, les intelligences multiples, etc. Au mieux, ces activités sont amusantes et, au pire, elles amoindrissent la valeur de modèles qui sont conçus pour aider les enseignants à créer des milieux d'apprentissage efficaces. Le sens commun nous dit que nous devons considérer dans quelle mesure nous relions nos expériences et celles des autres, en tenant compte de ce que la recherche nous apprend sur la manière d'accroître les chances de nos élèves dans la vie.

Bibliographie

ADAMS, G., et S. ENGELMANN (1996). *Research on Direct Instruction: 20 Years Beyond DISTAR*, Seattle (Wash.), Educational Achievement Systems.

ALLOWAY, N., et P. GILBERT (1997). *Boys and Literacy: Professional Development Units*, Carlton (Australie), Curriculum Corporation.

ALLOWAY, N., et P. GILBERT (1997). « Boys and Literacy: Lessons from Australia », *Gender and Education*, vol. 9, n° 49-59.

ALLOWAY, N., et P. GILBERT (1997). « Video Game culture: Playing with Masculinity, Violence and Pleasure ». Dans S. Howard (dir.), *Wired-Up: Young People and the Electronic Media*, Londres, Taylor and Francis.

ARENDS, R.I. (1998). *Learning to Teach*, New York, McGraw-Hill.

ARMSTRONG, T. (2000). *Multiple Intelligences in the Classroom*, Alexandria (Va.), ASCD.

ARONSON, E., et S. PATNOE (1997). *The Jigsaw Classroom*, New York, Addison-Wesley Longman.

AUSUBEL, D.P. (1960). « The use of advance organizers in the learning and retention of meaningful verbal material », *Journal of Educational Psychology*, 51, p. 267-272.

BARON-COHEN, S., et P. BOLTON (1993). *Autism: The Facts*, New York, Oxford University Press.

BELENKY, M.F., B.M. CLINCHY, N.R. GOLDBERGER et J.M. TARULE (1986). *Women's Ways of Knowing: The Development of Self, Voice, and Mind*, New York, Basic Books.

BELLANCA, J. (1992). *The Cooperative Think Tank II: Graphic Organizers to Teach Thinking in the Cooperative Classroom*, Palatine (Ill.), Skylight Publishing.

BELLANCA, J. (1990). *The Cooperative Think Tank: Graphic Organizers to Teach Thinking in the Cooperative Classroom*, Palatine (Ill.), Skylight Publishing.

BENNETT, B. (1995). *The Effects of Integrating Pedagogy on Student Learning: An Experimental Study*, Paper presented at the American Educational Research Association's annual conference.

BENNETT, B., S. ANDERSON et M. EVANS (1997). *Towards a Theory of Instructional Acquisition*, Paper presented at the Annual Meeting of the American Educational Research Association, Chicago, 1997.

BENNETT, B., C. ROLHEISER et L. STEVAHN (1991). *Cooperative Learning: Where Heart Meets Mind*, Toronto (Ontario), Educational Connections.

BEREITER, C., et M. SCARDAMALIA (1993). *Surpassing ourselves: An Inquiry into the Nature and Implications of Expertise*, Chicago (Ill.), Open Court.

BLASE, LJ. (1985). «The socialization of teachers: An ethnographic study of factors contributing to the rationalization of the teacher's instructional perspective», *Urban Education*, vol. 20, n° 3, p. 235-256.

BLOOM, B. *et al.* (1956). *Taxonomy of Objectives: Cognitive Domain*, New York, McKay.

BLUMER, H. (1954). «What is wrong with social theory?», *American Sociological Review*, 19.

BRENDTRO, L.K., M. BROKENLEG et S. VAN BOCKERN (1990). *Reclaiming Youth at Risk: Our Hope, Our Future*, Bloomington (Ind.), National Educational Service.

BRITTON, J. *Vygotsky's Contribution to Pedagogical Theory*, English in Education.

BROPHY, J. (1988). «Research linking teacher behaviour to student achievement: Potential implications for instruction of chapter 1 students», *Educational Psychology*, vol. 23, n° 3, p. 235-286.

BROWN, A.L., et A.S. PALINSCAR (1982). «Inducing strategic learning from texts by means of informed, self controlled training», *Topics in Learning and Learning Disabilities*, vol. 2, n° 1, p. 1-18.

BROWN, N., et R. ROSS (1995). «Girl's stuff, boy's stuff: Young children talking and playing», dans Holland et M. Blair et S. Sheldon (dir.), *Debates and Issues in Feminist Research and Pedagogy*, Clevedon, Open University Press.

BRUNER, J. (1966). *Toward a Theory of Instruction*, Cambridge (Mass.), Harvard University Press.

BRUNER, J.S., J.J. GOODNOW et G.A. AUSTIN (1986). *A Study of Thinking*, New Brunswick (N.J.), Transaction.

BUZAN, T. (1993). *The Mind Map Book Radiant Thinking*, Woodlands, Londres, BBC Books.

BUZAN, T. (1983). *Use Both Sides of Your Brain*, New York, E.P. Dutton.

CALVIN, W.H. (1996). *How Brains Think: Evolving Intelligence, Then and Now*, New York, Basic Books.

CAMPBELL, D. (1997). *The Mozart Effect*, New York, Avon Books.

CLARK, C. (1988). «The necessity for curriculum objectives», *Journal of Curriculum Studies*, 20, p. 339-349.

COHEN, E. (1994). *Designing Group Work: Strategies for the Heterogeneous Classroom*, New York, Teachers College Press.

COLLINS, M.L. (1978). *The Effects of Training for Enthusiasm on the Enthusiasm Displayed by Preservice Elementary Teachers*, Thèse de doctorat inédite, Syracuse University.

COOPER, J.M. (1986). *Classroom Teaching Skills*, Lexington (Mass.), D.C. Heath.

CORNO, L. (1996). «Homework is a complicated thing», *Educational Researcher*, vol. 25, n° 8, p. 27-30.

CSIKSZENTMIHALYI, M. (1997). *Creativity*, New York, Harper Perennial.

DALE, E., et L.E. RATHS (1945). « Discussion in the Secondary School », *Educational Research Bulletin*, 24, p. 1-6.

DARLING-HAMMOND, L. (1998). « Teachers and teaching : Testing policy hypotheses from a national commission report », *Educational Researcher*, vol. 27, n° 1, p. 5-15.

DARLING-HAMMOND, L., et G. SYKES (dir.) (1990). *Teaching as the Learning Profession : Handbook of Policy and Practice*, San Francisco (Calif.), Jossey-Bass.

DE BONO, E. (1987). *CoRT Thinking*, Advanced Practical Thinking and Training Inc.

DE BONO, E. (1985). *Six Thinking Hats*, Toronto (Ontario), Little Brown and Company.

DeVRIES, D.L., I.T. MESCON et S.L. SHACKMAN (1975). *Teams Games Tournament in the Elementary Classroom : A Replication* Tech. Rep. n° 190, Baltimore (Md.), John Hopkins University.

DeVRIES, D.L., K.J. EDWARDS et R. E. SLAVIN (1978). « Biracial learning teams and race relations in the classroom : Four field experiments using teams games tournament », *Journal of Educational Psychology*, vol. 70, n° 3, p. 356-362.

DIAMOND, M., et J. HOPSON (1998). *Magic Trees of the Mind : How to Nurture Your Child's Intelligence, Creativity, and Healthy Emotions from Birth Through Adolescence*, New York, Dutton.

DUNN, R. (1996). *How to Implement and Supervise a Learning Styles Program*, Alexandria (Va.), ASCD.

DUNN, R. (1990). « Rita Dunn answers questions on learning styles », *Educational Leadership*, vol. 48, n° 2, p. 15-21.

DUNN, R., S.A. GRIGGS, J. OLSON, B. GORMAN et M. BEASLEY (1995). « Meta Analytic Validation of the Dunn and Dunn Learning Styles Model », *Journal of Educational Research*, vol. 88, n° 6, p. 353-361.

DUNN, R., et K. DUNN (1993). *Teaching Secondary Students Through Their Individual Learning Styles*, Boston (Mass.), Allyn & Bacon.

DUNN, R., et K. DUNN (1993). *Teaching Elementary Students Through Their Individual Learning Styles*, Boston (Mass.), Allyn & Bacon.

DUNN, R., J. BEAUDRY et A. KLAVAS (1989). « Survey of research on learning styles », *Educational Leadership*, vol. 47, n° 6, p. 50-58.

EGAN, K. (1994). « Tools for enhancing imagination in teaching », dans P.P. Grimmet et J. Neufeld (dir.), *Teacher Development and the Struggle for Authenticity*, New York, Teachers College Press.

EGGEN, P.D., D.P. KAUCHAK et R.J. HARDER (1979). *Strategies for Teachers: Information Processing Models in the Classroom*, Englewood Cliffs (N.J.), Prentice-Hall.

ENGEL, S.M. (1990). *With Good Reason: An Introduction to Informal Fallacies,* New York, St. Martin's Press.

ENGELMANN, S., W.C. BECKER, D. CARNINE et R. GERSTEN (1988). «The direct instruction follow through model: Design and outcomes», *Education and Treatment of Children*, vol. 11, n° 4, p. 303-317.

EPSTINE, D. (1997). «Boyz own stories: Masculinities and sexualities in school», *Gender and Education*, vol. 9, n° 1, p. 105-115.

FOGARTY, R. (1991). *The Mindful School: How to Integrate the Curricula,* Palatine (Ill.), Skylight Publishing.

FOSTER, J.R. (1995). «Advocating a gender inclusive curriculum in the visual arts: Politics, pedagogy, and postmodernism», *Australian Art Education*, vol. 18, n° 2, automne, p. 17-27.

FREIRE, P. (1970). *Pedagogy of the Oppressed.* New York, Herder & Herder.

FRYE, N. (1963). *The Educated Imagination*, Toronto (Ontario), CBC.

FULLAN, M. (2001). *The New Meaning of Educational Change,* New York, Teachers College Press.

GAGE, N. (1963). *Handbook of Research on Teaching*, Chicago (Ill.), Rand McNally.

GARBER, S.W., M.D. GARBER et R.F. SPIZMAN (1997). *Beyond Ritalin,* New York, Harper Perennial.

GARDNER, H. (1999). *Intelligence Reframed: Multiple Intelligences for the 21st Century*, New York, Basic Books.

GARDNER, H. (1997). *Extraordinary Minds,* The CBC Massey Lecture Series, Toronto (Ontario), Canadian Broadcasting Corporation.

GARDNER, H. (1993). *Creating Minds: An Anatomy of Creativity Seen Through the Lives of Freud, Einstein, Picasso, Stravinski, Eliot, Graham, and Gandhi,* New York, Basic Books.

GARDNER, H. (1993). *Multiple Intelligences: The Theory in Practice*, New York, Basic Books.

GARDNER, H. (1983). *Frames of Mind,* New York, Basic Books.

GARDNER, H., et T. HATCH (1989). «Multiple Intelligences go to School: Educational Implications of the Theory of Multiple Intelligences», *Educational Researcher*, vol. 18, n° 8, p. 4-10.

GENTILE, R.J. (1993). *Instructional Improvement: A Summary and Analysis of Madeline Hunter's Essential Elements of Instruction and Supervision*, Oxford (Ohio), National Staff Development Council.

GIBBONEY, R.A. (1987). «A critique of Madeline Hunter's Teaching Model from Dewey's Perspective», *Educational Leadership*, vol. 44, n° 5, p. 46-50.

GIBBS, J. (1995). *Tribes: A New Way of Learning Together*, Sausalito (Calif.), Center Source Systems.

GOLEMAN, D. (1998). *Working with Emotional Intelligence*, New York, Bantam Books.

GOLEMAN, D. (1997). *L'intelligence émotionnelle*, Paris, J'ai lu.

GOOD, T.L., et J.E. BROPHY (1994). *Looking in Classrooms*, New York, Harper Collins.

GOODLAD, J. (1986). *A Place Called School*, New York, McGraw-Hill.

GOODNOUGH, K. (2001). «Multiple intelligences theory: A framework for personalizing science curricula», *School Science and Mathematics*, vol. 101, n° 4, p. 180-193.

GRANDIN, T. (1995). *Thinking in Pictures and Other Reports from my Life with Autism*, New York, Doubleday.

GREENWALD, R., L.V. HEDGES et R.D. LAINE (1996). «The effect of school resources on student achievement», *Review of Educational Research*, 66, p. 361-396.

GUILD, P.B., et S. GARGER (1985). *Marching to Different Drummers*, Alexandria (Va.), Association for Supervision and Curriculum Development.

HARE, W. (1995). *What Makes a Good Teacher: Reflections on Some Characteristics Central to the Educational Enterprise*, London (Ontario), Althouse Press.

HAUG, G., B. BENNETT, A. JAMIESON et G. KRAUSE (1977). *Vanves Revisited*, Action research study completed with support from Edmonton Public Schools, Edmonton (Alberta), Canada.

HUNTER, M. (1994). *Enhancing Teaching*, New York, Macmillan College.

HUNTER, M. (1991). «Generic lesson design: The case for», *The Science Teacher*, vol. 58, n° 7, p. 6-32.

HUNTER, M. (1990). «Hunter Lesson Design helps Achieve the Goals of Science Instruction», *Educational Leadership*, vol. 48, n° 4, p. 79-84.

HUNTER, M. (1987). «Beyond Rereading Dewey… what's next? A Response to Gibboney», *Educational Leadership*, vol. 44, n° 5, p. 51-53.

JOHNSON, D.W., et R.T. JOHNSON (1994). *Learning Together and Alone: Cooperative, Competitive, Individualistic Learning*, Boston (Mass.), Allyn & Bacon.

JOHNSON, D., et R. JOHNSON (1992). *Creative Controversy: Intellectual Challenge in the Classroom*, Edina (Mich.), Interaction Book Company.

JOHNSON, D., et R. JOHNSON (1989). *Cooperation and Competition: Theory and Research in Cooperative Learning*, Edina (Mich.), Interaction Book Company.

JOYCE, B., et E. CALHOUN (1996). *Creating Learning Experiences*, Alexandria (Va.), Association for Supervision and Curriculum Development.

JOYCE, B., M. WEIL et B. SHOWERS (1992). *Models of Teaching*. Boston, Allyn and Bacon.

KAGAN, S. (1994). *Cooperative Learning*, San Juan Capistrano, Kagan Cooperative Learning.

KALLISON, J.M. (1986). « Effects of lesson Organization on Achievement », *American Educational Research Journal*, vol. 23, n° 2, p. 337-347.

KAVALE, K.A., et S.R. FORNESS (1990). « Substance over style : Assessing the efficacy of modality testing and teaching », *Exceptional Children*, vol. 54, n° 4, p. 228-239.

KLEIN, P.D. (1997). « Multiplying the problems of intelligence by eight : A critique of Gardner's theory », *Canadian Journal of Education*, vol. 22, n° 4, p. 377-394.

KOUNIN, J.S. (1970). *Discipline and Group Management in Classrooms*, New York, Holt, Rinehart & Winston.

LANG, H.R., A. MCBEATH et J. HEBERT (1995). *Teaching : Strategies and Methods for Student-Centered Instruction*, New York, Harcourt Brace.

LAZEAR, D. (1991). *Seven Ways of Knowing*, Palatine (Ill.), Skylight Publishing.

LeDOUX, J. (1996). *The Emotional Brain : The Mysterious Underpinnings of Emotional Life*, New York, Simon & Schuster.

LOUIS, K.S., et M.B. MILES (1990). *Improving the Urban High School : What Works and Why*, New York, Teachers College Press.

McCARTHY, B. (1996). *About Learning*, Barrington (Ill.), Excel.

McCARTHY, B. (1981). *The 4MAT System : Teaching to Learning Styles with Right/Left Mode Techniques*, Barrington (Ill.), Excel.

McCARTHY, B., et S. MORRIS (1995). *4MAT in Action, Sample Units for Grades K-6*, Barrington (Ill.), Excel.

McCARTHY, B., et S. MORRIS (1995). *4MAT in Action, Sample Units for Grades 7-12*, Barrington (Ill.), Excel.

MACRORIE, K. (1984). *Twenty Teachers*, New York, Oxford University Press.

MADDEN, N.A., R.E. SLAVIN et R.J. STEVENS (1986). *Cooperative Integrated Reading and Comparison : Teacher's Manual*, Baltimore (Md.), John Hopkins University, Center for Research on Elementary and Middle Schools.

MAGER, R.F. (1962). *Planning Objectives for Programmed Instruction*, Belmont (Calif.), Fearon Publishers.

MAHER, F.A. (1997). « Learning in the Dark : How Assumptions of Whiteness Shape Classroom Knowledge ». *Harvard Educational Review*, vol. 67, n° 2, p. 321-349.

MARGULIES, N. (1991). *Mapping Inner Space*, Tucson (Ariz.), Zephyr Press.

MARZANO, R. (2001). *Classroom Instruction that Works*, Alexandria (Va.), ASCD.

MARZANO, R. (1998). *A Theory-Based Meta-Analysis of Research on Instruction*, Aurora (Colo.), Mid-continent Regional Educational Laboratory.

MARZANO, R.J. (1992). *A Different Kind of Classroom: Teaching with Dimensions of Learning*, Alexandria (Va.), ASCD.

MILLAR, J. (1897). *School Management*, Toronto (Ontario), William Briggs.

MILLARD, E. (1997). « Differently literate: Gender identity and the construction of the developing reader », *Gender and Education*, vol. 9, n° 1, p. 31-38.

MISH, F. (dir.). (1991). *Websters Ninth New Collegiate Dictionary*, Markham (Ontario), Thomas Allen & Son.

MORGAN, N., et J. SAXTON (1994). *Asking Better Questions*, Markham (Ontario), Pembroke Publishers.

NIEHOFF, D. (1999). *The Biology of Violence: How Understanding the Brain, Behaviour, and Environment can Break the Vicious Circle of Aggressions*, New York, Free Press.

NOVAK, J.D., et B.D. GOWIN (1984). *Learning How to Learn*, New York, Cambridge University Press.

O'NEIL, J. (1990). « Findings of Styles Research Murky at Best », *Educational Leadership*, vol. 48, n° 2, p. 7.

ORNSTEIN, A. (1987). « Emphasis on student outcomes focuses attention on quality of instruction », *NASSP Bulletin*, 71, p. 88-95.

PAUL, R., A.J.A. BINKER, K. JENSEN et H. KREKLAU (1990). *Critical Thinking Handbook: 4th-6th grades*, Rohnert Park (Calif.), Sonoma State University, Foundation for Critical Thinking.

PAUL, R., A.J.A. BINKER, et M. CHARBONNEAU (1987). *Critical Thinking Handbook: K-3: A Guide for Remodelling Lesson Plans in Language Ars, Social Studies, and Science*, Rohnert Park (Calif.), Sonoma State University, Foundation for Critical Thinking.

PERKINS, D. (1995). *Outsmarting IQ: The Emerging Science of Learnable Intelligence*, New York, Free Press.

PERKINS, D. (1986). *Knowledge as Design*, Hillsdale (N.J.), Lawrence Erlbaum.

PHELAN, P., A.L. DAVIDSON et H.T. CAO (1992). « Speaking up: Students' perspectives on school », *Phi Delta Kappan*, vol. 73, n° 2, p. 695-704.

POPHAM, W.J. (1987). « Two-plus decades of educational objectives », *International Journal of Educational Research*, 11, p. 31-41.

PRATTEN, J., et L.W. HATES (1985). « The effects of active participation on student learning », *Journal of Educational Research*, 79, p. 210-215.

PRESSLEY, M., J. LEVIN et G. MILLER (1981). « The keyword method and children's learning of foreign vocabulary with abstract meaning », *Canadian Psychology*, vol. 35, n° 3, p. 283-287.

ROLHEISER, C. (dir.) (1996). *Self-Evaluation… Helping Students get Better at it,* Ajax (Ontario), VISUTronX.

ROLHEISER, C., B. BOWER et L. STEVAHN (2000). *The Portfolio Organizer,* Alexandria (Va.), Association for Supervision and Curriculum Development.

ROLHEISER-BENNETT, C. (1986). *Four models of Teaching: A Meta-Analysis of Student Outcomes,* Thèse de doctorat, University of Oregon.

ROSENHOLTZ, S. (1989). *The Teacher's Workplace: The Social Organization of Schools,* New York, Longman.

ROSENSHINE, B. (1986). « Synthesis of Research on Explicit Teaching », *Educational Leadership,* vol. 43, n° 7, p. 60-69.

ROWE, M.B. (1974). « Wait time and rewards as instructional variables, their influence on language, logic and fate control. Part 1: Wait-time », *Journal of Research in Science Teaching,* 11, p. 81-94.

SAPHIER, J., et R. GOWER (1987). *The Skillful Teacher: Building your Teaching Skills,* Carlisle (Mass.), Research for Better Teaching.

SAUL, J.R. (1992). *Voltaire's Bastards: The Dictatorship of Reason in the West,* New York, The Free Press.

SCHMUCK, R., et P. SCHMUCK (1988). *Group Processes in the Classroom,* Dubuque (Iowa), Wm. C. Brown.

SCHUNK, D.H. (1981). « Modeling and attributional effects on children's achievement: A self-efficacy analysis », *Journal of Educational Psychology,* 73, p. 93-105.

SEASHORE-LOUIS, K., et M. MILES (1986). *Improving the Urban High School: What Works and Why,* New York, Teachers College Press.

SIEGEL, M. (1995). « More than words: The generative power of transmediation for learning », *Canadian Journal of Education,* vol. 20, n° 4, p. 455-475.

SHARAN, Y., et S. SHARAN (1992). *Expanding Cooperative Learning Through Group Investigation,* New York, Teachers College Press.

SHARAN, S. (dir.) (1990). *Cooperative Learning: Theory and Research,* New York, Praeger.

SIZER, T. (1984). *Horace's Compromise: The Dilemma of the American High School,* Boston, (Mass.), Houghton Mifflin.

SLAVIN, R.E. (1995). *Cooperative Learning,* Needham Heights (Mass.), Allyn & Bacon.

SLAVIN, R.E. (1986). *Using Student Team Learning,* John Hopkins University, Center for Research on Elementary and Middle Schools.

SLAVIN, R.E. (1980). « Cooperative Learning », *Review of Educational Research,* 50, p. 315-342.

SNIDER, V.E. (1990). « What we know about learning styles from research in special education », *Educational Leadership,* vol. 48, n° 2, p. 53.

SOAR, R.S., et R.M. SOAR (1979). « Emotional Climate in Management », dans P.L. Peterson et H.J. Walberg (dir.), *Research on Teaching*, Berkeley (Calif.), McCutchan.

SPRENGER, M. (1999). *Learning and Memory: The Brain in Action*, Alexandria (Va.), ASCD.

STELMASCHUCK, M. (1986). *Identified and Unidentified Gifted: A Comparative Analysis*, Thèse de doctorat, University of Alberta.

STICE, C.F. (1987). « Hierarchical concept mapping in the early grades », *Childhood Education*, 64, décembre, p. 86-96.

SYLWESTER, R. (1998). *The Brain and Learning Video: Part I*, Alexandria (Va.), ASCD.

TABA, H. (1967). *Teachers' Handbook for Elementary Social Studies*, Reading (Mass.), Addison-Wesley.

TOBIN, K. (1980). « The effect on an extended teacher wait time on science achievement », *Journal of Research in Science Teaching*, 17, p. 469-475.

TUCHMAN, B.W. (1984). *March of Folly: From Troy to Vietnam*, New York, A.A. Knopf.

VANCE, C.M. (1981). *The development and test of a prescriptive strategy for the use of incongruity humor in the design of instruction*, Thèse de doctorat, Syracuse University, 1981, *Dissertation Abstracts International*, 42, 1942A.

WANG, M.C., G.D. HAERTEL et H.J. WALBERG (1994). « Synthesis of research: What helps students learn », *Educational Leadership*, vol. 51, n° 4, p. 74-79.

WAXMAN, H.C., et H.J. WALBERG (dir.) (1991). *Effective Teaching: Current Research*, Berkeley (Calif.), McCuchan Publishing Corporation.

WEILER, K. (1991). « Freire and a feminist pedagogy of difference », *Harvard Educational Review*, vol. 61, n° 4, p. 449-474.

WEINBERG, M.D. (1974). *The interactional effect of humor and anxiety on academic performance*, Thèse de doctorat, Yeshiva University, 1973, *Dissertation Abstracts International*, 35, 492B-493B.

WHITE, R., et R. GUNSTONE (1992). *Probing for Understanding*, Basingstoke (R.-U.), Falmer Press.

WHITE, W.A.T. (1988). « A meta-analysis of the effects of direct instruction in special education », *Education and Treatment of Children*, vol. 11, n° 4, p. 364-374.

WILSON, J. (1987). *Concept Mapping: What Have you got in Mind?* Australian Reading Association, Reading Around Series, n° 4, décembre.

WITTROCK, M.C. (dir.) (1986). *Handbook of Research on Teaching*, 3e éd., New York, Macmillan.

WOYSHNER, C.A., et H.S. GELFOND (1998). *Minding Women: Reshaping the Educational Realm*, Cambridge (Mass.), Harvard Educational Review.

Chenelière/Didactique

Un cerveau pour apprendre
Comment rendre le processus enseignement-
apprentissage plus efficace
David A. Sousa

Un cerveau pour apprendre... différemment!
Comprendre comment fonctionne le cerveau des élèves
en difficulté pour mieux leur enseigner
David A. Sousa, Brigitte Stanké, Gervais Sirois

Vivre la pédagogie du projet collectif
Collectif Morissette-Pérusset

C CITOYENNETÉ ET COMPORTEMENT

Choisir de changer
Neuf stratégies gagnantes
Francine Bélair

Citoyens du monde
Éducation dans une perspective mondiale
Véronique Gauthier

Collection Rivière Bleue
Éducation aux valeurs par le théâtre
Louis Cartier, Chantale Métivier
• LES PETITS PLONGEONS (l'estime de soi, 6 à 9 ans)
• LES YEUX BAISSÉS, LE CŒUR BRISÉ (la violence,
  6 à 9 ans)
• SOIS POLI, MON KIKI (la politesse, 6 à 9 ans)
• AH! LES JEUNES, ILS NE RESPECTENT RIEN
  (les préjugés, 9 à 12 ans)
• COUP DE MAIN (la coopération, 9 à 12 ans)
• BRIS ET GRAFFITIS (le vandalisme, 9 à 12 ans)
• CAPRICES ET PETITS BOBOS (les caprices, 6 à 9 ans)
• ARRÊTE, CE N'EST PAS DRÔLE! (l'intimidation, 9 à
  12 ans)

Droits et libertés... à visage découvert
Au Québec et au Canada
Sylvie Loslier, Nicole Pothier

Et si un geste simple donnait des résultats...
Guide d'intervention personnalisée auprès des élèves
Hélène Trudeau et coll.

J'apprends à être heureux
Robert A. Sullo

**La réparation: pour une restructuration
de la discipline à l'école**
Diane C. Gossen
• MANUEL
• GUIDE D'ANIMATION

La théorie du choix
William Glasser

**L'éducation aux droits et aux responsabilités
au primaire**
*Commission des droits de la personne et des droits
de la jeunesse du Québec*

**L'éducation aux droits et aux responsabilités
au secondaire**
*Commission des droits de la personne et des droits
de la jeunesse du Québec*

Mon monde de qualité
Carleen Glasser

**PACTE: Un programme de développement
d'habiletés socio-affectives**
B. W. Doucette, S. M. Fowler
• TROUSSE POUR 4e À 7e ANNÉE (PRIMAIRE)
• TROUSSE POUR 7e À 12e ANNÉE (SECONDAIRE)

Programme d'activités en service de garde
Activités pédagogiques journalières
Andrée Laforest
• TOME 1
• TOME 2

Vivre en équilibre
Des outils d'animation et d'intervention de groupe
Francine Bélair

Ec ÉDUCATION À LA COOPÉRATION

Ajouter aux compétences
Enseigner, coopérer et apprendre au postsecondaire
Jim Howden, Marguerite Kopiec

Apprendre la démocratie
Guide de sensibilisation et de formation selon
l'apprentissage coopératif
C. Évangéliste-Perron, M. Sabourin, C. Sinagra

Apprenons ensemble
L'apprentissage coopératif en groupes restreints
Judy Clarke et coll.

Coopérer à cinq ans
*Johanne Potvin, Caroline Ruel, Isabelle Robillard,
Martine Sabourin*

Coopérer pour réussir
Scénarios d'activités coopératives pour développer
des compétences
*M. Sabourin, L. Bernard, M.-F. Duchesneau, O.
Fugère, S. Ladouceur, A. Andreoli, M. Trudel, B.
Campeau, F. Gévry*
• PRÉSCOLAIRE ET 1er CYCLE DU PRIMAIRE
• 2e ET 3e CYCLES DU PRIMAIRE

Découvrir la coopération
Activités d'apprentissage coopératif
pour les enfants de 3 à 8 ans
B. Chambers et coll.

Je coopère, je m'amuse
100 jeux coopératifs à découvrir
Christine Fortin

La coopération au fil des jours
Des outils pour apprendre à coopérer
Jim Howden, Huguette Martin

Nouveaux paradigmes pour la création d'écoles qualité
Brad Greene

Pour le meilleur... jamais le pire
Prendre en main son devenir
Francine Bélair

S SCIENCES ET MATHÉMATIQUES

Calcul en tête
Stratégies de calcul mental pour les élèves
de 8 à 12 ans
Jack A. Hope, Barbara J. Reys, Robert E. Reys

Calcul en tête (13 à 15 ans)
Stratégies de calcul mental pour les élèves
de 13 à 15 ans
Jack A. Hope, Barbara J. Reys, Robert E. Reys

**Cinq stratégies gagnantes pour l'enseignement
des sciences et de la technologie**
Laurier Busque

De l'énergie, j'en mange !
Alimentation à l'adolescence : information
et activités
Carole Lamirande

Question d'expérience
Activités de résolution de problèmes en sciences
et en technologie
David Rowlands

Sciences en ville
J. Bérubé, D. Gaudreau

Supersciences
Susan V. Bosak
- À LA DÉCOUVERTE DES SCIENCES
- L'ENVIRONNEMENT
- LE RÈGNE ANIMAL
- LES APPLICATIONS DE LA SCIENCE
- LES ASTRES
- LES PLANTES
- LES ROCHES
- LE TEMPS
- L'ÊTRE HUMAIN
- MATIÈRE ET ÉNERGIE

T Technologies de l'information et des communications

La classe branchée
Enseigner à l'ère des technologies
Judith H. Sandholtz et coll.

La classe multimédia
A. Heide, D. Henderson

L'ordinateur branché à l'école
Du préscolaire au 2e cycle
Marie-France Laberge, Louise Dore, Nathalie Michaud

L'ordinateur branché à l'école
Scénarios d'apprentissage
Marie-France Laberge

Pratiques d'apprentissage en ligne
Louise Marchand, Jean Loisier

**Regard critique et pédagogique sur les technologies
de l'information et de la communication**
Claire IsaBelle

7001, boul. Saint-Laurent, Montréal (Québec) Canada H2S 3E3
Tél. : (514) 273-1066 • Téléc. : (514) 276-0324 ou 1 800 814-0324 • Service à la clientèle : (514) 273-8055 ou 1 800 565-5531
www.cheneliere-education.ca • info@cheneliere-education.ca

Notes